KB043149

진화의 도시

진화의 도시

도시는 어떻게 사회를 변화시켰나

초판 1쇄 발행 2021년 8월 6일

지은이 김천권
펴낸이 김선기
펴낸곳 (주)푸른길
출판등록 1996년 4월 12일 제16-1292호
주소 (08377) 서울특별시 구로구 디지털로 33길 48 대륭포스트타워 7차 1008호
전화 02-523-2907, 6942-9570~2
팩스 02-523-2951
이메일 purungilbook@naver.com
홈페이지 www.purungil.co.kr

ISBN 978-89-6291-909-7 03300

이 책은 인하대학교 대학원 도시재생학과 2021년 저술지원에 의해 출간되었음.

진화의 도시

도시는 어떻게 사회를 변화시켰나

푸른길

차례

서문

『진화의 도시: 도시는 어떻게 사회를 변화시켰나』는 도시에 관심을 가진 전문가와 일반인에게 도시개발의 역사와 발달 과정을 알리고, 매력 있는 도시를 어떻게 만들어야 하는가에 대한 논의를 제공하기 위해 저술되었다. 지구 역사는 약 45~50억 년이라고 하며, 이런 지구에서 인류가 처음으로 현재 모습과 유사한 호모사피엔스(Homo Sapiens)로 등장한 것이 불과 5만 년 전이고, 인간이 공동체를 만들어 모듬살이를 시작한 것은 이보다 훨씬 최근인 약 1만 2,000년 전이라고 한다. 그래서 인류 문명의 역사는 모듬살이가 시작된 이후 도시의 역사와 맥락을 같이하고 있고, 도시의 역사는 곧 인류의 역사를 반영하고 있다. 그러므로 인류의 역사를 알기 위해서는 도시의 역사를 알아야 하고, 도시의 역사를 알아야 인류의 역사를 제대로 파악할 수 있다. 이런 논지에서 이 책은 독자들에게 인류 역사와 도시 역사가 어떻게 연계되었는지를 설명함으로써 도시를 좀 더 잘 이해하고, 미래세대를 위해 도시를 어떻게 만들어야 하는가에 대한 시사점을 제공하기 위해 저술되었다.

한국 사회는 지난 60년 동안 고도성장을 추진하며 '한강의 기적'을 만들어 냈고, 경제성장과 함께 높은 도시화를 기록하였다. 이러한 고도성장을 통해 가난을 어느 정도 극복하고 생활이 향상된 사회를 만들었으나, 한편으로는 이웃과 공동체의 근린관계가 붕괴된 인간성 상실의 사회에서 살아가고 있다. 이제 한국 사회가 한 단계 더 도약하기 위해서는 소득의 증가를 넘어 시민의 행복도가 높은 도시를 만들어야 한다. 즉 행복하고 즐거운 도시를 만들어야 한다는 것이다. 그러기 위해서는 전문가와 시민들이 도시에 대해 좀 더 관심을 가지고 도시의 과거와 현재, 그리고 미래에 관해 탐구할 것이 요구된다. 이런 시대적 배경에서 이 책은 도시의 역사를 뒤돌아보고, 도시를 통해 현 사회를 조망하며, 미래의 바람직한 도시를 어떻게 만들 것인가를 독자들과 함께 풀어 간다.

이 책은 총 3부로 구성되었다. 제1부 '시대가 만든 도시'에서는 인류가 처음 모듬살이를 시작한 시기부터 현재까지 시대가 변함에 따라 어떤 도시들이 만들어졌는가를 시기별로 논의한다. 영국의 시인 윌리엄 쿠퍼(William Cowper, 1731~1800)는 "신은 자연을 만들고, 인간은 도시를 만들었다."라고 말했다. 신이 자연을 만들었는지는 모르겠지만, 도시가 인간에 의해 만들어진 것은 맞다. 인간은 오랜 시간 동안 경험과 지식, 자료와 정보를 축적하고 학문과 예술, 과학과 기술의 발전을 추구하여 오늘날의 사회와 도시를 건설하였다. 이와 같은 사회의 발달과 변화가 가치 측면에서 인간을 순화시키고 진정으로 바람직한 사회를 만들었는가는 의문이지만, 인간은 시간이 지남에 따라 자연의 지배에서 점차 벗어나 도시를 만들며 거대한 변화가 진행된 것은 사실이다. 이 책 제1부는 이러한 거대한 변화가 인간 사회에 영향을 미치며 시대에 따라 어떤 도시가 만들어졌는가를 5단계의 역사적 과정을 통해 고찰한다.

제2부 '도시가 만든 시대'에서는 제1부의 역사를 통해 만들어진 도시가 현대 사회에 어떤 변화를 가져왔는가를 살펴본다. 먼저 제6장에서는 과학기술의 급속한 발달이 가져온 정보화 사회를 살펴보고, 정보화 사회의 대표적 도시인 실리콘밸리의 성장 과정에 대해 알아본다. 다음으로 제7장에서는 과학기술, 특히 IT 발달이 가져온 초연결 글로벌 사회의 도래에 대해 살펴보고, 글로벌 사회의 핵심적 공간으로 등장한 글로벌 도시에 대해 싱가포르를 중심으로 논의한다. 제2부 마지막인 제8장에서는 19~20세기를 경험하면서 산업혁명 이후 진행된 근대사회에 대한 비판 및 성찰과 함께, 21세기는 근대성을 넘어 보다 공정하고 정의로운 사회가 만들어져야 한다는 시각에서 포스트모던 사회의 대표적 도시

로 로스앤젤레스에 대해 논의한다.

제3부 '도시의 미래: 매력적인 도시, 어떻게 만들어지는가?'는 한국 도시의 미래를 고민하는 내용으로, 시민들의 삶의 질과 행복도를 높이기 위해 매력 있는 도시를 어떻게 만들어야 하는가를 논의한다. 그래서 제9장에서는 매혹의 도시 '예레반(Yerevan)'을 중심으로, 도시도 아는 만큼 보인다는 것을 독자들에게 전달할 예정이다. 도시를 어떻게 만들어야 사는 사람들이 즐겁고 활기 넘치며 행복하게 살아가는 매력적인 공간을 만들 수 있는가? 이는 도시개발과 계획에 종사하는 사람들이 오랫동안 품어 온 질문이다. 그런데 누구도 이 질문에 시원한 대답을 해 주지 못했다. 어떤 사람은 무엇보다도 일자리가 풍부해야 한다고 주장하고, 또 어떤 사람은 잠자리가 편해야 한다고 말하며, 또 다른 사람은 도시가 안전해야 한다고 주장한다. 그리고 또 어떤 사람은 먹고살기 편해야 한다고 하고, 또 다른 사람은 품위 있는 도시가 되려면 문화가 중요하다고 주장하며, 공정한 도시가 되어야 한다고 말하는 이도 있다. 정말 천태만상이며 다 옳은 이야기이다. 그런데 이런 도시가 현실에서 가능한가? 토머스 모어의 소설 『유토피아』에나 나오는 이야기 아닌가? 아르메니아의 수도 예레반을 중심으로 이런 문제에 대해 해답을 찾을 예정이다.

제10장 '도시는 사회적 생물이다'에서는 사람과 마찬가지로 도시도 혼자 있으면 외롭고, 연계활동을 통해 도시가 변화하고 발전한다는 것을 보여 준다. 사람은 사회적 동물이라 혼자서 살지 못한다. 똑같은 논리가 도시에도 그대로 적용된다. 사람들이 모여 공동체를 만들 듯이, 도시활동도 혼자면 외롭고 발전하지 못한다. 빌딩도 마찬가지이다. 고층 빌딩이 홀로 높이 올라가면 멋지고 폼은 나겠지만, 외롭고 주변의 도움을 받지 못한다. 이런 예를 우리는 여의도 63빌딩을 통해 잘 경험하였다. 한동안 서울의 랜드마크로 뽐냈던 63빌딩은 오랫동안 외로웠다. 주변에 스카이라인을 형성하는 다른 빌딩들이 있었으면 아마 형·동생 하며 서로 도와 뉴욕 맨해튼과 같은 마천루 거리를 만들었을 것이다. 이와 같이 도시도 하나의 생태계로서 내부 활동들이 어떻게 연계되고 어떤 효과를

가져오는가를 독자들에게 전달할 예정이다.

　제11장에서는 최근 한국 도시에서 심각한 문제로 제기된 젠트리피케이션과 저출산 현상에 대해 기존 시각과는 다른 각도에서 살펴볼 예정이다. 젠트리피케이션은 어제오늘 갑자기 제시된 문제가 아니며, 20세기 초반부터 도시사회학에서 시카고학파를 중심으로 한 도시생태계 연구로부터 제기되었던 논제이다. 그리고 한국 도시의 젠트리피케이션은 베이비붐 세대와 밀레니얼 세대의 희생과 노력, 지원과 갈등 속에 추진되었다. 제11장에서는 여기에 대해 논의하고, 밀레니얼 세대의 변명으로 한국 사회가 직면한 심각한 사회문제인 저출산 현상에 대해 기존과는 다른 시각에서 접근한다.

　주지하다시피, 한국 사회에서 초저출산이 심각한 사회문제를 불러일으키는 것은 누구나 다 아는 현실이다. 그러나 초저출산이 사회적으로 부정적 영향을 미치기도 하지만, 반면에 긍정적 효과 또한 발생시킬 수 있다는 것은 거의 무시되고 있다. 세계 최고의 초저출산율을 기록하며 고령화 사회로 급속히 진입하고 있는 한국 사회에서 인구학계, 정부, 경제계, 언론 등은 미래의 인구 감소에 따른 경제성장률 저하, 소비 감소, GDP 감소 등 저성장 시대의 도래를 걱정스러운 시각으로 바라보고 있다. 물론 저출산에 따른 인구 감소와 고령화 사회의 진입은 경제의 불안정과 침체 요인으로 작용할 수 있다. 그러나 관점을 달리하여 시간을 좀 더 장기적으로 보면 저출산에 따른 인구 저성장과 감소는 반드시 부정적으로만 작용하는 것이 아니라, 한국 사회를 재구성하는 기회 요인으로 작용할 수 있다. 이미 한국 도시는 규모와 밀도에서 집적의 불경제가 작용하여 혼잡비용이 증가하고, 국토의 불균형적 이용과 발전에 의해 높은 거래비용을 지불하고 있는 현실이다. 그리고 지구촌은 이제 피크오일 시대에 접어들어 소비를 기반으로 한 경제성장 자체가 제약을 받는 시대에 돌입하고 있다. 이런 시대적 상황에 직면하여 인구 저성장은 한국 사회의 재앙과 위기가 아닌 지속가능한 사회를 위한 강점과 기회로 작용할 수도 있다는 것이다. 필자는 이런 시각에서 인구 저성장 추세를 지속가능한 도시개발을 위한 기회 요인으로 활용할 수 있다는 논지에 대해 논의할 예정이다.

　제12장은 초저출산 현상이 지속되면서 인구 감소로 인해 쇠퇴와 소멸 위기에 처한 지방들이 나타나고 있는 현실에 대해 논의한다. 필자는 사람이 없어 지방이 쇠퇴하는 것이 아니라 아이디어가 없어 사람들이 떠난다는 것을 역설적으로 보여 줄 예정이다. 사람이 떠나 지방이 쇠퇴하는 것은 사실이지만, 떠나는 주요 요인 중 하나는 지역에서 정체성과 소속감, 자긍심을 느끼지 못하기 때문이다. 내가 사는 곳이 자랑스럽고, 애정을 느끼며, 소속감이 있다면 아마 일시적으로는 떠나더라도 언젠가는 고향으로 회귀할 것이다. 그런데 현재 한국의 지방들은 사람들을 지역으로 끌어들이기 위한 메리트가 없고 아이디어도 부재하다. 그래서 돈이 지역을 살리는 것이 아니고 아이디어, 인재, 다문화, 지방자치가 도시를 살린다는 것을 독자들에게 전달할 예정이다.

　마지막으로, 에필로그에서는 최근 세계를 강타한 코로나 팬데믹 현상이 도시에 어떤 영향을 미치며, 한국 도시의 미래를 위해 우리가 무엇을 해야 하는가를 숙제로 남기며 글을 마친다.

　미국 저널리스트인 에릭 와이너(Eric Weiner, 2016)는 그의 책 『천재의 발상지를 찾아서』에서 도시에 대해 다소 선정적이지만 재미있는 말을 하였다. "도시는 아이디어가 섹스하러 가는 곳이다."가 그것이다. 창조에는 두 가지가 있다고 와이너는 말한다. 하나는 적극적 창조이고, 다른 하나는 소극적 창조이다. 적극적 창조는 아인슈타인이나 노벨처럼 새로운 아이디어, 발명품을 만드는 것을 의미한다. 소극적 창조는 일상에서 일어나는 변화, 예를 들면 주부가 집안에서 가구의 위치를 바꾸거나 운동을 열심히 해서 살을 빼는 변화를 의미한다. 이런 소극적 창조의 밑거름과 문화를 기반으로 적극적 창조가 만들어진다. 바로 이 책을 통해 한국 사회 도시 변화의 작은 밑거름, 즉 소극적 창조를 위한 기반이 되었으면 하는 바람이 있다. 도시는 하루아침에 만들어지는 것이 아니다. 도시계획가가 대로를 설계하고 공공건축물의 배치는 계획했지만, 그곳에서 살아가는 개인들이 건물, 기업, 상점, 주택을 건설하여 거리를 만들고, 골목길을 형성하여 지금의 테헤란로, 영동대로, 강남대로, 압구정동 등이 만들어졌다. 그래서 공간을 만들어 가는 것은 거대한 창조성이 아니라 일상의 작은 창조가 모여, 즉 작은 아이디어들이 대가 이어지며 도시가 만들어지는 것이다. 이런 시각에서 지금 쇠퇴가 진행되고 있는 지방도시에서 아이디어들이 창출되어 대가 이어지는 지속가능 도시를 만드는 데 이 책이 작은 도움이라도 되었으면 하는 바람이다.

이 책을 쓰면서 세 가지에 주안점을 두고 논지를 전개하였다. 첫째는 독자들이 쉽게 읽어 내려갈 수 있도록 편한 문투로 글을 썼다. 둘째는 필자의 주관적인 생각을 많이 반영하였다. 셋째는 인천의 사례를 많이 들었다. 왜냐하면 필자가 인천에 있는 인하대학교에서 30년 동안 교수(도시연구 전공)로 활동하여 인천에 관심이 많았고 자연스럽게 인천 연구에 치중했기 때문이다. 글을 쉽게 쓰려고 한 까닭은 에른스트 곰브리치(Ernst Gombrich)의 『곰브리치 세계사』를 읽은 후 딱딱하고 어려운 용어가 아닌 쉽고 재미있는 설명체로 글을 쓰면 독자들에게 훨씬 쉽게 다가가겠다는 생각에서였다. 필자의 주관적인 생각을 많이 담은 이유는 이 책이 전문 학술서보다는 교양서로 독자들에게 다가갔으면 하는 마음에서, 전문 학술논문의 전개 형식을 버리고 필자가 평소에 생각해 온 주관적 사고를 글로 옮겨 보았다. 그러니 책을 읽는 과정에서 독자와 생각이 다르더라도 이해해 주시기 바란다.

끝으로 이 책은 30년 동안 인하대학교 행정학과와 대학원 도시계획학과/도시재생학과, 그리고 정책대학원 부동산학과에서 강의한 내용을 틈틈이 정리하여 출간하게 되었음을 밝힌다. 사실 그동안 도시에 관한 몇 권의 책을 출간하였으나, 모두 전문가와 대학생들을 위한 전문 학술서였다. 그래서 정년퇴임을 하고 시간이 허락되면 일반인들이 도시에 대해 쉽게 이해할 수 있는 교양서를 출간하겠다는 생각을 품고 있었다. 그래서 2019년 8월에 평생 몸담았던 인하대학교를 정년퇴임하고 집필에 들어가 이제 책을 출간하게 되었다.

이 책을 집필하기까지 많은 분이 격려와 질책을 해 주셨습니다. 특히 평소에 인문학적 소양이 중요하니 고전을 열심히 읽으라고 충고해 주시고, 술을 줄이라고 질책도 하시며, 정년을 맞아 인생의 시즌 투를 살아가는 데 응원과 격려를 해 주신 조광호 신부님과 대학교수의 게으름과 자만심을 질타해 주시며 학문적 부족함을 늘 일깨워 주신 하석용 선배님, 인간관계에서 고지식했던 저를 포용해 주신 에베레스트 베이스캠프 트레킹팀(조중현, 박승헌, 이균하, 김양훈) 교수님들, 사춘기부터 지금까지 변함없이 철부지로 남아 있는 절친들(탁재완, 계문선, 강원석, 이종학, 최남덕, 그리고 로스앤젤레스에 있는 민경욱과 차관선)에게 마음의 풍요와 인생의 즐거움을 느끼게 해 주어 감사한 마음을 전합니다. 또한 인천학회를 함께 창립하며 궂은일을 도맡아 하였던 인하대학교 건축학과 김경배 교수와 대학원 도시계획학과와 도시재생학과를 함께 창립해 운영해 온 변병설 교수, 김상원 교수 및 연구실 대학원생들, 그리고 인천학회 창립회원들께 감사의 말씀을 전하고, 인생 시즌 투에도 인하대학교와 인천학회 발전을 위해 노력하겠다는 진심을 전합니다.

마지막으로 아버지로서 자식들에게 많은 가르침을 주지 못했는데도 잘 자라서 제 몫을 잘하는 두 아들과 자부에게, 그리고 너무나 사랑스러운 두 손녀에게 살갑게 대해 주지 못해 항상 미안하고 사랑한다는 마음을 전하며, 지난 42년 동안 평생의 반려자로 필자가 연구와 교육에만 전념할 수 있도록 헌신적으로 내조해 준 아내에게 깊은 감사와 사랑의 마음을 담아 이 책을 바칩니다. 아울러 코로나 팬데믹으로 어려운 출판 환경에서도 출간을 흔쾌히 수락해 주신 (주)푸른길 김선기 대표님께 감사드립니다.

2021년 7월
인하대학교 사회과학대학 명예교수실에서

제1부
시대가 만든 도시: 도시의 역사

도시는 사람과 사람이 서로 맞부딪치며 시끌벅적하고 왁자지껄해야 제맛이 난다. 사람이 없고 소리가 사라진 빈 공간에서는 삶의 활력과 생기를 잃는 것을 우리는 코로나로 인해 혹독히 경험하며 살고 있다. 그래서 영국의 철학자 데이비드 흄(David Hume, 1711~1776)은 "도시는 몰려드는 사람들이 함께 대화를 나누고 서로에게 기쁨과 즐거움을 선사하는 행위를 통해 인간애가 깊어지는 공간"이라고 언급하였다. 그리고 도시학자 제인 제이컵스(Jane Jacobs, 1916~2006)에게 도시는 "상점과 거리, 사무실, 도로와 공원, 시장과 광장 등에서 서로 다른 스텝을 밟고 살아가는 사람들 사이에 한 판의 무용극이 펼쳐지는 무대"이다. 도시는 과거에도 현재에도 사회 실험이 진행되는 연구실이고, 때로는 급진적 변화가 발생하는 현장이다. 인류 역사 이래 도시는 무질서하고 혼잡해 보이는 과정에서도 숨을 멈추지 않고 끊임없는 변화와 혁신을 거듭하며 오늘날에 이르렀다. 이 책 제1부는 이러한 거대하고 지속적인 변화가 인간 사회에 어떤 영향을 미쳤으며, 시대에 따라 도시가 어떻게 변해 왔는가를 5단계로 나눈 도시 역사를 통해 고찰하였다.

인류 역사를 통해 변화를 추적해 보면, 새로운 시대는 새로운 도시를 중심으로 새로운 사회를 형성하며 지속적으로 변화하였다. 이러한 과정에서 도시들은 성장과 몰락을 거듭하였고, 새로운 시대는 새로운 도시를 탄생시켰다. 이런 맥락에서 도시성장의 역사는 곧 세계사적 현상으로 사회 변화의 역사와 맥락을 같이한다. 그리고 시대가 만든 도시의 역사를 보면 세 가지의 두드러진 현상이 감지된다.

첫째, 제국은 반드시 몰락한다.

둘째, 세계의 중심(중심 도시)은 지속적으로 서쪽으로 이동한다.

셋째, 도시성장의 역사는 국가와 도시 사이에 헤게모니 쟁취를 위한 투쟁의 연속 과정이다. 이 과정에서 국가는 중앙집권과 도시 종속을 추구하였고, 도시에서는 끊임없는 자율권 확대를 위한 역사적 과정이 전개되었다.

이 책 제1부에서는 인류가 도시를 형성하기 시작한 초기 도시부터 최근까지의 시대 변화에 따라 도시를 다음과 같은 5단계로 분류하여 고찰하였다.

제1도시: 초기 도시(신의 도시)

제2도시: 고대도시(신화의 도시)

제3도시: 중세도시(종교도시)

제4도시: 근대도시(산업도시)

제5도시: 현대도시(새로운 밀레니엄 시대의 도시)

제1장

초기 도시: 신의 도시

인류가 살고 있는 지구의 나이는 대략 45억 년이라고 한다.[1] 이런 지구에 인간이 처음 출현한 시기에 대해서는 다양한 학설이 있다. 최근까지 현생인류의 기원은 대략 5만 년 전으로 알려져 왔으나, 또 다른 연구는 약 30만 년 전에 출현하였다는 연구도 나오고 있다.[2] 이 책은 인류의 기원을 다루는 책이 아니니 이 문제는 인류학 분야의 연구에 맡기기로 하고, 다만 지금 이 문제를 제기한 이유는 인간 역사와 관련된 내용의 상당 부분은 실제를 이야기하는 것이 아니라, 현재까지 발견된 유물을 중심으로 이야기하는 '부장품의 역사'라는 말을 하기 위해서이다.

인간이 지구에 처음 출현한 5만 년 전에는 어떤 모습이었는지 여러 학설들이

---

1. 지구의 나이 또는 지구 연령은 45.4±0.5억 년(4.54×109년±1%)으로, 이 나이는 운석의 방사능연대측정의 증거를 기반으로 한다.
2. 인류는 기존에 알려졌던 것보다 10만 년 더 일찍 출현한 것으로 최근 연구에서 주장되었다. 연구진 주장에 의하면, 생물학 교과서는 인류의 출현 시기를 30만 년 전으로 앞당겨 기술해야 한다고 주장하고 있다. 독일과 모로코 공동 연구팀은 북서부 아프리카 모로코의 한 유적지에서 발굴한 호모사피엔스의 두개골, 이빨, 아래턱뼈 등 화석들의 연대를 분석한 결과 30만 년 전 것으로 확인되었다고 과학 저널 「네이처(Nature)」에 기고했다(한겨레신문, 2017).

〈표 1.1〉 역사에 기록된 초기 도시와 인구 규모

B.C. 10000~B.C. 8350년	요르단강(이스라엘) 주변의 도시 예리코(약 600명)
B.C. 7000~B.C. 5000년	차탈회위크(터키와 시리아 국경지역, 약 6,000~10,000명)
B.C. 3100년경	이집트 상왕조 시대, 멤피스(약 30,000명)
B.C. 3000년	수메르 도시국가(메소포타미아 도시) 우르 지역(약 25,000명)
B.C. 2000년	바빌론(약 50,000명)

난무하다. 어떤 학자는 끊임없는 유목 생활을 했을 것으로 추정하기도 하고, 다른 어떤 학자는 소수의 사람들이 동굴 같은 곳에 모여 살았을 것으로 추측하기도 한다[예: 아제르바이잔 고부스탄(Gobustan) 암각화군]. 어떤 생활을 했는지는 명확하게 밝혀지지 않았지만(사실 명확하게 밝혀질 수 있는 사안도 아니다), 대다수의 서구 학자들은 인간이 도시라는 의미의 공간을 형성하여 집단생활을 시작한 최초의 도시로서 중동 지역의 예리코(Jericho)를 지목하고 있다.

예리코는 B.C. 10000년경부터 있었던 것으로 추정되는 세계에서 가장 오래된 도시 중의 하나로, 당시에 약 600명 정도가 모여 살았던 구석기 시대 흔적을 남기고 있다(그림 1.1 참조). 예리코는 요르단강 서안에 위치한 지역으로 구약과 신약 성서(여호수아 6:1-7:26)에 등장하여 기독교의 성지순례지로도 알려져 있다.

필자는 예리코가 최초의 도시라는 주장에는 동의하지 않는다. 앞서 이야기한 바와 같이, 인간의 역사는 부장품에 의해 설명되고 있다. 이런 논리에서 생각해 보면 예리코가 정말 최초의 도시인지 의문이 든다. 왜냐하면 최초의 도시란 발굴된 부장품에 의해 주장되는 것이기 때문에, 미래에 다른 곳에서 더 오래된 부장품이 발견되면 예리코가 최초의 도시라는 의미는 사라지기 때문이다. 그리고 필자가 의문을 제기하는 또 다른 요인은 예리코가 황량하고 건조하며 삭막한 환경이기 때문에 후대에 사람들이 살지 않아 부장품이 지금까지 남아 있을 수 있었다는 것이다. 반면, 인간이 살기 좋은 조건을 가진 다른 곳들은 오랫동안 사람들이 살아왔기에 부장품이 파손되었거나 다른 용도로 사용되어 전

〈그림 1.1〉 세계 최초의 도시로 불리는 예리코 유적지

혀 남아 있지 않을 수 있다. 예를 들면, 오래전부터 사람들이 살았던 우리나라의 한강 유역이나 경주 지역은 B.C. 10000년 전에 도시가 있었더라도 그 흔적을 찾을 수 없을 것이다. 왜냐하면 지금까지 계속해서 사람들이 거주해 왔기 때문에 부장품들이 남아 있을 수 없었다는 것이다. 이런 논리에서 인간의 역사는 부장품의 역사인 것이고, 최초의 도시가 정말로 최초의 도시를 의미하는 것이 아니라, 현재 남아 있는 부장품에 의해 최초의 도시로 지목되고 있다는 것을 이해해야 한다. 물론 이 논리는 필자의 주관적 주장이니 참고하시라.

다음으로 알려진 초기 도시는 B.C. 7000~B.C. 5000년까지 있었던 터키와 시리아 국경지역에 위치한 차탈회위크(Çatalhüyük)이다. 이 도시는 터키 아나톨리아 지역에 위치해 있으며, 인구 약 6,000~10,000명 정도가 밀집해서 거주한 신석기 시대의 도시로 알려져 있다(그림 1.2 참조). 차탈회위크는 차르샴바(Çarşamba)강을 사이에 두고 두 지역으로 분류된 선사 시대 토성 정착촌으

〈그림 1.2〉 터키의 차탈회위크 유적지

로, 초기 농업에 종사하였던 것으로 알려져 있으며, 청동기 시대 이전에 버려졌다. 이제 역사가 진행되는 동안 도시의 인구수가 점차 증가하는 것을 알 수 있다. 이후 인류 역사에서 도시의 흔적은 약 2,000년의 공백을 보이며, B.C. 5000 ~B.C. 3000년 사이에 도시 발자취는 아직 발견하지 못했다. 이것 또한 도시 역사가 부장품의 역사임을 확인시켜 준다. B.C. 5000~B.C. 3000년 사이에는 도시가 사라졌다는 것인가? 그것은 아닐 것이다. 어딘가에 있었을 텐데, 그 시절부터 현재까지 우리가 살고 있는 지역 어딘가에 도시가 발달하였었기 때문에 유물이 파괴되어 그 자취를 찾지 못하고 있을 것으로 필자는 생각한다.

다음으로 역사에서 기록하고 있는 초기 도시로는 이집트 멤피스(Memphis), 이라크 메소포타미아, 인도 모헨조다로(Mohenjo-Daro), 페루 카랄(Caral)[3], 그리고 중국 초기 도시 등이 있다. B.C. 3000년경에 접어들어 도시 규모는 급격히 확대되었으며, 도시는 점차 왕국의 모습을 갖추어 나갔다. 당시는 제정일

_____

3. 페루 리마(Lima)에서 북쪽으로 약 180km, 해안에서 약 20km, 해발 350m 지점의 충적지 위에 위치한 카랄에는 B.C. 2600년경에 약 3,000명 정도가 밀집해서 거주하였을 것으로 추정하고 있다.

치(theocracy) 사회로 왕국의 통치자가 곧 신으로 추앙되어 도시는 신이 거주하는 공간인 '신(神)의 도시'로 건설되었다.

이집트 문명의 발상지인 멤피스는 B.C. 3150~B.C. 2060년 사이에 상왕조 시대를 열며 약 3만 명이 거주하는 도시를 파라오가 지배하였다. 이후 B.C. 2060~B.C. 1670년 사이

〈표 1.2〉 고대 왕국의 탄생 시기

이집트	B.C. 3100년경
메소포타미아	B.C. 3000년경
인도	B.C. 3000년경
페루	B.C. 2600년경
중국	B.C. 2000년경
중앙아시아	B.C. 2000년경

에는 중왕조가 들어서서 테베[Thebae, 룩소르(Luxor)]를 중심으로 거대 왕국을 형성하였다. B.C. 1670~B.C. 525년 사이에는 신왕조 시대를 맞이하여 수도인 아마르나(Amarna)를 중심으로 람세스가 통치하는 강력한 이집트 왕국을 건설하였으나, B.C. 525년 이후 페르시아의 침공으로 왕국은 멸망하였다. 그후 페르시아가 지배하던 이집트는 마케도니아의 알렉산더 대왕에 의해 정복되어 프톨레마이오스 지배 체제로 넘어가는 역사적 과정을 거치게 된다. 이와 같은 이집트 문화예술은 이후 그리스와 로마로 전파되어 고대도시 건축의 주요 근간을 이루게 된다.

〈그림 1.3〉은 파라오가 지배하였던 중왕조 시대의 카르나크(Karnak) 신전의 일부를 찍은 것이다. 그림에서 보는 바와 같이, 신전은 거대한 석주와 석상, 오벨리스크와 벽화 등으로 이루어져 있다. 당시는 제정일치 시대로 종교 지도자가 정치·경제의 리더로서 역할을 수행하였다. 따라서 왕국을 지배하는 왕은 파라오로서 인간이 아닌 신으로 추앙받았으며, 파라오가 거주하는 도시는 곧 신이 거주하는 공간인 '신의 도시'가 되었다. 이런 맥락에서 신이 거주하는 신전은 종교 및 정치·경제의 중심지로 작동하였고, 권력이 중앙집중됨에 따라 도시가 급성장하였으며, 제도와 법제가 점차 정비되며 왕국으로 발전하였다. 모든 국사는 신전을 중심으로 운영되었고, 신전이 위치한 도시는 왕국의 종교, 정치, 경제, 예술, 문화 등 사회 전 분야에 걸쳐 주요 활동이 이루어지는 중심지였다. 주변 지역에 거주하는 사람들은 종교와 상거래 활동 등을 위해 도시에 와

서 당시의 선진 학문과 기술, 문화와 예술 등을 경험하고 자신의 마을로 돌아가 문물을 전파하여 사회 전반에 걸친 성장과 변화가 진행되었다.

또 다른 초기 도시로 B.C. 3000년경 이라크 남부 메소포타미아 지역에 건설된 도시들이 있다. 메소포타미아는 그리스어로 두 개의 강 사이라는 뜻인데, 티그리스강과 유프라테스강 사이에 있는 지역을 가리킨다. 이곳에 정주한 수메르(Sumer)인은 문자(설형

〈그림 1.3〉 이집트 카르나크 신전 내부

문자)를 발명하였고,[4] 엔시(Ensi)라고 불리는 지도자가 나타나 우르(Ur) 지역을 중심으로 약 25,000명이 거주하는 도시국가를 건설하였다. 현재 도시의 의미로 사용되는 어번(urban)이라는 용어가 바로 우르(Ur)에서 유래한 것으로 알려지고 있다. 수메르 문명의 메소포타미아 지역 도시는 B.C. 2000년경에 바빌로니아 왕국으로 이어져 인구 약 5만 명이 거주하는 도시 바빌론을 건설하였다. 바빌로니아는 수메르인과 아카드(Akkad)인들로 구성된 제국으로, 경작이 용이하고 상업적·전략적으로 중요한 지형에 거대도시를 건설하였다(그림 1.4 참조). 도시국가 바빌로니아의 여섯 번째 통치자였던 함무라비 왕 때에 메소포타미아 지역의 패권을 장악하였고, 잘 알려진 함무라비 법전이 편찬되었으며,

---

4. 일명 쐐기문자로, 점토판 위에 골필이나 철필로 새기듯이 써서 글자 획의 한쪽 끝이 삼각형을 이루어 쐐기 모양으로 되어 있다고 하여 18세기 초부터 설형문자라 일컬었다. 이집트의 상형문자와 중국의 한자와 더불어 수메르어, 바빌로니아어, 아카드어 등을 표기하는 데 쓰인 세계에서 가장 오래된 문자 중의 하나이다.

〈그림 1.4〉 메소포타미아의 바빌론 도시 유적

왕권 강화와 지역의 안정적 통치를 위해 관료제도와 조세제도, 정부 체제를 갖추어 나갔다.

위 역사에서 알 수 있는 바와 같이, 이라크는 B.C. 3000년경에 건설된 메소포타미아 문명의 발상지이며 수메르 왕국과 바빌로니아 왕국을 이어받은 오랜 역사와 문화를 자랑하고 있다. 이런 이라크가 현대에 와서 세워진 지 불과 300년도 되지 않은 미국에 굴복하여 점령당하고 있으니 아마 자존심이 엄청 상하리라 미루어 짐작할 수 있다. 미국과의 전쟁을 통해 그 찬란하였던 문화유적이 파괴되고 유린되는 것을 보며, 국가는 힘을 키워야 한다는 것을 새삼 느끼게 된다. 하긴 이라크는 오늘날 미국에 굴복당하였을 뿐만 아니라, 중세에는 몽고의 칭기즈칸에 의해 바그다드가 철저히 파괴된 역사를 경험하기도 하였다.

이집트 또한 앞에서 살펴본 바와 같이 찬란한 역사와 문화를 자랑하고 있다. 룩소르의 신전들, 왕의 계곡, 카이로의 피라미드와 스핑크스 등 아직까지 현대 과학으로도 풀 수 없는 많은 수수께끼가 담긴 대단한 문화유산을 품고 있다. 그리고 뒤에 이야기하겠지만, 그리스와 로마 도시의 많은 건축과 문화예술은 이집트로부터 전수되어 모방과 복제된 면을 보이고 있다.[5] 그런데 현재 이집트를

〈그림 1.5〉 현재 이집트 시내 모습 일부

가 보면 지금 살고 있는 사람들이 과거 찬란하였던 이집트 문화의 후손들인지 믿기 힘들 정도로 무질서와 혼란 속에 있다. 예전에 피라미드를 쌓았던 정신과 기술은 찾아볼 수 없고, 도시의 집들은 짓다 만 형태로 사람들이 살아가고 있으며(그림 1.5 참조), 도로의 교통규칙은 거의 지켜지지 않고, 정치적 불안정이 지속되고 있는 모습을 보며 예전의 자존심을 언제 되찾을 수 있을지 안타까운 마음을 금할 수가 없다.[6]

요약하면 초기 도시를 읽는 코드는 신이며, 도시는 신이 거주하는 공간으로 이해할 수 있다. 그래야 당시에 만들어진 피라미드, 거대한 석주 등이 이해될

---

5. 이집트의 미라 풍습은 그리스와 로마 시대까지 전수되었다고 한다. 그런데 중세를 지나며 그 많았던 미라가 사라져 지금은 흔적을 찾을 수 없다. 왜냐하면 당시에 미라가 정력 향상에 특효라고 알려져 미라를 갈아먹는 풍습이 성행해서 자취를 감추었다고 한다. 이 말이 사실인지는 확인되지 않았지만, 옛날이나 지금이나 동서고금을 막론하고 몸에 좋다면 양잿물도 마시는 행위는 변하지 않는 것 같다.

6. 이집트에서 현지인에게 왜 짓다 만 집에서 살아가느냐고 물었더니, 집을 다 지으면 신고를 해야 하고 그때부터 세금이 부과되어 집을 완공하지 않고 살아간다고 대답하였다.

수 있다는 것이다. 파라오인 신은 전지전능한 존재이기 때문에 거대한 신전에 살아야 했고, 죽지 않고 부활하기 때문에 거대한 피라미드를 만들어 신체를 보관해야 했다. 도시는 신을 중심으로 한 종교의 중심지인 동시에 정치·경제, 문화예술의 중심지, 외세로부터 집단 방어의 중심지를 위해 건설되었다. 이와 같이 도시에 많은 사람들이 거주할 수 있었던 것은 농업기술이 발달하였기 때문에 가능한 것으로 이해된다. 즉 농업기술이 발달하여 자신이 먹고 남는 잉여농산물이 존재하였기 때문에 비농업 부문의 종사자가 등장할 수 있었다. 그리고 잉여농산물을 소유하고 분배하는 활동을 담당하는 사람이 종교·정치 지도자로 등장하여 계층이 형성되고 사회에서 불평등이 탄생하였다. 이런 현상을 계몽주의 철학자인 장 자크 루소(Jean Jacques Rousseau, 1712~1778)는 『인간 불평등 기원론』에서 자연이 준 땅에 울타리를 치며 자신의 소유라고 주장하기 시작한 순간부터 인간들 사이에 불평등이 형성되었다고 말하고 있다.

제2장

고대도시: 신화의 도시

초기 도시를 읽는 주요 코드가 신이었다면, 고대도시를 읽는 주요 코드는 신화(神話)라고 할 수 있다. 고대의 대표적인 도시로는 그리스 아테네와 로마제국의 수도였던 로마를 들 수 있다. 그런데 그리스와 로마의 역사를 이해하기 위해서는 바로 신화를 알아야 하고, 특히 그리스 통치는 신에 의존하는 신탁통치(神託統治)로 설명된다. 그리스의 역사철학을 흡수·계승한 로마는 그리스 신들의 이름만 바꾸어 자신의 신으로 만들었다. 주지하다시피 그리스의 제우스는 주피터로, 아프로디테는 비너스로, 아테나는 미네르바로, 에로스는 큐피드로 이름만 바꾸어 자신의 신으로 탈바꿈시켰기 때문에 헤겔(Georg Wilhelm Friedrich Hegel, 1770~1831)은 그의 책 『역사철학강의(Vorlesungen über die Philosophie der Weltgeschichte)』에서 로마를 도적 국가로 비판하고 있다. 이제 역사는 초기 도시를 지나 제2단계인 고대도시로 접어들어 그리스의 아테네와 로마제국의 수도 로마를 건설하며 지중해 시대를 활짝 열었다.

2-1. 그리스 도시국가 아테네의 출현

고대 그리스 사람들은 동족 의식을 가지고 부분적으로는 결합하였으나, 도시국가인 폴리스(polis)를 중심으로 독립성이 강하여 통일된 국가를 형성하지 않았고 필요 시에 여러 폴리스들 간에 동맹을 맺는 형식을 유지하였다. 이러한 도시국가 체제는 당시 세계의 다른 여러 지역에서 형성되었던 제국 또는 왕국과는 다른 그리스만의 독특한 통치 체제이다. 이와 같은 통치 체제는 헬레니즘 시대의 그리스(B.C. 323~B.C. 146) 이전까지 유지되었다. 이런 고대 그리스 폴리스 가운데 가장 강력한 도시국가를 형성하였던 곳이 바로 아테네이다. 고대 아테네는 대략 B.C. 11~B.C. 7세기부터 인간이 살았던 것으로 흔적이 남아 있으며, 강력한 도시국가를 형성하였던 전성기는 B.C. 5~B.C. 4세기 동안으로 소크라테스, 페리클레스, 소포클레스, 플라톤, 아리스토텔레스 등 고대의 쟁쟁한 철학자들을 배출한 시기라고 할 수 있다. 이 시기에 아테네가 이룬 문화적 · 정치적 업적이 당시 유럽 대륙의 여러 지역에 영향을 미쳐 지금까지 그리스 문명은 서구 문명의 요람이자 민주주의의 고향으로 널리 인정받고 있다.

헤겔은 『역사철학강의』에서 인류 역사상 가장 아름다운 사회로 그리스를 꼽고 있다. 그는 역사도 인간과 마찬가지로 생-로-병-사의 과정을 거친다고 주장하며, 인간이 가장 아름다운 몸과 마음을 갖는 때를 청년기라고 보았다. 이런 논리에서 헤겔은 인류 역사는 오리엔트(Orient, 동양)에서 시작하여 중동과 이집트를 거치며 유년기를 지났고, 그리스 시대에 청년기를 맞이하여 가장 아름다운 정신과 몸을 가진 시기였다고 주장한다. 따라서 정신적인 면에서 소크라테스, 플라톤, 아리스토텔레스 같은 철학자들이 배출되었으며, 제도적인 면에서 민주주의가 꽃피는 시기를 맞이하였다고 주장한다. 물론 이는 헤겔의 주장이지 학자들이 보편적으로 인식하고 있는 것은 아니다. 어쨌든 이런 주장에 영향을 받아서인지 서구 사회는 그리스 문화에 대한 향수를 가지고 있으며, 오리엔트(동양)를 아직도 유아기에 머물고 있는 지역과 문화로 인식하는 왜곡된 사고를 가지고 있다(Said, 1979).

그리스 도시국가 시절인 B.C. 500년경 아테네의 인구는 약 15만 명 정도로 추산되며, 당시에 경쟁 도시인 스파르타의 인구는 약 4만 명으로 추산되고 있다. 아테네와 스파르타의 인구 규모 차이는 주요 산업의 차이에서 기인하였던 것으로 알려지고 있다. 즉 평상시에 아테네는 에게해(Aegean Sea)를 중심으로 해상무역에 종사하며 활발한 상업활동을 수행한 반면, 스파르타는 주로 농업에 주력한 지역이었다. 그러다가 전쟁이 발생하면 아테네는 해군으로 전환되었고, 스파르타는 주로 육상 전력을 담당하였다. 따라서 당시에는 육로가 개발되지 않았고 주로 해상과 수로를 통해 교통이 이루어졌기 때문에 아테네는 인구 규모가 컸던 반면, 스파르타는 상대적으로 인구가 적은 도시국가를 형성하였다.

그런데 아테네 인구 15만 명은 아테네 시민만을 계산한 수로 알려져 있다. 당시 아테네 경제는 노예제도에 의해 운영되어 아테네 시민의 약 3배에 달하는 노예들이 아테네에 거주하였다고 한다. 그래서 노예를 포함하면 당시 아테네 인구는 약 60만 명 정도에 달하였다고 전해진다.

노예제도와 관련해서는 아리스토텔레스의 노예제도 찬성에 대한 이야기가 전해진다. 아리스토텔레스 같은 아테네 철학자도 선천적 노예제도를 인정하였는데, 이는 즉 태어날 때부터 노예인 사람도 있다는 생각이었다. 그래서 이들은 노예제도하에서 안정된 삶을 살아갈 수 있으며, 만약 노예제도가 없다면 이들의 삶도 피폐해지는 동시에 아테네 경제도 어려워진다는 주장을 폈다. 후일 이와 같은 아리스토텔레스의 논리는 제레미 벤담(Jeremy Bentham)의 공리주의에서 지지되었지만, 존 롤스(John Rawls)의 정의론에서 강력한 비판을 받게 된다.[1] 즉 최대다수의 최대행복을 위해서는 소수집단은 희생될 수 있다는 주장인

---

1. 최대다수의 최대행복을 추구하는 사회가 바람직한 사회라는 벤담의 공리주의에서는 노예제도를 통해 전체 경제에 긍정적 효과를 가져온다면 소수의 노예들은 희생될 수 있다는 논리를 제시한다. 그런데 존 롤스의 정의론은 공정(fairness)으로의 정의(justice)를 주장하며, 노예제도는 결코 공정

데, 과연 본인이 노예라도 그런 주장을 할 수 있었을까 의심이 든다. 어쨌든 그때는 고대 그리스 사회였으니, 게다가 결국 마케도니아 왕국에 의해 멸망하는 시기였으니 그러려니 한다. 노예와 이방인에 대한 이런 사고가 결국 그리스를 폐쇄사회로 만들고 제국의 멸망을 앞당기는 주요 요인 가운데 하나로 작용하였을 것으로 필자는 생각한다.

당시 도시 아테네의 주요 기능과 시설을 보면 다음과 같다.

〈표 2.1〉 도시 아테네의 주요 기능과 시설

도시의 주요 기능: 상업과 교육의 중심지. 민주정치와 도시 자치 실시
- 제국은 도시와 도시들 사이의 동맹에 의해 성립
- 정치는 신탁정치에 의해 운영
- 경제는 노예제도에 의해 운영(아테네 인구의 약 4분의 3)

도시의 주요 시설
- 신전(예배, 정치를 위한 공간): 아크로폴리스(Acropolis)
- 시장(상거래 공간): 아고라(Agora)
- 극장(오락을 위한 공간): 콜로세움(Colosseum)
- 광장(공공 토론, 집회의 공간): 포럼(Forum) 등이 건립

아테네는 해상무역을 통한 상업의 중심지이며, 소크라테스, 플라톤, 아리스토텔레스 등 철학자들이 청년들을 교육하는 학당이 있던 곳이었다. 정치는 아테네 시민들이 직접 참여하는 직접민주주의 체제를 실시하여 시민들의 의견을 반영하는 정치 체제를 채택하였다. 직접민주주의라고 해서 모든 시민이 참여하는 것은 아니며, 유권자는 18세 이상 성인 남성으로 제한하였고 미성년자, 여성, 노예, 외국인 등은 투표에 참여할 수 없었다.[2]

한 제도가 아니기 때문에 철폐되어야 한다고 주장하고 있다.
2. 아테네 시민권자의 요건을 부모가 모두 아테네 시민일 경우에 한정시킨 페리클레스의 법률을 들어 상당히 폐쇄적이라고 비난하는 경우가 많지만, 이는 극히 짧은 기간에만 적용되거나 사실상 적용되지 않은 법률이었다. 테미스토클레스도 어머니가 아테네 시민이 아니었고, 페리클레스의 시대에도 아테네로 귀화한 외국인 철학자, 예술가가 많았으며, 펠로폰네소스전쟁 후반기에는 아르기누사이(Arginusae) 해전에 참전한 이들은 외국인, 노예를 불문하고 시민권을 지급하였고, 아테네에 마지막까지 동맹의 신의를 지킨 모든 사모스섬 주민 전원에게 아테네 시민권을 지급하는 등 개

그리스제국은 도시와 도시 사이의 동맹에 의해 성립하였으며, 그 가운데 가장 강력하였던 동맹이 델로스 동맹이고, 여기에 대항하여 경쟁적 관계에 있던 동맹이 바로 펠로폰네소스 동맹이다. 뒤에 서술하겠지만, 그리스제국은 델로스 동맹과 펠로폰네소스 동맹 사이의 전쟁에서 델로스 동맹이 패하며 결국 막을 내리게 된다.

그리스의 정치는 민주주의 방식으로 운영되었지만, 주요 의사 결정은 신탁에 의존하였다. 신탁이란 신이 사람을 매개로 자신의 뜻을 알리거나 인간의 물음에 답하는 것을 말한다. 델포이(Delphoe)는 고대 그리스 시대에 가장 중요한 신탁이 이루어진 곳으로, 신전에서 인간이 질문을 외치면 피티아(Pythia)로 불린 무녀가 신의 답을 전달하는 방식으로 신탁이 행해졌다.[3]

아테네 경제는 해상무역을 통한 상업활동과 주로 노예에 의존한 생산활동에 기반을 두었다. 에게해 및 흑해 주변이 아테네 해군의 영향권 아래 놓이면서 비그리스계 주민들(Barbaroe)을 노예로 수입하여, 기원전 5세기 후반 아테네에서 노예는 전 인구의 3분의 2를 점할 정도에 이르렀다. 노예는 시민의 고유한 활동 분야인 정치와 군사를 제외한 거의 모든 생활 영역에 배치되었다. 유명한 은광산 라우리온(Laurion)에 수만 명의 노예가 투입되었고, 시민들은 수 명, 많게는 100여 명에 이르는 노예들을 보유하였다. 한편, 상업 및 금융업 분야에서는 노예들이 주인으로부터 상당한 독립성을 허용받아 종국에는 유력한 경영자

방성을 보였다. 즉 아테네 민주주의는 모든 성인 남성 자유민에게 투표권과 피선거권을 부여하였던 것으로 이해할 수 있다.

3. 주요한 신탁의 예를 몇 가지 들자면, 스파르타인들은 국가를 잘 통치할 법률 제정을 위해 델포이를 방문하여 신탁의 조언을 구했다. 이때 피티아가 조언하기를, 군주제, 과두제, 민주제가 혼합된 지배 체제를 헌법으로 채택하면 스파르타가 융성할 것이라 예언하여 스파르타의 부흥을 가져왔다고 역사가들은 평가하고 있다. 아테네도 헌법의 틀을 만들기 위해 델포이 신탁에 의지했다. 기원전 6세기경 아테네는 가난한 자들이 토지 재분배를 요구하면서 사회적 긴장관계가 촉발되었다. 이에 아테네는 솔론에게 경제와 법률을 정비할 전권을 주었다. 그는 귀족정치를 약화시키고 민주정치를 위한 대범한 조치를 취했는데, 이는 피티아가 타협이 최상의 결과를 가져올 것이라고 한 예언에 따른 것이었다. 오늘날 민주주의의 시원이라는 아테네 민주주의는 이렇듯 델포이 신전 여사제의 조언에 의해 시작된 것이다(제주환경일보, 2016).

〈그림 2.1〉 그리스 민주정치의 상징인 아크로폴리스

로 성장한 사례가 나타나기도 하였다. 또한 농업에서도 노예들이 주요 노동을 담당하여, 당시에 3~4명의 소가족으로 구성된 아테네 평균 농가에서 민주시민으로 활동하려면 노예 1~2명의 보조가 필수적이었다. 이런 시각에서 볼 때, 노예제도는 아테네 민주정치를 유지하는 데 필수적 요인이었다고 볼 수 있다(배영수, 2016).

이제 고대 아테네로부터 도시는 점차 기반 시설들이 조성되어 도시의 면모를 갖추기 시작하였다. 주요 시설과 건축물을 보면, 아크로폴리스(Acropolis: 높은 땅의 의미)는 도시국가의 성역으로 아테네의 황금기라 불리는 페리클레스 시대에 신을 모시는 파르테논(Parthenon), 에레크테이온(Erechtheion), 니케(Nice) 신전이 지어졌다. 아래 낮은 땅에는 아고라(Agora) 광장이 들어서서 상거래를 위한 시장으로 기능하였다. 그리고 다른 쪽에는 콜로세움(Colosseum)이 건축되어 음악, 연극, 스포츠 등의 여가와 오락을 위한 공간으로 활용되었다. 도시 곳곳에는 포럼(Forum)이 조성되어 토론과 집회를 위한 공론의 공간으로 이용되었다.

번성하였던 아테네도 시간이 지남에 따라 향락과 부패가 만연하여 B.C. 400년경에 들어서서 점차 몰락의 길에 접어든다. 페르시아의 빈번한 침략을 저지하기 위해 아테네를 중심으로 해상 동맹인 델로스 동맹(B.C. 477)이 결성되었는데, 동맹을 유지하기 위한 기금으로 가맹국으로부터 과도한 세금을 요구하였고, 이 기금을 아테네의 호화 생활과 향락을 위해 전용함으로써 가맹국들의 원성이 점차 높아졌다. 이런 상황에서 델로스 동맹에 대항하여 스파르타를 중심으로 한 펠로폰네소스 동맹이 결성되었고, 27년간(B.C. 431~B.C. 404) 펠로폰네소스전쟁이 벌어졌다. 그 결과 아테네가 패배하고 스파르타가 그리스를 지배하며 민주정치는 폐쇄되고 철권정치가 등장하였다. 이후 스파르타를 지원한 페르시아가 도시국가들의 동맹을 방해하며, 그리스에 대한 지배권을 장악하게 된다. 또한 북방에서는 마케도니아 왕국이 건설되어 남방 정책을 단행하여 마침내 그리스를 정복하였으며, B.C. 334년 알렉산더 대왕이 그리스 연합군을 거느리고 동방 원정을 단행하여 페르시아 왕국을 붕괴시키고 인도, 이집트에 걸친 대제국을 건설하였다. 그러나 B.C. 321년 알렉산더 급사(33세) 후 제국이 분할되어 로마제국이 지배권을 갖는 역사적 배경이 마련되었다.

그리스 시대를 마감하기 전에 당시 철학자였던 소크라테스, 플라톤, 아리스토텔레스와 관련된 재미있는 에피소드를 하나 소개한다. 이 책은 철학책이 아니기 때문에 이들의 철학에 대한 이야기는 아니고, 세 철학자의 죽음에 대한 이야기이다. 잘 알다시피 소크라테스(B.C. 470년경~B.C. 399)는 "악법도 법이다."라는 말을 남기고 죽음을 맞이하였다. 당시 소크라테스 나이가 71세였으니, 당시로서는 아주 장수한 인생을 보냈다. 현재 나이로 환산한다면 대략 90대까지 살았다고 볼 수 있다. 천수를 누린 소크라테스의 "너 자신을 알라."라는 명언은 긴 수명으로 겪은 많은 경험으로 인해 나올 수 있지 않았나 추측해 본다.

다음으로 플라톤(B.C. 428/427 혹은 B.C. 424/423~B.C. 348)은 아주 평화

로운 죽음을 맞은 것으로 전해진다. 플라톤은 출생 일시가 명확하지는 않지만 75~80세까지 살았으니, 그 또한 장수하였다. 전해지는 바로는 플라톤은 제자가 초대한 파티에 갔다가 몸이 피곤하다며 잠시 휴식을 취하느라 앉았던 의자에서 운명하였다고 한다. 제자들은 플라톤이 잠들어 있는 것으로 생각하였는데, 깨어나지 않아 흔들어 보니 잠든 상태 그대로 세상을 하직하였다고 전해진다. 플라톤은 잠든 상태에서 자신이 꿈꾼 이상사회로 평온하게 떠났다. 아마도 플라톤은 많은 사람들이 원하는 이상적인 죽음을 맞이하였던 것이 아닐까.

마지막으로 아리스토텔레스(B.C. 384~B.C. 322)는 62세에 생을 마감하였다. 지금은 62세라면 평균수명을 누리지 못해 아쉽다고 하겠지만, 당시에 62세는 역시 장수한 삶이라고 할 수 있을 것이다. 참고로 산업혁명이 일어난 1800년대 초반 유럽의 평균수명은 불과 35세 정도로 기록되어 있다. 그래도 세 철학자 가운데 가장 단명한 것으로 알려졌는데, 여기에는 그만한 사연이 있다. 아리스토텔레스는 그리스가 아닌 마케도니아 출신으로, 마케도니아 왕이었던 알렉산더 대왕의 스승이었다. 당시 마케도니아는 그리스를 침공하여 아테네를 정복한 그리스의 지배자였다. 이런 상황에서 아리스토텔레스는 플라톤을 이어 아테네 학당을 이끌었는데, 갑자기 알렉산더 대왕이 요절하자 아리스토텔레스에 대한 비판이 쇄도하였다. 즉 아테네 시민의 입장에서 마케도니아는 침략국이며, 아리스토텔레스는 침략국 출신임과 동시에 부역자로 낙인찍힌 것이다. 생명의 위협을 느낀 아리스토텔레스는 아테네에서 야반도주할 수밖에 없었고, 이때 남긴 말이 바로 "나는 아테네인들이 철학에 대해 똑같은 죄를 두 번 저지르지 않게 하기 위해 아테네를 떠난다."라는 변명이었다. 아테네를 떠나 고향 마을에 도착한 이듬해에 아리스토텔레스는 세상을 떠났다. 일설에 의하면 스스로 목숨을 끊었다고도 하고 위염으로 사망하였다고도 하는데, 화병에 걸려 죽었다는 이야기도 전해진다. 예나 지금이나 정치권력과 결탁하면 제명대로 살기 힘들다는 것은 어느 정도 맞는 것 같다. 소크라테스가 젊은이들을 호도한다는 죄명으로 죽었고, 아리스토텔레스가 알렉산더의 스승으로 권력을 행사하다 추방당한 처지였던 것과 비교하여, (소크라테스의 죽음을 보고) 정치가의 꿈을 버린 플라톤이 천수를 누린 것을 보면 권력 추구는 교도소 담장 위를 걷는 행위라는 말은 여전히 유효한 것 같다.

2-2. 로마제국의 거대도시 로마

이제 세월은 흘러 그리스를 마감하고 로마가 지배하는 시대가 열렸다. 로마는 B.C. 4세기경 그리스 유민(트로이 전쟁의 유민)인 로물루스에 의해 테베레강(이탈리아어: fiume Tevere, 라틴어: Tiberis) 인근에 도시국가를 설립하며 지중해 시대를 열었다.[4] 그리스와 로마가 역사적으로 연결되었다는 것은 트로이 전쟁에서 패한 유민들이 정착하여 로마를 건설하였다는 신화에서부터, 로마의 신들은 대부분 그리스 신화 속 신들을 이름만 바꾸어 도용한 것으로 이를 통해 제국을 통치한 신탁 정치에 이르기까지 많은 것들이 맥락을 같이함을 알 수 있다. 이제 도시는 신들이 지배하는 시대를 지나 신화에 의해 설명되는 시대가 도래한 것이다. 이런 맥락에서 초기 로마는 그리스의 철학과 사상, 종교와 신화를 이어받은 국가로서, 그리스제국이 붕괴한 후에 카르타고(Carthago)와 지중해의 지배권을 놓고 벌였던 포에니(Poeni) 전쟁(B.C. 3~B.C. 2세기)에서 승리하여 전쟁의 전리품으로 마케도니아와 그리스를 속국으로 지배하며 지중해의 패권을 확립하였다.

로마제국의 통치 방식은 한마디로 하면 원로원을 중심으로 한 귀족정치 체

---

4. 로마를 관통하며 흐르는 테베레강은 강폭이 넓거나 장엄하지는 않지만 3,000여 년 세월 동안 로마의 흥망을 지켜보며 도도히 흐르고 있다. 대다수 문명의 발상지가 강가에서 시작한 것처럼, 로마를 세웠던 시조 로물루스(Romulus)의 탄생 설화도 이 테베레강에서 시작하고 있다. 레아 실비아와 전쟁의 신 마르스 사이에 태어난 로물루스와 쌍둥이 형제 레무스(Remus)를 누군가 테베레강에 버렸는데, 이들을 늑대가 데려가 길렀다고 한다. 이들은 늑대의 젖을 먹고 자랐으며, 후에 누가 이 도시를 통치할 것인가를 두고 싸우게 된다. 팔라티노 언덕에서 로물루스가 레무스를 죽이고는 목동들과 함께 로마를 세워 왕이 되었다는 신화가 바로 이 테베레강에서 시작한 것이다(https://nightinn.tistory.com/116에서 발췌 인용).

제라고 할 수 있다. 그리고 제국을 유지하기 위해 계속적인 침략과 원정으로 취득한 전리품의 분배를 통해 로마의 부를 쌓으며 영토를 넓혀 나갔다. 당시의 상황을 빗대어 헤겔은 『역사철학강의』에서 로마 정치를 '도적 정치'라고 혹독하게 비판하였다. 그 주요 요인으로는, 첫째 로마제국을 운영하기 위해 극히 가혹할 정도의 규율을 강조하였고, 둘째 제국에 충성을 바치기 위한 (단체에 의해 강요된) 희생정신을 요구하였으며, 셋째 로마법을 따르지 않는 경우 폭력에 의한 질서유지를 밀어붙였다. 이와 같이 로마는 도적 국가로 시작하였기 때문에 로마 초기에 전쟁은 필연이었으며, 모든 시민은 전력 강화를 위해 시민과 동시에 병사화(兵士化)되어야 했다.

헤겔은 또한 로마 정치를 빗대어 그의 저서 『법철학(Grundlinien der Philosophie des Rechts』(1820)에 다음과 같은 경구를 남겼다. "미네르바의 부엉이는 황혼이 저물어야 날갯짓을 시작한다." 여기서 미네르바는 로마 신화의 지혜의 여신(그리스 신화의 아테나를 복제한 것)이고, 부엉이는 특성상 어둠이 깃들어야 볼 수 있기 때문에, 학문과 철학은 환한 대낮에는 그 의미를 찾을 수 없고 어두운 시간이 다가와야 제 역할을 한다는 의미로 해석되고 있다. 즉 세상이 혼돈에 휩싸이고 어두운 시절이 되어야 비로소 진정한 지혜의 힘이 발휘되고 밝은 새벽을 맞이한다는 논리로 해석되기도 한다.

로마가 헤겔이 비난한 도적 정치를 벗어난 때는 바로 카이사르(Gaius Julius Caesar, B.C. 100~B.C. 44)가 등장한 이후라고 할 수 있다. 카이사르의 등장으로 로마는 국내의 대립과 혼란을 진정시키고 갈리아 등 신생지를 개척하여 로마의 세계사적 역할이 전개되었으며, 지중해 시대가 개막되었다. 이제 로마는 도시국가라는 의미인 폴리스(polis)를 넘어 당시에 세계의 중심 도시 코스모폴리스(Cosmopolis)로 성장하였던 것이다. 카이사르의 등장으로 강력한 제국을 형성하여 지중해 연안과 중동 지역까지 지배하며 '로마의 지중해'로 활동 영역이 확대되었다. 로마가 강력한 지배 체제를 형성함에 따라 지중해를 중심으로 상거래가 활성화되고, 문화와 건축의 발달(예를 들면, 로마네스크 건축술 확산), 학문과 예술의 발달(키케로 등), 도시 인프라의 발달(아피아 대로, 목욕탕, 콜로세움 경기장, 아고라 광장 등)을 가져와 로마는 이제 명실상부한 월드시티로 성장하였다.

카이사르가 지중해 시대를 열고 강력한 제국을 형성한 데는 몇 가지 주요 요인이 작용하였다. 첫째는 카이사르가 제국을 지배하는 방식이 주효하였다. 카이사르는 로마제국을 지배하는 방식으로 파트너 & 클라이언트 시스템(partner and client system)을 도입하였다. 제국의 원정을 통해 영토를 확장 및 통치하는 과정에서, 그 지역이 고유의 역사와 문화를 간직하고 독자적으로 관리할 수 있는 능력이 있으면 파트너로 인정하여 동맹국 지위를 부여하였다. 예를 들면, 이집트와 아르메니아가 대표적인 지역이라고 할 수 있다. 이집트는 오랜 문화와 역사를 가지고 있고 자치적인 통치 능력이 있기 때문에 로마에 저항하지 않는 한 파트너로서 동맹국 지위가 부여되었다. 반면, 로마에 저항하며 로마 율법에 순순히 따르지 않았던 자치적인 통치 능력이 부족한 지역은 복속국으로 분류, 총독을 파견하여 지배하였다. 대표적인 지역으로 갈리아, 스페인, 시리아, 유대 지역 등을 들 수 있다.

이제 이 시점에서 역사 속에 잘 알려진 카이사르와 클레오파트라(Cleopatra, B.C. 69~ B.C. 30)의 관계를 살펴보는 것도 재미있을 것 같다. 우선 많은 사람들이 의구심을 갖는 것이 이집트는 북아프리카 지역인데 클레오파트라가 말 그대로 경국지색의 미모를 갖추었는가 하는 것이다. 여기서 우리는 당시 이집트 역사를 한번 돌아볼 필요가 있다. 프랑스의 수학자이자 물리학자인 파스칼(Blaise Pascal, 1623~1662)은 클레오파트라와 관련된 유명한 말 "클레오파트라의 코가 조금만 낮았다면 세계 역사가 변했을 것이다."를 남겼다.[5] 클레오파

---

5. 클레오파트라는 18세에 여왕으로 등극하였고, 이때까지만 해도 이집트 왕은 파라오로서 신으로 추앙받는 시절이었을 것으로 추정된다. 특히 클레오파트라는 미모만 갖춘 것이 아니라 이집트어, 그리스어, 라틴어, 시리아어 등 다국어에 능통하였고, 학문에 조예도 깊었던 것으로 전해진다. 이런 맥락에서 몇몇 학자들은 카이사르와 안토니우스가 클레오파트라에게 빠진 것은 클레오파트라를 여신으로 인식하였을 것이라는 해석을 내놓기도 하였다.

트라는 이집트인이 아니라, 마케도니아 피가 흐르는 유럽인이었다. 알렉산더 대왕이 동방 원정 중에 급사하였기 때문에 알렉산더가 정복한 영토 중 하나인 이집트는 그의 부하였던 프톨레마이오스 장군에 의해 통치되었고, 클레오파트라는 프톨레마이오스 12세의 셋째 딸이었다고 한다. 카이사르는 클레오파트라의 미모에 반해 카이사리온(Caesarion)이라는 아들을 낳았고, 카이사르가 암살당한 다음에는 안토니우스(Antonius)와 결혼하여 로마를 혼란에 빠뜨렸으며, 결국 옥타비아누스(Octavianus)와 레바논 앞바다에서 벌어진 악티움(Actium) 해전에서 패배하며 자살로 생을 마감하게 된다. 위 역사에서 알 수 있듯이, 이집트는 오랜 역사와 전통을 가지고 자치 능력이 있다고 인정되었기 때문에 총독을 파견한 것이 아니라, 동맹국으로 인정하여 클레오파트라로 하여금 통치하게 하였던 것이다. 반면, 성경에 나와 있는 바와 같이 유대 지역은 본디오 빌라도(Pontius Pilatus, B.C. 12~A.D. 38)라는 총독을 파견하여 직접 통치하면서 유대교와 기독교를 박해하였으며, 마침내는 예수를 처형한 역사적 기록을 남겼다.

로마는 카이사르가 통치하였던 시절에 새로운 지역을 정복한 다음 로마의 문화와 종교를 강요한 것이 아니라, 그 지역의 언어, 문화, 종교 등을 허용한 다문화·다종교 체제를 유지하였다. 그리고 복속 지역의 귀족과 그 자제들을 로마 시민으로 받아들여 일정 기간 로마에 체류하게 함으로써(아마 일종의 인질이었을 가능성이 높다) 로마의 힘과 강성함을 과시하였고, 이런 정책은 로마제국의 관용과 포용력을 보여 주어 일체감과 단결력을 고양시켰다. 아테네는 부모 모두가 아테네 시민이어야 아테네 시민권을 가졌던 것과 달리, 로마는 부모 중 한 명만 로마인이면 로마 시민으로 인정되었다. 이러한 로마의 포용 정책이 다양한 문화와 종교, 학문과 기술, 그리고 상품과 문물의 교류와 확산의 범위를 확대하여 제국을 더욱 강성하게 만들었다.

여기서 또 한 가지 주목할 만한 점은 카이사르 시절에 여성의 권한이 상당히 광범위했다는 것이다. 당시에 여성들은 초등교육을 받았고, 재산 상속이 허용되었으며, 심지어는 여성 제사장이 있었던 것으로 전해진다. 당시를 기록한 벽화에는 여성 제사장이 여신을 위해 제사를 드리는 그림이 남아 있으며, 여성도 가족 구성원으로 재산 상속이 허용되고 기초교육도 인정되었던 시대로 전해지고 있다. 이런 시대적 배경에서 당시 로마 동맹국이었던 이집트의 클레오파트라가 파라오(여왕)가 된 후 일반에게는 여신으로 인식되어 시대에 큰 발자취를 남긴 것으로 추측해 보기도 한다. 그런데 후에 기독교가 공인된 다음에는 여성의 지위와 권한, 사회 활동이 현저히 위축된 사회가 전개되었다.

카이사르의 갈리아 원정을 통해 로마제국의 영토가 확장되면서 본격적으로 지중해 시대가 개막되었다. A.D. 300년에 로마제국의 인구는 약 5000만 명 정도로 추산되었으며, 제국의 중심지인 로마는 인구 약 100만 이상의 거대도시로 성장하였다. 이제 로마는 세계의 정치, 문화예술, 경제, 학문, 무역의 중심지로서 인류 역사에서 최초로 거대도시의 면모를 갖춘 도시로 등장하였다. 100만의 인구가 밀집해서 거주하기 위해서는 우선 수로가 정비되어 물이 원활히 공급되고, 물자의 운송과 거대 군단의 이동을 위한 대로(boulevard)가 건설되어야 하며, 상거래 활동을 원활히 하기 위한 대규모 시장(market and plaza)이 조성되어야 했다. 또한 여흥과 오락을 위한 대형 극장과 경기장(colosseum)이 있어야 하며, 거대 제국의 관리·통제를 위한 공공건물이 들어서야 했다. 이미 2,000년 전에 로마에는 이런 대도시 인프라가 조성되어 로마를 여행하면 도처에서 당시의 흔적을 찾아볼 수 있다(그림 2.2 참조).

로마 시대 대표적인 건축가로 비트루비우스를 들 수 있다. 마르쿠스 비트루비우스 폴리오(Marcus Vitruvius Pollio, B.C. 90~B.C. 20)는 B.C. 1세기경에 고대 로마에서 활약한 건축가이자 기술자이다. 그는 카이사르 로마 군단의 건축기사로 복무하였으며(B.C. 58~B.C. 51), 스페인과 갈리아 정복 전쟁에서 군막사, 공성 장비, 대로, 다리 건설 등의 공병 일을 담당하였던 것으로 보인다. 후에 아우구스투스(Augustus)가 그에게 재정적 지원을 하였다고 전해진다. 그는 로마 건축을 집대성한 『건축술에 대하여(De Architectura)』라는 10권의 책

〈그림 2.2〉 로마 유적지 포로 로마노(Foro Romano)

을 저술하였다. 이 책은 도시계획과 건축일반론, 건축 재료, 신전, 극장·목욕탕 등 공공건물, 개인 건물, 운하와 벽화, 시계·측량법·천문학, 토목 도구 및 군사용 도구 등 건축 기술과 관련된 거의 모든 분야를 다루고 있다. 비트루비우스는 그리스 건축에서 상당한 영향을 받아 규칙적인 비례와 대칭구조, 고전적 형식미를 강조하였으며(그리스 건축양식을 도리스식, 이오니아식, 코린트식으로 분류한 것도 비트루비우스이다), 건축은 새나 벌이 둥지를 짓는 것과 마찬가지로 자연적이어야 하고, 따라서 건축 재료는 주변에서 구할 수 있어야 하며, 인간에게 휴식처가 되어야 한다고 생각하였다. 비트루비우스는 건축의 세 가지 본질로서 견고함(firmitas), 유용성(utilitas), 아름다움(venustas)을 제시하였다. 그의 책 『건축술에 대하여』는 1414년 피렌체에서 재발견된 후 르네상스 건축가들에게 널리 읽혀 고대 로마 건축 연구 및 르네상스, 바로크, 신고전주의에 이르기까지 후대에 상당한 영향을 미쳤다. 레오나르도 다빈치(Leonardo da Vinci)의 소묘 작품인 〈비트루비우스적 인간(Vitruvian Man)〉(또는 〈인체비례

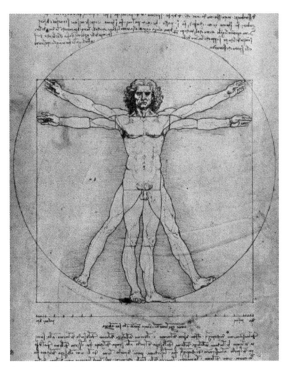

〈그림 2.3〉〈인체비례도〉, 레오나르도 다빈치, 1492.

도〉, 그림 2.3 참조)은 바로 그의 건축 원리에서 영감을 받은 작품이다.[6]

고대 로마의 대형 건축물 조성에는 흥미로운 이야기가 전해지고 있다. 로마의 집정자들은 임기 중에 무언가 의미 있는 건축물을 남겨 자신의 이름을 후대에 알린다는 관습이 있었던 모양이다. 그래서 폼페이우스(Gnaeus Pompeius Magnus, B.C. 106~B.C. 48)는 B.C. 55년에 로마 최초의 석조 극장인 폼페이우

---

6. 비트루비우스는 인체의 중심을 배꼽으로 보았으며, 마찬가지로 도시의 중심도 인체와 같이 배꼽에 계획되어야 하고, 머리와 양팔과 양다리가 중심지와 잘 연결된 도시가 조성되어야 한다고 보았다. 이런 비트루비우스의 도시계획이 후대에 프랑스 파리의 방사형 도시, 뉴욕 맨해튼의 선박형 도시, 브라질 브라질리아의 비행기형 도시를 설계하는 데 영감을 주었을 것으로 생각한다. 그리고 비트루비우스는 집 내부의 설계에서도 침실과 서재는 동쪽에 위치할 것을 요구하였는데, 인간과 책은 아침 햇빛을 받아야 생명력을 갖고 오래 보존된다고 보았기 때문이다.

스 극장을 세웠으며, 그로부터 얼마 지나지 않은 B.C. 13년에 코르넬리우스 발부스(Cornelius Balbus)는 인근에 상설 극장을 세웠는데 그 흔적이 아직도 일부 남아 있다. 카이사르 또한 반원형 극장을 착공하였는데, 아우구스투스 시대인 B.C. 17년에 완공되어 마르켈루스(Marcellus) 극장으로 전해진다.

로마 시대에 건설된 공중목욕탕 또한 황제들이 경쟁적으로 건설하였다는 이야기가 전해지고 있다. 네로, 베스파시아누스, 티투스, 디오클레티아누스 등 황제들은 앞다투어 거대하고 우아한 공중목욕탕을 건설하는 데 심혈을 기울였다고 한다. 칼리굴라 황제의 목욕탕은 둘레 1.6km에 면적 26,500m²로 한 번에 1,600명이 들어갈 수 있었고, 디오클레티아누스 황제의 목욕탕은 면적이 37,500m²로 한번에 3,000명이 목욕을 하였다고 한다. 이 정도라면 현대의 어떤 헬스센터도 넘볼 수 없는 규모이다. 놀랍게도 당시 로마 시민은 하루에 한 사람이 평균 1,300l의 물을 사용하였는데, 현재 런던 시민 한 사람이 사용하는 물이 230l라는 것을 생각하면 엄청난 양이라고 할 수 있다(주간동아, 2004: 91). 이런 기록을 보면 로마의 집정자들은 성군도 있고 독재자도 있었지만, 기본적으로 로마 시민들의 호응과 요구에 부응하기 위해 끊임없이 노력하였다는 인상을 받았다. 그리고 이런 유적이 지금까지 남아 오드리 헵번과 그레고리 펙이 주연한 「로마의 휴일」이라는 영화의 멋진 배경이 되어 로마가 로맨틱한 도시라는 이미지를 우리에게 심어 주고 있다.

로마제국이 세계의 중심 도시로 발달하면서 제노바, 밀라노, 피사 등 이탈리아 도시들이 점차 성장하였고, 멀리는 이집트의 알렉산드리아, 비잔틴 지역의 콘스탄티노플 등 해상도시들이 발달하여 본격적으로 지중해 시대가 도래하였다. 이런 로마제국의 멸망을 가져올 그림자가 서서히 드리워졌으니, 그 주요 요인으로 기독교의 공인과 로마제국의 분리를 들 수 있다.

첫째, 기독교의 공인으로, 로마제국에서는 그동안 기독교를 박해하다가 313년 콘스탄티누스 대제가 밀라노 칙령을 공포하여 기독교가 공인되었으며,[7] 기독교의 확산과 함께 로마제국의 몰락이 가속화되는 결과를 가져왔다. 왜 기독교 공인과 확산이 로마제국의 몰락을 가져왔는가에 대해서는 아직도 의견이 분분한 것이 사실이다. 그런데 필자가 이해하기로는 기독교 정신과 로마를 유지하였던 원리 사이의 충돌이 불가피하였을 것으로 판단된다. 로마라는 거대 제국을 유지하기 위해서는 국가, 단체, 조직에 대한 강한 충성심이 필수적으로 요구된다. 그런데 기독교는 기본적으로 사랑, 개인주의, 배타성 등을 주요 원리로 하기 때문에 로마의 정신과 상충되는 면을 가진다. 기독교의 기본 정신은 사랑으로 이웃과 주변을 사랑하고, 오른뺨을 때리면 왼뺨도 대라고 가르친다. 아울러 기독교는 개인주의를 내세우며, 천국에 가기 위해서는 본인이 그리스도를 적극적으로 받아들여야 한다고 주장한다. 아무리 부모, 배우자, 자식 등이 독실하게 기독교를 믿어도 자기 자신이 받아들이지 않으면 천국에 들어갈 수 없다고 가르친다. 다음으로 기독교는 기독교 이외의 모든 타 종교를 배척한다. 기독교가 유일한 하나님의 종교이며 삼위일체설을 받아들여야 한다고 주장한다. 이런 기독교의 원리와 국가에 대한 충성심, 애국심 사이에 대립이 발생하며 로마 사회의 기반이 흔들리고 몰락이 진행되었다.

둘째, 395년 로마제국이 동로마와 서로마로 분리된 사건이다. 395년 테오도시우스 1세는 죽으면서 자신의 두 아들인 아르카디우스와 호노리우스에게 제국을 양분하여 물려주었다. 동로마제국은 장남 아르카디우스에게 물려주어 395~1453년까지 1,000년 이상 유지되었으며, 서로마제국은 차남 호노리우스

---

7. 콘스탄티누스는 기독교인들의 도움을 받아 왕위계승전쟁(당시 경쟁자 막센티우스)에 대항할 수가 있었고, 기독교인의 지원에 의해 승리를 거둔 콘스탄티누스는 313년 밀라노 칙령을 공포하여 기독교를 공인하게 되었다. 그는 또한 325년 제1차 니케아 공의회를 소집하여 기독교 발전에 기여한 것으로도 유명하다. 324년 콘스탄티누스 대제는 비잔티움(현재 터키 이스탄불)을 '새로운 로마(Nova Roma)'로 공표하고 330년 공식적으로 로마제국의 새로운 수도로 정하였다. 337년 그가 죽자 비잔티움은 '콘스탄티누스의 도시'라는 뜻의 콘스탄티노폴리스로 개명되었고, 세계 최초의 기독교 도시로서 이후 1,000년이 넘는 세월 동안 동로마제국의 수도로서 존재하게 된다. 정리해 보면, 콘스탄티누스 대제에 대한 기독교도 지원으로 황제에 등극한 후 313년 밀라노 칙령에 의해 기독교가 공인되었다. 이후 380년 테오도시우스 1세는 자신의 병이 기독교 믿음에 의해 나았다고 믿고 기독교를 국교로 선포하였다. 테오도시우스 1세의 기독교 국교 선포에 의해 392년 로마제국 전역에서 기독교는 국교가 되었고 이교도에 대한 박해가 시작되었다.

에 의해 통치되어 395~476년까지 약 80년간 존속하였다. 로마제국은 이로써 두 개의 나라로 완전히 분리되었으며 다시는 통합되지 않았다. 서로마제국은 분리된 이후 게르만 용병 오도아케르에 의해 멸망된 뒤 게르만이 지배하였고, 후에 프랑크 왕국으로 발전되었다.[8] 한편, 동로마제국은 수도 콘스탄티노폴리스(현재의 이스탄불)를 중심으로 비잔틴제국으로 계승되어 1,000년 이상을 존속하였고, 1453년에 오스만제국의 침공으로 콘스탄티노폴리스가 함락됨으로써 멸망하게 되었다.

로마는 그리스도교를 공인하기 이전에는 다문화와 다종교 체제를 유지하며 다양한 민족과 인종의 통합, 다양한 문화와 종교에 대한 관용을 통해 거대 제국을 건설하였다. 그런데 기독교를 공인하며 로마를 통치하는 원리와 기독교 정신 사이에 충돌이 발생할 수밖에 없었고, 급기야는 동로마와 서로마로 분리되어 제국의 멸망이 가속되었다. 사실 로마제국은 당시의 통치 기술로 변화와 혁신을 유도하기에는 지나치게 비대한 제국과 조직을 운영하였으며, 결국 비효율적 관리와 통치의 문제가 발생하여 붕괴를 가져왔다. 이후 종교의 배타성은 십자군 전쟁과 마녀사냥을 초래하였고, 유럽 사회는 1,000년의 암흑시대가 진행되면서 문물 교류와 상거래의 축소, 해적·산적·난적의 득세로 도시 규모가 현저히 축소되는 시기를 맞이하였다. 이제 신화의 도시는 점차 저물어 가고 다음으로 종교가 중심이 되는 중세 시대가 도래하였다.

---

8. 로마제국에서 분리된 서로마제국의 황제는 허울뿐인 존재로 전락하고 말았으며, 대신 군벌의 지도자들이 제국의 실질적인 통치자가 되었다. 한편, 서로마제국에서 게르만족의 영향력이 증대되자, 서로마제국의 마지막 황제인 로물루스 아우구스툴루스는 게르만족 용병들을 단순한 이민족 군대로 취급하지 않고 로마제국의 정규군으로 편입시켰다. 이로 인해 이탈리아를 장악한 용병대장 오도아케르는 로마 황제의 직위를 포기하고 대신 스스로 이탈리아의 왕을 자처하였다. 제국은 명맥을 유지할 수는 있게 되었으나 이는 오래가지 못했고, 476년 결국 서로마제국의 마지막 황제 로물루스 아우구스툴루스가 오도아케르에 의해 강제로 퇴위당함으로써 서로마제국은 완전히 멸망하였다.

제3장

중세도시: 종교도시

국가는 전쟁을 만들고, 전쟁은 국가를 만든다.

찰스 틸리(Charles Tilly, 1929~2008)

인류의 역사는 겉으로 보이는 것처럼 화려하고 행복한 것만은 아니다. 바로 이런 현실을 잘 보여 주는 현장이 중세도시라고 말할 수 있다. 중세도시들은 겉보기에 장엄하고 화려해 보이지만 그 뒤에는 지배자들의 착취와 수탈, 종교에 의한 박해와 희생, 현세의 어려운 참상을 죽은 다음 내세에서의 구원을 추구하였던 참혹한 시대를 반영하고 있다. 로마제국의 몰락은 당시 지중해 사회 전체에 큰 영향을 미쳤다.

서로마제국이 멸망하며 유럽은 1,000년의 암흑시대가 도래하였다. 로마제국의 멸망은 단순히 로마 지역에만 영향을 미친 것이 아니라, 지중해 사회 전체에 커다란 변화를 동반하였다. 강력한 통치 체제의 몰락으로 지방 군소 제후와 영주들의 세력이 강화되었으며, 해적·산적·화적·난적들이 출몰하여 상거래와 문물 교류의 장애로 작용하였다. 또한 종교의 공인(?)에 따른 기독교와 이슬람교 사이의 종교전쟁이 발발하였으며, 그 결과 도시 규모는 축소되고 학문과 문화 교류, 상거래의 규모가 현저히 축소된 중세 암흑기가 전개되었다.

중세도시는 종교도시로서, 당시의 도시를 이해하기 위해서는 종교라는 코드에 의존해야 한다. 왜냐하면 중세 유럽 사회는 기독교와 이슬람교로 양분되어 끊임없는 종교전쟁이 발생하였고, 후반 르네상스에 들어서는 구교(가톨릭)와 신교(개신교)로 분리되어 종교전쟁이 치열하게 진행되었으며, 이런 가운데 종교재판과 마녀사냥에 의해 수많은 사람들이 희생된 역사로 점철되었다.

로마제국이 동서로 분리되면서 서로마는 게르만의 침입으로 붕괴되었고, 동로마는 이후 1,000년을 유지하면서 수도인 콘스탄티노플(Constantinople)이 지중해 시대의 중심지 역할을 수행하였다. 로마제국의 축소는 강력한 통치와 보호 체제의 부재를 초래하여 해상에는 해적, 내륙에는 산적과 난적이 출몰하여 무역과 상거래의 위축을 가져왔다. 이와 함께 제국의 붕괴는 봉건영주들의 세력 확대를 불러와서 영지에 대한 가혹한 착취와 수탈, 통행세 징수 등에 의해 지역 간 상업과 교류 활동이 가속적으로 위축되는 결과를 초래하였다. 이러한 영향으로 문물의 교류는 위축되고, 도시 규모가 축소되며, 문명의 발달이 지체되는 중세 암흑시기가 닥쳐왔다.

당시 주요 도시들의 인구 규모는 〈표 3.1〉에 나와 있다. 4세기에 인구 100만

〈표 3.1〉 중세 시대 주요 도시의 인구 규모

8세기	바그다드(약 100만), 장안(약 100만 이상)	
1000년	콘스탄티노플	450,000명
	코르도바	450,000명
	세비야	90,000명
	팔레르모	75,000명
	베네치아	45,000명
	로마	35,000명
	런던	16,000명

에 육박하던 로마는 서로마제국의 멸망 후 1000년에는 인구 35,000명으로 급감하였으며, 비잔틴제국의 수도였던 콘스탄티노플은 인구 450,000명의 지중해 중심 도시로 역할을 하였다. 이슬람 세력이 강성해지면서 아바스(Abbās) 왕조가 지배한 바그다드(Baghdad)는 인구 100만의 거대도시로 성장하였으며, 당나라가 지배한 중국의 장안[長安, 현재 시안(西安)] 또한 인구 100만의 거대도시를 건설하였다. 이슬람 세력은 북아프리카를 거쳐 지브롤터 해협을 건너 스페인까지 세력을 확장하여, 1000년에 코르도바(Córdoba)와 세비야(Sevilla)가 인구 450,000명과 90,000명의 대도시로 성장하였다.

3-1. 중상주의 시대의 도시

중세 암흑시대가 전개되는 동안 유럽에서는 11~14세기에 걸쳐 봉건제후들 사이의 극심한 투쟁, 십자군원정, 장미 전쟁, 페스트의 발생 등을 경험한 후 점차 약탈과 전쟁이 감소하고 강력한 군주국가가 등장하며 중앙집권 체제가 강화되었다.

중세에 들어서서 서로마는 게르만 침입 이후에 제국이 붕괴되고 봉건제후들이 등장하며 소규모 도시국가로 분열되었다. 이 가운데 교구 중심의 주교가 통치하는 지역은 키비타스(Civitas)로 불리며 주로 도시적 성격을 보였고, 영주들이 지배하는 지역은 부르구스(bourg)로 농촌을 포함한 장원 지역을 형성하였다. 그래서 키비타스 중심에는 주교의 활동 무대인 거대한 두오모(duomo: 대성당)가 건설되었으며, 두오모를 중심으로 광장이 조성되어 키비타스의 경제 중심지인 시장이 형성되었다(그림 3.1 참조). 그리고 부르구스에는 후일에 상업 자본을 형성하여 자본가로 등장한 계급을 부르주아(bourgeois)로 부르게 된다.

서로마제국이 붕괴되었기 때문에 동로마제국의 콘스탄티노플이 지중해의 지배 도시로 등장하였으며, 서유럽과의 교류는 주로 베네치아가 기점이 되어 무역활동이 활발히 전개되었다. 이 당시에 베네치아에서 시작하여 아드리아해

〈그림 3.1〉 밀라노 두오모와 광장

를 거쳐 콘스탄티노플에 연계되었고, 아랍 혹은 예루살렘을 거쳐 동방으로 연결되는 실크로드(Silk Road)가 조성되었다.

이슬람 세력이 강성해지면서 예루살렘을 비롯한 기독교 성지들이 이슬람 세력으로 들어감에 따라 성지순례가 방해를 받게 되자, 성지 회복을 목적으로 십자군이 결성되고 이슬람과의 전쟁이 발발하였다. 십자군원정에 많은 군자금을 지원한 곳은 베네치아와 제노바를 비롯한 도시국가들이었다. 이러한 도시국가들은 십자군원정으로 새로운 교역 시장을 확대하고 성지 회복을 통해 순례객을 증가시켜 더 많은 부를 축적하기 위해 십자군원정을 위한 재정을 뒷받침하였다.

중세의 도시 역사에서 주요 변화 가운데 하나로 봉건주의의 등장을 들 수 있다. 서로마가 멸망한 후 동로마는 콘스탄티노플을 중심으로 비잔틴제국을 형성하여, 그리스 헬레니즘 문화에 로마 문화를 접목한 '비잔틴 문화'를 발전시켰다. 비잔틴제국은 후기에 접어들어 대토지 소유자들의 치외법권을 인정하는 법률을 받아들였고, 결국 이러한 행위는 왕권의 약화와 함께 국세수입의 빈곤, 대지주(봉건지주)의 세력 강화를 초래하여 봉건주의로의 진행을 유도하였다. 봉건주의가 도래한 결과로 대토지 소유자의 권한이 강화되고 황제의 권한은 축소되었으며, 봉건영주들 사이에 영토 확장을 위한 내란이 빈번히 발생하였다. 또한 소규모 영주들은 외세 침략에 대해 충분한 대응능력을 갖추지 못해 산적, 떠돌이 난적, 해적들이 득세하는 시대가 되었다. 이와 같은 중세 시대에 꽃을 피운 대표적인 도시로 베네치아를 들 수 있다.

3-2. 베네치아(1100~1500): 중세의 월드시티

중세가 암흑시대에서 서서히 탈출구를 찾을 수 있었던 것은 아마도 베네치아라는 도시가 있었기 때문이라고 볼 수 있다. 베네치아 하면 가장 먼저 떠오르는 것은 '멋진 수변도시'라고 생각된다. 베네치아 중심지에 자리 잡은 산마르코 대성당(Basilica di San Marco)과 리알토 다리(Ponte di Rialto), 대성당 앞 광장과 두칼레 궁전(Palazzo Ducale), 셰익스피어의 『베니스의 상인』과 곤돌라(gondola) 등 화려하고 풍요로운 관광도시를 연상시킨다. 그런데 사실 베네치아가 조성된 배경을 보면, 중세 사회가 일반 서민들에게 얼마나 혹독한 착취와 억압, 수탈과 희생을 요구한 사회였는가를 잘 이해할 수 있다.

한번 생각해 보시라! 9세기 유럽에 얼마나 많은 사람이 살았고 토지 가격이 비쌌기에, 육지에 있는 땅을 두고 해상에서 3.7km 떨어진 바다 한가운데를 매립하여 도시를 만들었겠는가? 해상도시를 만들기 위해? 부동산 투기를 위해? No!

바다를 매립해 수중도시를 만든 주요 원인은 당시에 육지 생활이 그만큼 혹독하고 억압과 착취, 수탈과 횡포, 폭력과 희생의 연속이었기 때문에 차라리 주인 없는 바다 가운데를 매립하여 공평하고 자유로운 공동체를 만들 목적으로 베네치아가 조성되었다. 일반 서민들은 영주와 주교로부터 혹독한 지배와 수탈을 당하며 겨우 생계를 유지하였으며, 수시로 출몰하는 산적과 화적 등 난적에 의해 그나마 남아 있던 재산과 식량을 빼앗겼고, 부와 권력 추구에 눈이 먼 영주와 주교들에게 서민 보호는 주요 업무가 아니었던 것이다. 이런 배경에서 『빌헬름 텔(Wilhelm Tell)』의 이야기가 나왔고, 당시의 상황을 잘 보여 주는 영화가 바로 '브레이브하트(Braveheart)'라고 할 수 있다. 스코틀랜드 독립을 위한 전쟁이 발발한 주요 요인이 바로 결혼하는 신부의 첫날밤을 영주와 보내야 한다는 '초야권'이 있었다는 설화에서 일반 서민들이 영주로부터 얼마나 수탈당하고 살았는가를 보여 주는 단적인 예라고 할 수 있다.[1] 물론 베네치아를 조성할 수 있었던 지리적 배경은 주변 바다가 '석호' 지대로서 섬들이 지중해에서 밀려오는 파도로부터 방파제 역할을 함으로써 연중 내내 잔잔한 수면을 유지할 수 있었기 때문이다(그림 3.2 참조).

　지금은 육지와 다리로 연결되어 섬으로서의 의미는 사라졌지만, 베네치아 매립의 역사에는 중세 사회의 서민들의 아픔이 녹아 있다는 것을 잊지 말아야 한다. 그리고 뒤에 네덜란드의 암스테르담을 이야기할 때, 해상 매립과 관련된 공동체 활동에 대한 유사한 이야기가 다시 나온다.

　베네치아는 해상 매립을 통해 토지를 조성하는 과정에서 필연적으로 공동체 활동이 요구되었으며, 조성된 토지는 흘린 땀만큼 공평하게 분배되어 일반 서민들도 자신의 토지를 소유하고 자유롭게 경제활동에 참여하는 시장자유주의의 토대가 마련되었다. 그리고 공화제 정치 체제를 도입하여 베네치아 도시 공화국이 탄생하였고, 이러한 안정된 정치 체제와 시장자유주의를 기반으로 베네치아의 급속한 성장을 가져왔다.

　베네치아는 서로마제국이 붕괴된 후에 유럽과 동로마를 연결하는 주요 항구(플랫폼) 역할을 수행하며 성장하였고, 동로마제국의 수도인 콘스탄티노플과

---

1. '초야권'은 '첫날밤에 대한 권리(Droit du seigneur)'를 뜻하는 중세 프랑스어로 영주가 자신의 영지에 존재하는 농노의 딸 또는 신부를 취할 수 있는 권리를 뜻하는 용어이다.

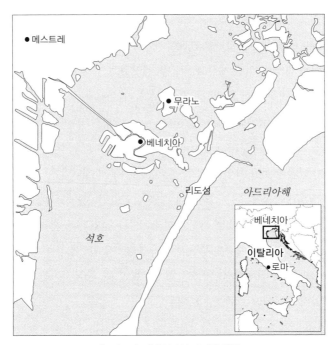

〈그림 3.2〉 베네치아의 지리적 위치

무역 통로를 연결하며 해상교통망을 형성하였다. 콘스탄티노플과의 무역로를 연결하기 위해서는 해상로를 따라 물과 식량을 공급받을 중간 거점지역을 확보해야 했는데, 이런 지역들이 일종의 고속도로 휴게소와 같은 해상 고속교통망의 주요 거점으로 성장하였다. 이제 베네치아의 해상무역 네트워크는 점차 확대되어 북아프리카 알렉산드리아와 연결됨으로써 지중해의 패권을 장악한 '팍스 베네치아' 시대가 본격적으로 전개되었으며, 1200년대에는 중국 장안, 베이징, 항저우, 쑤저우 등과 연결하는 실크로드가 열렸다. 즉 베네치아가 바로 유럽과 아시아를 연결하는 실크로드의 유럽 출발지였던 것이다.[2]

---

2. 베네치아와 실크로드의 관계는 마르코 폴로(Marco Polo)의 실크로드 탐방기(1271~1295)인 『동방견문록』에 잘 소개되어 있다. 베네치아 출신인 마르코 폴로는 17세(1271년)에 무역상인 아버지와 삼촌을 따라 베네치아를 떠나 당시 몽골이 지배하고 있던 중국을 25년 동안 여행하며 1295년

베네치아가 중세 시대에 지중해의 중심 도시로 성장할 수 있었던 주요 요인으로 후세의 학자들은 수입대체 활동(import substitution activities)을 꼽고 있다. 즉 베네치아는 실크로드를 통해 유럽과 교류된 물품들을 단순히 중개무역을 하는 데 그친 것이 아니라, 수집된 물품을 가공 및 숙성하여 부가가치를 높여 거래하는 방식을 채택하였고, 더 나아가 고급 소비재들을 직접 제작하여 수출하는 방식을 개발하였다. 이러한 경험이 축적되어 베네치아는 당시에 최고의 문화와 과학기술, 학문과 예술, 경제와 무역의 중심지로 성장하였다. 베네치아의 성장 경험을 체계적으로 정리한 후대의 도시학자들(특히 Albert Hirschman과 Jane Jacobs)은 도시가 성장하기 위해서는 필연적으로 수입대체 활동에 집중적으로 투자해야 하며, 특히 후방적 연계활동이 큰 산업을 육성하고 수입대체 활동에 집중적 투자를 함으로써 도시성장을 가져올 수 있다는 이론을 개발하였다.[3]

왜 종교가 중세도시를 지배하였는가? 베네치아를 이야기할 때 빼놓을 수 없는 부분은 바로 십자군원정이다. 베네치아가 동방과 연결하는 실크로드의 유럽 출발지였기 때문에, 이슬람 세력의 예루살렘 점령은 베네치아의 무역과 해상 활동에 큰 장애가 되었다. 특히 예루살렘은 기독교의 대표적 성지로 베네치아에서 출발하는 성지순례의 주요 여행지였다. 그런데 예루살렘이 이슬람에 의해 점령된 후 성지순례와 무역 활동에 큰 지장을 초래하였던 것이다.

여기서 재미있는 이야기가 있는데, 요즘 한국에서 유행하는 '패키지 해외여

에 귀향하여 당시의 경험을 「동방견문록」에 수록하였다.

3. 도시성장의 주요 경제적 요인 가운데 하나로 클러스터(cluster) 효과가 있다. 전후방 연계 관계를 갖는 산업들이 특정 지역에 밀집하여 입지함으로써 발생하는 경제적 효과를 클러스터 혹은 군집 효과라고 한다. 앨버트 허시먼(Albert Hirshman)은 이러한 군집 효과 가운데 후방적 연계 관계가 큰 산업을 집중적으로 육성할 것을 제안하였고, 후방적 연계산업은 전차 수입대체 활동을 통해 경제성장을 가져올 수 있다고 주장하였다. 한국이 허시먼의 정책을 채택하여 경제성장을 가져온 대표적 사례이다. 한편, 제인 제이컵스(Jane Jacobs) 또한 수입대체 활동이 도시성장의 주요 요인이라고 주장하며, 미국 TVA(테네시강 유역 개발공사) 사업이 국가 전체의 경제활성화에는 기여하였지만 지역성장에는 실패하였다고 지적하고 있다. 즉 테네시밸리 지역에 집중적 투자를 했지만, 결국 수입대체 활동의 부재에 의해 사업이 종료된 후에 지역이 폐허가 되었다는 것을 지적하고 있다.

행'의 원조가 바로 베네치아라는 것이다. 베네치아에서 성지순례를 위한 패키지 여행이 기획되었으며, 여행을 떠나면 짧게는 한 달, 길게는 몇 달 혹은 몇 년의 여행이 주로 베네치아에서 출발하였다(빈프리트 뢰쉬부르크, 2003). 하긴 그래서 마르코 폴로가 25년의 동방 여행을 시도하였는지도 모르겠다. 여행을 떠나기 전에 필수적으로 남기는 것이 바로 유언장이었으며, 성지순례의 목적 중 하나는 바로 '면죄'로 죄를 지었거나 죄의식을 느낀 사람들은 고행의 형태를 취하는 성지순례를 통해 죄를 용서받고자 하였다. 전해지는 이야기로는 중세 시대에 각 순례지마다 면죄 점수가 부여되어 있어, 이 가운데 예루살렘 순례에 가장 높은 점수가 매겨져 있었다고 한다. 그리고 면죄부 점수는 바로 로마교황 청과 베네치아 등 주요 도시들이 합작하여 부여하였고, 시민들은 죄를 용서받기 위해 성지순례를 떠났으며, 당시에 성지순례를 위한 패키지 상업 여행의 주요 출발지가 바로 베네치아였던 것이다. 그러니 이슬람에 의한 예루살렘 점령으로 베네치아 성지순례와 실크로드 상거래는 큰 타격을 받을 수밖에 없었으며, 베네치아와 제노바 등 부유한 도시들이 성지 회복을 명분으로 로마교황청에 요청하여 십자군원정이 추진되었던 것이다.

사실 이슬람이 예루살렘을 점령한 후 이슬람 통치자들은 종교적인 목적의 성지순례를 용인하였음에도 불구하고, 1071년 만지케르트(Manzikert) 전투를 시작으로 동로마제국이 점차 쇠퇴하자, 서유럽은 교황 우르바누스 2세를 중심으로 성지 회복을 명분으로 내세우며 안티오키아(안타키아), 예루살렘 등 기독교 성지에 대한 군사적 원정을 단행하여 십자군원정이 시작되었다. 그런데 이렇게 시작된 십자군원정이 결코 성전이 아니었다는 것을 역사가 말해 주고 있다.

그러면 성전이 아닌 십자군원정에 왜 많은 사람이 참여하였는가? 십자군원정에는 세 부류의 집단이 참여하였다. 첫째는 귀족 집단으로 왕족이 주류를 이루었고, 둘째는 상인 집단이며, 셋째는 일반 서민들로 구성되었다. 그런데 이들이 십자군원정에 참여한 목적은 각기 달랐다. 명시된 목적은 성지 회복이었지만, 실제적 목적을 보면 귀족 집단은 십자군원정을 통해 회복된 지역의 통치자가 되겠다는 목적으로 참여하였고, 상인 집단은 원정을 통해 상거래 범위를 보다 확대하겠다는 목적이 있었으며, 일반 시민들은 봉건영주의 농노에서 해방되어 자유민이 되겠다는 목적으로 십자군원정에 참여하였던 것이다. 이런 실정이었으니 십자군원정이 성공할 수 없었으며, 십자군의 명분과 도덕적으로 모순되는 행태도 상당히 많았다고 전해지고 있다. 그래서 교황 요한 바오로 2세가 새로운 1,000년이 시작되는 2000년을 맞이하여, 지난 1,000년(1000~1999)의 기독교 역사를 돌아보며 참회한 내용에 바로 십자군원정에 대한 반성을 담고 있었다(오마이뉴스, 2005).[4]

십자군원정이 실패로 끝난 후 봉건제후들의 세력이 급격히 약화되었고, 왕권이 점차 강화되며 절대주의가 도입되기 시작하였다. 지중해를 둘러싼 국가들 사이에도 권력 재편이 이루어져 콘스탄티노플이 오스만 세력에 의해 점령되고 지중해 해상권을 장악함에 따라 베네치아 상권의 몰락을 가져왔다. 이제 유럽의 중심은 베네치아를 떠나 점차 내륙지역으로 이동하며 네덜란드의 암스테르담이 새로운 시대를 여는 중심지로 등장하게 된다.

베네치아에 관한 이야기를 끝내기 전에 한 가지 덧붙일 것이 있다. 필자가 몇 년 전에 베네치아를 여행하였는데, 수상도시의 멋진 경관과 건축물, 디자인과 문화 등 아직도 중세의 모습을 유지하며 엄청난 관광객들이 몰려드는 것을 목격하였다. 그때 느낀 소감으로 우리는 왜 이런 명소를 하나 만들지 못했나 하는 아쉬움 한편으로, 중세도시에 사는 베네치아 주민들의 삶을 보고는 이들의 사고가 아직도 중세에 머물러 있는 것은 아닐까 하는 의구심이 들었다. 중세도

---

4. 기왕 이야기가 나왔으니, 교황 요한 바오로 2세가 2000년 기독교 역사에 대한 참회의 주요 내용을 한번 살펴보기로 하자.
   1) 십자군원정에 대한 참회
   2) 중세 마녀사냥의 희생자(이단으로 몰린 희생자)에 대한 참회
   3) 타 종교와 유대인 박해에 대한 참회
   4) 여성과 인종 차별에 대한 참회 등
   가톨릭 사회의 정화와 보편적 사랑의 실현을 촉구하는 메시지를 남겼다.

시를 유지하기 위해서는 건축물의 개조 혹은 재건축 등 활동들이 관리·통제의 대상이기 때문에 함부로 할 수 없으며, 이 같은 중세도시 속에 사는 사람들의 사고가 혁신적이고 미래지향적일 수 있을까? 이런 생각을 하며 베네치아를 다시 보니, 주민들의 상당수가 관광업과 연계되어 살아가고 있고, 관광객에게 곤돌라를 태워 주며 돈을 버는 모습이 무언가 안쓰럽기도 하였다. 한국은 비록 베네치아와 같은 명소는 없지만 일제강점기와 한국전쟁의 폐허 속에서 새로운 도시를 건설하기 위해 끊임없이 노력하고 변화를 추구하였기에 지금의 한국을 만들고 강남스타일을 만들어 냈다. 이와 비교하여 1200년대 베네치아 선조들은 지중해의 중심지, 실크로드의 출발지를 만든 진취적인 사람들이었는데, 현재는 관광산업과 곤돌라에 의존하여 살아가는 후손들의 모습에서는 이런 정신을 찾아볼 수 없는 것이 아쉬움으로 남았다. 그리고 최근 들어서는 지구온난화에 의해 해수면이 점차 상승하여 수중도시가 사라질 위기에 봉착하였다고 하니 베네치아의 미래가 더욱 안쓰럽다.

〈표 3.2〉 1400년대 유럽 주요 도시인구

파리	275,000명
밀라노	125,000명
베네치아	110,000명
그라나다	100,000명
제노바	100,000명

3-3. 중상주의 시대 도시 발달

앞에서 언급한 바와 같이, 십자군원정 이후 점차 봉건제후들의 세력이 약화되고 절대주의 왕정이 등장하였으며, 중앙집권 체제가 강화되며 중상주의 체제가 도입되기 시작하였다. 이제 유럽 사회는 중세 암흑시대를 벗어나 르네상스(Renaissance)기에 접어들어 학문과 기술의 발달, 종교개혁, 계몽사상의 전파 등을 경험하며 근대사회로의 전환을 위한 기틀이 점차 마련되었다.

중세의 암흑시대에서 중상주의 시대로의 전환을 촉진한 주요 사건들을 한번 살펴보자. 아마 다른 많은 사건 가운데 핵심적으로 영향을 미친 사건으로 다음 세 가지를 들 수 있다. 첫째 문예부흥, 둘째 종교개혁, 셋째 계몽사상의 전파이다.

문예부흥은 중세 유럽 사회에서 11세기 후반에 교부철학(敎父哲學)을 연구 및 전파하기 위한 목적으로 대도시에 대학을 설립하여 학문 발달을 유도하였다. 유럽 최초의 대학은 이탈리아 볼로냐에 건립된 볼로냐 대학교로, 1088년에 설립되어 기독교 활동 지원을 위한 율법(완전한 사회로서 교회와 어울리는 법률을 창출 및 연구)을 주로 연구하였다. 이후 12세기 초에 소르본(La Sorbonne)이라는 별칭으로 잘 알려진 파리 대학교가 설립되어 신학과 인문학을 중점적으로 연구 및 교육하는 기관으로 발전하였으며, 이후 13세기 초에 옥스퍼드 대학교와 케임브리지 대학교가 건립되었고, 14세기 중반에는 프라하, 하이델베르크, 빈 대학교가 건립되어 학문과 과학기술의 발달을 촉진하였다.

대도시에 대학이 설립됨에 따라 학문과 과학기술에 관한 연구가 활발히 진행되었으며, 중세 르네상스를 유도한 주요 요인으로 작용하였다. 당시에 활동하였던 주요 인물들을 보면, 레오나르도 다빈치(1452~1519)가 1400년대 후반에 등장하여 미술과 과학기술 발달에 큰 족적을 남겼으며, 미켈란젤로(1475~1564)가 뒤이어 등장하여 중세 미술과 건축 회화에 큰 획을 그었다. 과학기술 분야에서는 코페르니쿠스(1473~1543)가 1520년대에 지동설을 재발견하여 전파하기 시작하였으며, 이후 갈릴레이(1564~1642)에 의해 물리학과 천문학의 큰 발전을 가져왔다. 과학기술의 발전은 뉴턴(1642~1727)이 등장함으로써 자연과학의 체계가 본격적으로 잡히기 시작하였다. 뉴턴은 "자연은 물리적 법칙에 따라 운동하는 복잡하고 거대한 기계"라고 설파하며, 자연은 신의 은총과 섭리에 따라 작동하는 것이 아니라 물리적 법칙에 의해 연구 및 설명되어야 하는 대상임을 명확히 히였다. 그리고 이러한 학문적 성과와 식식, 과학기술과 정보가 빠르게 전파 및 확산될 수 있었던 것은 바로 구텐베르크(1398~1468)에 의해 1450년에 인쇄술이 개발되었기 때문이다.[5]

여기서 잠깐 인류 역사에서 핵심적인 과학기술 혁명에 대해 논의하고 가자.

물론 사람마다 각기 다른 생각을 갖겠지만, 대다수 학자들 사이에 의견의 일치를 보이는 과학기술의 혁명으로 세 가지를 꼽고 있다. 첫째는 문자의 발명이고, 둘째는 인쇄술의 발달이며, 셋째는 인터넷의 개발을 들고 있다. 이 세 가지의 공통된 특성은 바로 지식과 기술의 발전에 지대한 영향을 미쳤다는 것이다. 문자의 발명은 이전에는 구전(말로 전달)되어 지식의 축적이 이루어지기 어려웠던 문제가 문자가 발명되어 과거의 경험과 지식이 올바르게 후대에 전해질 수 있었다. 이로써 선대의 경험과 지식이 축적되어 학문과 기술의 발전을 가져왔다. 인쇄술의 개발은 이전에는 특정 가문이나 집단의 지식과 기술, 학문과 정보로 전유되었던 것이 사회 전체로 확산 및 전파되는 세상을 열었다. 그리고 인터넷 기술이 개발됨으로써 이제는 지식과 정보의 이용과 확산이 특정 지역을 넘어 글로벌 사회로 전파 및 공유되는 새로운 세상을 만들었다. 즉 문자의 발명으로 세대 간 지식과 정보의 축적이 가능해졌고, 인쇄술의 발달로 지식과 정보의 일반화가 진행되었으며, 인터넷 기술의 개발에 의해 지식과 정보의 글로벌 공유와 소통이 가능한 세상이 되었다. 이러한 과학기술의 변화는 도시 활동에도 영향을 미쳐, 고대에서 중세를 거쳐 근대도시를 형성하는 데 핵심적 요인으로 작용하였다. 이제부터 이 내용에 대해 종교개혁과 계몽사상의 전파를 중심으로 알아보도록 하자.

중세의 암흑시대를 벗어나게 한 역사적 사건 가운데 하나로 마르틴 루터(Martin Luther, 1483~1546)에 의한 종교개혁운동을 들 수 있다. 중세는 종교가 지배한 시대로, 모든 현상과 원리는 신의 은혜와 섭리로 설명되었다. 해가 뜨는 것도 신의 섭리요, 비가 오는 것도 신의 은총이고, 인간이 병들고 죽는 것도 신의 의지로 설명되었다. 그래서 신의 대리인인 교황과 주교, 신부와 수도사들은 절대적인 권력을 가지고 중세 사회를 지배하며 부를 축적하여 거대한 성당(두오모)을 건립할 수 있었다. 이 과정에서 교리에 어긋난 행동은 곧 이단

---

5. 한국의 「직지심체요절(直指心體要節)」은 이보다 80년이나 앞선 1372년에 금속활자본으로 발간되었다.

으로 몰려 종교재판과 마녀사냥의 대상이 되었다. 당시의 상황을 잘 보여 주는 책이 바로 움베르토 에코(Umberto Eco, 1932~2016)의 『장미의 이름(Il nome della rosa)』이라고 할 수 있다. 중세 시대 프란체스코 수도회의 수사이자 철학자였던 윌리엄 오컴(William Ockham, 1285?~1349)[6]을 주인공으로 당시 수도원의 실태를 잘 보여 준 이 소설은 유럽과 미국에서 대학생들이 읽어야 하는 필독서 가운데 하나로 꼽는다. 이 책은 중세에 가톨릭(구교)이 얼마나 부패하였는지를 보여 주어, 왜 종교개혁이 발생할 수밖에 없었는가를 이해할 수 있게 한다.

종교개혁(라틴어: Reformatio, 독일어: Reformation, 영어: Reformation)은 1517년 10월 31일 마르틴 루터가 당시 로마 가톨릭교회의 교황을 중심으로 하는 서유럽 권력 체제, 면죄부 판매, 연옥에 관한 주장 등을 비판한 내용의 95개 조 반박문을 발표한 사건에서 출발하여, 오직 성경의 권위, 은혜, 믿음을 강조함으로써 부패한 교황제도 중심의 교회와 제도를 새롭게 개혁시키고자 하였던 운동이다. 사실 종교개혁에 대한 요구는 이미 마르틴 루터 이전에도 로마 가톨릭교회 내부에서 존 위클리프, 얀 후스, 윌리엄 틴들, 지롤라모 사보나롤라, 베설 한스포르트와 같은 종교개혁가들에 의해 시도되었다. 당시에 비텐베르크 대학교의 교수였던 루터는 로마 가톨릭교회의 면죄부 판매가 회개 없는 용서, 거짓 평안이라고 비판하였으며, 믿음을 통해 의롭다 함을 얻는 이신칭의(justification by faith)[7]를 주장하였다. 면죄부 판매를 비판한 루터는 1517년 95개

---

6. 윌리엄 오컴은 '오컴의 면도날'로도 잘 알려져 있다. 오컴의 면도날은 '경제성의 원리(Principle of economy)', 검약의 원리(lex parsimoniae), 또는 단순성의 원리라고도 한다. 간단하게 오컴의 면도날을 설명하자면, 어떤 현상을 설명할 때 불필요한 가정을 해서는 안 된다는 것이다. 좀 더 쉬운 말로 번역하자면, '같은 현상을 설명하는 두 개의 주장이 있다면 간단한 쪽을 선택하라(given two equally accurate theories, choose the one that is less complex)'는 뜻이다. 그래서 오컴은 신앙은 믿음을 통해 육성되며, 학문은 이성을 통해 발전한다고 주장하였다. 후일 이런 오컴의 주장은 반대파들에 의해 이단으로 몰려 곤욕을 치렀다고 전해진다.
7. 이신칭의란 개신교에서 주로 사용하는 신학적 용어로, 오직 믿음으로만 의롭다고 칭함을 받는다는 의미이다.

논제를 게시함으로써 당시 면죄부를 대량 판매하던 도미니크회 수사이자 설교자 요한 테첼(Johann Tetzel)에 맞섰다. 1520년 교황 레오 10세로부터 모든 주장을 철회하라는 요구를 받았지만, 오직 성경의 권위를 앞세워 성서에 어긋나는 가르침과 명령을 거부하였고, 1521년 보름스(Worms) 회의에서도 마찬가지로 신성로마제국의 황제 카를 5세로부터 같은 요구를 받았으나 거부함으로써 결국 교단에서 파문당하였다.[8]

마르틴 루터는 교황도 일반 서민과 마찬가지로 하나의 인간일 따름이며, 면죄부와 같은 거짓이 판치는 것은 일반 교인들이 성서를 접하지 못하기 때문에 생기는 가짜뉴스로, 일반 사람들이 성서를 읽을 수 있게끔 자국 언어로 번역되어야 한다고 주장하였다. 즉 당시에는 성서가 라틴어로만 쓰였기 때문에 라틴어를 모르는 일반 서민들은 성서의 내용을 알 수 없었으며, 성서를 타 언어로 번역하는 것은 해석의 오류 등 많은 문제를 초래할 수 있다는 이유로 당시에는 금지되었다. 그래서 성직자만 성서를 독점적으로 공부하고 강론을 하였기 때문에, 일반 교인은 성직자의 말을 곧 하나님의 말씀과 의지로 받아들여 교회의 권위가 유지될 수 있었던 것이다. 이런 폐단을 없애기 위해서는 성서를 일반인이 읽을 수 있게끔 번역되어야 한다는 루터의 주장이 결국 종교개혁을 이끌어 냈으며, 마르틴 루터는 죽기 전까지 성서 번역 운동에 매진하여 성서를 독일어로 번역하는 작업에 몰두하였다. 그리고 종교개혁이 완성될 수 있었던 것은 바로 구텐베르크가 개발한 인쇄술에 의해 번역된 성서가 대량으로 출판되어 일

---

8. 보름스 종교회의가 열렸을 때 루터의 친지들은 회의에 참석하지 말고 도주할 것을 권유하였다. 왜냐하면 말이 종교회의이지 사형선고를 위한 형식적인 종교재판이나 진배없으며, 결국에는 마녀사냥과 마찬가지로 화형을 당할 것이 뻔했기 때문이다. 그런데 루터는 도주가 아닌 이들과 맞서 논리적 설전을 벌일 것을 택하였으며, 결국 루터의 주장을 반박하지 못하여 보름스 회의는 루터의 승리로 끝났다. 여기서 재미있는 설화가 바로 루터는 종교회의에 참석하기에 앞서 극도로 긴장한 정신 상태를 완화하기 위해 후원자 칼렌베르크 공작이 보낸 아인베크 맥주 1ℓ를 단숨에 비웠다. 그러자 공포에 떨던 수도사는 사라지고 사자처럼 담대한 종교개혁가로 변신하였다. 회의장에 들어간 그는 입장을 철회하라는 요구에 "내 양심은 하나님의 말씀에 사로잡혀 있다. 나는 아무것도 철회할 수 없고 그럴 생각도 없다"고 답했고, 이런 당당한 태도에 감동한 제후들은 일제히 루터 편으로 돌아섰다고 한다. 맥주 한 잔이 기적을 만들고 세계 역사를 바꾸었다(중앙일보, 2018 참조).

반인에게 읽힐 수 있었기 때문이다. 이제 성직자가 아니라도 성서의 내용을 일반인이 읽고 이해할 수 있었으며, 성서 어디에서도 면죄부는 찾을 수 없었고, 로마 가톨릭의 권위는 점차 추락하여 기독교는 구교와 신교로 분리되는 결과를 초래하였다. 이제 세상은 신이 지배하는 것이 아니라 자연의 법칙에 따라 운영된다는 것을 서서히 깨우치는 시대로 접어들었다.

중세를 마감하게 한 결정적 요인으로는 계몽사상의 전파를 들 수 있다. 과학기술이 발달하고 교회의 권위가 추락함에 따라 세상을 바라보는 시각과 방식에 변화가 감지되었다. 세상은 신의 뜻에 따라 움직이는 것이 아니라 자연의 법칙에 지배되고 있으며, 이것을 밝히기 위해서는 자연과학과 물리적 원리·법칙의 탐구가 요구된다는 것을 이해하였다. 마찬가지로 인간 사회의 원리와 법칙도 물리학과 마찬가지로 탐구의 대상이 되며, 이를 위해서는 교부철학이 아닌 인간에 관한 연구가 필요하다는 인식이 싹트기 시작하였다. 즉 인간 사회도 자연과 같이 원리와 법칙에 의해 운영되는 것(종래에는 신의 은총과 섭리에 지배된다고 인식하였는데)은 아닌가에 대한 의문을 갖게 되었으며, 이와 함께 연구의 초점이 신앙·종교 중심에서 인간·이성 중심으로 점차 이동하였다. 이러한 인간과 이성 중심 연구에 불을 지핀 사람은 르네 데카르트(René Descartes, 1596~1650)와 프랜시스 베이컨(Francis Bacon, 1561~1626)이다. 데카르트와 베이컨의 사상과 철학을 근간으로 인간 중심의 자유주의 철학과 사상이 서서히 확립 및 전파되었으며, 이제 사회는 무지몽매함과 미신, 종교적 광신, 불합리한 관습이나 전통이 지배하던 어둠의 시대에서 벗어나 이성과 합리성이 지배하는 계몽의 시대로 접어들었다. 이러한 근대 역사에서 자유주의 발상지로 선도적 역할을 수행한 곳이 바로 네덜란드의 암스테르담이다.

3-4. 최초의 중상주의·자유주의 도시: 네덜란드 암스테르담

네덜란드 암스테르담(Amsterdam)은 1275년경 암스텔(Amstel)강 유역에 제방을 쌓아 건설된 운하도시이다. 해수면보다 낮아 바다나 호수에 수시로 잠기는 땅을 폴더(polder)라 하는데, 네덜란드의 암스테르담과 로테르담(Rotterdam)이 폴더에 건설된 대표적인 도시이다. 해안 폴더 지역에 거대한 제방을 쌓고 땅을 조성하는 과정에서 베네치아와 같이 필연적으로 많은 사람들이 동원되었으며, 매립된 땅은 공동체가 분배 및 공동으로 관리하는 방식이 도입되었다.[9] 토지를 취득한 주민은 자기 소유의 땅을 사고팔아 상거래가 활성화됨으로써 부를 축적하여 네덜란드의 중상주의와 자본주의 제도 도입을 위한 토대가 마련되었다.

15세기에 들어서서 네덜란드는 세계사에서 근대사회 형성과 도시 발전에 선구적 역할을 수행하며 황금시대를 열었다. 1500년대 초반 유럽은 신교와 구교 사이의 종교전쟁에 휩싸였으나, 네덜란드는 종교적 관용을 채택하여 종교전쟁의 소용돌이에서 벗어났다. 네덜란드가 황금기를 가져온 데는 다음과 같은 요인이 작용하였다.

첫째, 네덜란드는 국가(nation state)의 기능을 전쟁 기재(war machine)에서 성장 기재(growth machine)로 전환한 최초의 국가이다. 역사 속에서 국가는 끊임없이 영토 확장을 위한 전쟁 도구로서의 기능을 수행하였으며, 전쟁을 위한 재정 지원은 도시가 담당하였다. 그런데 네덜란드는 이러한 종래의 틀에서 벗어나 전쟁 기재가 아닌 성장 기재로서 국가 기능의 변화를 시도하였다. 그래서 주변 국가들은 종교전쟁에 휩싸였으나, 네덜란드는 종교적 관용을 내세워 중립국으로 남아 전쟁의 소용돌이를 비켜 갔다. 네덜란드는 국가가 성장 기재로서 역할을 수행하며 상업 활성화와 물산장려를 추진하는 중상주의(重商主

---

9. 어린 시절 네덜란드에 관해 배울 때 제방에 얽힌 이야기를 들은 적이 있다. 추운 겨울에 물이 새는 제방 구멍을 손가락으로 밤새 막고 있다가 죽은 채 발견된 소년 덕분에 제방이 무너지는 것을 막고 마을을 살렸다는 줄거리이다. 그런데 이 이야기는 작가의 상상력에서 우러나온 소설이지 실화가 아니다. 그래도 이 이야기는 대중에게 인기를 끌었고, 세계적으로 유명해졌다. 그렇게 되자 네덜란드는 이 콘텐츠를 상품화해서 소년 동상을 만들고 관광자원으로 이용하였다. 그래서 네덜란드 마두로담, 스팜담, 할링겐 등에 가면 이 동상을 볼 수 있다고 한다(https://m.blog.naver.com/panem/70071739649 참조).

義)[10]를 최초로 도입하였다.

둘째, 네덜란드는 정치에서 중앙집권이 아닌 지방분권화를 추진하여 도시 발전을 가져왔다. 네덜란드는 정치의 분권화를 추진하여 6개 도시의 기능적 발전을 도모하였다. 예를 들면, 헤이그는 정치 중심지로 성장하였고, 암스테르담은 경제 중심지, 로테르담은 무역 중심지, 다른 도시들은 지역 농업의 중심지 등으로 각기 성장을 추진하였다.

셋째, 네덜란드는 종교의 관용과 함께 자유주의 사상이 싹을 피워 근대사회 형성의 토대를 마련하였다. 당시 암스테르담의 대표적인 학자로 데시데리위스 에라스뮈스(Desiderius Erasmus, 1466~1536)와 바뤼흐 스피노자(Baruch Spinoza, 1632~1677)를 들 수 있다. 로마 가톨릭 성직자이자 인문주의자인 에라스뮈스는 면제부 판매를 비판하고 종교개혁을 옹호한 기독교 신학자이다.[11] 그는 기독교의 신앙심이 성찬식이나 바티칸에서가 아닌 평범한 신도에게서, 즉 성경 공부와 이해에서 나와야 한다며 가톨릭교회의 기본 구조를 비판하였다. 당시의 상황을 잘 보여 주는 일화를 소개하면 다음과 같다.

> 교황들이 매춘굴에 사업 허가를 내주고(그리고 업주들에게서 세금을 거두어
> 들이고) 대놓고 사생아를 만들고 다니는 것은 물론 얼마나 노골적으로 권력
> 을 휘둘렀는지, 식스투스 4세[12]는 여덟 살짜리 소년을 리스본 주교로 앉힌 일

---

10. 중상주의는 세계 경제와 무역의 총량이 불변이라는 가정 아래 자본의 공급에 의해 국가가 번영을 일으킬 수 있다는 경제 이론이다. 역사적으로는 15세기에서 18세기까지 유럽의 국가들에서 채택되었던 국내 산업의 보호와 해외 식민지 건설 등을 핵심 내용으로 하는 경제 정책들을 중상주의적 경제 체제라 불린다. 중상주의를 경제 체제와는 별개의 것으로 파악하는 일부 학자도 있으나 대부분 중상주의를 초기 자본주의와 동일한 것으로 파악한다.
11. 에라스뮈스는 세계주의적 정신의 소유자로서 근대 자유주의의 선구자로 유럽 문화에서 자유주의 전통을 형성하는 데 기여하였다. 또한 기독교 복원을 위해 로마 가톨릭교회의 제도를 비판하고, 성서를 교정하며, 고대 그리스 학문과 예술을 적극적으로 수용하여 경직된 사고방식을 시정하려 함으로써 르네상스 시대 인문주의가 나아갈 길을 제시하였다는 평가를 받고 있다.
12. Sixtus Ⅳ(1414~1484)는 1471년 교황에 선출되었고, 즉위하자마자 시스티나(Sistina) 성당을 세우고 바티칸 도서관을 확장하는 등 학문과 예술을 장려하였으나, 족벌주의와 교황청의 세속화

도 있었다(러셀 쇼토, 2016: 67).

근대 합리론을 대표하는 세 명의 철학자[13] 중 하나인 스피노자는 자유인의 철학을 주장하며, 근대 자유주의와 인본주의 형성에 기여하였다. 그는 정부는 종교적 관념이 아닌, 이성적이고 과학적·세속적 원칙에 의해 설립·운영되어야 한다고 주장하였다. 물론 지금이야 당연한 말이지만, 당시에는 이런 생각을 표출한 것만으로도 공동체에서 파문되는 혁명적 행위였다.

암스테르담이 자유주의의 발생지가 된 데에는 자유와 협동, 그리고 관용의 정신이 결합하여 신학문의 중심지로서 성장하였기 때문이다. 17세기에 암스테르담에는 약 400개의 서점이 있었고, 17세기 출판의 약 30%가 암스테르담에서 출간된 것으로 전해진다. 암스테르담이 자유주의 사상과 신학문의 중심지라는 것을 잘 보여 주는 일화로는 르네 데카르트의 암스테르담 유학을 들 수 있다. 지금은 신학문과 과학기술을 공부하고 경험하기 위해서는 미국에 가야 한다고 하는데, 17세기에는 새로운 사상과 학문·기술을 익히기 위해서는 암스테르담으로 가야 한다는 것이 정설이었다. 그래서 대학을 졸업한 후 더 이상 책에 의존하지 않겠다고 선언한 데카르트는 새로운 사상과 학문을 접하기 위해 암스테르담으로 향했고,[14] 이후 종교전쟁에 참여하여 독일 라인강 변에 위치한 울름(Ulm)이라는 도시를 여행하던 중 병영에서 자기 삶의 길을 밝혀 주는 꿈을 꾸게 된다. 데카르트는 여기서 삶의 목표를 학문에 두기로 하였고, 이후 네덜란드

등으로 오명을 남기기도 하였다.

13. 근대 합리론을 대표하는 세 명의 철학자로는 스피노자와 함께 르네 데카르트, 고트프리트 빌헬름 폰 라이프니츠(Gottfried Wilhelm von Leibniz)를 꼽고 있다.

14. 사실 이 시기에 많은 학자와 소설가, 작가들은 대학과 도서관에서 깊은 학문을 접하는 것이 아니라, 여행을 통해 새로운 문물을 경험하고 학문과 지식을 습득한 것을 볼 수 있다. 데카르트가 그랬고, 애덤 스미스도 그랬으며, 괴테 또한 이탈리아 기행을 통해 많은 것을 경험하고 책으로 남겼다. 그럴 수밖에 없는 것이, 당시 교부철학이 지배하던 대학에서 인간과 사회에 대한 깊이 있는 연구가 있을 수 없었으며, 그것보다는 실제로 발로 뛰고 돌아다니며 경험하는 산지식이 훨씬 가치 있는 정보와 지식을 제공하였다.

에 오랫동안 거주하며 철학 연구에 몰두하여 근대 철학과 사상을 탄생시켰다.

기왕에 이야기가 나왔으니 데카르트의 철학과 사상에 관해 살펴보도록 하자. 데카르트(근대 철학의 아버지로 불린다)는 기본적으로 자연현상이 물리학 법칙과 원리에 의해 설명되는 것과 마찬가지로, 인간 사회도 원리와 법칙에 의해 설명될 수 있다고 믿었다. 그래서 인간 사회를 지배하는 요소가 무엇인가를 골똘히 연구하다가 바로 "나는 생각한다, 고로 나는 존재한다."라는 '코기토 에르고 숨(Cogito, ergo sum)'의 방법론적 회의를 철학의 출발점으로 제시하였다. 여기서 중요한 것은 "왜 내가 존재하는가?"의 물음이다. 근대 철학이 등장하기 이전에 "왜 인간이 존재하는가?"에 관한 대답은 바로 신의 섭리이고 은총으로 설명되었다. 그래서 코기토 자체가 곧 신을 부정하는 것으로 몰아붙여 데카르트가 저술한 책을 불태우는 사태까지 발생하였다. 이제 사회는 데카르트가 시발점이 되어 점차 교부철학이 지배하던 중세를 벗어나 근대사회로 전환되는 시기를 맞이하게 된다.

그럼 데카르트가 주장한 "나는 생각한다, 고로 나는 존재한다."는 무엇을 의미하는가? 바로 생각하는 인간, 의심을 품고 있는 인간, 비판하는 인간에 초점이 맞추어져 있다. 자연과 사회의 모든 현상이 신의 섭리와 의지에 따르는 것이 아니라, 무언가 다른 것이 있다는 것이다. 이 무언가 다른 것이 인간을 다른 사물과 구분하는 것이며, 바로 이성(reason)이 인간을 지배하고 사회현상을 설명하는 주요 요인이라는 것이다. 인간은 이성이 존재하기 때문에 동물과는 다른 행동을 보이며, 인간 사회는 이성을 통해 설명될 수 있다고 데카르트는 주장하였다. 여기서 시작하여 사회현상을 설명하는 주요 개념인 합리성(rationality)에 대한 논의가 도출되었으며, 사회는 중세를 넘어 서서히 근대사회로 들어서게 된다.

마지막으로, 암스테르담의 성장을 촉진한 요인으로서 종교적 관용에 관해 이야기를 해 보자. 종교적 광풍에 휩싸인 유럽에 근대사상이 싹트면서 서서히 계몽주의 바람이 불기 시작하였다. 당시 네덜란드는 주변국과 비교해 소국으로 나라를 지키기가 만만치 않았다. 그래서 국교가 없던 네덜란드는 1579년 건국헌장을 선포하면서 종교의 자유를 선언하였다. 즉 네덜란드는 이전부터 국교가 없이 신교, 구교, 이슬람교, 유대교, 불교 등 어떤 종교를 신봉하든 개인의 자유이며 국가가 간섭하지 않았다. 이런 종교적 관용은 유럽 전역에서 종교 난민을 끌어들이는 강력한 흡인력으로 작용하여, 결과적으로 네덜란드의 자유주의와 다양성을 널리 알리는 요인이 되었다. 마침 스페인에서 추방된 유대인들이 종교적 관용이 있는 암스테르담으로 이주하여, 후일 네덜란드 동인도회사를 세워 향료무역으로 막대한 부를 쌓았고, 인도·동남아·중국·일본·서인도제도의 무역, 아프리카 노예무역까지 주도하게 된다. 이러한 해상무역 활동을 위해 대서양을 건너 아메리카 대륙에 진출하였고, 맨해튼섬의 최남단에 뉴암스테르담 도시를 건설하게 된다.[15]

네덜란드의 종교적 관용정책은 거대한 인력 이동을 가져왔다. 개신교와 유대교를 따라 기술과 자본이 네덜란드 암스테르담으로 몰려왔다. 새로운 기술은 상업적 번영을 폭발시켰고, 전통산업인 방적, 방직, 염색이 유럽 최고 수준으로 발달하였다. 대영제국이 해상 강국이라는 것은 이미 잘 알고 있지만, 네덜란드가 그에 앞선 해상무역 제국이었다는 사실을 아는 이는 드물다. 네덜란드는 1600년대에 들어서 동인도회사에 이어 서인도회사를 세워 세계무역 독점 체제를 구축하였다. 이에 따라 설탕, 무기, 화학, 담배, 초콜릿, 다이아몬드 등 다양한 신규 산업이 급속하게 성장하였다. 스페인, 프랑스, 영국과 달리 영토 확장이 아닌 상업 성장을 추구하였다. 그 결과 암스테르담이 세계 금융·무

---

15. 뉴암스테르담(New Amsterdam) 또는 니우암스테르담(네덜란드어: Nieuw Amsterdam)은 1609년 영국인 헨리 허드슨의 탐험으로 세워진 허드슨강 유역의 네덜란드 식민지이다. 네덜란드는 1624년 이후 뉴욕 맨해튼섬을 중심으로 항구적 식민지를 세웠고, 1626년에 맨해튼 남단에 포트 암스테르담 요새를 건설하고 초대 총독으로 페터 미누이트(Peter Minuit)를 파견했다. 미누이트는 맨해튼 인디언에게 지금 돈으로 약 24달러를 주고 땅을 매입했다(오피니언뉴스, 2018). 그 땅이 지금 로어맨해튼(Lower Manhattan)이다. 1650년대 들어 영국이 뉴암스테르담에 눈독을 들였고, 결국 영국의 공격을 받아 1664년 영국에 점령되었으며, 이후 새로운 요크라는 뜻으로 뉴욕(New York)으로 개명되었다.

역의 중심지로 발달하여 근대 이전 시대에 글로벌 중심지 기능을 수행하였다(미디어스, 2008). 이제 사회는 서서히 봉건 시대를 탈피하여 1700년대 후반에 들어서서 프랑스대혁명과 산업혁명을 겪으며 근대 산업사회로 대변혁을 경험하게 된다.

〈표 3.3〉 1700년 주요 도시인구

콘스탄티노플	700,000명
런던	550,000명
파리	530,000명
나폴리	207,000명
리스본	188,000명
로마	149,000명
베네치아	144,000명

제4장

근대도시: 산업도시

독서는 앉아서 하는 여행이고, 여행은 걸어 다니면서 하는 독서이다.

　유럽을 여행해 보면 느끼는 것 중 하나가 건축물들이 정말 대단하다는 것이다. 규모도 그렇고 웅장함과 화려함에 절로 탄성이 나온다. 1980년대에 미국에서 유학하였던 필자는 미국 대도시의 고층 빌딩이나 대저택(맨션)을 보고는 별감흥을 느끼지 못했는데, 노스캐롤라이나주 애슈빌(Asheville)에 있는 빌트모어 에스테이트(Biltmore Estate)를 보고는 정말 거대한 건축물이구나 하고 탄성을 지른 적이 있을 뿐이다. 그런데 유학 생활을 끝내고 한국에 돌아와 교수로 재직 중 1990년대 초에 프랑스 르아브르에서 학술회의가 열려 유럽 땅을 처음 밟았는데, 그때 파리 도시 모습이 지금도 눈에 선하다. 루브르 박물관과 개선문, 앵발리드와 팡테온, 베르사유궁 등을 둘러보면서 예전에 보았던 빌트모어 에스테이트는 말 그대로 잽도 안 된다는 것을 느꼈다. 그때 깨달았던 점은, 왜 미국이 유럽에 대해 그렇게 콤플렉스를 느끼고 있는지를 알게 되었고, 또 하나는 유럽과 미국 대학에서 왜 프랑스대혁명을 높이 평가하며 이 시기를 사회 연구의 출발점으로 하고 있는지를 이해하게 되었다. 이렇게 거대한 성채와 저택을 짓기 위해 얼마나 많은 서민들의 피와 땀, 착취와 희생이 있었을까를 생각해 보니, 인류 문화와 유산, 철학과 사상이라는 것이 그냥 만들어지고 이어져 오는 것이 아님을 새삼 느낄 수 있었다. 예전에는 우리 선조들은 왜 유럽과 같은 거대한 성채와 건축물을 만들지 않았는가를 비판하였는데, 지금 돌아보니 이런 건축물들이 없었던 것이 더 좋은 것이 아닌가 하는 생각이 들기도 한다. 어쨌든 유럽 사회에서 봉건영주가 지배하던 중세까지 일반 서민들은 극소수 지배계층으로부터 억압과 착취, 수탈과 피해의 대상이었으며, 이에 대한 시민들의 저항이 프랑스대혁명으로 나타나 근대사회를 형성한 시발점으로 작용하였다. 그래서 미국과 유럽 대학에서는 사회 연구의 출발점을 프랑스대혁명에서 시작하여, 현재 우리가 살고 있는 사회와 도시가 어떤 과정을 거쳐 변화하였는가를 추적한다. 그럼 이제부터 근대 이후의 사회 변화와 도시 세계에 관한 여행을 떠나보자.

중세 봉건사회를 벗어나 근대사회를 촉발한 두 가지 큰 요인으로 프랑스대혁명과 산업혁명을 들 수 있다. 프랑스대혁명은 근대 사상과 철학의 형성에 영향을 주었고, 산업혁명은 과학기술과 생활방식의 변화에 지대한 영향을 미쳤다. 먼저 프랑스대혁명에 대해 살펴보고 다음으로 산업혁명에 관해 논의해 보자.

1789년 발생한 프랑스대혁명은 세계 역사에서 봉건군주 체제를 무너뜨리고 자유주의 사회를 형성하는 데 도화선이 되었다. 프랑스대혁명 이전에는 소수의 지배 집단이 다수의 시민을 억압하고 착취하는 사회였다. 예를 들면, 프랑스대혁명 직전에는 20만의 귀족 집단이 2500만의 일반 시민(평민)을 착취하고 억압하는 사회였으며, 벨기에는 10만의 귀족에 의해 600만 서민이 지배와 착취를 당하는 사회였다. 당시의 유럽 사회 대부분이 극히 소수(1% 미만)의 지배 집단에 의해 절대다수(99%)의 서민들이 억압과 착취에 시달리는 사회였다는 것이다. 이런 모순된 사회에 전복을 가져온 사건이 바로 프랑스대혁명이었다.

물론 프랑스대혁명이 하루아침에 발생한 것은 아니다. 앞에서 데카르트에 의해 탄생한 근대 철학과 사상은 프랑스 계몽주의 학자들에 의해 일반 시민들에게 전파되는 과정을 거친다. 당시에 백과전서파로 알려진 달랑베르(Jean Le Rond d'Alembert, 1717~1783)[1], 디드로(Denis Diderot, 1713~ 1784)[2], 볼테르(Voltaire, 1694~1778)[3], 장 자크 루소(Jean Jacques Rousseau, 1712~1778)[4] 등의 학자들에 의해 시민들을 계몽하기 위한 『백과전서』가 발간되었으며, 이를 통해 그동안 일반 시민들이 이해하기 어려웠던 사상과 철학, 정치제도와 예술 등에 대한 지식과 정보를 접할 수 있었다. 그동안 시민들은 소위 특권 귀족들에게 지배와 착취를 당하고 사는 것이 당연한 것으로 인식하였는데, 계몽주의를 접한 다음 이런 사회 제도와 구조는 부당한 것이고, 정당한 계약과 절차, 제도와 법규에 의해 사회가 운영되어야 한다는 것을 점차 깨닫기 시작한 것이다. 그래서 프랑스대혁명이 일어난 훗날 루이 16세(Louis XVI, 1754~1793)는 감옥에서 루소와 볼테르의 저술을 읽고서, "나의 왕국을 쓰러뜨린 것은 볼테르와 루소 이 두 놈이다."라고 외쳤다는 이야기가 전해진다(이재규, 2011). 어쨌든 자유·평등·박애를 내세운 프랑스대혁명을 통해 군주정이 무너지고 공화정이 등장하는 새로운 역사가 시작되었으며, 이제 근대 사상과 철학이 정치·경제 체제에 깊숙이 뿌리내리는 시대가 전개되었다. 여기서 이야기를 더 나아가기 전에 루소와 볼테르에 얽힌 갈등과 대립을 알아보는 것도 재미있을 듯싶다.

　루소와 볼테르는 둘 다 계몽주의 학자로 알려져 있다. 그런데 두 사람은 출신

---

1. 프랑스의 수학자, 철학자, 물리학자, 저술가이며, 「백과전서」의 기고가이자 편집자였다.
2. 달랑베르와 함께 18세기 계몽철학 사상을 집대성한 「백과전서」 편집자이자 철학, 소설, 희곡, 미술 비평 등에서 많은 저작을 남긴 계몽주의의 대표적 문필가이다.
3. 프랑스의 계몽주의 작가로서 「샤를 12세의 역사」, 「루이 14세의 시대」, 「각 국민의 풍습·정신론」, 「캉디드」 등 많은 작품을 남겼다.
4. 18세기 프랑스의 정치사상가이자 철학자, 소설가, 교육이론가, 음악가, 극작가이다. 정식 교육을 거의 받지 못한 루소는 파리에 정착해 「백과전서」 집필에 참여하면서 본격적인 저술 활동을 시작하여, 1750년 계몽주의의 한계를 넘어서는 「학문예술론」으로 명성을 얻은 후 문명과 사회 및 사유재산 제도에 대한 통렬한 비판을 담은 「인간 불평등 기원론」, 근대 교육론의 기원으로 평가받는 「에밀」, '인민 주권'을 창안해 프랑스혁명의 사상적 지주가 되는 「사회계약론」 등을 발표하면서 새로운 인간과 세계의 모형을 제시하였다(알라딘에서 장 자크 루소를 소개하는 인터넷 자료 인용).

과 사상에서 현격한 차이를 보였다. 루소는 정규교육을 받지 못할 정도로 어려운 가정에서 출생하였으며 사상에서 평등주의를 주장하였고, 반면에 볼테르는 귀족 가문에서 출생하였으며 사상에서는 자유주의를 추구하였다. 세상에 먼저 이름을 알린 볼테르가 한창 전성기일 때 느닷없이 루소가 등장하여 유럽 학계에 주목을 받는다. 처음에 볼테르는 루소를 인정하였으나, 루소가 점차 높은 인기를 끌면서 비판자로 돌아서게 된다. 그래서 루소의 두 번째 작품인 『인간 불평등 기원론』에 대해 '거지 철학'이라고 비판하며, 루소의 글을 읽다 보면 "네발로 걷고 싶어진다."라고 조롱까지 했다. 그래도 여전히 루소의 글은 유럽 사회 전체의 주목을 받으며 철학자이자 사상가로 우뚝 서게 된다. 이에 질투를 참지 못한 볼테르는 루소 인생의 최대 약점인 자신의 아이 5명을 모두 고아원에 버린 일을 세상에 터뜨린다.[5] 이 사건을 계기로 두 사람은 절교하기에 이르고, 후일 루소는 이 일을 참회하는 의미에서 『고백론』을 쓰게 된다. 이렇게 살아서 대립과 갈등 관계에 있던 두 사람은 현재 죽어서도 서로 마주 보며 파리 국립묘지 팡테옹(Panthéon)에 나란히 누워 있다. 역사의 아이러니가 아닐 수 없다.

사실 필자가 루소와 볼테르를 언급한 이유는 비로 팡테옹을 밀하기 위해서이다. 팡테옹에는 1층에 푸코의 진자 실험이 놓여 있고, 지하에는 프랑스와 세계를 위해 공헌한 학자, 소설가, 예술가 등이 영면하고 있다. 대표적인 인물로 빅토르 위고, 생텍쥐페리, 퀴리 부부, 에밀 졸라, 모네 등이 각기 다른 방에 잠들어 있고, 상당한 공간이 앞으로 올 위인을 위해 빈 공간으로 남아 있다. 다른 위인들은 모두 방 안에 있는데, 루소와 볼테르만 지하 성전 입구에 자리한 거대한 관 속에 모셔져 있다. 눈길을 끄는 것은 살아서도 두 사람은 서로 다른 신분과 계층에서 대립 관계를 보였는데, 죽어서도 관이 서로 마주 보며 놓여 있고, 관의 재질 또한 차이를 보인다는 것이다.

루소의 관은 서민을 상징하듯 평범하고 소박한 반면, 볼테르의 관은 상대적

---

5. 실제로 루소는 파리에서 만난 젊은 세탁소 여종업원 테레즈 라봐쇠르와 동거하며 5명의 아이를 낳았는데, 아이들을 잘 키울 능력이 없다는 생각에 모두 고아원에 버렸다고 변명을 했다.

으로 화려하고 귀족적인 느낌을 준다. 두 인물의 생전 활동을 관으로 표현한 프랑스 사람들의 해학에서 무언가 철학적 의미를 느끼게 한다. 필자가 이렇게 길게 루소와 볼테르를 설명하고 팡테옹에 대해 이야기하는 이유는, 왜 우리는 이런 시설이 없는가를 비판하기 위해서이다. 한국에는 순국선열을 위한 묘역으로 국립현충원이 있다. 이곳 현충원은 군인, 경찰, 공무원 등 주로 공직에서 국가와 사회를 위해 봉사한 사람들을 기리기 위해 조성된 묘역이다. 그리고 이외에 국립4·19민주묘지, 국립5·18민주묘지 등 한국 역사 발전 과정에서 희생하고 공헌한 사람들을 기념하기 위해 조성된 특별 공간이 있다. 그런데 파리 팡테옹과 같이 국가와 세계를 위해 공헌하거나 업적을 남긴 작가, 학자, 예술가 등 위인들을 위한 묘역이나 성지는 없다. 팡테옹은 파리 중심가에 입지해 있고, 바로 옆에는 프랑스 명문의 소르본 대학교가 있다. 소르본 대학교에 다니는 학생들은 매일 팡테옹을 지나면서, 미래에 프랑스와 세계를 위해 공헌하여 팡테옹에 묻히는 꿈을 꾸며 공부를 할 것이다. 그래서 필자가 강추하는데, 파리에 가면 팡테옹을 한번 들러 보시라.[6] 위대한 사회와 국가는 그냥 만들어지는 것이 아니다. 이들을 존경하고 추앙하고 기념하는 시민사회가 형성되어야 위대한 사회와 국가도 만들어진다. 이런 의미에서 한국도 어느 도시에선가 위대한 작가, 예술가, 학자, 종교인 등 한국과 세계의 발전을 위해 공헌한 위인을 모시는 명예의 전당(신전)을 건설해야 한다고 생각한다. 그런데 아직 여기에 눈을 뜬 정치지도자는 없는 것 같아 아쉽다.

어쨌든 1700년대에 계몽주의가 전파되어 시민사회를 계몽하고 깨우침을 유도하기 시작하였다. 절대왕정 시대에 국가는 국민을 위해 있는 것이 아니라 군

---

6. 영국도 파리 팡테옹과 유사한 곳이 있다. 바로 런던 웨스트민스터 사원과 세인트폴 대성당으로, 영국의 위인들은 여기에 묻혀 있다. 런던 웨스트민스터 사원에는 왕과 학자, 시인 등이 묻혀 있다. 예를 들면, 아이작 뉴턴(Isaac Newton), 찰스 다윈(Charles Darwin), 로버트 브라우닝(Robert Browning), 찰스 디킨스(Charles Dickens), 토머스 하디(Thomas Hardy) 등과 같은 과학자, 소설가, 시인 등이 영면하고 있다. 세인트폴 대성당에는 호레이쇼 넬슨(Horatio Nelson) 제독, 세균학자 알렉산더 플레밍(Alexander Fleming), 조각가 헨리 무어(Henry Moore) 등이 잠들어 있다.

〈그림 4.1〉 파리 팡테옹 신전

주를 위해 존립하는 것으로 인식되었는데, 프랑스대혁명은 이런 사고에 일대 변혁을 가져왔다. 국가는 더 이상 군주를 위해 존재하는 것이 아니며 일반 백성을 위해 존재하는 것이고, 모든 사람은 평등하게 태어나고 천부적인 인권을 가진다는 것이 공표되었다. 즉 시대는 교회와 귀족이 지배하는 봉건사회에서 인간의 이성과 천부인권이 존중되는 근대사회로의 급격한 변화가 진행되었다.

물론 이러한 변화가 혼란 없이 조용히 진행되지는 않았다. 프랑스대혁명 직후 파리는 엄청난 혼란과 무질서, 공포와 불안정을 경험하였다. 혁명 이후 단두대의 피의 숙청과 로베스피에르(Robespierre)의 공포정치, 왕당파와 공화파의 대립, 봉건제 붕괴와 공화정 출범 등 프랑스는 무질서의 극치를 보여 주었다.[7]

---

7. 이러한 프랑스대혁명을 배경으로 우리가 요즘 사용하는 좌파와 우파라는 용어가 생겨 나왔다. 1789년 프랑스대혁명이 발생하여 절대왕정을 무너뜨리고 공화정 정치 체제가 등장한 시점에서, 정치는 혁명 세력을 대변하는 공화파와 귀족의 이해를 대변하는 왕당파로 나누어진다. 이때 공화파가 좌측에, 왕당파가 우측에 자리하였다고 해서 혁명 세력을 좌파, 보수 세력을 우파의 기원으로 설명한다. 이런 개념이 현재까지 이어져 급진적 변화를 추구하는 세력을 좌파, 점진적 변화를 추구

당시의 상황을 잘 보여 주는 책이 바로 찰스 디킨스(1812~1870)의『두 도시 이야기(A Tale of Two Cities)』이다. 이 책은 당시 대표적 도시였던 런던과 파리의 상황을 잘 보여 주고 있다. 영국 런던은 대헌장(마그나카르타, 1215년) 이후 입헌군주제를 채택하여 점진적 변화를 보여 왔던 반면, 프랑스는 대혁명을 통해 급진적 변화를 추진하는 과정에서 엄청난 혼란과 무질서를 경험하였다. 찰스 디킨스의『두 도시 이야기』는 이러한 당시의 상황을 통해 인류 역사가 순조로운 변화와 개혁을 이루어 온 것이 아니라, 급진적 변화와 혁신, 혼란과 무질서 속에서 근대사회가 탄생된 배경을 설명하고 있다. 그래서『두 도시 이야기』는 미국과 유럽에서 대학생이 읽어야 하는 필독서로 꼽히며, 근대사회 탄생의 배경이 된 무대(도시)를 보여 준다.

다음으로 근대사회를 촉발한 두 번째 요인인 산업혁명[8]에 대해 논의해 보자. 이 책에서는 산업혁명이 근대사에 미친 다양한 영향 가운데 도시성장에 미친 주요 영향에 한해서만 이야기를 하고자 한다. 인류의 문명은 세 차례 급격한 변화를 겪어 왔다. 이러한 변화를 앨빈 토플러(Alvin Toffler, 1928~2016)는 제1물결, 제2물결, 제3물결로, 대니얼 벨(Daniel Bell, 1919~2011)은 농업사회, 산업사회, 탈(脫)산업사회로 개념화하였다. 여기서 제2물결 혹은 산업사회로의 진입을 촉발한 역사적 계기가 바로 산업혁명이며, 산업혁명은 도시의 급격한

하는 집단을 우파로 분류한다. 한국에서는 일제강점기와 한국전쟁을 경험하면서 이승만과 박정희가 반공을 기치로 내세우며 우파는 반공과 자유주의를 주장하고, 좌파는 이들 정권에 반대하는 소위 빨갱이 집단으로 몰아붙이는 이상한 논리가 형성되었으나, 이것은 좌파와 우파에 대한 명확한 이해 없이 형성된 정권 유지를 위한 술책이었다. 이제 좌파는 자유, 평등, 박애를 내세우며 사회의 급진적 변화를 주장하는 진보적 집단이며, 우파는 전통, 문화, 계층제를 내세우며 점진적 변화를 주장하는 보수적 집단으로 이해하는 것이 옳다고 본다.

8. 산업혁명이란 18세기 중엽부터 19세기 중엽에 이르는 약 100년 동안 영국을 중심으로 발생하였던 기술적, 조직적, 경제적, 사회적 변화를 지칭하는 용어이다. 기술적으로는 도구가 기계로 본격적으로 대체되었고, 조직적으로는 기존의 가내수공업 대신 공장제도가 정착되었다. 경제적으로는 국내시장과 해외 식민지를 바탕으로 광범위한 자본축적이 이루어졌으며, 사회적으로는 산업자본가와 임금노동자를 중심으로 한 계급사회가 형성되었다. 산업혁명을 통해 인류는 자본주의의 발전에 필요한 토대를 구축하게 된 것이다(사이언스올, 2012에서 재인용).

성장을 유도하였다(사이언스올, 2012에서 재인용).

1780년대에 발발한 산업혁명은 산업도시의 성장을 가져와서, 이때부터 도시는 산업화의 부산물인 '생산의 공간'으로 성장하기 시작하였다. 산업혁명은 도시성장을 위한 세 가지 주요 요인을 제공하였는데, 과학기술의 발달, 직주 분리, 인구와 산업활동의 도시 밀집이 그것이다.

첫째, 산업혁명이 도래하며 과학기술이 급격하게 발달함에 따라 생산활동이 수공업·가내공업에서 공장제공업 체제로 전환되었다. 이러한 생산방식 변화의 주역은 바로 면공업이었다. 면공업의 주요 공정은 목화에서 추출한 애벌 실로 방사를 만드는 방적 부문과 방사를 짜서 직물을 만드는 방직 부문으로 구분된다. 면공업의 기술혁신은 1733년 존 케이(John Kay, 1704~1764)가 플라잉셔틀(flying shuttle, 자동북)이라는 방직기를 발명하면서 시작되었다. 케이가 발명한 플라잉셔틀 덕분에 방직 부문의 생산성은 크게 증가하였다. 하지만 상대적으로 방적 부문이 방직에 필요한 물량을 원활히 공급하지 못하는 상황이 발생하였다. 이 문제를 해결하기 위해 다양한 형태의 방적기가 발명되었다. 여기에 1764년 제임스 하그리브스(James Hargreaves, 1702?~1778)가 발명한 제니(Jenny) 방적기, 1769년 리처드 아크라이트(Richard Arkwright, 1732~1792)가 개발한 수력방적기(water frame), 1779년 새뮤얼 크럼프턴(Samuel Crompton, 1753~1827)이 발명한 뮬(mule) 방적기가 포함된다. 이와 같은 면공업의 발전은 다른 산업과 기술 발전에 자극제가 되어 방적기와 방직기 수가 급속히 증가하면서 이를 전문적으로 제작하는 집단이 생겨났고, 이는 기계공업의 성장을 촉진하였다. 또한 고급 면제품에 대한 수요가 증가하면서 다양한 표백제와 염료가 요구되었고, 이는 화학공업의 발전으로 이어졌다(사이언스올, 2012에서 재인용).

둘째, 가내공업에서 공장제공업으로의 전환은 가정과 직장을 분리시켜 '통근(journey to work)'이라는 새로운 현상을 초래하였다. 가내공업에서는 직장과 가정이 한 공간에 있기 때문에 통근이 있을 수 없었다. 공장제공업이 도입됨으로써 가정과 직장이 분리되어 통근이라는 현상이 나타났다. 이러한 통근 현상은 도시 행태에 많은 변화를 초래하였다.

먼저, 직장이 밀집하는 중심업무지역(Central Business District, CBD)의 성장을 가져왔다. 생산활동이 특정 지역에 밀집함으로써 중심업무지역이 형성되고, 도시 내에서 출발지(origin)와 목적지(destination) 개념이 확립되었으며, 통근을 위한 교통수단이 등장하여 도시의 급성장을 가져왔다. 다음으로, 직장과 가정이 분리되어 일(work)은 직장에서 하는 활동이고, 집에서 하는 가사노동은 일이 아닌 것으로 인식되기 시작하였다. 즉 임금을 목적으로 하는 노동만을 일로 인식하며, 임금이 없는 가사노동은 일이 아니라는 사고가 형성되었다는 것이다. 이때부터 여성은 가정에 머물며 가사에 전념하고, 남성은 밖에서 일하며 소득을 벌어 오는 '공간적 성 분리 현상'과 '남녀 성차별'이 강화되기 시작하였다.

셋째, 산업혁명은 도시에 인구와 산업활동의 밀집을 가져와서 급격한 도시화가 진행되었다. 도시에 공장이 세워지고 노동자들이 몰려들면서 도시는 점차 복잡화되고 규모가 확대되었으며, 이와 더불어 많은 도시문제(주택, 교통, 상하수도, 환경 등)가 심화되기 시작하였다.

앞에서 살펴본 바와 같이, 1700년대 후반 산업혁명이 발발한 이후 도시로 인구와 산업활동의 급속한 집중이 이루어졌다. 역사적으로 살펴보면 45~50억 년 역사를 가진 지구에서 인간이 등장한 것은 약 5만 년 전으로 알려져 있고, 인류가 도시를 만들어 모둠 생활을 시작한 것은 불과 약 12,000년 전부터라고 전해지고 있다. 그런데 산업혁명이 일어나기 전까지는 인구 증가와 도시화가 매우 더디게 진행되거나 증감을 반복하여 정체된 사회를 보였다. 본격적인 산업화와 도시화가 진행된 것은 산업혁명 이후로 불과 250년 전부터라고 해도 과언이 아니다. 지구가 45~50억 년의 역사를 간직하고, 인류 출현이 5만 년 전이며, 도시가 만들어진 것이 12,000년 전인데, 이런 오랜 기간보다도 산업혁명 이후 불과 250년 동안에 지구의 환경과 사회의 모습은 이전과는 전혀 비교가 되지 않을 정도로 급속한 변화를 연출하였다. 이러한 배경 아래 가장 먼저 근대사회를 형성한 국가가 바로 영국이며, 1800년에 들어서서 런던 인구는 100만을 돌파하며 세계의 중심지로 등장하게 된다.

4-1. 런던: 근대 최초의 메트로폴리탄

런던이 세계의 중심 도시로 등장하기 시작한 시기는 1700년대 초반이라고 할 수 있다. 1500년대와 1600년대에 걸쳐 네덜란드 암스테르담이 철학과 사상, 학문과 과학기술에서 세계의 중심지로 활약하였다. 그런데 앞에서 언급한 바와 같이, 네덜란드는 국가가 전쟁 기재가 아닌 성장 도구로서의 역할을 수행하며 영토 확장보다는 중상주의 정책을 도입하여 국가 부의 축적에 중점을 두었다. 이러한 요인에 더하여 17세기 후반에 발생한 잉글랜드와 네덜란드 간의 3차에 걸친 전쟁과 18세기 말에 행해진 제4차 영국−네덜란드 전쟁으로 네덜란드의 국력은 피폐해졌고 해상무역의 우위를 잃어, 세계의 주도권은 네덜란드 암스테르담에서 영국 런던으로 넘어갔다.

런던이 세계의 중심지로 등장한 배경에 네덜란드만 영향을 미친 것은 아니다. 당시에 경쟁국이었던 프랑스는 영국과 100년전쟁(1337~1453)을 치렀고, 왕위계승을 위한 장미전쟁(1455~1485)과 신교와 구교 사이의 종교전쟁인 30년전쟁(1618~1648)이 있었다. 프랑스대혁명 후 나폴레옹과의 워털루전쟁(1815)에서 승리한 다음 영국은 세계 최강국이 되었고, 대영제국이 세계를 지배하는 '해가 지지 않는 제국'을 건설하였다. 이러한 일련의 역사를 거치면서 영국은 점진적으로 개혁을 추구하여 근대 산업사회의 최강국이 되었으며, 런던이 세계의 중심지로 등장하였다.

1598년 존 스토(John Stow, 1525~1605)는 『런던 통람(A Survey of London)』에서 16세기 말 런던의 상황을 상당히 비관적으로 묘사하였다. 그는 당시의 런던을 과밀인구와 과잉 건축 그리고 택지 개발업자와 투기꾼들의 탐욕에 끊임없이 시달리는 도시로 보았다(윌슨, 2014: 66). 그의 눈에 런던은 공익보다 개인의 사익에만 관심을 기울이는 사기꾼들이 득실대는 도시로 보였다. 이런 영국이 마그나카르타부터 올리버 크롬웰(Oliver Cromwell, 1599~1658)의 청교도혁명(1640~1660)[9]과 명예혁명(1688~1689)[10]을 거치며 새로운 군주제와 정부형태(영국의 청교도주의와 네덜란드 공화제)를 받아들여 점진적 개혁을 가져왔다.

산업혁명의 핵심 요인인 학문과 과학기술 부문에서 영국은 점차 앞서가는 행보를 보였다. 영국은 1660년 옥스퍼드 출신 지식인들을 중심으로 왕립학회(The Royal Society of London for Improving Natural Knowledge)를 출범하여 현재까지 세계에서 가장 오래된 과학회로 존립하고 있다. 이 학회에서 로버트 보일(Robert Boyle, 1627~1691), 아이작 뉴턴(Isaac Newton, 1642~1727) 등이 왕립학회 회원으로 활동하며 학문과 과학기술의 눈부신 발전을 이룩하였다.

성장 일로에 있는 런던에 1666년 대화재가 발생한다. 9월 2일 일요일부터 9월 6일 목요일까지 런던은 화재에 휩싸여 런던 내부의 런던 월을 대부분 불태웠으며, 웨스트민스터의 귀족 지구, 찰스 2세의 화이트홀궁 등 13,200채의 가옥과 87채의 교구 교회, 세인트폴 대성당 등 대부분의 건물을 파괴해 버렸다.[11] 이 화재로 런던 중심지의 8만 명의 주민 중에서 약 7만 명의 집이 파괴된 것으로 추정되었다.

---

9. 1640~1660년까지 영국에서 청교도를 중심으로 일어난 최초의 시민혁명이다. 이 과정에서 영국은 일시적으로 군주정치가 무너지고 공화정이 되었다.

10. 영국 의회와 네덜란드의 오렌지공 윌리엄이 연합하여 제임스 2세를 퇴위시키고 잉글랜드의 윌리엄 3세를 즉위시킨 사건으로, 이때 일어난 혁명을 '피 한 방울 흘리지 않고 명예롭게 이루어졌다'고 해서 명예혁명이라 이름 붙였다. 이후 영국은 군주를 명목상의 국가수반으로 하며, 신교도 휘그주의(Whiggism) 귀족들이 다스리는 나라가 되었다.

11. 당시에 런던 시민들은 대화재를 가톨릭교도들에 의한 방화라고 믿었으며, 이런 편견은 오랫동안 런던에 남아 1831년에서야 대화재 기념탑에 덧붙여진 모욕적인 반가톨릭 문장이 제거되었다. 그리고 2년이 지난 1833년에야 의회는 가톨릭교도의 대학 진학, 변호사 개업, 의회 진출을 허용하는 법령을 반포하였다.

〈그림 4.2〉 영국 런던 세인트폴 대성당

1666년 대화재 후 런던은 크리스토퍼 렌(Christopher Wren, 1632~1723)의 주도하에 재건되어 세계도시로서의 면모를 갖추게 된다. 렌은 세인트폴 대성당의 재건과 함께 런던 주변에 예배당 52곳, 템플 바(Temple Bar)의 재건과 확장, 대형 병원 건립, 드루어리 레인 극장(Drury Lane Theatre) 건립, 대화재 기념탑 설계 등을 통해 무질서하였던 런던을 세계도시로 탈바꿈시켰다. 렌이 재건한 런던에서 첨탑과 누대, 둥근 지붕과 교회의 외양은 런던의 스카이라인을 그려 내면서 18세기 세계 중심 도시의 면모를 점차 잡아 갔다.

이제 세기가 변해 1700년대에 들어서서 런던은 근대적 은행업과 근대적 대부 경제의 탄생지로 성장하였다. 암스테르담의 유대인들이 런던으로 이주하면서 신용, 보험, 은행업의 기술과 인맥, 지금이 런던으로 이전하기 시작하였다. 이에 더하여 런던은 유럽의 어느 항구보다 규모가 컸고, 거래도 더 많이 이루어지면서 근대적 금융도시이자 무역도시로 급성장하였다. 1700년에서 1801년 사이에 런던의 인구는 거의 두 배가 되었다. 57만 5,000명이 거주하던 도시는 인구 100만을 조금 밑도는 도시로 성장하였다(윌슨, 2014: 108). 영국의 작가, 극작가, 기자, 사전 편찬자로 활동한 새뮤얼 존슨(Samuel Johnson, 1709~1784)은 1777년 런던을 다음과 같이 표현하였다.

> 런던의 행복은 말로 표현할 수 있는 것이 아니네. 그 안에 머무르는 사람들만이 알 수 있는 거지. 우리가 앉아 있는 곳에서 10마일 이내에 있는 학문과 과학이 왕국의 나머지 지역 전부에 있는 것보다 더 많다고, 나는 감히 말하겠어… 지식인 중에서 런던을 기꺼이 떠나려는 사람을 자네는 한 사람도 찾을 수 없을 거야. 런던이 지겨워진 사람은 사는 게 지겨워진 거야. 런던에는 삶이 제공할 수 있는 모든 게 있으니까 말이야(윌슨, 2014: 108~109).

1777년 유럽 사회는 산업혁명이라고 알려진 사회적 변화가 진행 중이었고, 런던은 바로 그 중심에 있었다. 런던은 산업사회에 들어서서 세계 최초의 메트로폴리스(metropolis)로 성장하였다. 19세기 초에 86만 5,000명이었던 인구가 1840년에 150만 명으로 늘어났다. 나폴레옹전쟁이 끝난 후 런던은 세계 최대의 도시뿐만이 아니라 세계를 지배하는 도시가 되었다.

도시계획 측면에서 런던은 계획적으로 만들어진 것처럼 보이는 것이 거의 없다. 런던에서는 뉴욕처럼 바둑판 모양의 거리도 없고, 상트페테르부르크처럼 동질적인 건축물도 눈에 띄지 않으며, 파리와 같은 엄격하고 품위 있는 도시계획의 흔적을 찾을 수 없다(윌슨, 2014: 10). 런던은 산업사회에서 세계 최초로 메트로폴리탄(metropolitan)이 되었음에도 불구하고, 나폴레옹 통치기의 파리와 같은 대규모 도시계획/개조에는 저항하였다. 이러한 상황에서도 런던이 세계적 도시로 면모를 갖춘 데는 존 내시(John Nash, 1752~1835)와 같은 건축가가 있었기 때문에 가능하였다. 존 내시는 리젠시(Regency)와 조지 왕조(Georgian)시대의 가장 위대한 영국 건축가 중 한 사람으로, 런던의 여러 중요 지역에 신고전주의와 심미주의 디자인을 도입하였다. 그는 리젠트(Regent) 황

〈그림 4.3〉 산업혁명 초기 도시의 모습

태자와 성공적인 부동산 개발자인 제임스 버턴(James Burton)으로부터 자금을 지원받아 리젠트 거리(Regent Street)를 영국 전통의 형식미와 생기 넘치는 공간으로 계획하였다. 이러한 내시의 유명한 디자인으로 런던 근교 브라이턴(Brighton)에 있는 로열 파빌리온(Royal Pavilion), 로마의 콘스탄티누스 개선문을 모방한 마블 아치(Marble Arch) 및 버킹엄 궁전(Buckingham Palace) 등이 지금도 남아 있다.

1780년대부터 영국에서 산업혁명이 본격적으로 발발하면서 교통에서의 혁명 또한 시작되어, 세계 최초의 철도가 영국에서 등장하였다. 1825년 영국 스톡턴(Stockton)과 달링턴(Darlington)을 연결하는 40km 길이의 상업용 철도가 운행을 시작한 이래, 1830년 영국 맨체스터(Manchester)와 리버풀(Liver-pool) 사이에 철도가 개설되었고, 런던에는 1836년에 첫 구간에서 노시철도가 개통되었다. 이후 영국은 복잡한 철도망으로 연결되어 내륙 지방이 발전하는 계기로 작용하였다. 이때 동원된 대다수의 철도 노동자들은 아일랜드인이었다. 이들은 열악한 작업환경과 형편없는 품삯으로 가혹한 생활환경 속에 살

앉으며, 급기야는 1846년에 격렬한 폭동이 발생하게 된다. 이러한 당시의 상황은 산업혁명이 노동자들의 삶을 향상시키기보다는 더 힘들게 만들었다는 것을 말해 준다. 당시의 상황은 주기적으로 발생하는 전염병 통계를 통해서도 잘 입증된다. 영국 런던에서 식수문제로 1849년 14,000명이 콜레라로 사망하였고, 1854년에도 10,000명이 콜레라로 사망하였다. 당시 런던 사람들의 평균 기대수명은 불과 35세 정도였다.

인구와 산업활동이 도시에 집중되면서 초기 산업도시에서는 공장에서 내뿜는 시꺼먼 연기로 대기가 오염되고, 공장에서 사용한 폐수가 하천과 강으로 그대로 버려져 수질이 오염되었으며, 근로 집단은 절대 빈곤 속에서 생활하며 공장 근처의 빈민촌에서 삶을 근근이 이어 나갔다. 당시에 국가는 시민의 생명과 재산, 권리를 지켜 주기보다는 공권력을 무기로 시민을 억압하고 지배 집단의 이익을 대변하는 기능을 주로 수행하였다. 당시 시민들의 삶은 빅토르 위고에 의해 표현된 『레 미제라블』과 찰스 디킨스가 쓴 『크리스마스 캐럴』의 사회상을 통해 보여 주고 있다. 이러한 배경에서 마르크스와 엥겔스의 사회주의 이데올로기가 탄생할 수밖에 없었던 것이 당시의 상황이었다.

산업혁명이 발발하고 자본주의 경제 체제가 도입된 이후에 시민들의 삶은 향상된 것이 아니라 공장 근로자로 전락하여 최저생계 수준에서 벗어나지 못하였으며, 도시환경은 공해에 찌든 잿빛 하늘과 오염된 하천을 보여 주었고, 서민들은 공장 인근의 빈민촌에서 희망 없는 생활을 이어 나갔다. 당시에 프랑스는 2400만의 시민들이 20만의 지배 집단에 의해 억압과 착취를 당하는 상황이었고, 벨기에는 600만의 시민들이 10만의 지배 집단에 의해 억눌린 생활을 하는 사회였다. 이런 배경에서 프랑스대혁명이 발생할 수밖에 없었고, 사회주의 이데올로기가 나올 수밖에 없는 상황이었다. 이에 따라 유럽 사회의 대변혁(Great Transformation)이 시작되었던 것이다.

당시에 이와 같은 도시민들의 빈곤한 삶을 먼저 인지한 국가가 영국이었다. 영국 지배 집단은 도시민의 어려운 삶을 인지하고, 만약 이들의 복지 향상을 위해 국가가 어떤 조치를 취하지 않는다면 프랑스와 같은 대혁명을 경험할 수밖에 없다는 것을 인식하게 되었다. 이런 상황에서 영국은 시민들의 보건위생과 복지 향상을 위한 상하수도 시설과 근로자들을 위한 공동주택을 건설하는 방식으로 도시계획을 수립하기 시작하였다. 물론 이러한 도시계획은 순수하게 시민들의 삶을 향상시키기 위해서만 도입된 것이 아니라, 시민들의 주거와 위생 시설을 개선함으로써 근로 생산성 향상에 기여할 수 있다는 목적이 깔려 있었고, 폭발 직전에 있는 시민들의 불만을 무마하려는 목적이 작용하였던 것이 사실이다. 그러나 이때부터 도시는 이윤이나 돈만을 추구하는 생산의 공간이 아니라, 시민의 삶과 복지를 위한 공간으로 눈을 돌려야 한다는 것을 정부가 인식하기에 이르렀다.

이런 인식하에 근로자들의 주거를 위해 전원도시가 계획되었고, 도시로 급속히 밀려드는 인구와 산업활동을 수용하기 위한 고밀도 도시가 조성되기 시작하였다. 이제 1900년대에 접어들어 유럽은 제1차 세계대전과 제2차 세계대전을 경험하며 도시가 초토화되었지만, 전쟁의 피해를 보지 않은 미국은 온전한 상태로 남아 세계 최강대국으로 등장하며, 미국의 경제 중심지인 뉴욕이 세계의 중심 도시로 우뚝 서게 된다.

4-2. 뉴욕: 20세기 자유의 도시

뉴욕 하면 가장 먼저 떠오르는 것이 엠파이어스테이트 빌딩, 자유의 여신상, UN 빌딩, 센트럴파크, 그리고 9·11 사건 등일 것이다. 두바이의 부르즈할리파(163층, 828m)가 아무리 높다 하더라도, 고층 빌딩의 상징은 여전히 뉴욕의 엠파이어스테이트 빌딩(102층, 381m)이다. 뉴욕 리버티(Liberty)섬에 우뚝 서 있는 93.5m의 자유의 여신상은 세계에 자유를 밝히고 지키는 상징으로 알려져 있다. 뉴욕 다운타운(downtown)에 위치한 UN 빌딩은 세계평화를 위한 상징으로 인식되고 있으며, 맨해튼 중심에 위치한 센트럴파크는 대도시의 사랑과 낭만을 심어 주는 공간으로 사랑받고 있다. 뉴욕은 이런 즐거운 기억만 있는 것이 아니라 9·11 사건과 같은 테러와 공포의 공간으로 기억되기도 하며, 영화 「배트맨」 속에서는 범죄와 부패의 도시 '고담시티(Gotham City)'로 그려지기도 한다.[12] 한마디로 뉴욕은 20세기 사회의 요지경으로 꿈과 희망의 공간인 동시에 범죄와 위험의 공간이기도 하다.

　뉴욕은 1492년 10월 12일 크리스토퍼 콜럼버스가 신대륙을 발견한 이후 대항해 시대가 열리며, 1626년 네덜란드가 인디언으로부터 60길더(24달러)에 맨해튼섬을 구입하여 뉴암스테르담(New Amsterdam)을 조성하였다. 이후 1664년 네덜란드가 영국과의 전쟁에서 패한 후, 영국이 점령하여 제임스 2세[James II, 요크(York) 공]의 이름을 따서 뉴욕(New York)으로 이름을 변경하였다. 영국은 1665년 뉴욕에 자치제를 도입하여 선거인들(부르주아 또는 자유 시민)이 시행정관과 부행정관을 선출하고 식민지 총독을 임명하는 제도를 마련하였다.

　영국 지배 아래 식민지로 수탈당하던 미국은 1773년 보스턴 차 사건(Boston Tea Party)을 계기로 영국과의 갈등이 더욱 깊어졌고, 1775년 영국과 민병대 사이에 렉싱턴(Lexington) 전투가 발발하였다. 이듬해 1776년 7월 미국이 독립을 선언함으로써 본격적인 독립전쟁이 시작되어, 1783년 파리 조약에 의해 영국이 미국 독립을 인정하기에 이르렀다. 전쟁이 끝난 후 1789년 4월 30일 뉴욕에 있는 미국 임시정부의 청사 페더럴 홀(Federal Hall)에서 조지 워싱턴(George Washington, 1732~1799) 대통령(1789~1797 재임)이 취임하는 성대한 의식이 거행되었다. 뉴욕에서 거행된 이 행사는 세계사에서 최초로 국민이 직접 뽑은 대표가 국가수반이 된 사건이었고, 1790년까지 뉴욕은 미국의 수도였다.[13]

---

12. 영화 「배트맨」에 나온 고담시티는 1970년대 미국 사회의 어둡고 부패한 도시 상황을 표현한 것으로 뉴욕, 시카고, 디트로이트 등을 배경으로 한 것으로 알려져 있다.

13. 독립 직후 미국의 수도는 뉴욕이었는데, 미국을 강력한 중앙집권 국가로 만들기 위해서는 새로운 수도가 필요하다는 주장이 제기되어, 초대 대통령인 워싱턴은 버지니아주와 메릴랜드주 사이에 각각 마름모꼴 100제곱마일의 토지를 양도받아 어느 주에도 속하지 않는 특별행정구역으로 새 수도

뉴욕은 1776년과 1778년 두 차례 큰 화재가 발생하여 거리가 새롭게 조성되는 계기를 가졌고, 1811년 맨해튼 도시계획이 수립되어 현재와 같은 가로세로 격자형 도시로 조성되었다.[14]

뉴욕의 성장 과정을 연대에 따라 주요 사건을 중심으로 살펴보기로 하자.

1825년 뉴욕 맨해튼과 오대호를 연결하는 길이 584km의 이리 운하(Erie Canal)가 개통되어 이리호에서 허드슨강 상류까지 연결해, 뉴욕 항으로 흐르는 허드슨강을 통해 오대호와 대서양 사이의 배편을 가능하게 하였다. 동부와 중서부의 운송을 간편하게 해 준 미국 독립 초창기 물류 운송의 교통혁명을 가져와 미국 내륙지역이 개발되는 계기로 작용하였다.

1830년대 중반에 뉴욕과 필라델피아를 연결하는 철도가 처음 등장하였고, 이어서 보스턴, 디트로이트, 시카고를 향해 서부로 철도가 연결되었다. 이러한 철도 노선이 뉴욕으로 집중되어 뉴욕이 대륙의 중심지로 성장하는 주요 요인으로 작용하였다. 철도가 등장함에 따라 점차 내륙지역이 개발되기 시작하였고, 이런 과정에서 가장 큰 혜택을 본 도시는 아마 시카고일 것이다. 시카고는 미국 최초의 대륙 횡단을 위한 철도 노선이 결정되는 과정에서 강력한 로비력을 발휘하여 중부 내륙의 철도 중심역을 시카고로 유치하였다. 이와 같은 노력에 힘입어 1835년 인구가 불과 4,000명이었던 시카고는 현재 인구 900만의 거대도시로 성장하는 발판이 마련되었다(Logan & Molotch, 1987: 54–55).

기왕에 철도 이야기가 나왔으니 한국 철도 역사의 흥미로운 이야기를 하나 해 보도록 하자. 한국에서 철도가 보급되는 과정에 초기에는 서울과 지방을 연

건설을 명령하였다. 그래서 1790~1800년까지 10년간은 필라델피아가 미국의 임시 수도가 되었고, 1800년에 수도를 옮기며 사망한 워싱턴의 이름을 기념하여 수도 이름을 현재와 같이 워싱턴으로 이름 지었다.

14. 1807년 4월 3일 뉴욕 시의회는 거리와 도로·공원을 계획화하기 위한 위원회를 설립하고, 측량기사로 존 랜들(John Randel)을 선택한다. 존 랜들은 맨해튼 땅덩어리를 자로 잰 듯하게 격자로 나누고, 각 도로에 번호를 부여하는 그리드 시스템(grid system)을 도입하였다. 그래서 맨해튼은 가로는 남쪽 1번 거리(Street)에서 시작해 북쪽에 150번까지 이어지고, 세로는 가장 동쪽에(오른쪽) 1번부터 시작해 12번까지 대로(Avenue)를 이룬 격자형 도시로 탄생하게 되었다.

결하는 철도 노선이 공주를 지나도록 계획되어 있었다고 한다. 그런데 당시에 공주에 거주하던 양반과 유생들이 들고일어나 '쇠로 만든 괴물' 같은 기차가 공주로 들어오는 것을 격렬하게 반대하였다. 당초 가장 유력하였던 경부선 노선은 서울-수원-천안-공주를 거쳐 부산까지 내려가는 노선이었다. 이는 각 지역의 행정경제 중심지를 연결하는 노선이었지만 '괴물' 같은 철도가 들어온다는 소식에 전국 각지 유생들의 반발이 격렬하였고, '충청도 양반' 도시인 공주의 반발이 특히 거셌다. 유림의 반발에 구한말 철도 부설을 총괄하였던 일제는 천안에서 공주로 가는 노선 대신, 천안에서 조치원을 지나 대전으로 가는 노선을 잡았다. 대전의 경우 당시만 해도 논밭에 불과해 철도 부설에 대한 반발이 덜하였던 것이다. 결국 공주를 비껴간 경부선 철도는 1904년 11월 완공해 1905년 1월 1일 개통하였다(주간조선, 2015). 이렇게 충청권에서 대전과 공주의 성장과 쇠락은 철도 노선에 의해 운명이 갈렸다. 철도가 부설되기 전까지만 해도 한가한 촌락에 불과하였던 대전은 경부선과 호남선의 분기점으로 선정되면서 새로운 중심지로 급부상하였고, 반대로 공주는 급격히 쇠락하면서 도청 소재지도 공주에서 대전으로 옮겨 갔다. 개항 이전 충청권의 행정 중심 도시이자 상업과 교통의 요충지였던 공주는 1900년대 들어서서 경부선 노선에서 제외됨으로써 쇠락의 길을 걷게 되었던 것이다. 미국 시카고와 한국의 공주를 비교하면 성장을 위한 지역 연대(growth coalition)가 얼마나 중요한가를 잘 이해할 수 있다.

   미국의 철도 역사에는 노동자들에 대한 착취와 인디언 박해가 함께 엉켜 있다. 철도 노선을 위한 토지를 수용하는 과정에서 인디언들의 터전이 무참히 짓밟혔고, 철도 건설을 방해하는 아메리카 원주민을 소탕 및 살육함으로써 원주민 공동체가 철저히 파괴되었다. 그리고 열악한 철도 노동을 담당하였던 사람들의 상당수는 중국에서 모집해 온 노동자들이었다. 이들은 대륙횡단철도가 샌프란시스코에서 완공된 후 약속한 철도 노임을 받지 못하고 뿔뿔이 흩어질 운명에 처하였었다. 약속된 노임을 받고 본국에 가려는 희망에 부풀었던 중국 철도 노동자들은 고향에 돌아갈 푼돈도 챙기지 못하였고, 결국 최종 종착지였던 샌프란시스코에 함께 살기로 결정함으로써, 미국 최초의 중국인 공동체 차이나타운이 샌프란시스코에 조성되는 계기가 되었다. 그리고 철도 노동자로 일한 사람들 대부분이 남성이었고, 이들이 장기간 함께 생활하며 자연스럽게 동성애 관계가 싹텄는데, 이들 또한 철도 공사가 끝난 후에 각기 흩어져 생활하기보다는 함께 공동체를 이루며 살아갈 것을 결정하였다. 이런 요인이 작용하여 샌프란시스코에 처음으로 동성애자 공동체인 게이(gay)타운이 형성되었다. 이와 같은 맥락에서 미국 철도 역사는 힘없는 사람들과 집단에 대한 억압과 착취, 수탈과 박해의 역사로 점철되어 있다.

인구와 산업활동이 뉴욕으로 몰려들며 1870년대를 지나 뉴욕 인구는 100만을 돌파하였다. 그리고 1886년 10월 28일에 프랑스인들이 미국 국민에게 선물한 거대 동상 '자유의 여신상'이 뉴욕 리버티섬에 우뚝 서게 된다. 이제 뉴욕은 단순한 미국 내의 도시를 넘어 세계경제를 지배하는 도시로, 그 거대한 야망이 바로 이 동상을 통해 상징적으로 표현된 것이다.

몸집이 커진 뉴욕의 교통혼잡을 완화하기 위해 1904년 지하철이 개통되어 뉴욕 중심가가 급성장하면서, 맨해튼에 대규모 고층 빌딩들이 밀집하는 계기로 작용하였다. 마천루(skyscraper)는 1884년에 시카고에서 처음 건립되었다.

〈그림 4.4〉 뉴욕 맨해튼 스카이라인

이전에도 높은 건축물로는 이집트의 피라미드(146.5m)가 있고, 유럽에 고딕 성당들(예를 들면, 독일 울름 대성당 높이 161.5m)이 있었지만, 상업 목적의 고층 빌딩으로는 미국 시카고에 건설된 높이 42m 10층 건물인 홈인슈어런스 빌딩(Home Insurance Building)을 최초의 마천루로 꼽고 있다. 시카고에서 시작된 고층 건물 건설 붐은 바로 뉴욕으로 전파되어 뉴욕 월드 빌딩, 싱어 빌딩, 울워스 빌딩, 크라이슬러 빌딩 등이 건립되며 뉴욕 맨해튼은 고층 빌딩의 거리로 자리 잡고, 그 방점으로 엠파이어스테이트 빌딩(1931년 건립)이 건설되어 고밀도 마천루 도시로 이름을 알리게 된다.[15]

아마 뉴욕에 고층 빌딩들만 즐비하다면 지금과 같은 세계도시로 빛을 발하지 못했을 것이다. 뉴욕이 세계도시로 사랑을 받는 것은 바로 맨해튼 중심에 거대한 공원인 센트럴파크가 있기 때문이라고 할 수 있다. 1856년 조경가인 프레더릭 로 옴스테드(Frederick Law Olmsted, 1822~1903)와 건축가이자 조경 디자이너인 캘버트 복스(Calvert Vaux, 1824~1895)는 뉴욕시 소유의 843에이커의 땅을 공원으로 조성하여, '벽돌과 모르타르로 된 사막 속의 이상향' 또는 '오아시스'를 건설할 목적으로 센트럴파크를 설계하였다(Weil, 2004: 144). '도심에서 자연으로 최단 시간 탈출'이라는 옴스테드의 설계 철학이 담긴 센트럴파크는 이후 많은 도시계획가들에 의해 본격적인 현대 도시공원의 원조로 인식되고 있다.[16]

---

15. 102층 엠파이어스테이트 빌딩이 2년 만에 건립되었다니 대단한 일이 아닌가! 당시에 미국은 대공황 상태에 있어 높은 실업률과 경기 침체에 빠져 있었다. 이런 상황에서 노동자들은 낮은 임금에도 건설노동자로 취업하려 하였고, 이런 기회를 이용하여 신속하게 건설된 고층 빌딩이 바로 엠파이어스테이트 빌딩이다. 그리고 미국 대부분 고층 건물의 이름이 회사 혹은 건축주의 이름을 따오는데(예를 들면, 크라이슬러 빌딩이나 록펠러센터 등), 엠파이어스테이트 빌딩은 부동산업자들이 합작하여 건설하였기 때문에 특정 회사나 인물의 이름이 붙여지지 않았다. 참고로 1931년 완공된 엠파이어스테이트 빌딩은 오랫동안 높은 공실률을 보이다가, 제2차 세계대전이 끝난 1950년대가 되어서야 흑자로 돌아섰다고 한다.

16. 센트럴파크가 위치한 맨해튼의 도시계획가였던 로버트 모지스(Robert Moses, 1888~1981)는 이 구역을 치열한 삶의 현장으로 만들고자 설계에 매진하던 중이었는데, 누군가가 조언을 하였다고 한다. "만약 맨해튼의 중심부에 센트럴파크가 없어지면, 5년 후에는 똑같은 크기의 정신병원을

뉴욕이 지금과 같은 월드시티 혹은 코즈모폴리턴(cosmopolitan) 도시로 성장할 수 있었던 것은 바로 다양한 민족과 인종이 혼합된 멜팅팟(melting-pot) 도시였기 때문이었다. 1820년 말만 해도 뉴욕은 기독교 국가에서 온 사람들로 이루어져 있었지만, 열 중 아홉은 미국에서 태어났다. 그런데 1840년에는 뉴욕 인구의 3분의 1, 1855년에는 2분의 1 이상이, 1860년과 1890년 사이에는 10명 중 4명꼴로 외국 태생이 증가하였다. 뉴욕은 오래전부터 유럽 이주민들이 미국에 입국하는 첫 항구였다. 뉴욕에 이민 온 사람 대다수는 새로운 세계에 대한 도전과 모험 정신으로 충만하였고, 기회의 땅에서 강인한 체력과 정신력으로 이민의 꿈을 위해 노력하였다. 그리고 다양한 인종과 민족이 함께 공존하면서 갈등과 충돌도 발생하였으나, 자연스럽게 다문화사회가 형성되어 다양한 소수 공동체가 출현하고(예를 들면, 유대인 공동체 게토, 독일 공동체 작은 독일, 중국인 공동체 차이나타운, 한인 공동체 코리아타운 등) 이질적 문화 사이에 접촉, 교류, 전이, 융합, 재창조 등 활동이 활발하게 전개되어 뉴욕이 지금과 같이 창조계급(creative class)이 밀집해 거주하는 창의도시(creative city)로 발전하는 발판이 마련되었다.[17]

뉴욕 하면 자본의 도시, 돈의 도시로 인식되고 있지만, 뉴욕에서는 문화예술 활동 또한 활발하게 전개되고 있다. 그 중심에는 메트로폴리탄 미술관(Metropolitan Museum)과 현대미술관(Museum of Modern Art)이 있고, 그리니치빌리지와 브로드웨이(Broadway)를 중심으로 문화예술과 연극 및 뮤지컬 등

지어야 할 것이다." 이 말은 도시에 삶의 휴식처를 넣지 않으면 과로와 스트레스로 인해 정신질환자가 늘어날 것이라는 예견이다. 로버트 모지스는 후에 제인 제이컵스(Jane Jacobs)와 그리니치빌리지(Greenwich Village) 개발계획을 놓고 충돌하였다가 격렬한 반대에 직면하여 포기한 결과 지금의 그리니치빌리지가 살아남게 되었다.

17. 미국의 저명한 도시학자인 리처드 플로리다(Richard Florida)는 창조직 인재들을 도시에 끌어모으는 방법으로 'T'로 시작하는 영어 단어를 제시하였다. 즉 기술적 인프라(Technology)를 잘 갖추고, 다양한 문화를 인정하고 수용하는 분위기(Tolerance)가 넘쳐 나야 비로소 인재(Talent)를 자석(磁石)처럼 끌어모을 수 있다는 것이다. 이런 의미에서 도시성장의 주요 요소로 문화적 다양성이 특히 강조되며, 뉴욕이 세계적인 도시로 성장한 배경에는 바로 이주민들에 대한 문호개방이 중요한 요인으로 작용하였다는 것을 보여 준다.

이 상시 공연되고 있다. 필자의 생각에는 도시의 문화예술 수준을 알려면 박물관/미술관, 음악당, 국립도서관 등의 위치를 보면 평가할 수 있다. 박물관/미술관이 도시의 중심부에 있으면, 그 도시는 문화예술에 대한 애정과 관심이 높은 도시라고 할 수 있다. 그래서 선진 도시에는 접근성이 우수한 중심부에 박물관/미술관들이 자리하고 있는 것을 볼 수 있다. 파리 루브르 박물관(Musée du Louvre), 워싱턴 스미소니언 박물관(Smithsonian Museum), 뉴욕 메트로폴리탄 미술관, 런던 대영박물관(The British Museum)이 모두 접근성이 우수한 장소에 자리하고 있다. 그래서 박물관/미술관은 단순한 문화공간만이 아닌 시민들의 만남의 공간, 소통의 공간, 교류와 학습의 공간 등 다양한 활동이 중심적으로 이루어지는 공간이다. 그런데 우리의 현실은 어떤가? 국립중앙박물관은 용산 아파트 숲에 둘러싸인 고립된 지역에 입지하여 외롭게 있고, 국립현대미술관 본관인 과천관은 과천 산자락에 무슨 비밀 군사기지인 양 입지해 있다. 이것만으로도 한국의 문화예술 수준이 어느 정도인지 가늠할 수 있다.

 뉴욕 메트로폴리탄 미술관은 국가나 정부 기관이 주도한 것이 아니라 순수하게 민간 주도로 설립되었다. 그만큼 뉴욕 시민들의 문화예술에 대한 관심과 애정이 높다는 것을 보여 준다. 이런 사례는 미국 로스앤젤레스의 진 폴 게티 미술관(Jean Paul Getty Museum)에서도 찾을 수 있다. 메트로폴리탄 미술관과 진 폴 게티 미술관은 모두 도시 관광 순위 상위권에 있어 도시를 홍보하고 관광객을 유인하는 필수 코스이다. 뉴욕 브로드웨이는 맨해튼에서 가장 번화한 타임스 스퀘어(Times Square)와 그 부근 미드타운(Midtown) 지역에 위치하며, 영국의 웨스트엔드(West End)와 함께 전 세계 연극/뮤지컬의 양대 성지로 알려져 있다. 그리니치빌리지는 한때 로버트 모지스에 의해 대규모 재개발 지역으로 계획되었으나, 제인 제이컵스를 비롯한 시민단체의 도시보존운동에 부딪쳐 계획이 철회되어 뉴욕의 문화예술 중심지로 남아 있다. 지금은 젠트리피케이션(gentrification)이 진행되어 많은 문화예술가들이 높은 임대료를 감당하지 못하고 떠나 본래의 지역 특성이 상실되고 있다는 비판에 직면해 있다.

한국이나 미국이나 자본이 한번 맛을 들이면 투기 공간으로 변해 공동체가 와해되고 빛을 잃게 되는 현상이 나타나는 것은 똑같은 것 같다.

밀란 쿤데라(Milan Kundera)의 소설 『참을 수 없는 존재의 가벼움』에는 뉴욕을 유럽 도시와 비교한 재미있는 문장이 나온다. 그 일부를 보면 다음과 같다.

> 유럽인들의 아름다움에 대한 감각에는 언제나 의도적인 성격이 내포되어 있지요. 즉 심미적인 안목과 함께 장기적인 계획이 있습니다. 그래서 수십 년에 걸쳐서 고딕 성당이나 르네상스 양식의 도시가 건설될 수 있었던 것입니다. 반면 뉴욕의 아름다움은 비계획적인 데에 그 근거를 두고 있지요. 마치 인간의 의도와는 전혀 상관없이 생성된 동굴의 종유석이나 마찬가지입니다. 그 자체만 놓고 보면 볼품없는 것이 우연적이고 비의도적이며 믿기 어려운 하나의 조화를 이루어 갑작스러운 신비의 시(詩)로서 빛을 발하지요. … 비의도적 아름다움이라. … 그것은 실책에 의한 아름다움이라 말할 수 있겠죠. … 실책에 의한 아름다움, 그것은 아름다움의 역사에서 마지막 장이랄 수 있죠. … 뉴욕의 비의도적 아름다움은 인간의 의도에 의해서 엄격하고 완벽하게 구성된 것보다 훨씬 풍부하고 다양하지요. 하지만 그것은 유럽의 아름다움이 아닙니다. … 뉴욕의 아름다움이 갖는 낯설음에 무척이나 매료되었다…(밀란 쿤데라, 1994: 124).

밀란 쿤데라는 뉴욕이 의도하지 않고 시행착오를 거쳐 만들어졌는데, 아름다움을 추구하기 위해 오랫동안 계획적으로 만들어진 유럽 도시들에 비해 훨씬 다양하고 풍부한 매력을 제공하는 도시라고 찬미하고 있다.

그런가 하면 토머스 제퍼슨(Thomas Jefferson, 1743~1826)은 뉴욕에 대해, "인간 속성이 지닌 모든 타락의 배설구인 뉴욕은 미국의 소명과 가치, 그리고 농촌의 미덕을 위태롭게 만들었다. … 파리에 있는 각각의 외국인은 파리 사람이 되려고 열심히 노력하는 반면에, 뉴욕에서는 소란한 다양성이 전체적 조화의 효과를 해친다."라고 비난하였다. 하긴 제퍼슨 자신이 대토지 소유주로 도시보다는 지방정치(local politics)를 강조하였으니 이런 비판의 말을 쏟아낼 만하다.[18]

그런데 뉴욕은 미국의 전형적인 도시가 아니다. 뉴욕은 미국에 위치하고 있지만, 미국이라는 국가를 넘어서 전 세계인들이 만나고 소통하며 교류하고 변화를 선도하는 코즈모폴리턴 도시이다. 이제 글로벌 시대를 맞이하여 국가와 도시 사이의 역학 관계가 변화하고 있다. 글로벌 시대 이전에는 국가가 주체가 되어 성장과 변화를 주도하는 사회였던 반면, 글로벌 시대가 전개되면서 국가가 아닌 도시가 성장과 변화를 주도하는 시대로 전환되었다. 즉 예전에는 영국과 미국의 패권주의가 런던과 뉴욕의 성장 견인차로 작용하였다면, 지금은 런던과 뉴욕의 경쟁력이 국가경쟁력을 결정하는 시대로 변하였다는 것이다.

---

18. 참고로 토머스 제퍼슨은 프랑스대혁명이 끝난 후에 미국 대표로 파리를 방문하게 된다. 앞에서 설명한 것처럼 당시에 파리는 엄청난 혼란과 무질서를 경험하고 있을 때였다. 당시 파리의 모습을 보고 제퍼슨은 사람들이 대도시를 만들어 모여 살면 군중들은 언제든 폭도로 변할 수 있고 무질서와 혼란을 피할 수 없다고 판단하였다. 이런 그의 사고가 미국 정치에 반영되어 도시보다는 농촌 중심의 풀뿌리 민주주의(grass-roots democracy)를 강조하는 지방자치제도가 도입되는 계기가 되었다고 전해진다.

제5장

현대도시: 새로운 밀레니엄 시대의 도시

지금까지 초기 도시부터 근대도시까지 역사가 진행되면서 도시가 어떻게 변화하였는지를 살펴보았다. 그러면 앞으로 도시는 어떻게 변화할 것인가? 바로 이 질문에 대한 대답을 찾는 것이 지금부터 이 책이 추구하는 작업이다. 따라서 뒤에 이어지는 제2부에서는 현재 우리가 살고 있는 현대사회의 도시에 대해 논의하고, 제3부에서는 미래 세대를 위해 도시를 어떻게 만들어야 하는가를 알아본다. 이에 앞서 이번 장에서는 지금까지의 역사적 진행을 살펴볼 때, 새로운 밀레니엄을 맞이하여 도시가 어떻게 변화할 것인가를 살펴본다.

새로운 밀레니엄 시대에는 도시가 어떻게 변할 것인가? 어떤 학자는 도시가 점차 해체될 것으로 예측하였고, 또 다른 학자는 도시의 아우라가 상실될 것을 예측하였다. 어떤 사람은 매트릭스(matrix) 도시[1], 클론(clone) 도시[2]가 등장할

---

1. 영화 「매트릭스(The Matrix)」는 워쇼스키 형제가 제작·감독하여 1999년 개봉한 미국의 SF 액션 영화이다. 영화는 인간에 의해 감지되는 현실이 '매트릭스'라고 불리는 모의 현실(1999년의 모의 현실)인 상황에서, 인체의 열과 전기 활동을 자신의 생명 연장을 위한 에너지원으로 사용하는 인공지능 컴퓨터(sentient machines)가 인류를 지배하는 디스토피아적 미래를 묘사한다. 컴퓨터 프로그래머인 네오(Neo)는 이러한 진실을 알게 되고, '꿈의 세계(dream world)'에서 벗어난 다른 사람

것을 예언하였고, 또 다른 사람들은 문화예술 도시 혹은 스마트 도시가 주목을 받을 것으로 예측하고 있다. 이렇게 다양한 의견이 난무하는 것은 '무엇이 새로운 밀레니엄 시대의 전형적 도시인가?'에 대한 의견이 일치하지 않는다는 것을 의미한다. 그리고 의견의 일치를 보이기에는 너무나 많은 변수가 작용하고 있다. 우선 가장 단순한 문제부터 살펴보기로 하자.

첫째, 도시의 미래는 긍정적인가 아니면 부정적인가? 필자는 긍정적으로 생각한다. 왜냐하면 집적적 효과가 작용하는 한, 도시는 계속해서 생존하고 번성할 것이다. 앨빈 토플러를 비롯한 다수의 학자들은 정보화 사회가 진행될수록 점차 도시는 해체될 것이라는 부정적 예측을 내놓았다. 앨빈 토플러(1980)는 미래 정보화 시대에는 도시 해체가 이루어질 것이며, 사람들은 도시에서 살아야 한다는 사실로부터 자유스러워지고, '전자 주택(electronic cottage)'에서 살기 위해 목가적인 전원을 선택할 것이라고 예언하였다. 앤서니 파스칼(1987)은 기존의 도시체계는 지역에 따라 차이가 없어지는 동질성을 가지게 되고, 도시는 정보화로 인해 대면접촉이라는 주요한 존재 이유를 상실하며, 이러한 기능은 전자 네트워크 및 전자 공간으로 대체되어 농촌사회가 자유를 갈구하는 사람들의 요구를 더 잘 반영하는 매력적인 거주지로 출현하게 될 것이라고 주장하였다. 네그로폰테(Negroponte, 1995)는 "새로운 가상현실 및 원격통신 기술이 장소를 대체할 수 있다."라고 예언하며, 따라서 사람들은 도시와 같은 '특별한 장소'의 입지적 제약에서 벗어날 수 있다고 하였다. 그리고 존 나이스비트와 애버딘(1991)은 만약 도시라는 것이 원래부터 존재하지 않았다면, 이제는 굳이 그것을 발명할 필요가 없는 시대가 도래하였다고 결정타를 날렸다(김현식 외,

---

들과 함께 기계에 대한 반란을 일으킨다는 내용이다.
2. 클론은 단일세포나 개체로부터 무성 증식에 의해 생긴 유전적으로 동일한 세포군이나 개체군을 일컫는 말로, 영화 속에서 '복제인간'이란 용어로 사용되었다. 이런 복제인간 '클론'을 다룬 영화로는 「아일랜드」, 「더 문」 등이 있는데, 영화 속에서 클론은 과학기술의 발전이 인류의 긍정적 미래를 담보하지는 않는다는 사실과 메시지를 전달하고 있다(https://blog.naver.com>iris7756/40097421392).

2002).

그런데 현실은 어떤가? 20세기 미래학자들의 예측과는 달리 도시는 더욱 번성하고 몸집을 키워 가고 있다. 왜냐하면 집적 효과(agglomeration effect)가 작용하고, 선별적 인구 이동을 보이며, 거대도시의 빨대현상이 더욱 강화되기 때문이다. 그래서 선진국과 개발도상국 모두에서 공통으로 나타나는 현상이 바로 거대도시, 인구 1000만 이상의 메가시티(megacity) 출현과 성장이다(표 5.1 참조).

그러면 먼저 집적 효과부터 알아보자. 집적 효과는 사람과 산업활동이 특정 지역에 밀집함으로써 발생하는 경제적 효과로 정의된다. 예를 들면, 인사동에 골동품점이나 고미술상이 밀집해 들어섬으로써 고미술품이나 골동품에 관심을 가진 사람들이 몰려드는 현상을 의미한다. 마찬가지로 인천 차이나타운에 화교들이 운영하는 중국 음식점이 몰려 있음으로써 관광객들이 방문하고 지역이 번성하는 것을 의미한다. 이렇게 대도시에 사람과 산업활동이 밀집함으로써 수요시장, 노동시장, 기술개발, 변화와 혁신의 중심지로서 도시가 작동하여 도시의 성장을 가져온다.

다음으로, 선별적 인구 이동에 대해 알아보자. 인구 이동 패턴을 보면, 높은 이동성을 보이는 집단으로 경제활동 가능 집단, 숙련 기술자 집단, 교육 수준이 높은 집단, 가임여성 등을 들 수 있다. 우선 경제활동이 가능한 20~50세 연령 집단이 높은 이동성을 보인다. 왜냐하면 이 연령대의 사람들은 어디를 가든 하다못해 막노동이라도 하며 생계를 이어 갈 능력이 있기 때문이다. 그다음 숙련 기술자들은 어디를 가더라도 취업 기회가 많아 현재 거주 지역에서 만족하지 못하면 새로운 지역으로 전출하는 높은 이동 성향을 보인다. 교육 수준이 높은 집단도 숙련 기술자와 마찬가지로 새로운 지역에서 취업 기회가 열려 있기 때문에 높은 이동성을 보인다. 성별로는 남성보다 여성이, 특히 20~40세 사이의 가임여성이 높은 이동 성향을 보인다. 왜냐하면 도시에서 젊은 여성을 위한 취업 기회가 상대적으로 많기 때문에 가임여성들의 이동성이 높은 것으로 나타

<표 5.1> 2017년 인구 1000만 이상 거대도시 순위와 인구(단위: 만)

순위	도시	국가	인구 규모
1	도쿄-요코하마 ✔	일본	3,784
2	자카르타	인도네시아	3,054
3	델리	인도	2,500
4	마닐라	필리핀	2,413
5	서울(수도권) ✔	한국	2,348
6	상하이	중국	2,342
7	카라치	파키스탄	2,212
8	베이징	중국	2,101
9	뉴욕 ✔	미국	2,063
10	광저우	중국	2,060
11	상파울루	브라질	2,037
12	멕시코시티	멕시코	2,006
13	뭄바이	인도	1,771
14	오사카-고베 ✔	일본	1,744
15	모스크바 ✔	러시아	1,617
16	다카	방글라데시	1,567
17	카이로	이집트	1,560
18	로스앤젤레스 ✔	미국	1,506
19	방콕	태국	1,500
20	콜카타	인도	1,467
21	부에노스아이레스	아르헨티나	1,412
22	테헤란	이란	1,353
23	이스탄불	터키	1,329
24	라고스	나이지리아	1,312
25	선전	중국	1,208
26	리우데자네이루	브라질	1,172
27	킨샤사	콩고	1,159
28	톈진	중국	1,092
29	파리 ✔	프랑스	1,086
30	리마	페루	1,075
31	칭다오	중국	1,038
32	런던 ✔	영국	1,024
33	나고야 ✔	일본	1,018
34	라호르	파키스탄	1,005

✔: 한국을 포함한 선진사회 도시를 표시한 것임.

출처: Worldatlas, 2017, World's Largest Cities. http://www.worldatlas.com

난다. 그래서 전출지에서는 숙련공, 생산 가능 인구, 교육 수준이 높은 사람, 가임여성 등이 선별적으로 빠져나가기 때문에 전출지는 침체에 빠지고, 전입지는 상대적으로 인구가 증가하며 번성하게 된다.

그 결과로 대도시가 지방과 중소도시로부터 사람과 산업활동을 빨아들이는 빨대로 작용하여, 대도시는 거대도시로 성장하는 반면 경쟁력 없는 지방과 중소도시들은 점차 쇠퇴하여 몰락하는 현상이 나타난다. 이런 현상을 극렬하게 보여 주는 사례가 바로 한국에서 수도권 집중과 지방 도시들의 몰락일 것이다. 심지어는 서울에서 부산까지 고속철도 KTX가 개통된 후에 250만 대구 경제가 침체의 늪에 빠져 허우적거린다고 하니, 서울과 수도권의 빨대 효과를 어떻게 완화할지 심각하게 고민해야 할 숙제로 남아 있다. 어쨌든 새로운 밀레니엄 시대를 맞이하여 도시는 더욱 번성할 것이고, 특히 거대도시의 몸집 불리기는 당분간 지속될 것이다.

둘째, 밀레니엄 시대에 도시 내부에서 시민들의 삶은 어떻게 변할 것인가? 긍정적으로 변할 것인가 아니면 부정적으로 변할 것인가? 긍정적으로 변한다는 것은 행복도가 증가한다는 것을 뜻하며, 부정적으로 변한다는 것은 고담시티와 같이 범죄가 증가하고 빈부 격차가 심화하는 것을 의미한다. 필자의 생각은 긍정에 기울지만, 빈부 격차는 더욱 벌어질 것으로 예상한다. 왜 이런 예상을 하는지 논거를 제시해 보겠다.

먼저, 역사를 통해 조망한 사회의 거대한 트렌드(trend)는 진보의 방향으로 나아가고 있다. 즉 인류가 추구해야 할 정의롭고 공정한 사회로 변화가 진행되고 있다는 것이다. 때로는 빠르게 진행되기도 하고(예로 프랑스대혁명), 때로는 퇴보하기도 하며(예로 나치의 등장과 유대인 대학살 홀로코스트), 때로는 더디게 진행되고 있지만(예로 보수주의 정권 교체), 역사의 거대한 변화는 진보의 방향으로 진행되고 있다고 필자는 판단한다. 물론 장 자크 루소(Jean Jacques Rousseau, 1712~1778)의 주장처럼 학문과 예술이 인간의 습속을 항상 순화시키는 방향으로 작용하지는 않고, 울리히 베크(Ulrich Beck,

1944~2015)의 주장처럼 세상은 점차 위험사회로 빠지고 있지만, 역사의 거대한 흐름은 민주사회, 정의사회, 공정사회, 평등사회를 지향하고 있다. 그리고 역사의 이런 도도한 흐름을 도시도 거스를 수는 없다. 이와 같은 흐름의 징조로 도시에서 나타난 현상이 바로 시민들의 삶의 질 향상, 행복도시, 워라밸(Work and Life Balance) 등의 추구라고 할 수 있다.

인류 역사에서 20세기까지는 대다수 국가와 도시에서 경제성장과 소득수준의 증가 등 양적 측면의 성장에 주안점을 두고 변화를 추구하였다. 그래서 한국의 도시도 고도성장을 추구하면서 다른 요인들, 예를 들면 문화예술, 성평등, 여가와 휴식, 주거 복지 등은 부차적 요인으로 생각하여 큰 관심을 두지 않았다. 그런데 경제가 어느 정도 수준에 오른 최근 들어서는 일과 삶의 균형을 중시하며, 삶의 질이 향상된 행복한 도시, 갑질 없는 공정도시, 양성평등의 정의로운 도시를 추구하여야 한다는 목소리가 점차 높아지고 있다. 새로운 밀레니엄을 맞이하여 이제 시민들의 사고와 지향점이 바뀌고 있는 것을 볼 수 있다. 즉 좀 더 높은 연봉을 받기 위한 사회에서 좀 더 행복한 사회로, 갑질에 굴종하는 사회에서 갑질에 대항하는 사회로, 무력(폭력)이 정당화되었던 사회에서 어떤 형태의 무력(폭력)도 정당화되지 않는 사회로, 불평등을 당연한 것으로 받아들인 사회에서 불평등에 저항하는 사회로, 다수로부터 지배받는 사회에서 소수집단의 권리가 보호되는 사회로, 권위에 복종하는 사회에서 탈권위 사회로 말이다.

다음으로, 도시 내부의 부정적 측면의 변화를 고찰해 보자. 과학기술의 발전은 인간을 힘든 육체노동에서 해방시켰고, 의료기술의 발달로 인해 인간의 평균수명은 이제 100세 시대에 접어들었다. 그러나 사회는 울리히 베크가 예언한 대로 점차 위험사회로 치닫고 있다. 동서 냉전 체제가 종식되었는데도 무기 개발은 지속되고 있으며, 코로나19와 같은 전염병은 글로벌 네트워크를 통해 전 세계로 확산되고 있다. 인종, 민족, 종교 사이의 갈등은 좀처럼 수그러들지 않고 있으며, 1789년 프랑스대혁명의 파급효과는 200년이 지난 지금까지도 아프리카에 도달하지 않았다(Jonsson, 2008). 이것이 뭐란 말인가?

과학이 발달하면 인간 생활이 훨씬 풍요로워질 줄 알았는데, 육체적으로는 편안해졌지만 정신적으로는 스트레스를 더 받는 사회가 되었다. 개인적으로는 자유를 만끽하고 간섭을 덜 받으며 타인의 시선에서 해방된 사회가 되었지만, 반면에 인간성이 상실되고 공동체 의식이 붕괴된 비인간적 사회가 전개되고 있다. 예전에 경주 최부잣집은 "사방 백 리 안에 굶어 죽는 사람이 없게 하라."라고 하였는데,[3] 요즘 재벌들은 자신의 계열사를 늘리고 부를 축적하려고 협력(하청) 회사에 대한 갑질에 혈안이 되어 있다. 자본주의는 끊임없이 창조적 파괴를 추구해야 한다는 명분을 내세워 도시의 빈민촌을 쓸어버리고 그곳에 멋진 주거와 비즈니스 복합공간을 건설하고 있다. 겉보기에는 멋진 도시가 되었지만, 내부를 들여다보면 화장에 더해 변장까지 한 도시, 일부 특권층은 행복하지만 힘없는 시민들은 소외되고 변두리로 밀려나며 냉대받는 도시가 되고 있다. 즉 도시 내부에서 지역·집단·계층 사이에 기울어진 운동장이 더욱 심화되고 있다는 것이다.

한국 사회는 지난 60년 동안 고도성장을 위해 무단히 노력해 왔다. 그래서 불평등, 포용, 배려, 삶의 질, 인본주의 등 다른 가치는 돌아볼 기회와 여유가 없었던 것이 사실이다. 그런데 이제는 소득 3만 달러 시대에 접어들어 선진사회와 어느 정도 어깨를 겨눌 정도로 성장하였으니, 여기서 한 단계 더 나은 사회와 도시가 되기 위해서는 형평성, 공정, 사회적 정의가 실현되는 사회를 만들어야 한다. 이를 위해서는 도시에서 기울어진 운동장이 필연적으로 바로잡혀야 하며, 이는 앞으로 우리가 풀어야 할 중요한 숙제로 남아 있다.

셋째, 밀레니엄 시대에 도시들 사이의 변화에 대해 알아보자. 20세기를 거치

---

3. 최부잣집은 조선조 최진립이 시조인 경주 최씨 가문이 17세기 초반부터 20세기 중반까지 약 300년 동안 부를 이어 온 것을 의미한다. 12대로 대대손손 가훈을 지켜 가며 부를 쌓았고, 나그네나 거지들에게 돈을 나누어 주고 밥을 먹여 주는 선행을 하였다. 노블레스 오블리주를 실천한 것으로 유명하다.

면서 도시들은 이미 자신의 독특한 스타일을 버리고 모던(현대)이라는 옷으로 갈아입었다. 그래서 런던을 가도 그렇고, 시카고를 가도 비슷하며, 상파울루도 유사한 모습을 보이고, 도쿄도 마찬가지의 비슷한 공간을 연출하고 있다. 인간 생활만 효율성, 경제성, 합리성에 지배당한 것이 아니라 공간 이용에서도 경제성, 효율성, 합리성이 지배하는 세상이 되었다. 이제 지역의 전통이나 문화, 독특성과 차이, 정체성과 지역성은 과학과 효율성, 경제성과 기능주의에 밀려 자신의 전통 옷을 벗어 버리고 인터내셔널 스타일(international style: 국제주의 양식)이라는 기성복으로 갈아입었다.[4] 물론 아직도 자신의 옷을 고집하는 도시도 있지만, 이런 곳들은 자신들의 삶의 방식을 고집하기보다는 대부분이 도시를 관광상품화하여 외래 방문객을 끌어들이기 위한 목적으로 전통의 옷을 입고 있다. 왜 이런 이야기를 하는가 하면, 베네치아(이탈리아)도 그렇고, 쿠스코(페루)도 그렇고, 카이로(이집트)도 그렇고, 경주(한국)도 그렇고, 한번 가 보시라! 예전에 이 도시를 만든 선조들은 얼마나 개방적이고 진취적이며 혁신적이고 포용적이었는가. 그런데 지금 그곳에서 살아가는 후손들의 눈에서는 선조의 얼과 번득이는 섬광을 찾을 수 없다는 것이 안타까워서 하는 말이다.

도시만 인터내셔널 스타일로 자신의 독특성을 상실하고 유사한 모습으로 성형을 한 것이 아니다. 그곳에서의 인간의 군상도 마찬가지로 유사한 패턴 속에 살아가고 있다. 아파트라는 현대의 둥지 속에서 살아가는 우리의 행태를 공간을 쪼개서 단면을 들여다보자(그림 5.1 참조). 아침이면 비슷한 시간에 일어나

---

4. 국제주의 양식은 1925년부터 1960년까지를 지배하는 건축계의 통합적 움직임이라고 볼 수 있다. 유럽 및 미국에서 1920년대 초기에 나왔고 1930년까지 몇몇 주요 건축가에 의해 고전적 표현으로 발달하다가 그 후 차츰 전후 세계의 시대적 상황과 맞아떨어져 널리 퍼뜨려진 건축양식이다. 1920년대 후반의 국제주의 양식의 흐름에 따르면, 건축 형태의 특성을 만국 공통적인 것으로 하여 효율적으로 국제적인 통용을 이루고자 한 것이다. 건축의 합리성과 과학적 방법을 구조와 형태에 적용하였고, 평면계획에도 적용하도록 하였다. 이런 국제주의 양식은 특정 모더니즘 타입뿐만 아니라 디자인에 대한 기능주의적 접근 결과 발생한 모더니즘에 대한 미학이기도 하다. 금속, 유리, 새로운 산업 소재의 사용과 실용적이고 탈장식적인 건축은 국제주의 양식의 특징이었고 1960년대에 정점에 달했다(이병종, 2012).

비슷한 시간에 화장실을 이용하고, 비슷한 시간에 비슷한 공간에서 아침 식사를 하며, 비슷한 시간에 집을 나와 비슷한 교통수단을 이용하여 모두 도시 비즈니스 지구로 향해 간다. 비즈니스 지구에서 비슷한 시간에 일을 마치고, 비슷한 시간에 비슷한 교통수단을 이용하여 비슷한 시간에 귀가를 한다. 비슷한 시간에 비슷한 공간에서 저녁 식사를 하고, 비슷한 시간에 비슷한 공간에서 비슷한 TV 프로그램을 보며 시간을 보내다가, 비슷한 시간에 비슷한 공간에서 비슷한 방향으로 머리를 두고 잠자리에 든다. 이것이 아파트라는 공동주택에서 살아가는 인간의 모습이다. 그러고 보니 르코르뷔지에(Le Corbusier)는 정말 예언자였다! 우리의 이런 모습을 이미 예견하고 "주택은 삶을 위한 기계일 뿐이다."라고 하였으니.

〈그림 5.1〉 서울역사박물관, '아파트 인생'전 출품작, 2014.

인간이 도시를 만든다. 그런데 인간이 만든 도시에 의해 인간의 삶이 영향을 받는다. 20세기를 거치면서 도시는 자신만의 아우라(aura)를 버렸다. 왜냐하면 돈의 논리가 지배하는 자본주의 사회에서 아우라를 지킨다는 것은 객기이며 무모한 고집으로 비쳐졌기 때문이다. 인간의 이성을 근간으로 합리성을 추구하는 근대사회가 자본주의와 결합한 결과가 도시에서 이런 모습으로 나타난 것이다. 도시에서 아우라가 사라지고 정체성이 상실되면서 도시들은 모방과 복제, 융합과 합성을 거듭하며 어디가 원조이고 어디가 짝퉁인지 구별할 수 없는 리얼(real)과 하이퍼리얼(hyperreal)이 공존하는 시대가 도래하였다. 그래서 장 보드리야르(Jean Baudrillard, 1929~2007)는 현대사회에서 상징이 진리를 은폐하는 것이 아니라, 진리는 더 이상 어디에도 존재하지 않는다고 주장한다(김천권, 2017: 616). 이제 진리는 각기 다른 사람들에게 상이한 것으로의 의미를 갖기 때문에 더 이상 단 하나의 진리는 존재하지 않으며, 다수의 진리가 공존하는 시대로 전환되었다. 실체는 상징의 범람 아래 사라지고 아우라가 상실된 포스트모던 사회가 도래한 것이다.

넷째, 새로운 밀레니엄을 맞이하여 국가와 도시 사이에 새로운 관계가 정립되고 있다. 역사를 통해 알 수 있는 바와 같이, 인류 역사에서 국가는 끊임없이 전쟁 기재 역할을 하였으며, 도시는 전쟁을 위한 자금과 인력을 제공하며 성장 기재의 기능을 수행하였다. 그런데 20세기 후반부터 글로벌 시대가 전개됨에 따라 국가 기능의 이중적 해체가 진행되고 있다. 즉 글로벌 시대에 국가는 글로벌 변화를 주도하기에는 너무 작은 조직체인 반면, 글로벌 변화에 신속히 대응하기에는 너무 큰 조직체라는 것이다. 그래서 국가 기능이 '글로벌'과 '로컬'로 해체되는 새로운 시대가 전개되었다.

글로벌 시대가 전개됨에 따라 생산과 물류 활동은 글로벌 분화를 보이며, 이렇게 글로벌 분화된 생산과 물류 활동을 실시간에 관리·통제하기 위한 중심지로서 글로벌 도시가 주목받기 시작하였다. 글로벌 사회는 글로벌 도시 사이의 네트워크에 의해 연결되어, 글로벌 네트워크에서 어떤 역할을 수행하느냐에 따라 중심부, 중간부, 변방으로 나누어진다. 즉 글로벌 네트워크에서 핵심 기능을 수행하는 도시는 글로벌 도시로 각광을 받지만, 네트워크에서 주변부에 있거나 연결되지 않는 도시는 주변부 도시로 밀려나게 된다. 따라서 글로벌 사회에서 글로벌 도시들 사이에 계층이 형성되어 최상부에는 뉴욕, 런던, 도쿄(?)가 자리 잡고, 그 밑에 로스앤젤레스, 시카고, 파리, 프랑크푸르트, 싱가포르, 홍콩, 서울 등이 있는 글로벌 도시 네트워크가 형성되어 있다. 물론 이와 같은 계층구조는 고정된 것이 아니라 도시의 경쟁력과 위상에 따라 변화한다. 현재 뉴욕은 글로벌 도시로서 확고한 위치를 확보하고 있으나, 런던과 도쿄의 위상은 점차 흔들리고 있다. 런던에 대해서는 프랑크푸르트가 공공연히 도전장을 내민 상황에서 영국의 브렉시트(Brexit) 정책은 유럽에서 글로벌 중심 도시로서의 위상에 큰 타격을 줄 것으로 예상된다.

런던보다 더 큰 도전에 직면하고 있는 도시는 바로 도쿄이다. 도쿄는 아시아에서 극동에 위치한 지정학적 약점에 더하여, 후쿠시마 원전사고 이후 국가신뢰도가 하락하였고, 최근에 홍콩과 베이징, 싱가포르와 상하이, 그리고 한국 서울의 글로벌 위상이 상승함에 따라 아시아에서 글로벌 중심 도시로서의 위치가 심각하게 흔들리고 있다.

글로벌 도시들의 연결을 통해 글로벌 사회가 움직이고 있다. 글로벌 분화된 생산과 물류 활동을 실시간에 관리·통제하기 위한 중심지 기능을 하는 글로벌 도시는 도시 존립 자체가 의미를 갖는 독립된 대상이 아니라, 글로벌 도시체계의 한 부분을 이루는 구성 요소이며, 글로벌 도시체계 내에서 다른 도시와의 관계를 통해 비로소 그 기능과 존재 의미가 규정된다. 그리고 글로벌 도시들의 연계를 통해 움직이는 글로벌 사회에서는 국가가 경쟁력의 원천이 아니라 바로 도시가 경쟁력의 원천으로 작용한다. 즉 산업사회에서는 국가경쟁력이 도시경쟁력을 결정하는 주요 요인으로 작용하였으나, 새로운 밀레니엄 시대에는 인과관계의 역전을 가져와서 도시경쟁력이 국가경쟁력을 결정하는 주요 요인으로 작용한다는 것이다. 다시 말하면, 미국이 경쟁력이 있어 뉴욕과 실리콘밸리

(Silicon Valley)가 성장하는 것이 아니라, 뉴욕과 실리콘밸리가 경쟁력이 있어야 미국이 세계적 헤게모니를 행사할 수 있다는 것이다. 마찬가지 논리에서 한국이 경쟁력이 있어 서울과 인천 등 대도시들이 성장하는 시기는 이미 지났고, 새로운 밀레니엄 시대에는 서울과 대도시들이 경쟁력이 있어야 한국 사회가 발전한다.

다섯째, 역사의 변화를 통해 알 수 있는 사실 중 하나는 바로 세계 중심이 점차 서쪽으로 이동한다는 것이다. 초기 도시가 등장한 중동은 헤겔이 주장한 문명의 시발점인 동양(Orient)이었고, 중동에서 이집트를 거쳐 고대도시 아테네와 로마로 세계 중심이 이동하였다. 중세에 들어서서 베네치아가 지중해 시대의 중심으로 문명사를 이끌었으며, 이후 암스테르담에서 자유주의 사상이 태동하며 근대사회의 문을 열었다. 프랑스대혁명과 산업혁명이 발발한 이후 세계 중심은 바다 건너 영국 런던으로 이전하였다가, 20세기에 들어서는 대서양을 건너 미국까지 도달하였다. 이런 일련의 과정에서 나타난 현상은 곧 세계의 중심이 점차 서쪽으로 이동한다는 것이다.[5] 미국 내에서도 독립 초기에는 보스턴을 중심으로 동북부 지역이 주도권을 잡다가 점차 서부가 개발되며 지금은 미국 내에서 캘리포니아가 경제 규모 1위를 점하고 있다.[6] 이런 현상은 이제 미국 내에서도 대서양권의 뉴욕, 보스턴과 비교하여 태평양권의 로스앤젤레스, 샌프란시스코가 차지하는 위상이 만만치 않다는 것을 보여 준다.

---

5. 오래전부터 서양에는 문명 서진설(西進說)이 있었는데, 올림픽 역사를 통해 보면 분명 짚이는 구석이 있다. 그리스에서 시작된 올림픽은 그 발상지에서 유럽 대륙을 횡단해 대서양을 건너 영국·미국으로 오고, 다시 미국의 동부에서 서부로 이동한 올림픽의 문명 바람은 마침내 일본 도쿄 올림픽으로 아시아 지역으로 넘어왔다. 거기에서 계속 서진한 것이 한반도의 서울 올림픽이었으며, 한 발짝 더 서쪽 대륙으로 다가선 것이 베이징 올림픽이다. 개최지만이 아니다. 도쿄에서는 유도가, 서울에서는 태권도라는 민족 고유의 경기가 올림픽 공식 종목으로 채택되었다. 비록 공식 종목으로 선정되지는 않았으나 중국 전통 무술은 올림픽 개최 기간 상하이에서 열리는 국제 대회에서 공개 경기로 인정받았다. 분명히 아시아 문화의 세계화 현상이라고 할 수 있다(이어령, 2008). 그런데 다시 도쿄로 2020년 올림픽 경기가 역행한다고 하니 코로나19 전염병이 발생해 1년을 연기하고도 (2021년 6월 현재까지) 정상적인 대회 개최가 불확실하다. 그래서 역사를 역행하면 불행이 닥친다는 것을 일본은 명심해야 한다.

세계 중심이 서진한다면 이제 미국에서도 동쪽보다 서쪽이 더욱 경쟁력이 있다는 것을 의미하며, 이런 현상은 실리콘밸리의 성장을 통해서도 확인할 수 있다. 20세기 후반부터 본격적으로 전개된 정보화 사회의 핵심 기술이 바로 실리콘밸리에서 개발되었으며, 이제 실리콘밸리는 전 세계가 인정하는 IT 산업의 메카이다. 정보화 사회·글로벌 사회가 전개되면서 미국의 중심은 서서히 동쪽에서 서쪽으로 이동하고 있으며, 이러한 역사적 추세가 계속 진행된다면 새로운 밀레니엄 시대에는 태평양을 건너 아시아로 세계 중심이 이동할 것으로 예상할 수 있다.

그렇다! 우리가 살아가는 현시대가 바로 세계 중심이 미국 태평양 연안에 있는 시기라고 할 수 있다. 그리고 세계 중심은 점차 태평양을 건너 극동으로 이동하는 것을 여러 현상을 통해 감지할 수 있다. 첫째가 중국 굴기(崛起)이며, 둘째가 유럽연합(EU)의 불안정이고, 셋째가 한강의 기적과 한류의 세계적 확산이다.

첫째, 중국은 2010년 일본의 경제 규모를 추월하면서 실제로 G2(Group of Two: 주요 2개국, 즉 미국과 중국을 가리킨다) 경제가 되었다. 그리고 중국 경제가 오는 2026년 미국을 추월해 세계 1위 자리에 오를 것이라는 전망도 나오고 있다. 영국의 경제정보평가기관인 이코노미스트 인텔리전스 유닛(Economist Intelligence Unit, EIU)은 2015년 '장기 거시경제 전망: 2050 주요 발전 추세'라는 보고서를 통해 중국이 2026년 국내총생산(GDP) 28조 6000억 달러를 기록해 미국(28조 3000억 달러)을 앞질러 세계 최대 경제대국으로 올라서

---

6. 참고로 미국 주별 경제 규모 상위 10개 주를 보면 다음과 같다.

순위	주	GDP(in millions $USD)	순위	주	GDP(in millions $USD)
1	캘리포니아	2,751,303	6	펜실베이니아	750,923
2	텍사스	1,706,077	7	오하이오	656,190
3	뉴욕	1,561,714	8	뉴저지	592,859
4	플로리다	976,658	9	조지아	558,181
5	일리노이	823,999	10	노스캐롤라이나	546,144

고 이후 장기간 선두 자리를 유지할 것으로 예상하였다.[7] 반드시 2026년이 아니더라도 가까운 미래에 중국 경제가 미국을 추월할 것이라는 예측은 거의 확실하다.

둘째, 유럽은 밀레니엄 시대를 맞이하여 심각한 불안정 상태에 놓여 있다. 영국이 유럽연합에서 탈퇴하는 브렉시트의 결과에 따라 유럽연합의 운명이 달려 있다. 브렉시트 결과로 영국이 경제위기를 가져온다면 유럽연합은 당분간 안정을 유지할 것이다. 반면, 브렉시트 결과 영국이 경제적 독립성을 유지하며 안정적 성장을 가져온다면 유럽 국가들의 유럽연합으로부터의 연쇄적 탈퇴라는 도미노 현상이 발생할 수 있다. 그리고 영국의 강력한 후원자이며 동일 언어를 사용하는 미국이 영국의 경제위기를 결코 방관하지 않을 것이라는 논리에서 유럽연합의 불안정 가능성이 높을 것으로 예측된다.

셋째, 한국이 이룩한 한강의 기적과 한류의 세계적 확산이다. 한국 사회는 1960년대 이후 부단한 노력을 통해 고도성장을 추진한 결과로, 세계 역사에서 아마도 가장 단기간에 후진국에서 선진국으로 성장한 대표적 국가가 되었다. 이러한 고도성장 추진 과정은 말 그대로 한국 사회의 환골탈태, 상전벽해로 표현될 수 있다. 구시대의 낡은 관습과 생활방식을 버리고 새로운 시대를 만들기 위한 선진 제도와 문물을 받아들였으며, 이 과정에서 갯벌이 글로벌 도시로 변하는 상전벽해도 경험하였다(인천 송도 경제자유구역). 그 결과 한국 사회는 가난으로부터 탈출하여 글로벌 사회의 선두 주자로까지 올라선 대역사를 만들어 냈다. 이런 결과는 이제 세계에서 인정받아 드라마, 대중음악, 영화, 심지어는 코로나19에 대한 방역까지 한류(Korean Style)가 전 세계로 확산되고 있다(그림 5.2 참조).

새로운 시대는 새로운 도시를 선별적으로 성장시킨다. 제1차 산업혁명은 런던의 성장을 가져왔고, 제2차 산업혁명은 뉴욕의 성장을 유도하였으며, 제3차

---

7. EIU는 중국의 GDP는 2050년 105조 9000억 달러로 불어나고 미국은 70조 9000억 달러에 머물러 양국의 격차가 커질 것으로 내다보았다(연합뉴스, 2015 참조).

〈그림 5.2〉 제72회 칸영화제에서 황금종려상을 수상한 봉준호 감독

산업혁명은 실리콘밸리의 성장을 가져왔다. 공교롭게도 새로운 산업혁명이 진행되면서 서쪽에 새로운 도시를 성장시킨다. 이것이 역사적 추세(megatrend)라면 다가오는 제4차 산업혁명은 태평양을 건너 아시아의 어떤 도시를 선별적으로 성장시킬 것으로 예상된다. 이러한 추세와 더불어 2000년대에는 중국이 G1으로 등극하는 새로운 시대가 열리고 있다. 중국 굴기의 시대에는 필연적으로 서해가 세계의 중심으로 작동할 것이 예상된다. 이러한 시대적 변화에 직면하여 한국은 동북아 서해 시대에 중심 도시로서 헤게모니를 쟁취하느냐에 따라 국가와 도시의 미래가 달려 있다.

많은 사람들이 다음 세대의 헤게모니를 중국이 잡을 것으로 예상한다. 그런데 필자의 생각은 좀 다르다. 예전에 암스테르담이 주도권을 잡은 시기가 있었고, 지금도 싱가포르와 홍콩이 나름의 지역 주도권을 행사하고 있듯이, 우리에게도 글로벌 중심지가 될 기회는 얼마든지 있다고 본다. 문제는 국가의 크기나 규모가 아니라, 그것을 실현시키기 위한 세밀한 계획, 장기적 정책과 아이디어를 어떻게 개발하느냐에 달렸다. 이 책의 제2부와 제3부에서는 이 문제에 대해 논의한다.

제2부

도시가 만든 시대: 현재의 도시

제1부는 시대가 변하면서 어떤 도시가 만들어졌는가를 살펴보았다. 이제부터 제2부는 이렇게 만들어진 도시가 사회에 어떤 변화를 가져왔는가를 살펴본다. 먼저 과학기술의 급속한 발달이 가져온 정보화 사회를 살펴보고, 정보화 사회의 대표적 도시인 실리콘밸리의 성장 과정에 대해 알아본다. 두 번째는 과학기술, 특히 IT 분야의 발달로 인한 초연결 글로벌 사회의 도래에 대해 살펴보고, 글로벌 사회의 핵심적 공간으로 등장한 글로벌 도시 싱가포르에 대해 고찰한다. 제2부 마지막으로 19~20세기를 경험하면서 산업혁명 이후 진행된 근대사회에 대한 비판과 성찰이 있어야 하고, 21세기는 근대성을 넘어 보다 공정하고 정의로운 사회가 만들어져야 한다는 시각에서 포스트모던 사회와 대표적 포스트모던 도시인 로스앤젤레스에 대해 논의한다.

제6장

정보화 사회와 도시

정보화 사회 하면 무언가 찜찜한 느낌이 든다. 내가 누군가에 의해 감시를 받고, 나와 관련된 자료나 정보들이 누군가에 의해 관리·통제·조작·도용되는 것은 아닌지 하는 의심과 불안한 마음이 들기도 한다. 이런 생각은 기우가 아니라 지금 현재 일어나고 있는 현실이다. 우리가 아침에 일어나 출근을 하면 동네와 공공교통에 있는 CCTV를 통해 동선이 그대로 노출되고, 휴대폰 사용을 분석하면 누구와 어떤 관계를 맺고 있는지 알 수 있으며, 신용카드 사용 내역을 분석하면 실생활의 기호와 구매 행태가 그대로 나온다. 그러니 우리가 누구에 의해 감시를 받고, 자신도 모르게 개인 자료와 정보들이 도용되고 있는 것이 현실이다.

최근에 빅데이터 분석을 통해 개인정보가 유출 및 이용되는 사례가 빈번히 발생하고 있다. 미국 미니애폴리스에서는 가족이 몰랐던 미성년 자녀의 임신 소식을 대형마트에서 먼저 알고 할인 쿠폰을 보내 준 사건이 신문에 소개되었다. 『뉴욕타임스(The New York Times)』가 보도한 사례로, 미국 대형마트 '타깃(Target)'의 미니애폴리스 점포에서 실제로 일어났던 일이다. 대형마트는 빅

데이터 분석을 통해 고객이 가족에게도 알리지 않은 비밀을 찾아내 앞으로 무엇이 필요할지 정확하게 예측해 냈다. 타깃의 빅데이터 전문가들은 고객의 25가지 구매 행태를 분석하면 여성의 임신과 출산을 상당히 정확하게 예측할 수 있다는 사실을 확인하였다. 예를 들어, 향이 나는 로션을 사던 여성이 무향의 로션으로 바꾸거나, 평소 사지 않던 미네랄 영양제를 갑자기 사들이는 경우이다. 타깃은 고객 데이터베이스에 이를 적용하였고, 전국적으로 수만 명의 임신 추정 여성들을 가려내 관련 할인 쿠폰을 보내 고객의 구매 행동을 끌어냈다는 것이다(한겨레, 2016). 이것이 바로 정보화 사회의 실체이다.

정보화 사회는 정보와 지식이 사회의 핵심적 활동으로 등장하며, 산업 분야에서 그 가치와 기능이 인정받는 사회로 정의될 수 있다. 보다 구체적으로, 산업 분야에서 자료, 정보, 지식의 생산·가공·처리·분산 등과 관련된 활동이 핵심적 산업으로 등장하며, 그 파급 및 연계 효과가 경제에 지대한 영향을 미치는 사회를 의미한다. 조직관리에서는 자료, 정보, 지식의 이용·처리·축적·가공 등과 관련된 활동이 조직의 핵심 기능으로 등장하는 사회를 뜻한다. 따라서 과거에는 인력관리, 재무관리, 영업관리, 생산관리 등이 조직의 중심 활동이었으나, 정보화 사회에는 정보/지식의 효과적 생산과 이용, 관리와 축적이 조직의 생존과 성장에 영향을 미치는 핵심적 활동으로 등장한다. 최근에는 IT(정보기술, information technology)와 AI(인공지능, artificial intelligence) 기술 발달에 따라 정보화 사회의 의미가 점차 변화하여 지능(intelligence) 사회 또는 스마트(smart) 사회까지 개념의 확대를 보이고 있다.

IT와 AI 기술에 의해 변화된 미래를 영화를 통해 미리 감지할 수 있다. 필자의 주요 취미 중 하나는 영화 감상인데 주로 액션이나 스릴러를 좋아하고, 공상과학(SF)영화는 별로 즐겨 보지 않았다. 젊은 시절에는 「슈퍼맨」, 「배트맨」, 「스파이더맨」 등을 가끔 보았지만, 최근 마블에서 제작한 「어벤저스」나 「아이언맨」 등은 거의 보지 않았다. 인간이 하늘을 날고, 특수 갑옷에서 별별 무기가 나오며 전 세계를 주름잡는 내용이 너무 허황되고 현실성이 없어 필자의 흥미를 끌지 못했기 때문이다. 그런데 최근에 벌어진 미국과 이란의 대결에서 이란 군 사령관 솔레이마니(Soleimani)가 드론 공습에 의해 사살된 사건을 접하면 서(오마이뉴스, 2020), 이제 아이언맨이 영화 속에만 있는 것이 아니라 현실에 등장할 시대가 멀지 않았다는 느낌을 받았다. 하긴 1960년대, 1970년대에는 당시 영화 007 시리즈를 보면서 저게 현실감이 있나 하고 생각했었는데, 지금은 영화를 능가하는 첨단기술이 발달하여 미국 본토에서 이라크 바그다드 상공에 있는 드론을 조정하여 정밀 타격이 가능한 시대가 되었다. 이제 전쟁은 군인이 총을 들고 하는 시대가 아니라 컴퓨터를 이용한 전자 게임 시대로 전환되었고, 인간이 산업체에서 노동하는 시대를 넘어 로봇이 대신 일하는 시대로 전환되고 있으며, 인간이 머리를 쓰는 시대를 넘어 AI가 학습하는 시대로 진행되고 있다. 아니, 정말 이러다 인간은 소마(soma)를 얻기 위해 일하는 사회로 변해 가는 것은 아닌가 하는 생각이 번뜩 든다.[1]

아마 인류 역사에서 지금처럼 빠르게 세상이 변한 적은 없을 것이다. 오죽하면 "요즘은 쌍둥이 사이에서도 세대 차이를 느낀다."라는 우스갯소리가 나오겠는가! 10분 먼저 태어난 쌍둥이와 10분 늦게 태어난 쌍둥이 사이에서도 10분의 시간 동안 세상이 엄청 변하였다는 유머가 나올 정도이니, 학자들 사이에서는 요즘을 '사회과학의 학문적 위기 시대'라고 말한다. 무슨 의미인가 하면, 사회가 너무 빠른 속도로 변하기 때문에, 변

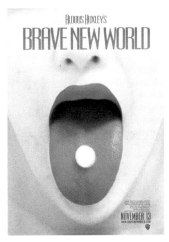

〈그림 6.1〉 올더스 헉슬리의 『멋진 신세계』에서 나오는 알약 소마

---

1. 올더스 헉슬리(Aldous Leonard Huxley, 1894~1963)의 디스토피아(dystopia) SF소설인 『멋진 신세계(Brave New World)』에는 '소마'라는 약이 나온다. 소마는 복용하면 금세 기분이 좋아지는 일종의 마약으로, 소설 속 지배계층인 알파는 대중들에게 소마를 보급하고, 하류층인 델타, 엡실론은 소마를 복용하며 현실에 만족한 채 어떤 불만도 느끼지 못하고 생활한다.

화하는 사회를 설명하기 위한 새로운 모델이나 이론을 개발하면 사회는 벌써 빠른 속도로 변화를 거듭하여 새로운 이론으로는 설명하지 못하는 또 다른 사회로 변해 갔다는 것이다. 그래서 예전에는 1세대 기간이 보통 30년이었는데, 인텔(Intel) 공동 창업자 고든 무어(Gordon Earle Moore)는 반도체 1세대가 18개월이라는 말을 하였고, 삼성전자 황창규 전 사장은 IT 산업 1세대가 이제는 12개월로 단축되었다고 선언하였다. 즉 IT 기술과 반도체 메모리 용량 및 속도가 배가 되는 기간이 1년으로 단축되어 지식과 정보의 축적 및 확산 속도가 매년 두 배로 빨라지고 있다는 것이다. 그래서 올해 30만 원 주고 휴대폰을 구입하였다면, 내년에는 이것보다 2배 용량과 화소를 가진 휴대폰을 같은 가격에 구입할 수 있다는 논리이다.

일찍이 조지프 슘페터(Joseph Alois Schumpeter, 1883~1950)는 "창조적 파괴(creative destruction)"라는 용어를 제시하며, 자본주의 사회는 끊임없는 변화와 혁신을 통해서만 성장할 수 있다고 주장하였다. 즉 변화와 혁신이 없다면 정체된 사회가 되고 경쟁력을 상실한다는 것이다. 그리고 비슷한 이야기가 루이스 캐럴(Lewis Carroll, 1832~1898)이 쓴 『이상한 나라의 앨리스』 후속작 『거울 나라의 앨리스』에도 나온다.[2] 『거울 나라의 앨리스』에는 붉은 여왕이 지배하는 마을이 있는데, 이 마을의 길은 계속 후진하여 가만히 있으면 뒤처지고, 현상을 유지하기 위해서는 계속해서 제자리 뛰기라도 해야 한다(그림 6.2 참조). 본문의 내용을 잠시 감상해 보자.

앨리스는 자신도 모르게 거울 속 방으로 뛰어든다. 거울 나라에서 앨리스는 체스의 말인 붉은 왕과 붉은 여왕, 하얀 왕과 하얀 여왕을 만난다. 알고 보니 거울 나라는 체스판과 닮았다. 몇 개의 작은 개울은 가로로 흐르고, 개울 사이

---

2. 루이스 캐럴이라는 필명으로 널리 알려진 영국 작가이자 수학자이며 사진사는 원래 이름이 찰스 럿위지 도지슨(Charles Lutwidge Dodgson)으로, 영국 옥스퍼드 크라이스트처치칼리지에서 수학 교수로 봉직하였다.

의 땅은 개울과 개울을 이으며 세로로 쳐진 초록빛 작은 산울타리를 통해 정사각형으로 나뉘어 있다. 붉은 여왕은 앨리스에게 제안한다. "원한다면 하얀 여왕의 졸을 할 수 있어. 두 번째 칸에서 시작하면 될 거야. 네가 여덟 번째 칸에 도착하면 여왕이 되는 거지." 얼결에 게임에 참여한 앨리스는 붉은 여왕과 함께 달린다. 그런데 이상하다. 달려도 달려도 나무와 주변의 다른 것이 전혀 바뀌지 않는다. 아무리 빨리 달려도 주변의 것을 앞서 나가지 못한다. 앨리스가 '주변의 모든 게 우리랑 함께 달리는 거야?'라고 궁금해 할 무렵 여왕이 말한다. "더 빨리! 말하지 말고." 앨리스의 귓가로 바람이 윙윙 불어댔고, 머리카락은 뽑혀 나갈 듯이 휘날렸다. 그런데도 주변의 나무는 똑같았다. 그제야 앨리스가 외쳤다. "말도 안 돼. 모든 게 아까와 똑같아요. 제가 사는 곳에서는 오랫동안 달리고 나면 보통 다른 곳에 도착해요." 그러자 여왕이 말한다. "정말 느린 나라구나! 여기서는 만약 다른 곳에 가고 싶으면 적어도 두 배는 더 빨리 달려야 해!"(이코노미스트, 2017 재인용).

『거울 나라의 앨리스』에서 붉은 여왕이 지배하는 마을은 현재 우리가 사는 사회를 그대로 보여 주고 있다. 가만히 있으면 뒤처지고, 현상을 유지하기 위해서는 끊임없이 달려야 하며, 남보다 앞서 나가기 위해서는 적어도 두 배는 더 노력해야 하는 사회가 되었다. 그래서 슘페터는 자본주의 사회가 활력을 얻기 위해서는 끊임없이 창조적 파괴가 일어나야 하고, 이러한 창조적 파괴가 끊임없이 발생하기 위해서는 지역에 기업가정신(entrepreneurship)을 배양해야 한다고 주장하였다.

자본주의 사회는 끊임없는 창조적 파괴를 통한 변화와 혁신이 있어야 경쟁력을 유지할 수 있고, 그렇지 않으면 도태될 수밖에 없다. 그래서 과거 기술은 지속해서 새로운 기술로 대체되며 기술 변화와 혁신이 끊임없이 일어난다. 이런 논리에서 지금은 첨단기술로 주목을 받지만, 시간이 지나면 현재의 첨단기술도 전통기술로 사양길을 걷게 된다. '제품의 생명(기술)주기 이론[product

〈그림 6.2〉 현상을 유지하려면 끊임없이 달려야 하는 『거울 나라의 앨리스』의 마을

life(technology) cycle theory]'이 이런 현상을 잘 설명하고 있다.

제품의 생명(기술)주기 이론은 기술의 생명주기를 중심으로 제조업체의 생산활동과 도시개발과의 관계에 관한 상호작용을 잘 설명해 준다. 즉 상품도 인간과 마찬가지로 탄생, 성장, 성숙, 쇠퇴 과정을 가지며, 이 과정에서 기술변화와 관련하여 도시개발과 연계성을 갖는다는 것이다. 그리고 이러한 상품의 생명(기술)주기는 〈그림 6.3〉과 같이 대체로 50~60년 기간을 가지며, 기술개발과 혁신(응용) 활동 및 제품 생산활동에 따라 상이한 입지 행태를 보인다. 예를 들면, 신제품이 출시되면 수요와 공급은 우선적으로 대도시를 중심으로 이루어지며, 성장 단계에서 점차적으로 중소도시와 외곽 지역으로 전파되고, 성숙 단계에 접어들면 저임 양질의 노동력을 제공하는 지방으로 이전하며, 쇠퇴기에 들어서는 전통산업으로 격하되어 개발도상국으로 이전하는 행태를 보인다.

〈표 6.1〉은 제품의 생명주기와 단계별 산업 행태의 특성을 설명한 것이다. 제품의 생명주기를 보면, 첫째, 신제품의 개발과 시장에 최초 진입 단계, 둘째, 신제품의 이용이 점차 보편화하는 성장 단계, 셋째, 제품의 표준화와 대량 생산·

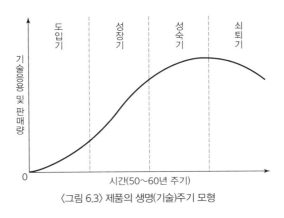

〈그림 6.3〉 제품의 생명(기술)주기 모형

소비가 이루어지는 성숙 단계, 넷째, 극대 이용의 포화 상태를 넘어서 점차 생산과 소비가 감소하는 쇠퇴 단계로 구성된다(Oakey, 1993; Tichy, 1991). 이러한 각각의 성장 단계에 따라 상이한 입지적 특성을 보인다. 첫 번째 단계는 전문 인력의 밀집 지역에서 집중적 연구개발 활동을 통해 신제품의 개발과 혁신, 그리고 상품화를 통한 시장 진입이 일어난다. 두 번째 단계에서는 유사 제품의 등장과 함께 제품에 대한 개량을 통한 품질과 가격경쟁이 시작되며, 따라서 연구개발과 상품화를 신속히 수행하기 위해 R&D(Research and Development)와 생산 시설이 동일 지역 내에 인접해 입지하는 성향을 보인다. 세 번째 단계에서는 특정 모델의 제품이 지배적 모형으로 정립되어 표준화가 이루어지는 대량생산 단계이며, 단위당 이윤은 하락하고 가격경쟁이 극심한 단계로서 최저 생산비를 제공하는 지역으로 생산 시설의 이전이 시작된다. 네 번째 단계는 포화 상태를 넘어 쇠퇴기에 접어든 단계로서, 신제품에 대한 비교 경쟁력이 하락하여 수요의 하락을 보이고, 개발도상국과의 제품 가격에서 경쟁력을 상실함으로써 선진국에서 개발도상국으로 생산 시설의 글로벌 이동을 보이는 단계이다(Malecki, 1981).

왜 이런 머리 아픈 이야기를 소개하느냐 하면, 제품의 기술주기인 50~60년이 바로 구소련 농업경제학자인 콘드라티예프(Kondratiev)가 발견한 자본주

	신제품 개발과 상품시장 진입	성장기	성숙기	쇠퇴기
성장 속도	불규칙적 성장	점증적 성장	점감적 성장	점증적 감소
위험부담 정도	높은 위험부담	위험부담의 감소	낮은 위험부담	위험부담의 증가
시장구조	준독점 체제	과점 체제	가격, 품질의 경쟁 체제	경쟁의 수축
제품 생산 전략	단일 제품 생산	유사 제품 등장	제품 생산의 표준화	다양한 제품 생산
생산의 주요 요소	정보, 전문 인력, 모험자본	전문 인력	자본	비숙련 노동력
주요 입지 행태	연구개발 인프라의 집적 지역, 쾌적한 환경	지역 내의 분산 입지	지역 간 분산 입지	저비용 지역으로 생산 시설의 이전

출처: Oakey, 1993; Tichy, 1991의 연구를 중심으로 Sternberg, 1996이 재구성.

의 경제 체제의 장기파동이론과 중첩되기 때문이다. 경제의 파동(wave)은 주기(cycle)라고도 부른다. 장기파동이론은 자본주의 경제 체제의 주기적 경기 변화를 설명하는 이론(모형)으로, 자본주의 시장경제는 주기적으로 경기 회복, 호황, 침체, 불황의 상승과 하강 국면이 반복적으로 나타난다는 것을 설명한다. 부연해서 설명하면, 주기 이론에는 세 종류가 있다.

첫째는 단기파동(short wave)으로 10년 미만의 주기를 설명하는 이론이다. 대표적 단기파동으로 쥐글라 사이클(Juglar cycle)과 키친 사이클(Kitchin cycle)이 있다. 쥐글라 사이클은 경제의 투자활동을 중심으로 경기 변화를 설명하는 모형으로, 자본주의 경제 체제는 매 7~10년을 주기로 투자활동의 상승과 하강 국면을 반복한다고 설명한다. 키친 사이클은 이보다 짧은 40개월을 주기로 창고에 있는 재고가 증가와 감소를 반복하며 시장경제에 영향을 미친다고 설명한다. 쥐글라 사이클에서는 투자가 증가하면 경기가 활력을 받아 상승국면이 이어지고, 투자가 하락하면 경기 침체가 진행되어 하강 국면을 가져온다고 설명한다. 키친 사이클에 의하면, 창고에 재고가 상승하면 조업이 중단되어 고용의 하락과 경기의 침체를 가져오고, 재고가 감소하면 생산량 증가를 위해 고용이 증가하고 경기의 회복과 호황을 가져온다고 설명한다. 그런데 최근에는 이와 같은 단기파동 이론은 거의 실효성이 없는 것으로 나타났다. 왜냐하면 다양한 산업에서 투자와 재고 활동이 각기 다른 주기로 나타나기 때문에 특정 분야의 투자와 재고 활동으로는 시장경제 전체의 경기 변화를 설명할 수 없다는 것이다.

둘째는 중기파동(medium-range economic wave)으로, 사이먼 쿠즈네츠(Simon Kuznets, 1901~1985)가 개발한 주택건설주기(building cycle)가 있다. 쿠즈네츠는 인구 이동과 건설 경기 변화를 관찰하고, 매 15~25년을 주기로 부동산 경기가 상승과 하강 국면을 반복하고 있다고 설명하였다. 그래서 건설 경기가 살아나면 고용이 창출되고 시장경제의 상승 국면을 가져오며, 건설 경기가 하락하면 시장경제의 침체와 불황을 가져온다는 것이다.

셋째는 장기파동(long wave)으로, 콘드라티예프의 50~60년(혹은 학자에 따라 45~65년) 주기가 있다. 구소련 농업경제학자였던 콘드라티예프가 발견한 자본주의 경제 체제의 경기 변화를 설명하는 모형으로, 자본주의 시장경제는 산업혁명 이후 매 50~60년을 주기로 경기의 상승과 하강의 부침 현상이 주기적으로 나타난다는 이론이다. 이제부터 콘드라티예프의 장기파동에 대해 심층적으로 알아보도록 하자.

아마 독자들 중에는 도시에 관한 이야기를 하다가 왜 뜬금없이 경기 변화와 장기파동에 대해 이야기하는가 하고 의문을 제기하는 분도 있을 것이다. 필자가 장기파동에 관해 이야기하는 이유는 바로 콘드라티예프의 장기파동이 특정 지역의 선별적 성장과 연계되었기 때문이다. 즉 산업혁명이 발발한 이후 자본주의 사회에서 장기파동이 발생하면서 특정 지역이 선별적으로 성장하는 결과를 가져왔다. 이런 논리에서 새로운 장기파동은 새로운 지역을 선별적으로 성장시키는 결과를 불러오기 때문에, 장기파동을 잘 이해하면 도시성장을 위한 실마리를 찾아낼 수도 있다는 것이다. 이제 콘드라티예프의 장기파동에 대해 논해 보자.

콘드라티예프(Nikolai Dmitrievich Kondratiev, 1892~1938)가 장기파동을 연구한 배경에는 당시 구소련 정부에서 사회주의 체제가 자본주의 체제보다 훨씬 우월하다는 것을 보여 주기 위한 연구를 주문한 이유가 들어 있다. 콘드라티예프는 연구 요구를 받고 고민하다가 자본주의 경제 체제가 주기적으로 부침하는 현상을 발견하고, 이것을 통계적으로 증명하는 이론으로 1920년 제시한 것이 바로 장기파동이론이었다.[3] 자본주의 체제의 주기적 경기 불안정을 설명한 콘드라티예프의 장기파동은 산업혁명 이후부터 약 50~60년을 주기로 물가상승률의 부침 현상이 발생하는 것을 이론으로 제시한 것이다. 이후 1939년에 슘페터가 보완적 연구를 거쳐 '콘드라티예프 파동'이라는 공식 명칭을 부여하였으며, 이러한 장기적 주기 변동의 주요 요인으로 핵심 기술의 발명(invention)과 혁신(innovation), 새로운 상품시장(commodity market)의 등장, 국제 간 분쟁(war), 대규모 금광의 발견, 그리고 주기적 천재지변(가뭄과 홍수 등) 등을 제시하였다. 슘페터의 이론에 의하면, 주기적 경기변동은 자본주의 사회의 창조적 파괴행위와 혁신(creative destruction of traditional industries and innovation)의 결과이며, 이 과정에서 전통기술을 중심으로 한 도시는 침체 혹은 불황을 경험하는 반면, 혁신을 주도하는 도시는 성장을 가져온다는 논리이다.

콘드라티예프의 장기파동 연구 결과는 초기에 자본주의 경제학자들에게 받아들여지지 않았으나, 슘페터와 학자들의 보완적 연구를 거쳐 자본주의 경기변동을 설명하는 주요 원리로 수용되었다. 그래서 자본주의 경제의 안정성을

---

3. 콘드라티예프는 장기파동을 도출하기 위해 물가상승률을 이용하여 9년의 이동평균(moving average) 통계를 산출하였다. 9년 이동평균은, 예를 들면 2000년도 물가상승률 통계는 2000년도 수치를 사용하는 것이 아니라, 2000년을 중심에 놓고 이전 4년과 이후 4년 통계의 평균치를 사용하는 방식이다. 이러한 통계에 의해 장기파동이론이 발표되었을 당시에 자본주의 체제 경제학자들은 이 이론을 단순한 통계 조작에 의한 원리로 폄하하며 중요 이론으로 받아들이지 않았으나, 슘페터 이후 학자들의 많은 연구를 거쳐 이론의 높은 설명력을 인정받았다. 또한 최근에 와서는 자본주의 경제 체제의 경기변동에 따른 진폭을 완화하여 경제의 연착륙(soft landing)을 유도하기 위한 중요한 원리와 정책을 제공하는 것으로 이해되고 있다.

유지하기 위해서는 상승과 하강의 부침 현상과 진폭을 완화하여야 한다는 논리가 정립되어, 이를 위한 정부의 재정정책, 금융정책, 부동산정책 등이 개발되기 시작하였다. 즉 그동안 자본주의 시장경제가 왜 불안정한지를 파악하지 못하였는데, 콘드라티예프가 자본주의 경제 체제의 질병 증상을 명확히 진단해 줌에 따라 치료약이 개발되는 계기를 제공하였던 것이다. 그 결과로 무슨 일이 발생하였는가? 자본주의 경제 체제는 치료약을 개발하여 성장을 거듭하였고, 사회주의 체제는 동력을 상실하여 경쟁력을 잃게 되었다. 그리고 콘드라티예프는 자본주의 경제 체제를 위한 반동적 활동을 하였다는 죄목으로 집단 수용소에 유배되어 고초를 겪다가 1938년 총살을 당하였다. 이러니 구소련이 망할 수밖에 없었겠다는 생각이 든다. 우수한 경제학자를 국가 경제를 위해 잘 써도 부족한 상황에서 경쟁 체제의 문제점을 밝혔다는 죄목으로 처형하였으니, 그런 체제가 오래갈 수 있었겠는가? 이 사건들을 보면 소련 사회주의 체제는 망할 수밖에 없는 길을 걸어갔다.

콘드라티예프 모형을 약 200년의 시계열 자료를 이용하여 분석한 멘시 (Mensch, 1975)의 연구는 콘드라티예프와 슘페터에 의해 주장된 장기파동이 실제로 존재한다는 것을 확인시켜 주었다. 〈표 6.2〉는 1700년대 후반 산업혁명이 발발한 이후 자본주의 사회에서 약 50~60년을 주기로 과학기술의 발명·혁신과 경제의 경기 변화가 발생하고, 이 과정에서 특정 지역이 선별적으로 성장한 것을 보여 준다. 〈그림 6.5〉는 〈표 6.2〉를 콘드라티예프 장기파동으로 도식화한 것이다.

제1차 콘드라티예프 파동은 1787년에 시작하여 1845년경에 종료되어 58년의 주기를 보인 것으로 나타난다. 당시의 신기술로는 제직, 제련 기술이 발명되어 섬유와 철강업을 중심으로 산업 성장을 가져왔다. 기업 규모는 가내공업에서 공

〈그림 6.4〉 비운의 구소련 경제 학자 니콜라이 콘드라티예프

<표 6.2> 콘드라티예프 장기파동과 지역 및 산업 변화

	제1차 주기	제2차 주기	제3차 주기	제4차 주기	제5차 주기
장기파동 기간	1787~1845	1846~1895	1896~1947	1948~ 1990년대	1990년대~?
신기술 혁신	제직, 제련 기술	제강, 증기기관	전력, 자동차	반도체, 컴퓨터, 석유화학	정보통신, AI, 바이오 공학
주요 핵심 산업	섬유, 철강 산업	증기기관, 철도산업	전력, 중기계 산업	자동차, 항공, 중화학, 반도체, 컴퓨터 산업	정보통신, 전자, 소프트웨어 산업
기업조직 유형	개인기업, 소규모 기업 경쟁	소규모 기업 경쟁, 대기업의 등장	거대기업, 독과점 체제 등장	다국적기업들의 과점적 경쟁	대기업과 중소 기업의 연계, 주문형 생산 체제
지리학적 영향	도시(광산, 항 구)로의 인구 이동	광산 지역의 성장	대도시의 인구집중	교외 지역 성장, 대도시 인구 감 소, 신산업도시 등장	도심집중 강화, 거대도시 증가
기술 선도국	영국, 프랑스, 네덜란드, 벨 기에	영국, 프랑스, 미국, 독일, 일본	독일, 미국, 영국, 프랑 스, 러시아	미국, 독일, 기타 EC 국가들, 일본	한국, 싱가포르, 타이완, 홍콩, 중 국, 인도, 브라질
정권과 규제 유형	중세 봉건 체 제의 붕괴, 자 유방임 체제의 등장	극단적 자유방 임, 야경국가 체제, 규제의 최소화	제국주의, 민족주의 체 제, 기간산업 의 국유화	복지국가/국가경 쟁 체제, 고용과 투자에 대한 정부 개입 강화	신자유주의, 기업가적 정부 운영
주요 기업가	Arkwright, Ower, Maudslay	A. Carnegie, Rockefeller,	Siemens, Bosch, Nobel, Edison	Ford, Agnelli, Matsushita	Bill Gates, Steve Jobs
정치경제 학자	Adam Smith	Ricardo, List	Marshall, Pareto	Keynes, Schumpeter	Schumpeter, Aoki

출처: Freeman, 1987; Hall and Preston, 1988을 중심으로 재구성.

장제공업으로 전환되는 시기이므로 개인기업, 소규모 기업이 주류를 이루었다. 도시는 철강업의 원료를 제공하는 석탄과 철광석이 생산되는 지역과 섬유 제품을 생산 및 수출하기 위한 항구들이 선별적으로 성장하였다. 산업혁명이 영국에서 시작하였기 때문에 당연히 영국이 가장 먼저 경제의 도약 단계를 경험하며 기술 선도국이 되었고, 인접한 프랑스, 네덜란드, 벨기에 등이 점차로 영향을 받아 근대사회로 전환되었다. 이러한 산업혁명의 영향으로 정치·경제

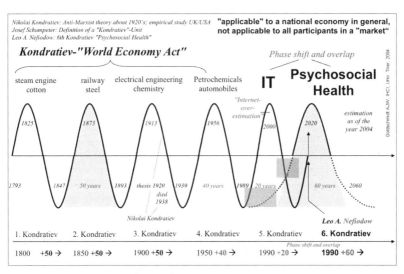

〈그림 6.5〉 콘드라티예프 장기파동

제도의 변화를 가져와서 중상주의가 도입되고, 애덤 스미스(Adam Smith)를 비롯한 고전 정치경제학자들이 주장하는 자유방임 정치경제체제가 도입되기 시작하였다.

　제2차 콘드라티예프는 1846~1895년을 주기로 형성되었으며, 당시의 경기 변화를 주도한 주요 기술로는 증기기관과 제강 기술을 들 수 있다. 이러한 신기술을 기반으로 증기기관과 철도산업이 핵심 산업으로 성장하였으며, 소규모 기업 사이에 경쟁이 심화되고 이 가운데 경쟁력이 높은 기업들이 대기업(예로 카네기 철강회사, 록펠러 스탠더드오일 등)으로 성장하였다. 도시는 아직도 석탄과 철광석 등 천연자원이 풍부한 지역이 성장하였고, 철도 기술이 도입됨에 따라 철로를 따라 내륙지역이 성장을 이루었다. 기술 선도국으로는 기존의 영국, 프랑스, 네덜란드, 벨기에에 더하여 미국, 독일, 일본이 합류하였으며, 정치·경제에 있어서는 정부의 규제와 간섭이 최소화된 극단적 자유방임 체제와 친기업적인 산업민주주의(industrial democracy) 체제가 성행하였다.

　제3차 콘드라티예프는 1896~1947년을 주기로 형성되었고, 당시의 경기 변화를 주도한 주요 기술로는 전력과 자동차 기술 등을 들 수 있다. 이러한 신기술을 기반으로 전력산업, 자동차산업, 중공업이 성장하였으며, 대량생산체제가 도입되어 거대기업들(예로 포드자동차, GE 등)이 등장하였다. 대량생산체제의 도입은 규모와 집적의 경제효과를 가져와 인구와 산업활동의 도시집중을 가속화시켜 대도시의 성장을 촉진시켰고, 기술 선도국으로는 북유럽 국가와 러시아가 합류하여 제국주의가 강화되고 저개발국의 식민화에 의한 수탈이 자행되었다. 또한 이 시기에 제1·2차 세계대전이 발발하여 경기의 부침 현상이 더욱 심화되었고, 급기야는 자본주의 체제의 최대 위기라는 경제 대공황을 경험하였다.

제4차 콘드라티예프는 1948~1990년대를 주기로 당시의 경기 변화를 주도한 주요 기술로는 트랜지스터, 반도체, 컴퓨터 기술 등을 들 수 있다. 이러한 신기술을 기반으로 컴퓨터산업, 자동차와 신소재, 항공과 중화학 산업이 성장하였으며, 특히 자동차가 일반화됨에 따라 도시 외연의 확장으로 인한 교외 지역 성장과 탈도시화 현상이 나타났다. 기술 선도국으로 미국, 캐나다, 유럽공동체(EC) 국가와 오스트레일리아 등을 들 수 있고, 후발 신흥 산업국가로는 아시아의 네 마리 용으로 불렸던 한국, 싱가포르, 홍콩, 타이완이 국제시장에 발을 들여놓았다. 그리고 이 기간에 발생한 한국전쟁(1950~1953)은 일본의 경제 재생을 위한 기회를 제공하였고, 마찬가지 논리에서 통킹만(Tongking) 사건(1964)을 구실로 미국 개입에 의해 국제전으로 확대된 베트남전쟁은 한국의 경제개발을 위한 발판을 마련하였다. 제2차 세계대전으로 폐허가 된 경제를 회생시키기 위해서는 정부의 역할과 기능이 확대될 수밖에 없었으며, 자연스럽게 케인스(John Keynes)가 제시한 복지국가(Welfare State)의 원리가 도입되어 정부 규모와 공공부문의 확대에 의한 큰 정부(big government)를 지향하는 정치경제 논리가 지배하였다. 그러다가 1970년대 접어들어 제1차 오일쇼크(1973)와 제2차 오일쇼크(1978)에 의해 자본주의 경제 체제의 경기 침체를 경험하며, 경제 체제가 허약한 요인으로 시장 기능에 대한 정부의 지나친 규제와 간섭, 경제의 자율성 침해, 지나치게 확대된 공공부문 등으로 인한 정부실패(govern-ment failure) 요인이 도마에 올랐다. 이러한 요인들에 의해 큰 정부를 지향하는 케인스의 복지국가 원리는 비판의 대상이 되었고, 시장의 자율성 확대와 작은 정부를 지향하는 신자유주의(neoliberalism)가 풍미하기 시작하였다.

마지막으로 제5차 콘드라티예프는 1990년대에 시작하여 현재 진행형이라고 할 수 있다. 학자들 사이에 합의된 의견은 없지만, 새로운 장기파동을 여는 핵심 기술로는 정보통신기술, 바이오 기술, 인공지능(AI) 등을 들 수 있으며, 새로운 기술 선도국으로 한국, 싱가포르, 홍콩, 중국, 인도, 브라질 등을 꼽을 수 있다. 그리고 제5차 콘드라티예프 시기는 다음 장에서 살펴볼 정보화·글로벌 사회의 도래가 주요 특징으로 제시된다. 1989년 동구권이 붕괴된 이후에 자본주의와 사회주의 사이의 냉전 체제가 무너지고 세계가 하나로 통합된 글로벌 사회가 도래하였다. 정보통신기술의 발달은 자료/정보/지식의 생산, 처리, 분석, 교류, 이용, 관리와 통제가 사회의 핵심 활동으로 등장한 정보화 사회를 유도하였다. 이런 글로벌·정보화 사회에서 대면적 관계와 활동의 중요성이 더욱 부각되며 도심으로 인구와 산업, 특히 생산적 서비스산업의 집중이 강화되며 대도시 밀집과 확대에 의한 거대도시(megacity) 현상이 나타나고 있다.[4]

그러면 신기술 발명과 혁신에 의한 장기파동은 왜 새로운 지역을 선별적으로 성장시키는가? 이 질문에 대한 대답으로, 현재의 중심지는 위험부담이 높은 신규 기술에 대한 투자를 기피하기 때문에 모험자본은 새로운 지역에 투자되는 성향으로 설명될 수 있다. 이런 성향을 설명하는 '유퍼스 나무 효과(upas tree effect)'는 기존 산업 지역이 아닌 새로운 지역에서 신기술혁신의 효과가 정착되는 현상에 대한 논거를 제공한다(Hall, 1985).[5]

---

4. 왜냐하면 정보통신망을 통해 많은 자료와 정보들이 난무하고 있지만, 가치 있는 정보와 지식은 대면적 관계를 통해 습득할 수 있고, 이러한 대면적 활동이 고밀도로 일어나는 공간이 바로 대도시이기 때문이다.

5. 유퍼스란 자바말로 '독'이라는 뜻이다. 18세기 말 자바섬에서 살던 한 의사가 이 나무의 독을 과장하여, "나무에 접근한 동물이나 나무 위를 날아가던 새 등이 모두 그 자리에서 죽어 버려, 나무 근처

〈그림 6.6〉 유퍼스 나무

　도시성장과 장기파동 사이에 연계 관계가 있다는 데는 학자들 사이에 의견
의 일치를 보인다. 특정 시기의 핵심적 기술과 지역의 연계가 성장잠재력에 중
요한 영향을 미치며, 핵심적 기술개발을 선도하는 지역 혹은 높은 기술 응용력
을 갖는 지역은 성장을 보인 반면, 전통기술을 고집하거나 기술변화의 파급효

에는 백골이 무수하게 흩어져 있디. 나무를 중심으로 사방 20km 이내에는 벌레 1마리조차 살아남
지 못한다. 사람이 이 독을 바른 침에 맞으면 곧 죽는다.”라고 보고하였기 때문에 유럽에 널리 알려
졌다. 나무가 자라고 있는 지방 사람들은 이 나무에 접근하기를 꺼리고 있으나, 나무 근저에 가는
것만으로 죽을 만큼 강한 독은 나오지 않는다고 한다. 유퍼스 나무는 맹독성을 갖고 있고 주변 자
원을 모두 빨아들이기 때문에, 주위에는 다른 나무들이 자라지 못한다. 마찬가지로 기존 산업이 발
전한 곳에서는 주변 재원과 인재를 기존 산업이 모두 흡수하기 때문에 새로운 산업이 발전할 토대
를 마련하지 못하고, 새로운 산업은 기존 산업의 영향력이 적은 새로운 곳에서 뿌리를 내린다는 것
이다.

과를 수용하지 못하는 지역은 침체 혹은 퇴보를 보인다는 것이다.

장기파동과 관련된 정책적 측면을 검토하면 학자들 사이에 각기 상이한 의견이 존재하지만, 다수설은 주기적 경기변동을 억제하기 위한 대다수 정책이 실패하였다고 지적하고 있다. 단지 경기 불황을 조기에 탈피하기 위해서는 다른 어떤 분야보다도 연구개발(Research and Development, R&D) 활동에 대한 우선적 투자가 요구되며(Combs et al., 1987; Freeman, 1987), 미국의 경우를 보면 특히 방위산업 분야의 연구개발 활동에 대한 지원이 어느 정도 효과를 본 것으로 연구들은 밝히고 있다(Hall and Preston, 1988).

새로운 핵심 과학기술의 발명과 혁신은 새로운 곳을 선별해서 성장시킨다. 20세기 중반의 제4기 콘드라티예프 시기에 핵심적 과학기술로 등장한 것이 반도체이고, 이런 반도체 기술을 기반으로 성장한 도시가 바로 실리콘밸리이다. 이런 실리콘밸리의 성장 신화를 모방하여 많은 도시가 제2의 실리콘밸리를 재현하려 시도하고 있지만, 성공한 도시는 거의 없다. 왜 그런지 한번 알아보는 것도 흥미로울 것 같다.

그런데 실리콘밸리 신화를 알아보기 전에, 앞에서 짧게 설명하였던 쿠즈네츠 사이클에 대해 잠시 논의하고, 쿠즈네츠 사이클과 콘드라티예프 파동을 연계시켜 보면 지금까지 정통 경제 이론으로는 설명할 수 없었던 경제 불황과 공황에 대한 흥미 있는 설명을 제공하는 것을 알 수 있다.

콘드라티예프 파동과 쿠즈네츠 사이클의 연계

자본주의 시장경제의 경기변동은 〈그림 6.7〉과 같은 모형을 보인다. 경기순환 과정을 보면 처음에 회복기가 나타나고, 다음으로 호황기로, 다음에는 침체기가 나타나며, 침체의 바닥을 치며 불황기로 이어진다. 콘드라티예프의 장기파동은 이런 경기순환이 50~60년을 주기로 나타난다는 것을 설명한다.

콘드라티예프는 경기순환을 위한 통계로 물가상승률을 사용하였으며, 각주에서 밝혔듯이 9년의 이동평균을 수치로 50~60년 장기파동을 도출하였다. 쿠즈네츠는 경기순환을 보여 주는 통계로 GNP 변화율을 사용하였으며, 25~30년 중기파동을 도출하였다.[6] 그런데 우연하게도 두 파동의 길이가 쿠즈네츠 파동은 25~30년이고, 콘드라티예프 파동은 50~60년이기 때문에, 〈그림 6.8〉과 같이 기묘하게 중첩되는 모양을 보인다. 그리고 두 파동을 중첩해 분석하면, 기존 정통 경제학 이론으로는 설명하지 못했던 스태그플레이션(stagflation)과 경제공황(depression)이 왜 발생하는가를 보여 준다.

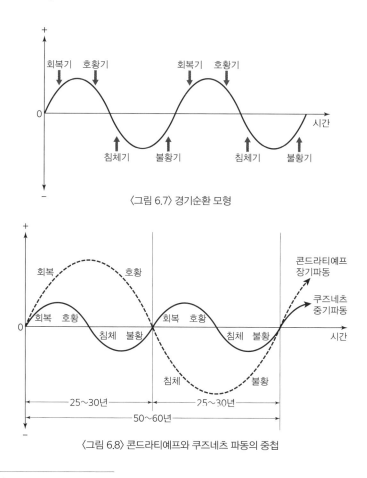

〈그림 6.7〉 경기순환 모형

〈그림 6.8〉 콘드라티예프와 쿠즈네츠 파동의 중첩

6. 참고로 사이먼 쿠즈네츠는 GNP 개념을 개발한 공로로 1971년 노벨 경제학상을 수상하였다.

스태그플레이션은 스태그네이션(stagnation)과 인플레이션(inflation)의 합성어로, 거시경제학에서 물가상승(인플레이션)과 경기후퇴(스태그네이션)가 동시에 나타나는 현상을 의미한다. 즉 물가는 상승하는데 실업률이 높아지는 현상을 의미한다. 그런데 정통 경제 원리에서는 물가상승과 실업률은 반비례하는 것으로 설명하고 있다.

〈그림 6.9〉의 필립스 커브(Phillips curve)를 보면, 물가가 상승하면 실업률은 하락하고, 물가가 하락하면 실업률은 상승하는 것을 보여 준다. 왜냐하면 물가가 상승하면 상품 가격이 올라 이윤이 증가하여 생산량을 증가시키기 때문에, 고용이 증가하고 실업률은 하락하게 된다. 반대로 물가가 하락하면 상품 가격이 하락하여 이윤이 감소하기 때문에 생산량을 감축하고, 따라서 고용이 하락하여 실업률은 높아지게 된다. 그래서 정통 경제학의 필립스 곡선으로는 스태그플레이션 현상을 설명할 수 없었다. 즉 물가도 상승하고 실업률도 증가하는 현상이 1970년대 이후 빈번히 나타났는데, 정통 경제 원리는 왜 이런 현상이 나타나는지에 대한 명확한 설명을 해 주지 못했다는 것이다. 그런데 콘드라티예프와 쿠즈네츠 파동을 결합하니 언제 스태그플레이션이 발생하는지를 보여 준다.

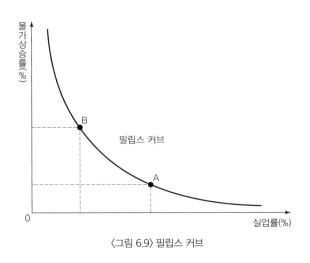

〈그림 6.9〉 필립스 커브

〈그림 6.10〉은 콘드라티예프 파동과 쿠즈네츠 파동을 결합한 것이다. 그림 왼편으로 스태그플레이션이 언제 발생하는지를 보여 준다. 스태그플레이션은 콘드라티예프 장기파동의 호황기와 쿠즈네츠 파동의 하강 국면이 만나는 시점에서 발생한다. 그림을 보면, 콘드라티예프 장기파동에서는 호황기를 보이며 물가가 상승 국면에 있는 것을 보여 주고, 반면에 쿠즈네츠 파동은 하강 국면에서 불황 상태에 있는 것을 보여 준다. 위 내용을 보다 현실적으로 설명하면, 콘드라티예프 상승 국면은 신기술이 개발되어 기술 응용과 혁신이 활발하게 일어나는 시기이다. 경기는 회복기를 넘어 호황기로 접어들어 인플레이션 압력이 상승하는 시기이다. 그리고 쿠즈네츠 중기파동은 일명 빌딩 사이클(building cycle)로 주택·부동산 경기가 하강 국면에 있는 상태이다. 참고로 주택·부동산 경기는 30년 주기를 깆는 것으로 설정하고 있는데(최근에는 건축 기술이 발달하여 25~30년 주기보다는 30~40년 주기가 더 적절할 수 있다), 이것은 현재 도시에 거주하는 주택이나 아파트 등이 30년을 주기로 재개발·재건축 붐이 일어나는 것을 고려한 것이다. 그래서 건설 붐이 발생한 시점에서는 경기의 회복과 호황기를 보이다가, 15~20년이 지난 시점에서 건설 붐이 점차 하락하여 불황과 침체기에 접어들게 된다. 이제 두 파동을 결합해 보면, 콘드라티예프 호황기

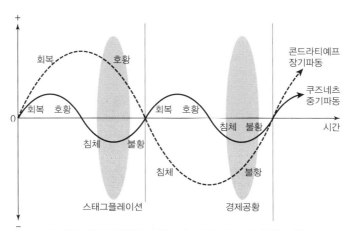

〈그림 6.10〉 경기 변화에 의한 스태그플레이션과 경제공황 모형

와 쿠즈네츠 불황기가 중첩된 시기에는 물가상승의 압력이 발생하고 건설 붐 하락에 따른 실업률 증가로 인해 스태그플레이션이 발생하는 것을 알 수 있다.

다음으로, 경제공황이 언제 발생하는가를 살펴보자. 〈그림 6.10〉의 오른편 기간에서 콘드라티예프 불황기와 쿠즈네츠 불황기가 겹치는 시기에 경제공황이 발생하는 것을 보여 준다. 즉 이 시기에는 물가의 하락과 동시에 실업률이 증가하는 것을 볼 수 있다. 『프레시안』에 게재된 대공황(Great Depression)에 관한 기사는 경제공황이 무엇인가를 잘 설명하고 있다. 그 내용 일부를 보면 다음과 같다.

현재 우리가 겪고 있는 경제위기의 성격과 그것이 가져올 지구적 파장을 가늠하기 위해 먼저 1929년의 경제공황을 살펴보자. 경제 대공황이란 영어로 Great Depression이다. 디프레션은 보통 디플레이션(Deflation)과 혼동하기 쉬우나 서로 다른 개념이다. 디플레이션은 인플레이션의 반대말로 통화축소를 의미한다. 반면 디프레션은 높은 실업률, 임금 삭감, 물가하락, 기업활동의 위축을 동반하는 경기 침체를 의미한다(프레시안, 2011).

정통 경제 이론으로는 왜 1929년에 경제 대공황이 발생하였는지를 아직도 명쾌하게 규명하지 못하고 있다. 나무위키에서 설명하고 있는 세계 대공황에 관한 부분을 보면 다음과 같다.

그런데 놀랍게도, 지금까지도 회자되는 글로벌한 영향을 준 사건임에도 불구하고 대공황의 정확한 원인은 아직도 학계에서 명확히 규정되지 않았다. 혹은 계속 논의되는 중이다. 사실 이것은 단순한 사실관계 문제가 아니라 경제와 사회를 보는 이념의 문제이기에 과거 논쟁이라기보다는 현재 논쟁인 면도 많으며, 현재적 이해관계에 따라 다르게 평가하기도 한다. 보면 주요 원인으로는 무절제한 시장경제의 근본적인 한계라는 네오케인지언과 마르크스주의

자의 주장부터 우연히 모든 소비가 줄었다는 '우연성'도 있고, 정반대인 직간접적으로 시장에 개입하던 정부의 개입(스무트·홀리 관세법 등)이 원인이라는 이론 등 여러 가지가 제시되고 있다. 하지만 역시 정부의 방임주의와 시장만능주의의 한계로 발생했다는 설이 가장 많이 알려진 이야기이긴 하다(나무위키, 2020에서 인용).

그런데 콘드라티예프 장기파동과 쿠즈네츠 중기파동을 겹쳐서 분석해 보면, 경제공황이 언제 발생하는지를 알 수 있다. 바로 콘드라티예프 장기파동의 불황기와 쿠즈네츠 중기파동의 불황기가 중첩되는 시기에 경제공황이 발생한다는 것을 보여 준다. 콘드라티예프 불황기는 핵심 기술의 응용과 혁신이 점차 소진되어 사양산업화되는 시기로, 기업들 사이의 가격경쟁은 극대화되어 물가가 하락하고, 경쟁력 확대를 위한 신기술은 연구되고 있으나 아직 실용화 단계에 미치지 않아 경기 회복을 위한 견인차로는 작용하지 못하는 시기이다. 이와 더불어 쿠즈네츠 중기파동의 불황기가 중첩되어 도시의 건설 붐도 하강 국면에 있어 실업률도 상승하는 현상이 나타난다. 이제 경제공황이 어느 시기에 나타나는지를 이해하였을 것이다.

그러면 경제의 안정적 성장을 위해 정부는 어떤 일을 해야 하는가? 바로 경기변동의 진폭을 완화하고, 경제가 스태그플레이션과 디프레션의 늪에 빠지지 않게 정책을 잘 운용하는 것이다. 어떻게? 금융정책, 부동산정책, 재정정책 등 경제정책을 동원해서 경기변동의 진폭을 줄이는 경제 연착륙, 소프트랜딩(soft landing)을 시도해야 하고, 경기가 침체의 늪에 빠졌을 때는 공공지출을 확대하여 경기를 부양시키는 정책을 추진하는 것이다. 여기서 명심해야 하는 것은, 콘드라티예프 장기파동 불황기를 벗어나서 회복기로 전환하는 데 핵심적 요인으로 작용하는 것이 바로 신기술의 발명과 혁신이라는 것이다. 그러면 불황에서 어떻게 탈출해야 하는지에 대한 답이 나온다. 경제불황의 늪에서 벗어나기 위해 정부는 연구개발(R&D) 분야에 집중적으로 투자해야 한다는 것이다. 이러한 정책의 전형적 본보기를 보여 준 곳이 바로 실리콘밸리이다.

실리콘밸리 성장 신화[7]

왜 첨단산업은 특정 지역에 집중하는가? 실리콘밸리에 반도체산업이 집중하는 이유는 무엇인가를 중심으로, 실리콘밸리가 어떻게 제4기 콘드라티예프 시기에 도시성장을 가져왔는가를 중점적으로 살펴본다. 미국 캘리포니아주 샌프란시스코시 남쪽 새너제이(San Jose)에 있는 실리콘밸리는 1940년대까지 과수원 지역이었다. 근처에 잘 알려진 곳이라고는 1891년에 설립된 스탠퍼드 대학교(Stanford University)가 유일하였다. 스탠퍼드 대학교는 전 캘리포니아 주지사이며 연방 상원의원이었던 철도 재벌 릴런드 스탠퍼드(Leland Stanford, 1824~1893)에 의해 설립되었으며, 당시 팰로앨토(Palo Alto) 인근에 그가 소유한 땅 8,180에이커(약 1000만 평)를 대학 재단에 기부하여 대학이 설립되었다.[8] 설립자 릴런드 스탠퍼드는 그 넓은 땅을 기부하면서 필요한 경우 땅을 임대하는 것은 가능하지만 팔아서는 안 된다는 조건을 붙였다.

한번 생각해 보자. 1000만 평이라는 면적이 얼마나 넓은가? 여의도 면적이 약 90만 평 정도이니, 스탠퍼드 대학교가 가지고 있는 땅 면적은 여의도 전체 면적의 10배가 넘는다. 이 넓은 땅을 스탠퍼드 대학교가 소유하고 있었고, 릴

---

7. 이하 내용은 Richter, 2006, "The Silicon Valley Story: Scene, Characters, Plot and Moral of the Tale" 논문을 인용해 재구성한 것이다.
8. 스탠퍼드 대학교 설립과 관련해서는 재미있는 비하인드 스토리가 전해지고 있다. 스탠퍼드 대학교 설립자인 릴런드 스탠퍼드에게 아들이 하나 있었는데, 유럽 여행 도중 장티푸스에 걸려 15세에 사망하였고, 그 아들을 추모하기 위해 만든 학교가 바로 스탠퍼드 대학교라는 것이다. 처음에는 아들을 추모하기 위해 아들이 잠시 다녔던 하버드 대학교를 찾아가 아들 이름으로 기념할 만한 일을 하고 싶다고 총장을 만나 이야기를 했지만, 스탠퍼드 부부의 별 볼일 없는 행색에 무시를 당했다고 한다. 이에 바로 캘리포니아로 돌아와서 아들을 위해 하버드보다 더 좋은 대학교를 만들겠다는 생각으로 설립한 대학이 스탠퍼드 대학교라는 것이다. 그런데 이 이야기는 진짜가 아닌 가짜 이야기이다. 자세한 내용은 인터넷 사이트 stanfordmag.org/contents/truth-and-lies-at-harvard를 참조하기 바란다.

〈그림 6.11〉 스탠퍼드 대학교 캠퍼스

런드 스탠퍼드는 땅을 절대로 팔 수 없다고 못박았으니, 사실 대학은 땅 일부만 사용하였고 나머지는 거의 불모지로 오랫동안 남아 있었다. 불모지로 남아 있던 땅을 이용해 지금의 실리콘밸리를 탄생시킨 사람이 바로 프레더릭 터먼(Frederick Terman, 1900~1982) 교수이다.

'실리콘밸리의 대부(father of Silicon Valley)'로 알려진 터먼 교수는 스탠퍼드 대학교를 나오고 동 대학원에서 석사학위를 받은 후, 매사추세츠 공과대학교(MIT)에서 박사학위를 받고, 1924년 스탠퍼드 대학교 전자과 교수로 취임하였다. 사실 터먼 교수는 MIT에서 박사학위를 취득한 후 곧바로 동 대학교 교수를 제안받았고, 본인도 제안을 수락하였다. 그리고 잠시 휴가를 받아 샌프란시스코에 있는 집으로 돌아왔는데, 이때 스탠퍼드 대학교수로 있던 아버지 루이스 터먼(Lewis Madison Terman, 1877~1956)에게서 MIT보다는 스탠퍼드 대학교에서 교수로 일할 것을 권유받았다. 프레더릭 터먼은 어린 시절부터 기관지가 좋지 않아 기침을 자주 하였는데, 아버지가 보기에 동부 보스턴 기후보다는 서부 샌프란시스코가 아들 건강에 훨씬 좋을 것으로 생각하였던 것이다. 그리고 여담인데, 지금은 아들 프레더릭 터먼이 사람들에게 많이 알려졌지만, 아버지 루이스 터먼도 심리학자로 세계적으로 이름을 떨친 사람이다. 인간의 지적 능력을 평가하는 IQ 테스트를 고안한 사람이 바로 루이스 터먼이다.[9] 아무튼 이런 아버지의 권유를 받아 프레더릭 터먼은 스탠퍼드 대학교수가 되기로 마음을 바꾸었고, 이런 배경 아래 실리콘밸리가 탄생하게 되었다. 만약 터먼 교수가 MIT 교수로 남았다면 세상은 어떻게 변하였을까? 자못 궁금하다.

대학교수로 취임 후 터먼은 학생들을 지도하며 창업 활동을 지원하였는데, 제자들 가운데는 데이비드 패커드(David Packard)와 빌 휼렛(Bill Hewlett) 등 재능 있는 인재가 많았다. 현재 세계적 IT 회사로 알려진 HP(Hewlett-Packard Company)의 설립자인 패커드와 휼렛이 1938년에 요즘 이야기하는 차고 창업(garage start-up)을 하는 데 터먼 교수가 많은 지원을 해 주었다. 그리고 실리콘밸리 건설의 모태가 된 스탠퍼드 연구공원(Stanford Research Park)이 1951년 스탠퍼드 대학교 캠퍼스 공간에 280ha(약 85만 평)를 자리 잡고 출범하였다.

실리콘밸리의 핵심 기술인 실리콘(silicon)은 프레더릭 터먼의 권유로 1950년대 베이 지역(Bay Area)으로 이주한 윌리엄 쇼클리(William Shockley, 1910 ~1989)에 의해 처음 소개되었다. 1956년 노벨 물리학상을 받은 트랜지스터 기술의 공동 개발자인 쇼클리는 그동안 몸담았던 벨 연구소(Bell Lab)를 떠나 팰로앨토에 쇼클리 세미컨덕터(Shockley Semiconductor) 회사를 창업하였다. 그런데 쇼클리는 과학계에서는 천재였는지 모르지만, 경영에는 영 맹탕이었다. 자신이 직접 동부에서 스카우트해 데려온 엔지니어들에게 상상력이 부족하고 일을 못한다며 갑질이 심했던 모양이다. 그래서 8명의 연구원이 쇼클리 세미컨덕터를 떠나 1957년 페어차일드(Fairchild)라는 새로운 회사를 창업

---

9. 사실 IQ Test는 지적 능력이 얼마나 높은가를 평가하기 위해 만들어진 것이 아니고, 지적 능력이 떨어지는 사람을 선별하기 위해 만들어졌다. 그런데 언제부턴가 IQ가 높으면 지적 능력이 뛰어나고, IQ가 낮으면 지적 능력이 낮은 것으로 평가되는 이상한 현상이 나타났다.

하게 된다. 이 사건이 유명한 '배신의 8인방' 사건으로, 이때 쇼클리 세미컨덕터를 함께 떠난 사람들이 로버트 노이스(Robert Noyce), 고든 무어(Gordon Moore), 유진 클라이너(Eugene Kleiner), 빅터 그리니치(Victor Grinich), 줄리어스 블랭크(Julius Blank), 진 호어니(Jean Hoerni), 제이 래스트(Jay Last), 셸던 로버츠(Sheldon Roberts)이다. 이들 배신의 8인방은 뉴욕 투자자 셔먼 페어차일드(Sherman Fairchild)의 지원을 받아 페어차일드 반도체 회사(Fairchild Semiconductor Corporation)를 설립하여 미국 국방부에 제품을 납품한다. 그리고 페어차일드에서 나온 연구원들이 훗날 인텔, 내셔널 반도체, AMD 등 수십 개의 실리콘 관련 회사들을 분리 창업해 오늘날 실리콘밸리의 신화를 만들어 내게 된다. 이것은 무엇을 의미하느냐 하면, 윌리엄 쇼클리가 경영의 귀재였으면 분리 창업 활동이 발생하지 않았을 수 있고, 페어차일드 회사도 만들어지지 않았다는 것이다. 쇼클리가 경영에 맹탕이었기 때문에 배신의 8인방이 탄생하였고, 배신의 8인방 신화가 이어져 실리콘밸리에서는 분리 창업이 빈번히 발생하여 기술 혁신과 응용이 일상화된 첨단산업의 메카로 성장하였다.

1958년에 페어차일드의 로버트 노이스와 텍사스인스트루먼트(Texas Instruments)의 잭 킬비(Jack Kilby)에 의해 집적회로(intergrated circuit)가 개발되어 트랜지스터 기술을 대신하는 새로운 첨단기술로 등장하였다. 1959년 집적회로의 개발로 급성장한 페어차일드 회사는 배신의 8인방에게 당시로는 거액인 25만 달러를 보상으로 주어 모두 행복한 부자가 되어 각기 자신의 길을 찾아갔으며, 1968년 노이스와 무어가 마지막으로 회사를 떠나며 페어차일드 신화는 종지부를 찍게 되었다.

페어차일드를 떠난 노이스와 무어는 1968년에 인텔(Integrated Electronics, INTEL)을 창립하여 1969년에 손톱 크기이 최초의 메모리 칩을 생산하였고, 1971년에는 컴퓨터 중앙처리장치(Central Processing Unit, CPU)의 핵심인 마이크로프로세서(microprocessor)를 처음으로 개발하였다. 이때 당시『일렉트로닉스 뉴스(Electronics News)』기자였던 댄 호플러(Dan Hoefler)가 샌타클

래라밸리(Santa Clara Valley)를 실리콘밸리로 부른 것이 계기가 되어 지금까지 '실리콘밸리'라는 이름으로 전해지고 있다.

마이크로프로세서의 개발은 PC(개인용 컴퓨터)를 위한 새로운 길을 열었다. 1976년 스티브 워즈니악(Steve Wozniak)과 스티브 잡스(Steve Jobs)는 팰로앨토에 있는 잡스의 집 창고(garage)에서 Apple I 컴퓨터를 만들어 666.66달러에 판매를 시작하였다. 이후 아서 록(Arthur Rock)으로부터 자금 지원을 받아 애플컴퓨터(Apple Computer Inc.)를 설립하여 Apple II를 생산하며 양산 체제에 들어갔다.

1976년 IBM도 IBM PC 5150을 개발해 PC 시장에 뛰어들었다. 그런데 IBM은 PC 시장이 커질 것을 예상하지 못하고 PC 작동을 위한 소프트웨어인 MS-DOS를 빌 게이츠(Bill Gates, 1955~)로부터 구입해 시장에 배포하였다. 당시에 빌 게이츠 역시 MS-DOS를 개발할 능력이 없어 지인인 팀 패터슨(Tim Paterson)에게 의뢰해 개발하여 37,500달러를 주고 독점사용권을 획득하였다. 이것이 훗날 빌 게이츠를 세계 최대 부호로 만든 기회가 되었으며, IBM은 PC라는 거대한 시장을 잃는 실수를 저지른 것이다. 당시에 IBM은 일반인들이 비싼 돈을 주고 개인용 컴퓨터를 구입해 이용할 것이라고는 상상도 하지 않았다. 그래서 IBM PC 생산기술을 범용 기술로 공개해 전 세계 많은 회사가 IBM PC와 호환해 이용할 수 있는, 이른바 'IBM-compatible PC'를 양산하게 되었고, 이 컴퓨터에는 모두 빌 게이츠로부터 구입한 MS-DOS가 장착되어 사용되었다. 즉 IBM은 빌 게이츠로부터 소프트웨어를 구입하고 판권에 대한 독점 계약을 체결하지 않아, 이후 빌 게이츠는 Window System 등을 개발하여 전 세계에 유포하며 세계 최대 부호가 되었다. 그런데 애플컴퓨터는 생산기술을 독점하고 타 회사들이 호환 제품을 생산하는 것을 허락하지 않았기 때문에 개인용 컴퓨터 시장에는 IBM 호환 제품이 넘쳐나고, PC 컴퓨터 이용을 위한 그래픽, 게임, 워드프로세서 등 각종 소프트웨어들이 IBM 호환 제품으로 개발되어 표준 컴퓨터로 자리 잡으면서 애플컴퓨터는 설 자리를 잃게 되었다.

유사한 사례를 1970년대 중반 일본 소니(Sony)가 개발한 비디오 베타맥스(Betamax)와 빅터(JVC)의 VHS 시스템에서도 경험할 수 있다(그림 6.13 참조). 일본 기업 소니와 빅터는 비디오 시스템을 개발하며 VTR(Video Tape Recorder)이라는 새로운 시장을 열었다. 당시에 소니는 테이프 크기가 작은 베타맥스를 출시하였고 빅터는 상대적으로 큰 VHS를 출시하여 경쟁이 시작되었는데, 초기에는 베타맥스가 시장의 주도권을 잡았다. VHS에 비해 화질이 우수하였으며, 카세트테이프 크기가 작아 휴대도 간편하였다. 하지만 몇 가지 단점이 있었다. 베타맥스 테이프의 최대 녹화 시간은 100분 정도로 짧은 편이라 영화 한 편을 온전하게 담지 못하는 경우가 많았다. 반면, VHS의 경우 화질이나 휴대성 면에서는 한 수 아래였지만 테이프당 최대 녹화 시간이 160분으로 길어 대부분의 영화를 담을 수 있었다. 결정적으로 소니의 패배 요인으로 작용한 것은 베타맥스 규격을 이용한 콘텐츠를 출시하려면 소니의 품질정책을 준수해야 했는데, 그 조건 가운데는 지나치게 폭력적이거나 외설적인 콘텐츠를 제약하는 내용도 포함되었다. 반면, VHS에는 그런 제약이 없어 콘텐츠 제작사들의 환영을 받았다. 시간이 지남에 따라 VHS 진영은 콘텐츠 규모 면에서 베타맥스 진영을 압도하기 시작하였고, 결국 1988년 소니는 사실상 베타맥스를 포기한다는 선언을 하며 VTR 시장은 VHS 기술로 표준화되었다.

〈그림 6.12〉 비디오테이프 비교, 베타맥스(위)와 VHS(아래)

1993년에 접어들며 실리콘밸리의 제2의 도약을 위한 새로운 기술이 개발된다. 바로 인터넷과 WWW(world wide web) 기술이다. 컴퓨터와 컴퓨터를 연결하는 인터넷 기술은 1993년 일리노이 대학교(University of Illinois) 학생인 마크 앤드리슨(Marc Andreesen)에 의해 모자이크(Mosaic) 프로그램으로 개발되었다. 그런데 앤드리슨이 작업하고 있는 일리노이에서는 모자이크 프로그램에 별로 관심을 보이지 않아, 1994년 실리콘밸리로 이주하게 된다. 여기서 벤처 투자자인 짐 클라크(Jim Clark)를 만나 훗날 넷스케이프(Netscape)로 이름을 바꾼 모자이크 커뮤니케이션(Mosaic Communication) 회사를 설립하게 된다. 넷스케이프는 인터넷 브라우저(browser)인 '내비게이터(Navigator)'를 출시하고, 이듬해 주식시장에 상장하여 엄청난 부를 거머쥐게 된다. 이때까지는 빌 게이츠가 인터넷 브라우저에 별 관심이 없었으나, 새롭게 출시되는 Windows 95에 '인터넷 익스플로러(Internet Explorer)' 프로그램을 포함해 출시하며 내비게이터 프로그램에 대한 수요가 점차 줄어들어, 넷스케이프는 1998년 아메리카 온라인(America Online, AOL) 회사에 합병되었다.

1996년에 들어 스탠퍼드 대학교 출신의 두 명의 박사과정 학생인 제리 양(Jerry Yang)과 데이비드 필로(David Filo)는 인터넷 포털 엔진인 '야후(Yahoo)'를 개발하였으며, 1996년 마찬가지로 스탠퍼드 출신 래리 페이지(Larry Page)와 세르게이 브린(Sergey Brin)은 지금 많은 사람이 이용하는 검색 엔진인 '구글(Google)'을 개발하였다. 최근에는 페이스북(Facebook)과 트위터(Twitter) 등이 개발되어 SNS로 소통하는 세상이 되었다. 이제 컴퓨터와 컴퓨터를 연결하는 시대를 넘어 정보와 지식이 컴퓨터를 통해 생산 및 확산되고, 더 나아가 컴퓨터가 학습을 통해 창의력과 응용력을 발휘하는 AI(인공지능) 시대를 열어 가고 있다.

프레더릭 터먼이 주도한 스탠퍼드 연구공원은 다른 도시에도 영향을 미쳐 미국 텍사스주 댈러스(Dallas)에 Graduate Research Center of Southwest를 설립하게 되었고, 훗날 텍사스 주립대학교 댈러스 캠퍼스(University of Texas at Dallas)로 전환되었다(Leslie & Kargon, 1996). 실리콘밸리 신화는 한국에도 전파되어 1971년 한국과학원(KAIST)이 설립되는 계기를 제공하였다.[10]

지금까지 실리콘밸리의 성공 신화를 살펴보았는데, 그러면 왜 실리콘밸리가 성공하였는가를 요약정리해 보자. 실리콘밸리가 반도체산업의 메카로 등장한 데는 다음과 같은 요인들이 작용하였다.

1) 지식 중심지의 입지

실리콘밸리의 성공 신화 뒤에는 끊임없이 우수 인재를 공급하는 명문 스탠퍼드 대학교와 캘리포니아 대학교 버클리 캠퍼스(University of California, Berkeley)가 있었기 때문에 가능하였다. 여기에 더해 새너제이 주립대학교(San Jose State University)와 인근의 6개 전문대학(Community Colleges)에서 젊고 유능한 인재들이 끊임없이 공급되어 실리콘밸리가 변화와 혁신을 주도하는 지식 중심지로 작용하는 주요 견인차가 되었다. 이것은 첨단산업도시로 성장하기 위해서는 주변에 우수한 과학기술대학이 있어, 우수한 인재들이 끊임없이 공급되어 참신하고 혁신적인 아이디어가 제공되어야 한다는 것을 보여 준다. 동부의 보스턴 지역이 경쟁력을 갖는 것도 마찬가지로 하버드 대학교와 MIT가 있어 지속해서 우수 인재들이 공급되기 때문에, Route 128 지역이 'America's

---

10. 한국과학원의 설립에는 당시 뉴욕 브루클린 대학교의 물리학 교수였던 정근모(鄭根模) 박사가 크게 기여하였다. 그는 1969년 1월에 자신의 은사로서 미국 국제원조처(USAID) 처장으로 임명된 한나(John A. Hannah)를 만났다. 한나는 정근모에게 한국에 필요한 것이 무엇인가를 물었고, 정근모는 이공계 대학원의 설립을 건의하였다. 같은 해 4월과 10월에 정근모가 제출한 제안서를 바탕으로 한나는 한국 정부의 의향을 타진하였다. 제안서는 1970년 4월에 대통령이 주재한 월례 경제동향보고회에 상정되어 통과되었다. 당시에 박정희 대통령은 "문교부가 반대라니까 과학기술처가 이공계 대학원 설립안을 추진하도록 하시오."라고 말했다. 1970년 6월에 한국과학원 설립 자문위원회가 조직되었으며, 같은 해 7월에 '실리콘밸리의 아버지'로 불리는 터먼 교수를 단장으로 하는 미국 조사단이 파견되었다. 터먼 조사단은 1970년 12월에 한국과학원의 설립 목적·규모·운영방식 등에 관한 보고서를 제출하였다. 보고서에는 한국과학원이 "기본 지식의 창출이 아니라 한국의 산업계와 연구계가 필요로 하는 고도로 훈련된 인력을 양성하는 것을 목표로 한다."라고 명시하고 있다. 한국과학원은 1971년 2월에 공식적으로 설립되었으며, 1973년부터 신입생을 받기 시작하였다(우리역사넷, 2020).

Technology Highway'로 경쟁력을 갖는 것이다.[11] 실리콘밸리를 모방해 서울도 강남 테헤란밸리와 구로 디지털단지, 인천은 경제자유구역에 테크노파크, 성남은 판교 테크노밸리, 대전은 대덕 테크노밸리 등을 조성하였는데, 과연 실리콘밸리와 어떤 점이 다른지 생각해 보는 것도 의미가 있을 듯싶다.

2) 벤처 자금 지원

실리콘밸리가 성공한 배경에는 참신한 아이디어를 상품화하기 위한 모험자본들이 지원되었기 때문이다. 아무리 좋은 아이디어가 있더라도 상품화되지 않으면 한낱 꿈에 불과하다. 벤처 캐피털(venture capital)은 무언가 새롭고 별난 아이디어나 기술을 상품화하는 과정에서 높은 잠재력과 동시에 높은 위험 부담이 있는 창업 활동을 지원하기 위한 금융 지원 자금을 의미한다. 벤처 캐피털 펀드는 자금조달을 위한 계약을 통해 투자하는 회사의 지분을 소유함으로써 신기술/신상품 개발을 통해 발생하는 수익의 일정 부분을 가지게 된다. 벤처 자금 투자도 일회성으로만 끝나는 것이 아니라, 초기 창업 지원을 위한 시드머니(seed money) 투자가 있고, 이후 성장 과정에서 지원을 위한 시리즈 A·B·C 라운드(series A·B·C round) 투자가 있으며, 더 나아가 기업공개(Initial Public Offering, IPO)와 기업 간 인수합병(M&A) 등을 통해 이윤을 추구하는 투자 등 다양한 방식으로 이루어진다. 그래서 실리콘밸리 성공 신화는 세 박자가 맞아떨어졌기 때문에 가능하였다고 한다. 비상한 '괴짜'들과 이들을 배출하는 '스탠퍼드 대학교', 구멍가게를 글로벌 기업으로 변신시키는 '벤처 캐피털'의 마법이 작용해 실리콘밸리가 탄생하였던 것이다(디지털타임스, 2018).

3) 산학관연 네트워크 형성

한국 속담에 "구슬이 서 말이라도 꿰어야 보배"라는 말이 있듯이, 아무리 많

---

11. Route 128은 보스턴 외곽에 있는 고속도로 이름으로 도로를 따라 주변에 첨단 과학기술 기업과 연구소들이 밀집해 있다.

은 구슬이 흩어져 있어도 꿰는 장치가 없다면 한낱 돌에 불과하다. 흩어져 있는 구슬을 꿰어야 목걸이도 팔찌도 되며, 귀걸이도 반지도 될 수 있다. 마찬가지로 첨단산업도시도 유수 기업이나 우수한 대학만으로는 만들어질 수 없고, 대학, 기업, 정부, 연구소 등 관련 활동이 네트워크를 형성하여 협력과 동반자 관계로 연계되어야 실리콘밸리와 같은 첨단산업도시가 만들어질 수 있다. 실리콘밸리에는 구슬을 꿰는 중심에 스탠퍼드 대학교가 있었으며, 대학과 산업체 사이에 협력 관계가 형성되었다. 또한 대학과 연구소 사이에 기초연구는 대학이 담당하고 상품화를 위한 응용연구는 연구소가 수행하는 분업 체계가 형성되었으며, 정부 기관은 대학과 연구소에 연구개발(R&D) 기금을 제공하는 것과 동시에 첨단산업 제품의 주요 구매자로서 수요를 창출하였다. 위 관계를 좀 더 집중적으로 조명해 보자.

첫째, 대학과 산업체 사이의 연계 관계로서, 미국 노스캐롤라이나에 있는 리서치트라이앵글파크(Research Triangle Park, RTP)의 사례를 살펴보자. RTP는 주변에 있는 3개 대학이 컨소시엄을 형성하여 주정부 지원 아래 조성된 첨단산업 연구공원이다.[12] 이곳에서는 대학과 산업체 및 연구기관들 사이에 긴밀한 협력 관계가 형성되어 인적 교류, 기술 교류, 정보 교류가 활발하게 이루어지고 있다. 대학·산업체·연구기관 사이에는 정보와 시설에 대한 공동 협력이 이루어져 어느 기관에 있는 시설이라도 협정을 통해 공동으로 이용할 수 있고, 세 기관 사이의 인적 교류를 통해 자료, 정보, 지식이 공유 및 축적되어 기술혁신의 플랫폼으로 작용하며, 기업체와 연구소에서 응용/개발된 지식이 대학으로 환류되어 최신의 학문과 기술을 지닌 대학으로 경쟁력을 높이고 있다. 즉 대학에서는 대학원생들을 주변 기업체와 연구소 등에 파트 타임이나 인턴으로

---

12. RTP는 듀크 대학교(Duke University), 노스캐롤라이나 대학교 채플힐 캠퍼스(University of North Carolina at Chapel Hill), 노스캐롤라이나 주립대학교(North Carolina State University) 3개 대학이 연합하여 운영하는 연구단지로서, 현재 이곳에는 SAS, IBM, DuPont 등 170개 기업과 연구기관이 상주하며 약 5만 명의 연구인력들이 일하고 있다.

보내 연구 활동과 일자리를 동시에 진행할 수 있게 하고, 기업체와 연구소에서 개발된 새로운 기술과 지식을 대학에 와서 강의 및 지도하게 함으로써 우수 인재 양성과 대학의 경쟁력을 높이는 상생의 협력 관계를 유지하고 있다.

둘째, 전문가들 사이의 관계로서, 첨단산업도시에서 기업들 간의 경쟁은 있지만 전문가들 사이에 기술과 지식은 끊임없는 융·복합이 일어나 분리·창업 활동이 일상화되고 있다. 실리콘밸리의 초기 성장에서 특히 이러한 활동이 비공식 모임을 통해 활발하게 발생하였다. 앞에서 언급한 것처럼, 실리콘밸리는 초기에 과수원 지역이었던 곳에 과학기술 전문가들이 몰려들며 첨단산업도시로 발전하였다. 이런 과정에서 과학기술 인력이 일과가 끝나면 술 한잔 마시며 스트레스를 풀고 휴식을 즐기기 위한 공간이 없었다. 하긴 과수원이 있던 동네에 전문가와 과학기술 인력이 몰려들었으니, 그들 입맛에 맞는 휴식처가 있었겠는가? 그래서 당시로는 고액을 받는 전문 인력이 모여 자신들의 입맛에 맞는 휴식처를 만들자는 의기가 투합되어 친목 모임(private club)이 만들어졌다. 이곳에서 다양한 정보, 기술, 지식이 교류되고 접목되며 융합되고 합성되어 혁신이 일어나고, 새로운 기술이 만들어지며, 새로운 기업이 창업되는 일련의 과정이 진행되었던 것이다. 즉 첨단산업도시가 만들어지기 위해서는 산학관연 연계 관계에 더해 전문가들 사이에 정보, 기술, 지식의 원활한 교류와 공유 및 융·복합을 위한 공식 및 비공식 네트워크가 구축되어야 한다.

4) 혁신 리더십

실리콘밸리가 성공한 요인으로 프레더릭 터먼의 리더십(leadership)을 꼽지 않을 수 없다. 프레더릭 터먼은 스탠퍼드 대학교가 보유한 불모지 땅을 연구단지로 이용하겠다는 혁신적 아이디어를 제안하였고, 휼렛(Hewlett)과 패커드(Packard) 같은 인재를 발굴하여 지원하는 안목이 있었으며, 노벨 물리학상 수상자인 쇼클리(Shockley)를 실리콘밸리로 끌어들이는 리더십이 있었기에 실리콘밸리의 성공 신화가 만들어질 수 있었다. 사실 한국을 비롯하여 많은 나라와 도시에서 실리콘밸리와 같은 첨단산업도시를 시도하였으나 대부분 실패하였다. 아마 실패의 주요 이유 중 하나가 바로 혁신적 리더십의 부재라고 할 수 있다. 이것은 혁신적 리더가 없어 실패한 것도 있지만, 리더의 잦은 교체로 리더십을 발휘할 충분한 기회가 주어지지 않은 것도 있다.

실리콘밸리와 같은 첨단산업도시 조성은 과학기술의 변화에 따라 섬세하게 단계적으로 추진되어야 하는 전형적인 장기적 사업이다. 3~5년 안에 승부가 나는 단기적 사업이나 정책이 아니라는 것이다. 그래서 사업이 성공적으로 수행되기 위해서는 혁신적 기업가정신을 가진 리더에 의해 장기적 안목으로 정책이 기획 및 추진되어야 한다. 그런데 프레더릭 터먼 같은 혁신 마인드를 가진 리더를 찾기 어려울뿐더러, 설령 찾았다 하더라도 그에게 장기간 전권을 주어 사업을 완성하게 하는 경우는 찾아보기 어렵다. 왜냐하면 대부분의 도시개발 사업에서 리더들은 임기가 끝나면 바뀌고, 새로운 리더가 오면 전임자의 계획은 폐기되는 것이 다반사이기 때문이다. 필자가 인천에서 활동하는 30년 동안 경제자유구역청장을 3년 이상 한 경우를 보지 못했고, 경제자유구역청 산하에 있는 테크노파크 원장도 마찬가지로 3년 이상 한 사람을 보지 못했다. 이것은 인천의 사례에 국한된 것이 아니고, 한국의 다른 도시들도 유사하다. 이런 상황이니 프레더릭 터먼 같은 혁신적 리더가 나올 수도 없고, 설사 나왔다 하더라도 자신의 능력을 충분히 발휘할 수 있는 제도가 마련되지 않은 것이 한국의 현실이다.

여기서 필자가 경험한 재미있는 이야기를 하나 하려고 한다. 필자의 아주 친한 지인이 예전에 청와대에 행정관으로 근무한 적이 있다. 지금은 은퇴하였는데 언젠가 술 한잔하며 하는 말이, 청와대에서 정책을 고민하고 수립하는 사람들이 정말 똑똑하고 많은 일을 한다고 목에 힘주어 자랑하면서, 필자와 같은 먹물(대학교수)들은 맨날 학생들만 상대하니 세상을 순진하게 바라보고 세상 돌아가는 것을 모른다고 핀잔을 주었다. 나 참, 어이없어서…. 그래서 한마디 해주었다. 필자와 같은 먹물들이 맨날 학생들만 만나는 것이 아니다, 학생들은 교육의 대상이지 학생들로부터 세상을 배우는 것은 아니다. 그리고 필자와 같은 대학교수가 실제로 만나 세상 이야기를 나누는 사람들은 교수, 연구원, 공무원 등과 전문가들이지 학생이 아니라고 반박하였다. 그리고 또 하나 정말 중요한 것은, 청와대나 정당에서 활동하는 고위공직자나 정치인들 상당수는 말 그대로 폴리페서(polifessor)이며, 이들은 대학 혹은 전문 분야에서 열심히 연구하고 노력하였을 수도 있으나, 대다수는 항상 정치권에 발을 담그기 위해 기웃거렸던 사람들이라고 이야기하였다. 그러니 먹물로 대학에서 연구와 교육에 매진하는 사람이 실력이 있겠냐, 아니면 정치권을 기웃거리며 교육과 연구는 부업으로 한 사람이 뛰어난 사람이냐고 반문하였다. 물론 그중에는 뛰어난 학문적 업적도 있고 정치적 역량을 겸비한 사람도 있다. 그렇지만 청와대에 있거나 정치권에서 활동한다고 다 우수한 사람은 아니라는 것이다. 그런 시각에서 프레더릭 터먼이 한국에 있었으면 실리콘밸리가 만들어졌을까 생각해 본다. 터먼 정도의 능력이면 정치권에서 그냥 두지 않고 러브콜을 하였을 수도 있겠다. 그러면 아마 실리콘밸리는 물 건너가지 않았겠나 싶다. 왜냐하면 정치권에 들어가면 되는 것도 없고 안 되는 것도 없으니…. 그리고 사람 자체가 아예 달라지는 것이 한국의 정치 풍토라…. 그러니 터먼 같은 사람을 키우지도 못하고, 리더십을 발휘할 기회도 주지 않으니, 실리콘밸리와 같은 도시가 만들어지지 못하는 것이 아닌가 생각해 본다.

5) 어메니티(amenities) 요인

지금까지 논의한 요인들은 실리콘밸리와 같은 첨단산업도시를 조성하기 위해 반드시 충족되어야 하는 필수적 요인이다. 물론 상기 요인들이 충족되었다고 해서 첨단산업도시가 성공적으로 조성되지는 않는다. 왜냐하면 상기 요인들은 필수 요인이지 충분 요인은 아니라는 것이다. 상기 요인에 더하여 첨단산업도시가 조성되기 위해서는 도시의 삶의 질(quality of life)을 보장하는 '어메니티 요인'이 충족되어야 한다.

'어메니티'는 합의된 정의가 있는 것이 아니고, 삶의 질과 관련된 쾌적한 주거와 산업 환경 요인으로 해석할 수 있다. 즉 아무리 우수한 대학이 입지하여 인재들이 배출되고 높은 연봉을 주는 취업 기회가 제공된다 하더라도, 날씨가 너무 춥거나 공해로 인해 공기가 나쁘거나 범죄와 부패가 만연한 도시라면 전문인력과 우수 인재들이 그곳에 뿌리내리고 거주할 가능성은 낮다. 그리고 능력 있는 전문 인력이나 숙련공들은 어디에 가든 취업 기회가 많이 주어지기 때문에, 구태여 삶의 질이 낮은 지역에 거주하지 않는다는 것이다. 왜 프레더릭 터먼이 MIT가 아닌 스탠퍼드 대학교에 교수로 남았는지를 보면 이해가 될 것이다.

캘리포니아는 미국에서 기후가 온화한 지역으로 살기에 아주 적당하고, 실리콘밸리 인근에 샌프란시스코라는 대도시가 있어 도시의 다양성을 즐길 수 있다. 또한 미국 서부는 보수 성향의 동부와 달리 개방적·진보적 문화를 보이기 때문에 상대적으로 진취적이고, 비좁은 도시를 벗어나 넓은 전원생활을 누리며 일과 삶을 동시에 즐기는 생활방식이 가능한 곳이다. 이런 장소적 특성이 앞에서 이야기한 필수 조건과 결합하여 실리콘밸리를 만들어 낸 것이다.

정보화 사회에서는 인간의 삶과 관련된 많은 것들이 빠르게 변하고 있다. 이제 슘페터가 이야기한 '창조적 파괴'가 일상화된 환경에서 변화와 혁신 속에 우리는 살아가고 있다. 정보화 사회를 마무리하기에 앞서 실리콘밸리의 실상을 보여 주는 에피소드 두 가지를 소개하며 끝내기로 한다.

첫 번째는 중국에서 미국으로 유학 와서 박사학위를 받은 후에 실리콘밸리에 있는 회사에 입사한 후 해직된 사람의 이야기이다. 중국 명문 대학을 나와 캘리포니아에 있는 명문 대학 대학원에서 박사학위를 받았다. 학위를 받은 후 실리콘밸리에 있는 회사에 입사하여 아무런 문제 없이 계약 기간을 근무하였다고 한다. 계약 기간이 끝나 재계약 시점이 되어 주변에 함께 입사한 사람들이 재계약되는 것을 보고 자신도 별문제 없이 재계약이 될 것으로 기대하였다. 그런데 재계약이 거부되고 해직 통보를 받았다. 아무리 생각해도 근무 기간에 회사에 특별히 손해를 끼친 적이 없는데 왜 자신만 해직되었나 해서 인사 담당자에게 물었더니 하는 말이, "당신은 회사에 근무하는 동안 회사에 해를 끼친 적은 없다. 그런데 당신은 근무 기간에 새로운 시도를 한 번도 한 적이 없다. 우리 회사는 실패가 두려워 새로운 도전을 하지 않는 사람을 원하지 않는다."라고 하였다. 그래서 중국 출신인 이 사람은 이런 조치가 인종차별이라며 법원에 소송을 제기하였다. 결과는 소송에서 졌으며, 이것은 인종차별이 아니고 바로 실리콘밸리의 독특한 문화라는 것이었다. 이해가 가시는가?

두 번째 에피소드는 실리콘밸리에서 얼마나 빠르게 변화와 혁신이 일어나고 있는가를 최근에 읽은 『카오스 멍키(Chaos Monkeys)』 책에서 보여 주고 있다.

스타트업(start-up) 기업에서 일한다는 것은 레이싱 트랙을 달리는 것과 같다. 미친 듯이 질주하거나 갑자기 멈추기 위해 액셀이나 브레이크를 바닥까지 밟아야 하는 것이다. … 레이싱에 완전히 몰입하면 인간, 기계, 물리적 세계가 혼연일체가 되어 새로운 차원의 의식에 다다르게 된다. 온몸의 힘줄이 긴장하고 신경이 꿈틀거리는 기계에 매인 괴물이 된다. 과거도, 미래도 없으며 시속 210킬로미터로 달리는 순간만 존재한다. … 그러고는 집으로 돌아간다. 머릿속의 속도계는 레이싱에 조정되어 있는데, 속도를 낮추어 편안하게 가면… 시속 180킬로미터로 달리고 있다. 고속도로인 것이다. 주변을 보면 모든 게 너무나 느리다. 이게 시속 130킬로미터라는 게 믿기지 않는다. 그러다 고속도로를 빠져나와 일반도로에 들어서면 운전대를 청테이프로 고정해 놓고 쿨쿨 잠을 자도 집까지 갈 정도다. … 스타트업에서 구글이나 애플 같은 대기업으로 옮겨 가면 이런 기분이 든다. 레이싱 트랙을 달리다가 고속도로에 들어서 달리는 느긋한 기분이 든다. 구글이나 애플도 이럴진대, 삼성이나 현대, 오라클과 IBM 같은 기업에 들어가면 이제는 일반도로를 달리는 기분이 든다(안토니오 가르시아 마르티네즈, 2017: 458-460에서 발췌 재편집).

위 내용은 본문을 일부 각색한 것이다. 이 책은 스타트업(창업)이 얼마나 힘든 작업이고, 변화와 혁신(때로는 고도의 사기 행위)을 위해 어떻게 노력하고 있는가를 보여 준다. 이런 과정을 거쳐 H&P가 태어났고, 구글이 탄생하였으며, 애플이 재기하였고, 페이스북이 개발되었다. 그리고 이들은 끊임없이 창조적 파괴를 시도하며 새로운 세상을 만들어 가고 있다. 페이스북 창립자인 마크 저커버그(Mark Zuckerberg)는 "페이스북 최대의 적은 바로 페이스북이다."라고 말했다. "우리가 페이스북을 무찌를 수 있는 새로운 것을 만들지 않는다면, 다른 누군가가 분명 우리를 그렇게 만들 것이다."(안토니오 가르시아 마르티네즈, 2017: 456). 이런 정신이 실리콘밸리를 세계 최고의 첨단산업도시로 만들었다.

제7장

글로벌 사회와 도시

요즘 '신종 코로나바이러스 감염증(코로나19)'을 통해 전 세계가 글로벌 네트워크로 연결되어 있다는 것을 새삼 느낄 수 있다. 중국 후베이성(湖北省) 우한 (武漢)에서 처음 확인된 바이러스가 전 세계로 확산되며 한국에서도 대량 감염 사태가 발생하였으니 말이다. 2002년 중국에서 발생한 중증급성호흡기증후군 (Severe Acute Respiratory Syndrome, SARS) 사태, 2009년 멕시코에서 발병한 신종플루 사태, 2015년 발생한 중동호흡기증후군(메르스) 사태 등 전염성이 높은 질병들이 한번 발생하면 전 세계로 순식간에 퍼지고 있다. 왜냐하면 전 세계가 바로 글로벌 네트워크에 의해 연결되어 있기 때문이다.

그런데 이런 현상은 부정적으로만 나타나는 것이 아니라, 얼마 전에 봉준호 감독의 영화 「기생충」이 오스카상을 휩쓸어 한국 영화를 전 세계에 알린 것처럼 긍정적으로 나타나기도 한다. 즉 「기생충」과 같은 작품성을 가진 영화를 만들면 얼마든지 전 세계 영화 시장에서 흥행을 할 수 있다는 것을 보여 주었다. 위 두 사례만 보더라도 이제 세상은 서로 연결되었고, 한국 사회는 긴밀하게 연결된 글로벌 네트워크에서 무언가 역할을 하고 있다는 것을 알 수 있다. 만약 한국이 글로벌 네트워크에서 긴밀하게 연결되어 있지 않다면 '신종 코로나19' 집단감염 사태는 발생하지 않았을 것이다. 마찬가지 논리에서 한국 영화가 글로벌 영화 시장에 연결되지 않았다면 봉준호 감독의 「기생충」이 오스카상을 휩쓸지 못했을 것이다. 그만큼 이제 글로벌 사회에서 한국의 위상이 높아졌다는 것을 실감한다.

본격적으로 글로벌 사회와 도시에 대해 논의하기 전에, '글로벌'이라는 용어를 정리하고 나아가는 것이 좋을 듯싶다. 아직도 사회에서는 '글로벌'과 '국제화'라는 용어가 혼용되어 사용되고 있다. 그런데 두 용어는 큰 차이를 가지는데, 일부 전문가와 일반 시민들은 아직도 그 차이를 잘 이해하지 못하는 듯하다. 여기서 확실히 차이를 이해하도록 하자.

먼저, '국제(international)'라는 용어는 국가가 행위의 주체라는 의미를 포함하고 있다. 인터(inter)내셔널이라는 단어에서 알 수 있듯이, '국제'는 국가(nation)와 국가 사이의 관계를 표현한다. 그래서 '국제' 용어는 국가가 행위의 주체로서 국가의 경계와 법령, 언어와 역사, 전통과 문화를 기반으로 국가와 국가 사이의 관계가 형성된다는 것을 의미한다. 이런 의미에서 '국제 간 협약'이라 하면 국가와 국가 사이에 체결된 협약을 뜻하고, '국제사회' 하면 국가를 기반으로 형성된 사회를 의미한다. 마찬가지로 '국제적 이벤트' 하면 국가를 기반으로 행사가 진행되는 것을 의미한다. 그래서 올림픽 같은 행사는 국가를 기반으로 국가대표들이 출전하는 스포츠 행사이기 때문에 '국제적 이벤트'라고 부른다.

다음으로, '글로벌(global)'이라는 용어는 국가가 행위의 주체가 아니라 국가를 초월한 '초국가적(transnational)' 활동을 의미할 때 사용된다. '트랜스(trans)'라는 단어에서 알 수 있듯이, '글로벌' 의미에는 국가 개념을 넘어선 활동이나 현상을 표현하고 있다. 예를 들면, 봉준호 감독이 '황금종려상'을 수상한 '칸 영화제'는 국가를 기반으로 한 영화제가 아니므로 '글로벌 이벤트'로 부른다. 그래서 봉준호 감독은 미국 매체와의 인터뷰에서 "한국 영화는 지난 20년 동안 큰 영향을 미쳤음에도 왜 단 한 작품도 오스카 후보에 오르지 못했느냐"는 질문에 "오스카는 로컬(국내 시상식)이기 때문"이라는 멋진 답을 하였다. 즉 봉준호 감독의 「기생충」이 오스카 작품상을 받기 전까지 오스카는 오직 미국 작품에만 관심을 가졌기 때문에 글로벌 영화제로 인정받을 수 없었다는 것을 비판하였는데, 어, 이게 웬일? 오스카가 봉 감독에게 제대로 낚였나? 「기생충」에 오스카 작품상을 수여함으로써 이제 로컬을 벗어나 글로벌 이벤트로 탈바꿈되었다.

그럼 왜 '글로벌'이라는 용어가 유행하고 있는가? 그 배경에는 국가라는 조직이 할 수 있는 일과 기능의 한계에 직면하였기 때문이다. 이제는 국가 경계라는 울타리가 완충 역할을 하지 못하는 사회가 되었고, 국가 법규와 정책이 국민의 행동을 규제하거나 조정하는 역할을 효과적으로 수행하지 못하는 '글로벌 사회'가 전개되었다. 예를 들면, ICBM(대륙간탄도탄)은 국가 경계를 넘어 대량살상을 가능하게 하고, 글로벌 시장개방에 의해 국내 통화량 조정은 이미 물 건너갔으며, 정보통신기술의 발달에 의해 특정 문화를 배제한다는 정책은 벌써 불가능한 것이 되었다. 그래서 국가 기능은 이제 점차 이중적으로 해체되어 한쪽은 '글로벌' 기능으로, 다른 한쪽은 '로컬' 기능으로 분리된 'Global & Local(세계화와 동시에 지방화)'로 부르는 사회가 전개되었다. 즉 'Think Global and Act Local(글로벌 차원에서 생각하며, 지역 차원에서 행동하는)'을 표방하는 사회로 전환되었다는 것이다.

그런데 예전에 한국에서 글로벌이라는 개념을 충분히 이해하지 못하고 '세계화 정책'을 추진하였기 때문에 우리는 'IMF 경제위기'라는 혹독한 수업료를 내야 했다. 당시에 웃지 못할 코미디 같은 이야기가 지금도 전해지고 있다. 1995년 당시 김영삼 대통령은 세계화 시대를 선언하며, 세계화 시대 생존 전략으로 세계화를 받아들여야 한다는 것을 강조하고, "세계화는 국가뿐 아니라 지방 간·기업 간·국민 간의 교류로 모든 부문이 세계 제일이 되는 것을 의미한다."라고 세계화 정책에 대한 포부를 밝혔던 것이다(국정신문, 1995). 일국의 대통령이 세계화(글로벌)의 의미를 세계 최고가 되는 것으로 이해하고 아무런 대비

없이 글로벌 사회에 시장을 개방하였으니, IMF 사태와 같은 경제위기를 경험할 수밖에 없었다. 당시에 학자와 전문가들은 한국은 아직 글로벌 사회에 시장을 개방하기에는 시기상조이며, 제도와 규정을 충분히 정비해 놓고 '세계화 전략'을 추진할 것을 건의하였다. 그런데 김영삼 정부는 여기에 대한 대비 없이 덜컥 글로벌 시장에 한국 경제를 개방한 결과 외환관리 정책의 미숙과 실패로 인해 국가부도 사태에까지 직면하였고, IMF 구제금융을 받아 가까스로 위기를 넘겼다. 당시에 정부 정책결정자들의 글로벌에 대한 이해 수준이 이 정도였으니, IMF 경제위기가 왔던 것이다. 어쨌든 '세계화' 혹은 '글로벌'이라는 용어는 '세계 최고가 되는 것'이 아니라는 것을 혹독한 교훈을 통해 깨달았고, 이제는 세계가 공동체로 연계되었다는 의미로 '글로벌'이 해석되고 있는 것을 알게 되었다.

그러면 글로벌 사회는 어떤 배경에서 출현하였는가를 한번 살펴보도록 하자. 글로벌 사회의 출현 배경에는 두 가지 사건이 핵심 요인으로 작용하고 있다. 첫째는 과학기술의 발달—특히 정보통신(IT)기술과 운송기술의 발달—이며, 둘째는 동유럽 소비에트 연방의 붕괴를 들 수 있다.

첫째, 과학기술의 발달, 특히 정보통신기술과 운송기술의 발달은 세계를 하나의 공동체로 묶어 놓았다. IT 기술의 혁신은 다른 어느 분야보다 공간과 거리 개념에 획기적 변화를 유도하며 글로벌 사회를 여는 열쇠로 작용하였다. 공간과 거리의 측면에서 정보통신기술의 발달은, 먼저 거리 개념의 축소 혹은 탈거리(脫距離) 개념을 불러왔다(Vernon, 1977). 정보통신기술이 현재와 같이 발전하기 이전에는 각 입지점에 따라 정보에 대한 접근의 차이, 서비스 향유의 차이, 관리와 통제 방법의 차이 등 자료 및 정보, 지식의 생산·처리·배분·이용에서 지역 간 차이를 유도하였다. 이제 정보통신기술의 발전으로 사회 전반적 활동에서 입지의 중요성이 감소하였으며, 우리의 생활권 범위는 지역권에서 국내 영역을 초월하여 지구촌으로 확대되었다.

다음으로, 공간 개념에 대한 혁명 혹은 탈시공(脫時空) 개념을 유도하였다.

정보통신 활동은 가상공간(cyber space)에서의 활동을 창조함으로써 종래의 지정학적 공간이 갖는 한계—예를 들면, 공간의 위치, 크기, 형태, 시간 등—를 초월한 탈시공적 활동을 제공한다. 예를 들어, 전자상거래는 시간과 공간의 제약 없는 거래를 제공하며, 사이버 교육은 장소와 시간 그리고 학생 수의 제약 없는 교육 기회를 제공한다. 마찬가지로 사이버 연예인은 시간, 장소, 청중, 장르의 제약 없는 엔터테인먼트를 제공하며, 사이버 바이러스는 시간, 위치, 기능, 인종에 상관없는 감염을 가능하게 한다. 이러한 점에서 IT 기술혁명의 파급효과가 우리 생활 어디까지 영향을 미치며, 어떤 변화를 초래할 것인가에 대해서는 그 범위를 예상하기 어렵다.

이제 이와 같은 IT 기술의 발달에 의한 탈거리와 탈공간 개념은 경제활동에 영향을 미쳐 산업과 노동의 글로벌 분화, 즉 '경제활동의 글로벌 분화'를 가져오는 주요 요인으로 작용하였다. IT 기술이 발달하기 이전에는 원격지의 생산 활동을 관리하기 어려워 공장입지의 제약 요인으로 작용하였으나, 이제는 원격지 생산시설을 IT 기술에 의해 실시간에 효과적으로 관리할 수 있게 되어 생산 활동의 글로벌 분화를 가져왔다.

한편 운송기술의 발달, 특히 컨테이너(container) 기술의 발달로 인해 물류 이동의 글로벌화가 진행되었다. 물류 이동과 관련된 운송비에서 큰 비중을 차지하는 부분으로 유류 비용과 적하 및 출하 비용을 들 수 있다. 그동안 에너지 이용기술이 꾸준히 발달되어 유류 비용의 절감을 가져왔으며, 최근에는 컨테이너 기술이 도입됨에 따라 적하와 출하 비용이 절감되어 원격지 물류 이동이 활발하게 일어나고 있다. 즉 컨테이너 기술이 도입됨으로써 물건을 올리고 내리는 비용이 절감되어 운송 비용이 획기적으로 절감됨에 따라 원격지에서 생산된 상품의 가격 경쟁력이 한층 높아졌다. 이런 결과로 물류 이동의 글로벌화를 이루어 세계가 하나의 경제권으로 묶이는 데 주요 요인으로 작용하였다.

둘째, 동유럽 소비에트 연방 체제가 붕괴됨으로써 세계는 비로소 하나의 글로벌 체제로 연결될 수 있게 되었다. 1989년 동유럽 소비에트 연방이 무너지기 전까지 세계는 제1세계, 제2세계, 제3세계로 3등분되어 있었다. 제1세계는 미국을 중심으로 한 자본주의 국가들로 구성되었고, 제2세계는 소비에트 연방을 중심으로 한 사회주의 국가들로 구축되었으며, 제3세계는 두 체제 어디에 속할 것인가를 망설이던 개발도상국들로 형성되어 있었다. 그런데 1989년 동유럽이 소비에트 연방에서 탈퇴하여 제2세계가 해체되면서 자본주의와 사회주의 사이의 냉전 체제가 붕괴되고, 이후 세계는 자본주의가 헤게모니를 쟁취한 단일 체제를 형성하게 되었다. 즉 1989년 이전에는 자본주의는 자본주의끼리, 사회주의는 사회주의끼리 국가 간 관계를 맺으며 뭉치는 사회였던 반면, 동구권 사회주의 체제 해체로 인한 제2세계의 붕괴로 세계는 자본주의 체제가 지배하는 글로벌 사회가 도래하였다는 것이다.

여기서 흥미 있는 현실은 소비에트 연방 중심의 제2세계가 붕괴하면 자연스럽게 제1세계가 중심이 되고, 그러면 제1세계의 맹주인 미국 중심의 지배 체제, 팍스 아메리카나(Pax Americana)[1]가 공고하게 구축될 것으로 예상하였다. 그런데 결과는 예상을 빗나가 제1세계 국가들 관계가 점차 느슨하게 풀려져, 세계가 지역 중심으로 다시 뭉치는 새로운 시대가 전개되었다. 여기에 선도적 깃발을 든 지역이 서유럽으로, 서유럽은 동유럽이 붕괴되고 소비에트 연방이 해체되자, 서유럽 중심의 유럽연합(European Union, EU)을 구성하여 독자 노선을 추진하기 시작하였다. 유사한 현상이 동남아시아 국가들 사이에서도 형성되어 동남아시아 국가연합(Association of Southeast Asian Nations, ASEAN)이 더욱 확대되어 거대 공동체로 거듭나고 있다. 남아메리카에서도 국가들 사이의 연합기구인 남아메리카 국가연합(Unión de Naciones Suramericanas, UNASUR)이 결성되었으며, 아시아와 태평양 연안 국가들 사이에는 아시아태

---

1. 팍스 아메리카나(아메리카 중심의 평화 체제)는 20세기 후반부 서양 세계의 평화와 관련한 역사적 개념이다. 미국 역사에서 종종 남북전쟁 이후의 시기를 의미하기도 하지만, 대개는 세계의 역사에서 제2차 세계대전 이후 미국이 강력한 국력을 바탕으로 팍스 브리태니카(영국 중심의 평화 체제)를 뒤이은 국제 평화 질서를 이끄는 것을 뜻한다.

평양이사회(Asian and Pacific Council, ASPAC)가 결성되어 운영되고 있다.

이런 현상들은 세계가 이제는 팍스 아메리카나로 뭉칠 필요성이 상실되었다는 것을 보여 주며, 역사·문화·종교 등을 중심으로 한 지역 공동체를 결성하여 헤쳐 모이는 양상이 나타났다. 즉 소비에트 연방이라는 거대한 적이 있던 냉전 체제에서는 제1세계가 미국을 중심으로 똘똘 뭉쳐 거대 적에 맞설 필요가 있었으나, 냉전 체제가 무너진 다음에는 미국을 중심으로 뭉칠 당위성이 상실되어 지역들이 각기 독자 노선을 추진하기 시작하였다는 것이다. 아마 미국도 여기까지는 예상하지 못했고, 사회주의 체제가 무너지면 미국이 지배하는 세상이 올 것으로 기대하였을 것이다. 그런데 세상이 미국 마음대로 될 것 같은가? 천만의 말씀이다. 유럽은 오랫동안 미국의 지원을 받으며 속으로는 자존심이 많이 상하였을 것이다. 2,500년 이상의 역사와 문화를 가진 유럽이 이제 겨우 250년 역사를 가진 미국에 종속되어 목소리를 내지 못하고 지냈으니 얼마나 속이 상하고 자존심을 구겼겠는가 말이다. 이런 불만이 바로 유럽연합을 결성하게 하는 주요 요인 가운데 하나로 작용하였으며, 남아메리카 국가연합 또한 미국과 유럽의 종속에서 벗어나 독자 노선을 걷기 위한 목적으로 결성되었다. 이제 사회는 어떤 특정 국가에 의해 지배되는 세상에서 탈피하여 글로벌 네트워크에 의해 연결된 사회로 전환되었다. 그래서 세계체제이론(world system theory)을 주장한 미국의 사회학자이자 역사학자인 이매뉴얼 월러스틴(Immanuel Maurice Wallerstein, 1930~2019)은 1989년 동구권이 붕괴된 후 세상은 세계 체제로 급속히 재편될 것을 예상하였으며, 앞으로 50년간 이행기(transition period)가 진행된 후 세상은 새로운 지배 체제 아래 질서를 잡아갈 것으로 예상하였다.

앞으로 50년간 사회가 급속도로 변화하는 이행기가 진행될 것이라는 월러스틴의 예견은 다른 한편으로 콘드라티예프의 장기파동을 연상하게 한다. 1985년 이후 50년의 이행기이면 2035년 정도에 세계가 새로운 질서로 재편된다는 주장인데…. 그래서 강대국들은 과연 어떻게, 어떤 방향으로 재편될 것인가에

촉각을 곤두세우고 있다. 그리고 이런 주장에 가장 예민하게 반응하는 나라는 아마 미국이 아닌가 싶다. 현재 미국이 세계에서 초강대국으로 헤게모니를 가지고 있는데, 2035년에 누가 감히 미국의 패권을 넘본다는 말인가? 원래 쫓는 쪽보다 쫓기는 쪽이 더 초조한 법이다. 그리고 이제 쫓는 나라가 어디이고 쫓기는 나라가 어디인지 대체로 윤곽이 드러났다. 쫓는 나라는 중국이고 쫓기는 나라는 미국으로 말이다.

이 책 제1부 '시대가 만든 도시'에서 보았듯이, 역사는 계속해서 서쪽을 중심으로 이동하고 있다. 현재 미국이 헤게모니를 가지고 있다면 역사가 진행되면서 서진할 것이고, 미국의 서쪽에 태평양이 있으니 다음에는 태평양을 건너 아시아로 지배권이 넘어온다는 논리가 성립한다. 그러면 태평양을 건너 가장 먼저 일본, 다음은 한국, 그리고 거대 국가 중국이 기다리고 있다. 그런데 일본은 2011년 3월 발생한 도호쿠 지방 해역 지진(쓰나미) 이후 점차 성장 동력이 감소하고 있다. 그럼 다음으로 패권 국가 후보지는 바로 한국이다.

최근 글로벌 사회에서 한국의 위상이 점차 높아지는 것을 실감하고 있다. BTS(방탄소년단)를 비롯한 K-POP 뮤지션들이 세계무대에서 활동하고 있고, 봉준호 감독의 「기생충」이 전 세계 영화제에서 상을 휩쓸며 아시아에서는 최초로 오스카 작품상을 받았다. 시민의식에서도 '박근혜 탄핵'을 촉구하기 위한 촛불문화제에 수백만이 군집해서도 쓰레기를 남기지 않는 높은 민도를 보여주었고, IT 기술혁신에서 세계 최강을 자랑하는 인프라를 구축하고 있다. 최근에는 코로나19 팬데믹에 가장 잘 대처한 국가로 한국이 부각되며 K-방역이 세계에서 주목을 받고 있다. 여기에 필자의 개인적 생각이지만, 남북한 교류가 활성화되어 협력 관계가 구축된다면 한국의 성장잠재력은 무궁무진하다고 판단된다. 글로벌 사회의 주역으로 바로 우리 대한민국이 떠오르고 있는 것이다. 그럼 글로벌 사회에서 주역이 되기 위해 무엇을 해야 하는가를 이제부터 고민해보자.

글로벌 도시 전략

20세기 후반 정보통신기술의 발전에 의한 시간과 공간의 압축 현상은 '글로벌 & 로컬'이라는 새로운 물결을 몰고 왔으며, 이에 따라 국가와 지방정부 사이에 기능 및 역할의 재정립이 진행되고 있다. 세계는 이제 글로벌 네트워크로 연계되어 있으며, 생산과 소비 활동은 지역과 국가 경계를 넘어 전 세계 차원에서 전개되고 있다. 이에 따라 국가 경계는 이제 글로벌 경쟁에서 보호 혹은 완충 장치 기능을 수행하지 못하게 되었다. 또 세계는 글로벌 경제공동체를 형성하며 빠르게 변화하고 있어, 이러한 고속 변화에 신속히 대처하는 사회는 높은 성장을 기록하는 반면, 변화에 적절히 대처하지 못하는 사회는 더딘 성장 혹은 퇴보를 경험하고 있다. 이러한 배경 아래, 산업혁명 이후 경제성장의 주역을 담당하였던 국민국가(nation state)는 글로벌 사회의 도래와 함께 그 역할이 재구성되며, 주요 기능들이 글로벌 활동과 지역적 활동으로 전환되고 있다. 즉 국민국가는 글로벌 시대에 변화를 주도하기에는 너무 작은 단위인 반면, 급변하는 사회에 신속하고 유연하게 대응하기에는 너무 큰 단위이다. 앞에서 논의한 바와 같이, 세계적 헤게모니를 가지고 있는 미국조차도 마음대로 글로벌 변화를 주도하지 못하는 마당에, 다른 어떤 국가도 글로벌 변화를 주도하기에는 너무 작은 단위라는 것이다. 국가 단위에서 글로벌 변화를 주도하지 못한다면, 국가가 글로벌 변화에 신속하게 대응하는 단위인가 하면 그것도 아니다. 국가는 글로벌 변화에 신속히 대응하기에는 몸집이 너무 큰 단위이다. 그러면 글로벌 변화에 신속히 대응할 수 있는 단위는 무엇인가의 질문이 제기된다. 그 답을 바로 글로벌 도시에서 찾을 수 있다.

글로벌 도시가 주목받기 시작한 이유는 정보통신과 교통기술이 획기적으로 발달한 글로벌 사회에서 관리와 통제의 중심지로서 글로벌 도시의 중요성이 대두되었기 때문이다. 정보통신과 교통기술의 급격한 발달은 공간과 시간의 압축 현상을 가져와서 글로벌 사회를 유도하였고, 이러한 사회 변화는 지역 혹은 국가 내에 머물렀던 경쟁 체제를 글로벌로 확대한 무한경쟁 사회를 초래하여 노동과 생산의 글로벌 분화(global disintegration of labor and production)가 발생하였다. 그래서 선진사회에서 수행되던 생산활동이 저임금 양질의 노동력을 찾아 개발도상국(특히 중국, 인도, 동남아시아 등)으로 이전하기 시작하였다. 이와 같은 글로벌 이전이 가능하였던 것은 바로 정보통신과 교통(컨테이너)기술의 급속한 발전으로 물류 운송 비용이 획기적으로 하락하였고, 글로벌 분화를 보인 생산과 글로벌 물류 이동의 실시간 관리 및 통제가 가능해졌기 때문이다.

상기와 같은 경제활동의 글로벌화를 유도한 주요 요인으로는 다음의 세 가지를 들 수 있다(김천권, 2017). 첫째, 자본주의 체제가 보급·발전됨에 따라 국제 간 보호무역정책이 철폐되고 개방경제 체제로의 전환이 가속화되고 있다. 둘째, 교통·통신 기술의 발달은 '공간 개념의 축소 현상'을 가져와 글로벌 무역 활동을 획기적으로 신장시키고 있다. 셋째, 초국적 기업활동의 활성화를 들 수 있다. 첨단기술이 등장함에 따라 경쟁력을 상실한 선진국의 전통 제조업들은 글로벌 이동의 대상이 되었으며, 정보통신기술의 발달에 의해 세계로 분산된 산업 활동을 효과적으로 실시간 통제·관리할 수 있게 되었다. 즉 기업활동이 특정 국가에서만 수행되는 것이 아니라 여러 국가에 분산된 활동의 통합으로 수행되고 있고, 이제 기업활동은 특정 국가만을 대상으로 하는 것이 아니라 전 세계를 대상으로 하는 글로벌 활동으로 확대되었다(그림 7.1 참조).

이제 경제활동뿐만 아니라 정치 범위의 세계화, 문화영역의 세계화, 교육활동의 세계화 등 우리 사회의 전반적 활동 범위가 국가의 경계를 넘어 전 지구적으로 확대되고 있다. 이는 경제, 정치, 문화, 교육, 예술 등의 전반적 사회활동에서 경쟁력을 확보하기 위해서는 지역적·국가적 범위를 넘어 글로벌 차원에서 경쟁력이 있어야 함을 의미한다. 이런 시각에서 국가는 세계적 변화를 주도하기에는 너무 작은 단위이며, 세계 변화에 신속히 대응하기에는 너무 큰 단위를 형성한다. 국가가 이러한 무능을 보이기 때문에 이제는 도시들이 세계와 직

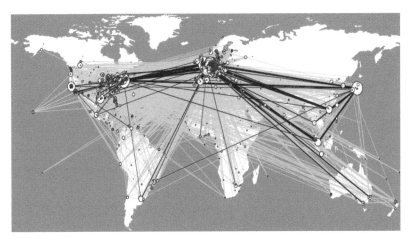

〈그림 7.1〉 글로벌 100대 기업 본사와 지사 네트워크

접 대면할 필요가 있으며, 우리도 세계와의 경쟁적 대면을 위해 글로벌 도시를 조성해야 한다. 이런 목적으로 개발된 도시가 바로 '경제자유구역'이다.

이제 글로벌 분화를 보인 생산·물류·소비 활동을 실시간으로 관리·통제하기 위한 중심지가 요구되며, 글로벌 도시가 바로 이런 기능을 수행하기 위한 도시인 것을 이해하였을 것이다. 이와 같은 시각에서 글로벌 사회는 바로 글로벌 도시들 사이의 네트워크에 의해 형성된다. 즉 글로벌 도시들 사이에는 연계망이 형성되어 네트워크에서 주요 허브 역할을 하는 중심지가 있고, 중심지와 연계된 중간부 도시가 있으며, 중간부 도시와 연계된 주변부 도시들이 모여 글로벌 도시 체계를 형성한다. 〈그림 7.2〉는 이러한 글로벌 도시 체계를 도식화한 것이다.

그림에서 볼 수 있는 바와 같이, 세계는 도시들 사이의 긴밀한 네트워크를 통해 글로벌 도시 체계를 구축하며 글로벌 사회를 형성하고 있다. 그리고 글로벌 도시 체계의 중심에는 아메리카에 뉴욕, 유럽에 런던, 아시아에는 도쿄가 자리 잡고 있다. 이러한 상위 삼두 체제에는 중간부 도시들이 연계되어 있고, 중간부 도시 밑에는 변방 도시들이 연계되어 글로벌 도시 계층을 형성하고 있다.

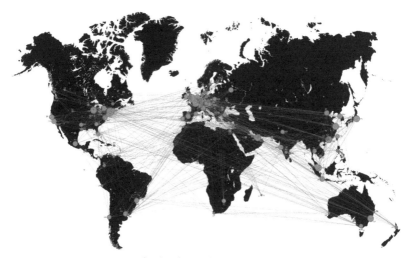

〈그림 7.2〉 글로벌 도시 네트워크
원의 크기는 도시 규모를 나타낸다.

　〈그림 7.2〉를 좀 더 자세히 들여다보자. 미국에서는 뉴욕에 대적할 만한 상
대가 아직 보이지 않는다. 뉴욕 다음으로는 서부에 로스앤젤레스, 샌프란시스
코가, 중부에는 시카고가, 동부에는 토론토와 보스턴이 중간부 도시를 구성하
고 있다. 유럽에서는 런던이 중심부에 자리 잡고 있으며, 다음으로 파리가 두각
을 나타내고, 그다음으로는 프랑크푸르트, 베를린, 빈, 밀라노, 마드리드, 스톡
홀름, 암스테르담 등이 중간부 도시를 형성하고 있다. 이제 아시아로 눈을 돌려
보자. 현재까지는 도쿄가 아시아에서 중심 도시로 자리 잡고 있으나, 도쿄에 홍
콩과 싱가포르가 강력히 도전하고 있는 것을 보면 도쿄의 위상이 점차 흔들리
고 있다는 사실을 알 수 있다. 다음으로 서울, 상하이, 베이징, 방콕, 타이베이
등이 중간부 도시를 이루고 있는 것이 보인다.

　위 그림으로부터 우리는 글로벌 도시 계층이 확고히 고정된 것이 아니라 끊
임없이 변화하는 유연적 체제라는 것을 알 수 있다. 아메리카에서 뉴욕의 위상
은 어느 정도 확고해 보인다. 그러나 유럽에서 런던은 글로벌 중심 도시로서의
위상이 점차 흔들리고 있다. 특히 영국이 브렉시트(Brexit) 정책을 추진하며 유

유럽 서브 네트워크

모스크바

이스탄불
텔아비브

두바이
아부다비
카이로
몸바이

베이징 서울 오사카
상하이 도쿄
광저우 타이페이
홍콩 선전
방콕
쿠알라룸푸르
싱가폴

밴쿠버 토론토 몬트리올
샌프란시스코 시카고 보스턴
워싱턴 뉴욕
로스앤젤레스 달러스 애틀란타
휴스턴 마이애미
멕시코

북아메리카 서브 네트워크

아시아 태평양 서브 네트워크

시드니
멜버른

글로벌 도시 순위와 점수
○ 95~100
○ 73~95
● 60~73
● 35~60
· 35 미만

리우데자네이루
상파울루
부에노스아이레스

뒤셀도르프
더블린 코펜하겐
암스테르담
런던 베를린
브뤼셀 프랑크푸르트
파리 빈 비엔나
취리히
제네바 밀란
마드리드 바르셀로나 로마

〈그림 7.3〉 글로벌 도시 서브(sub) 네트워크

럽연합에서 탈퇴를 결정한 후, 글로벌 중심 도시로서의 런던의 위상은 추락을 면하기 어려우며, 독일 프랑크푸르트와 베를린 등이 호시탐탐 런던의 자리를 넘보고 있다. 독자들 가운데에는 프랑스 파리가 유럽의 글로벌 중심 도시 자리를 이어 갈 수 있지 않겠나 하고 생각하는 분들도 있을 것이다. 그런데 파리는 글로벌 경제 중심지에는 큰 관심이 없으며, 글로벌 문화예술 중심지에 더 많은 관심과 투자를 기울이고 있다. 이런 면에서 프랑스는 역시 프랑스답다고 필자는 생각한다.

사실 글로벌 중심 도시의 위상이 급격히 흔들리고 있는 곳은 바로 도쿄이다. 〈그림 7.3〉에서 볼 수 있는 바와 같이, 아시아−태평양 글로벌 도시 계층에서 도쿄는 현재 홍콩과 싱가포르의 맹렬한 도전에 직면해 있고, 이미 주도권의 상당 부분이 넘어갔다고도 볼 수 있다. 특히 중국 굴기 시대를 맞이하여 그동안 G2 국가의 위상을 유지하였던 일본은 그 자리를 중국에 내주었고, 2030년에는 미국을 제치고 중국이 G1 국가로 올라설 것이라는 전망이 나오기도 한다. 이런 상황에서 도쿄는 동북아 중심 도시 자리를 홍콩과 상하이, 서울과 베이징으로부터 강력한 도전을 받고 있으며, 동남아 중심 도시 자리는 싱가포르에 의해 이미 추격을 당하였다. 이런 상황은 〈표 7.1〉의 글로벌 도시 순위에서도 확인할 수 있다.

〈표 7.1〉은 추바로프(Chubarov, 2015)의 연구에서 제시된 글로벌 도시 순위이다. 추바로프는 제1계층의 도시로 뉴욕과 런던을 제시하고, 다음 제2계층 도시에 파리, 도쿄, 홍콩, 싱가포르를 올려놓았다. 한국의 서울은 제3계층의 로스앤젤레스, 시카고 다음 순위 9위에 올려져 있다. 표에서도 알 수 있는 바와 같

〈표 7.1〉 글로벌 도시 순위, 2012

계층	순위	도시	점수	계층	순위	도시	점수
1	1	뉴욕	100	4	29	이스탄불	49.1
	2	런던	97.7		30	상파울루	47.1
2	3	파리	92.2		31	바르셀로나	46.6
	4	도쿄	86.9		32	제노바	45.1
	5	홍콩	80.7		33	코펜하겐	44.0
	6	싱가포르	74.9		34	뭄바이	43.1
3	7	로스앤젤레스	72.3		35	부에노스아이레스	41.1
	8	시카고	71.5		36	타이베이	40.9
	9	서울	71.2		37	방콕	38.8
	10	토론토	69.3		38	오사카	38.7
	11	시드니	68.8	5	39	멜버른	32.1
	12	샌프란시스코	67.1		40	몬트리올	31.9
	13	베를린	66.1		41	요하네스버그	31.7
	14	스톡홀름	65.1		42	밴쿠버	31.5
	15	마드리드	64.1		43	두바이	30.6
	16	베이징	63.0		44	휴스턴	30.3
	17	상하이	60.3		45	로마	29.7
4	18	모스크바	54.7		46	애틀랜타	29.8
	19	밀라노	54.5		47	마이애미	29.2
	20	빈	52.4		48	더블린	28.5
	21	워싱턴	52.3		49	아부다비	27.0
	22	브뤼셀	51.3		50	후쿠오카	25.2
	23	프랑크푸르트	50.7		51	텔아비브	24.8
	24	취리히	50.1		52	델리	23.2
	25	보스턴	49.8		53	리우데자네이루	21.1
	26	암스테르담	49.8		54	광저우	18.8
	27	쿠알라룸푸르	49.5		55	선전	18.7
	28	멕시코	49.3		56	댈러스	17.3

출처: Chubarov, 2015.

이, 뉴욕은 글로벌 중심 도시에서 독보적으로 최상위에 랭크되어 있다. 다음으로 유럽에서 런던과 파리가 경쟁하고 있으나, 앞에서 말한 바와 같이 파리는 글로벌 경제도시에 별 관심이 없고, 글로벌 문화예술 중심지를 표방하고 있다. 문제는 아시아에서 글로벌 중심 도시가 어디인가의 질문이다. 서양과 일본은 도쿄라고 주장하지만(필자는 여기에는 서양학자들이 품고 있는 일본에 대한 편파적 호감이 상당 부분 작용하고 있다고 본다), 아시아에서 도쿄의 위상은 급격히 추락해 홍콩과 싱가포르로부터 맹추격을 받고 있고, 그 뒤로 서울과 베이징, 상하이가 뒤따르고 있다. 이제 일본 도쿄가 아시아 글로벌 중심지로 주도권을 행사할 날도 얼마 남지 않았다는 것을 알 수 있고, 다음에는 한국을 거쳐 대륙 중국으로 건너갈 것으로 예측할 수 있다. 지금이 바로 글로벌 재편이 진행되는 이행기(移行期)에 있다.

언급한 그림과 표에는 다른 도시와 특성을 달리하는 글로벌 도시가 두 곳이 있다. 아마 센스 있는 독자라면 벌써 눈치를 챘을 것이다. 바로 홍콩과 싱가포르이다. 홍콩과 싱가포르는 도시이지만, 그냥 도시(city)가 아니라 자치권을 보유한 도시(city state)이다. 그리고 홍콩은 엄밀한 의미에서 자치권이 중국으로부터 인정(허용)된 중국 도시이지만, 싱가포르는 어느 나라에도 속하지 않은 말 그대로 도시국가이다. 이런 작은 도시국가가 전 세계의 빵빵한 국가의 도시들과 어깨를 나란히 하며 경쟁하고 있다. 이제 세상이 바뀌어 글로벌 사회에 우리가 살고 있다는 것을 싱가포르를 통해 경험하고 있다. 산업사회에서는 국가경쟁력이 도시경쟁력을 결정하는 주요 요인으로 작용하였지만, 21세기 글로벌 사회에는 인과관계의 역전 현상을 가져와 도시경쟁력이 국가경쟁력을 견인하는 사회가 되었다. 왜냐하면 글로벌 사회는 글로벌 도시 네트워크에 의해 형성되었으며, 글로벌 도시 네트워크에서 어떤 위치를 차지하고 있느냐에 따라 국가경쟁력에 영향을 미치기 때문이다. 그리고 국가는 글로벌 변화를 주도하기에는 너무 작은 단위이고, 글로벌 변화에 신속하게 대응하기에는 너무 큰 단위이기 때문이다. 이런 글로벌 사회에서 선도적으로 가장 잘 대응한 도시가 싱가포르이다. 이와 같은 맥락에서 글로벌 도시의 대표적 사례로 싱가포르가 어떻게 대응 및 성장하였는가를 살펴보는 것도 현대도시를 이해하는 데 가치가 있을 것이다.

글로벌 도시, 싱가포르

필자는 대학원 연구실 원생들과 2010년 싱가포르 도시 탐사를 갔었다. 그때 특히 인상적이었던 모습은 사람들이 엄청 바쁘게 활동하는 것이었다. 한국 사람들만 바쁜 줄 알았는데, 싱가포르 사람들도 바쁘게 걷고, 지하철도 빠르게 움직이며, 도시도 빠르게 변하고 있는 것을 몸으로 체험할 수 있었다. 그 가운데 지금도 또렷하게 기억하고 있는 두 가지가 있다. 첫째, 지하철을 타려고 지하로 내려가는데 모든 계단에 에스컬레이터가 설치되어 있는 것이었다. 계단이 하나라도 있으면 어디든 에스컬레이터가 설치되어 있었다. 둘째, 에스컬레이터의 운행속도가 한국보다 훨씬 빠르다는 것이었다. 일반 사람들은 그냥 그러려니 하고 넘어갈 수 있는데, 필자는 이것을 보고 싱가포르는 역시 우리보다 모든 것이 빠르고 신속하게 돌아가고 있구나 하는 인상을 받았다. 아마 지구상에서 한국보다 '빨리빨리 문화'가 있는 곳을 꼽으라면 바로 싱가포르일 것이고, 이런 싱가포르 문화가 글로벌 사회에서 싱가포르를 세계 최고의 경쟁력을 갖는 도시로 만드는 주요 요인으로 작용하였다고 생각한다. 이제부터 왜 싱가포르가 글로벌 사회에서 최고의 경쟁력을 갖는 도시가 되었는가를 살펴보자.

우선 싱가포르에 대해 간단히 살펴보면, 전체 면적은 718.3km²로 서울(605.25km²)보다 조금 크고 인천(1,063km²)보다는 작다. 전체 인구는 약 580만 명(2019년 기준)으로, 이 가운데 이주 노동지 160만 명과 외국인 200만 명이 포함되어 있다. 인구밀도는 1km²당 7,737명으로 미국 35명, 일본 349명, 한국 517명과 비교했을 때 상당히 높아, 인구 대부분이 고층 주거지역에 거주하고 있다. 싱가포르는 천연자원이 거의 없어 석유와 천연가스도 전혀 생산되지 않

〈그림 7.4〉 글로벌 도시 싱가포르 스카이라인

고, 식량도 외부로부터 조달되어야 하며, 식수도 부족하여 말레이시아로부터 매일 250만 갤런의 물을 수입하고 있다. 이런 상황에서 국가를 끌어가야 하니 남보다 빠르게 글로벌 변화에 적응해야 했으며, 이를 위해 변화와 혁신을 주도할 인재를 양성해 국가의 생존과 번영을 추구하는 '글로벌 & 스마트' 국가 운영으로 현재 세계 최고 경쟁력을 갖는 도시국가로 성장하였다.

싱가포르 근대사를 보면, 태평양전쟁이 발발하기 전에는 영국의 식민지 지배를 받았으며, 1942년부터 1945년까지 일본의 점령하에 있었고, 제2차 세계대전 종전 후 말레이시아가 영국으로부터 독립하면서 싱가포르 또한 말레이시아 자치주로서 독립을 추구하게 된다. 이후 1963년 말레이시아 연방에 합병되었으나, 인구 대부분이 중국계인 싱가포르와 인구 대부분이 말레이인인 말레이시아와의 마찰로 1965년 8월 9일 말레이시아 연방으로부터 공식적으로 축출되었다. 같은 날 싱가포르는 새로운 독립국가로 시작하며 리콴유(李光耀)가 초대 총리로 취임하였다.

독립 당시 싱가포르는 여러 문제로 골머리를 앓고 있었다. 높은 실업률, 주택 부족, 인도네시아와의 분쟁, 공산주의자의 득세, 베트남전쟁 등 국내외에서 많은 위기와 도전에 직면한 상황에서 싱가포르는 신생국으로 독립한 것이다. 사실 싱가포르는 말레이시아 연방에 남아 있고 싶었으나, 사사건건 싱가포르의 이익만을 내세워 연방정부의 지원을 요구하는 싱가포르가 말레이인으로 구성된 연방에서는 별로 탐탁한 존재가 아니었을 것이다. 그래서 결단을 내려 화교가 다수인 싱가포르를 연방에서 축출하게 되었고, 이렇게 말레이시아 연방에서 갑자기 축출되었으니 당시에 싱가포르 입장에서는 상대적 박탈감이 말이 아니었을 것이다. 전해지는 이야기에 의하면, 초대 총리로 취임한 리콴유가 말레이시아를 향해 "오늘 일을 반드시 후회하게 만들 것이다. 두고 보아라."라고 하였고, 이런 각

〈그림 7.5〉 싱가포르 국가 성장의 대부 리콴유

오는 싱가포르 국민을 하나로 뭉치게 해 오늘의 글로벌 도시 싱가포르를 만드는 계기로 작용하였다고 한다.

그러면 면적도 좁고 천연자원도 없는 싱가포르가 어떻게 글로벌 사회에서 성공할 수 있었는가? 두 가지 측면에서 스마트하였기 때문이라고 켄트 콜더(2019: 287)는 서술한다. 국가적으로는 최소주의와 자립을 돕는 정책을 펼쳤고, 도시로서는 혁신기술을 통합적·거시적으로 도시문제에 활용하였기 때문이며, 이 과정에서 지혜와 효율성을 중시하는 지도자의 철학이 반영되었다는 것이다. 즉 싱가포르는 도시국가(city state)로서 자신의 거버넌스 강점을 최대한 활용하여 글로벌 변화에 맞섰기 때문에 세계 최고의 경쟁력을 갖는 글로벌 도시로 우뚝 설 수 있었다. 그리고 싱가포르는 한 번 정한 목표를 달성하는 데 상당히 구체적이고 효과적인 정책을 수립한다는 점도 주목할 만하다고 콜더는 평가한다.

글로벌 사회에서 국가를 운영하는 전통적인 방식은 더 이상 효과적이지 못하다는 것을 싱가포르는 잘 보여 주었다. 만약 전통적인 국가 운영 방식이 옳았다면 싱가포르는 실패하고 말레이시아가 성공하였을 것이다. 그런데 결과는 리콴유의 말대로 싱가포르는 최고의 도시국가로 성장하였고, 말레이시아는 이제 겨우 개발도상국을 벗어나는 정도에 있다. 그래서 이제는 상황이 역전되어 말레이시아가 자기들도 싱가포르와 같은 도시를 만들고자 추진하고 있다.

앞에서 말하였듯이, 국가는 글로벌 변화를 주도하기에는 너무 작은 조직체이며, 글로벌 변화에 신속히 대응하기에는 너무 큰 조직체이다. 이런 현상을 우리는 도처에서 확인할 수 있다. 도시들은 전 지구적인 환경문제에 대해 높은 관심을 가지고 지속가능한 도시를 만들기 위해 노력하고 있으나, 국가들 사이의 논의는 구체적인 성과를 거의 보지 못하고 있다. 글로벌 도시는 연계를 통해 네트워크를 형성하고 있으나, 국가들 사이에는 끊임없는 반목과 주도권 싸움을 지속하고 있다. 이러한 시점에서 싱가포르는 도시와 국가로서의 차원을 동시에 가지며 글로벌 사회에서 강점을 발휘하고 있다. 즉 급변하고 불안정한 글로벌 사회에서 싱가포르는 국가와 도시라는 두 가지 무기로 장착해 글로벌 변화에 신속하고 민감하게 대응하는 능력을 키워 왔다(켄트 콜더, 2019: 28-30).

그러면 싱가포르가 국가와 도시라는 두 가지 무기를 가지고 어떻게 글로벌 변화에 대응하였는가? 싱가포르 성공의 핵심 요소로 켄트 콜더(2019: 107)는 지식기반 글로벌 사회에서 살아남기 위해 끊임없는 변화와 혁신을 추진하기 위한 역량 강화에 있다고 설명한다. 그 주요 내용을 살펴보면 다음과 같다.

- 경제개발 전략과 정책을 실용적이고 통합적인 방법으로 집행하는 정부 역량
- 새로운 변화에 신속하게 대응할 수 있는 시설과 인프라의 개발 능력
- 경제발전의 새로운 동력이 무엇인지 신속히 파악하는 능력
- 안정적이고 투명한 제도를 활용하여 새로운 문제/환경에 신속하게 대응하는 역량

위 내용을 보면, 네 가지 요소 가운데 세 요소에서 공통으로 나오는 용어가 바로 '신속'이다. 싱가포르가 글로벌 변화에 얼마나 빠르게 반응하여 대응책을 수립하는지를 알 수 있는 맥락이다. 여기에 더해 정부는 정책을 추진하는 데 거시적 관점에서 통합적 방식으로 실용성을 중시하는 전략과 정책을 개발하는

데 중점을 두고 있다.

싱가포르가 짧은 시간에 이런 눈부신 성장을 보인 이면에는 부정적 요인 또한 만만치 않다. 그중 대표적인 것 가운데 하나가 바로 '인민행동당(PAP)' 일당 독재에 대한 비판이라고 할 수 있다. 싱가포르에서는 리콴유 총리의 26년 집권 이후 측근인 고촉통(吳作棟) 전 총리가 권력을 물려받았고, 2004년부터는 리콴유 총리의 맏아들인 리셴룽(李顯龍) 총리가 17년째 집권을 이어 가고 있다. 리셴룽 총리가 소속된 보수주의 정당 '인민행동당'은 1959년부터 현재까지 여당으로 60년 동안 장기집권하고 있다. 특히 인민행동당이 오랜 기간 정권을 장악하면서 검열과 민주화운동 탄압 등으로 야당의 정치적 역할을 제한한다는 비판도 일고 있다. 일부에서는 싱가포르를 공산주의나 사회주의 국가보다 더 강력한 독재국가로 평가하기도 한다(VOA 뉴스, 2018). 그래서 중국에서는 덩샤오핑(鄧小平) 이후 지속해서 싱가포르 성장 모델을 자국에 도입해 경제성장을 추진하려 하고 있다. 아마 중국의 공산주의 체제와 싱가포르의 일당독재 체제가 맥락을 같이한다고 느끼는 것 같다. 하긴 초록은 동색이니까!

어쨌든 중국 굴기의 기반을 만든 덩샤오핑은 '싱가포르 프로젝트'를 수립하여 중국에 싱가포르 같은 도시 1,000개를 세우는 것이 자신의 꿈이라고 하였다. 생전에 덩샤오핑은 싱가포르 중국인이 할 수 있는데, 중국 본토에 사는 중국인이 왜 못하겠느냐며 싱가포르 성공으로부터 많은 것을 배워야 한다고 설파하였다(임계순, 2018: 62). 역시 덩샤오핑답다. "검은 고양이든 흰 고양이든 그것은 문제가 안 된다. 쥐를 잘 잡는 고양이가 좋은 고양이이다."라고 한 '흑묘백묘론' 주장이 "나라 규모가 크건 작건 문제가 되지 않는다. 국민을 잘살게 하는 국가가 좋은 국가이다."로 이어져 덩샤오핑은 싱가포르 성장 전략을 중국에 도입하는 것을 강력히 추진하였다.

〈그림 7.6〉 중국 근대화의 대부 덩샤오핑

이후부터 중국에서는 싱가포르 성공 사례를 본인들

의 발전에 적용하기 위한 사업들이 지속적으로 추진되고 있다. 1994년 쑤저우(蘇州) 산업단지를 조성하여 첨단산업을 유치하고 정보기술과 생명공학을 육성하고 있으며, 2007년부터 톈진(天津)에 생태도시 조성을 추진하여 인구 35만이 자원 효율성이 높은 친환경 도시에서 살 수 있도록 하는 지속가능 도시개발 프로젝트를 진행하고 있다. 2008년부터는 광동성 광저우(廣州) 지식기반 도시 프로젝트를 추진하여 차세대 정보통신기술, 생명공학, 제약, 차세대 소재, 문화창조 산업 등의 역량 개발에 중점을 두고 프로젝트를 진행하고 있다. 2012년부터는 싱가포르 물류정책을 중국 충칭(重慶)에 응용한 충칭 연결사업을 추진하여 충칭을 유라시아와 연결하는 인프라를 조성하는 사업이 현재 추진되고 있다.

싱가포르 국가 운영 리더십을 연구한 중국 선전대학교 정치연구소 뤼위안리(呂元禮)에 의하면, 리콴유는 가장식(家長式) 리더로, 고촉통은 형장식(兄長式) 리더로서 싱가포르를 이끌어 왔다고 한다(임계순, 2018: 292). 즉 리콴유는 싱가포르가 대내외 위기에 직면한 초창기에 집안의 가장과 같이 엄격하게 국가를 이끌어 왔고, 고촉통은 싱가포르가 어느 정도 성장하여 생존 기반을 마련한 상황에서 아버지를 이어 맏형으로서 싱가포르를 이끌어 왔다고 평가한다. 이런 싱가포르 국가 운영을 이어받은 현재 리셴룽 총리는 상대적으로 개방적이고 민주적으로 국가를 운영한다는 관점에서, 필자 생각이지만 아마도 친구식 혹은 연인식 리더라고 할 수 있지 않을까? 이 부분이 바로 정부와 국민과의 관계를 보여 주는 대목으로, 그만큼 정부와 국민 사이에 신뢰 관계가 돈독하게 형성되어 있다는 것을 보여 준다.

싱가포르 성공의 또 다른 요인을 꼽으라면, 다문화(다종족)주의를 들 수 있다. 싱가포르는 민족별로 중국계가 전체 인구의 74%를 차지하며, 말레이인이 13%로 두 번째로 많다. 그 밖에 영연방 출신인 인도계(주로 타밀인 출신) 9% 등의 여러 민족이 거주한다. 싱가포르 인구의 종교 비율을 보면, 불교가 34%로 가장 높고, 이슬람교(14%), 도교(11%), 개신교(11%), 가톨릭교(7%), 힌두교

(5%)의 순을 보이고 있다. 그래서 〈표 7.2〉에 보이는 것과 같이 싱가포르는 다양한 종교활동을 포용하기 위해 국교는 없으나, 각 종교별로 최소한 1일 이상의 법정공휴일을 지정해 종교를 존중하고 인종 간 화합을 추진하고 있다. 재미있지 않은가?

싱가포르는 지속적인 경제성장을 위해 국가에서 이민을 적극적으로 장려하고 있으며, 한 해에 태어나는 싱가포르의 아이보다 이민으로 유입되는 새로운 시민의 숫자가 더 많다. 특히 향후 싱가포르 국가에 도움이 될 만한 인재에 대해서는 적극적으로 이민을 장려하는 정책을 펼치고 있다. 체류비자나 취업비자, 영주권을 얻기가 다른 나라에 비해 쉬우며, 투자 및 사업 이민의 경우 100% 외국인투자가 가능하다.

이런 싱가포르의 글로벌 개방정책을 잘 보여 주는 사례로 영어의 공용화를 들 수 있다. 싱가포르는 이중언어정책을 추구하여 중국인, 말레이인, 인도인 등은 모국어를 공부할 수 있는 것과 동시에 국가 공동체 의식 확립과 민족융합을 촉진하기 위해 영어를 공통언어로 정해 사용하고 있다. 말레이시아와의 긴 역사 때문에 말레이어는 국민어로 지정되어 있으며, 일상적인 경우에는 주로 영

〈표 7.2〉 다양성을 존중하는 싱가포르 법정공휴일(2020)

날짜	내용
2020년 1월 1일, 수요일	새해
2020년 1월 25일, 토요일 2020년 1월 26일, 일요일	중국 춘절
2020년 4월 10일, 금요일	성금요일(기독교)
2020년 5월 1일, 금요일	노동절(사회주의)
2020년 5월 7일, 목요일	석탄일(불교)
2020년 5월 24일, 일요일	하리 라야 푸사(이슬람교 라마단 기념일)
2020년 7월 31일, 금요일	하리 라야 하지(이슬람교 성지순례일)
2020년 8월 9일, 일요일	독립기념일
2020년 11월 14일, 토요일	디왈리(힌두교 설날)
2020년 12월 25일, 금요일	성탄절(기독교)

어를 쓰는 편이고, 특히 직장에서는 영어 혹은 중국어가 많이 쓰이고 있다.

영어를 공용어로 선택한 배경에는 싱가포르의 글로벌 정책이 주요 요소로 작용하였지만, 이와 함께 주변 국가들의 중국 견제 심리도 중요하게 작용하였다고 한다. 사실 싱가포르 인구의 70% 이상이 화교이기 때문에 중국어를 공용어로 선택하는 것이 상식적일 수 있다. 그런데 그렇지 않아도 싱가포르의 중국화를 견제하는 말레이시아, 인도네시아, 태국 등 주변 강대국을 안심시키기 위해서는 중국어보다는 영어를 공용어로 선택하는 것이 싱가포르의 미래를 위해 바람직하다고 리콴유는 판단하였던 것이다. 이와 같이 영어를 공통어로 선택한 정책이 싱가포르를 글로벌 도시로 만드는 데 중요한 역할을 하였다. 즉 유창한 영어 구사 가능 인구가 많은 덕분에 영국, 미국 등 서방국가에서는 홍콩과 함께 아시아에 진출하기 쉬운 거점 도시로서 싱가포르를 선택하여, 초국적 기업들이 싱가포르에 지역 거점을 마련하게 되었고, 글로벌 사회에 경쟁력 있는 도시로 인정받게 되었다.

한국보다 앞서 개발도상국에서 선진사회로 현란한 변신을 보인 싱가포르는 글로벌 도시에서 글로벌 지식·문화·예술 도시로 또 다른 변신을 시도하고 있다. 즉 종래에는 고도성장을 위한 변신이었다면, 이제는 삶의 질 향상을 위한 변신을 추진하고 있다. 1991년 도시계획을 통해 MRT(Mass Rapid Transit) 체제가 구축되어 도심과 외곽을 연결하는 철도교통망이 조성됨으로써 외곽과 변두리 지역에 새로운 사무 공간이 개발되고 미래의 비즈니스 창출과 수용을 위한 준비가 이루어졌다. 이를 통해 지난 15년 동안 싱가포르의 사무 공간이 24% 증가하였으며, 경제활동의 분산화가 지속적으로 진행되었다.

이와 같은 분산화를 통해 도심 경제가 침체를 가져온 것이 아니라, 싱가포르는 마리나베이 지역을 프런트 오피스(front office) 기능을 위한 재정 금융의 중심지로 조성하여 고밀도 개발을 가져왔다. 이러한 기능적 분산화에 의해 도심 CBD(중심업무지역)는 높은 임대료를 지불하는 프런트 오피스 기능의 재정 및 비즈니스 서비스가 점유하고, 외곽의 탬핀스(Tampines)와 창이(Changi) 지역은 보다 넓은 공간을 요구하는 사무 지원 기능(back office)이 점유한 새로운 도시개발 지형이 형성되었다. 사무실 임대료는 2015년 정점을 찍었다가 최근에는 아시아 태평양 지역의 경기 후퇴로 인해 수요가 점차 감소하는 추세를 보이고 있다. 하지만 장기적으로는 도심과 외곽 모두에서 투자 기회가 증가하여 부동산 수요가 증가할 것으로 전망하고 있다.

최근에는 재정 분야가 점차 통합화되는 추세를 보이며 몇몇 기업들이 외곽으로 이전하는 현상이 나타나지만, 싱가포르가 동남아시아의 거점 무역 중심지로서 자리 잡는 추세를 볼 때 장기적으로는 재정 분야가 성장할 것으로 예상된다. 특히 자산관리, 보험 및 외환거래 등 재정/금융 산업이 싱가포르에서 급성장하며 싱가포르의 성장을 견인하여 CBD와 외곽 지역의 부동산 수요가 장기적으로 지속될 것으로 전망한다.

이와 더불어 첨단기술 기업 또한 싱가포르 경제를 견인하는 주요 요인으로 작용하고 있다. 싱가포르는 기술 집적을 촉진하기 위해 2015 스마트 국가(The Smart Nation in 2015) 청사진을 수립하여 추진하고 있으며, 이 계획을 통해 싱가포르를 기술 중심의 새천년 중심지로 만든다는 계획을 진행하고 있다. 이러한 목표를 달성하기 위해 기업은 어디에 입지를 정하고, 기술개발과 교육을 어떻게 연계시키며, 공공의 공간과 사적 공간을 어떻게 조화를 이룰 것인가를 끊임없이 연구하고 있다.

또한 싱가포르는 다양화와 지속가능한 경제를 실현하기 위해 건강, 교육, 물류, 항공우주, 석유화학 및 생명공학 등에 집중적 투자를 하고 있으며, 이들 활동이 CBD에만 입지하는 것이 아니라 주로 외곽 지역에 입지하여 외곽 사무 공간에 대한 적절한 수요도 창출할 예정이다. 이러한 목표를 가지고 정부는 다양한 산업 클러스터 조성과 비즈니스 및 산업공원 개발을 추진하여 싱가포르의 글로벌 도시경쟁력을 신장시키기 위한 정책과 전략을 추진하고 있다.

이와 함께 싱가포르는 문화와 예술의 경제적 가치를 넘어 사회적 가치를 인식하여, 진정한 의미의 글로벌 도시가 되기 위해서는 시민들의 문화예술 참여가 일상화되고, 문화와 예술이 살아서 숨 쉬는 도시를 조성하는 것을 목표로 르네상스 시티 플랜(Renaissance City Plan)을 수립하여 문화예술의 글로벌 도시 조성을 위한 청사진을 수립하였다. 이에 따라 시민들의 적극적 참여를 유도하여 일상생활에 문화예술이 뿌리내리도록 문화공동체와 모임들을 장려하고 있다. 이와 같은 문화예술의 글로벌 도시를 추진함으로써 시민들의 상상력과 창조성을 배양하여 시민 개개인의 재능과 탤런트를 개발하고 예술적 감각을 키움으로써 21세기 매력적인 도시, 창의적인 도시, 혁신적인 도시를 조성하기 위해 노력하고 있다(Kong, 2012).

싱가포르는 도시국가로 정치제도 및 규모와 역사, 그리고 문화가 한국과는 사뭇 다르다. 그럼에도 필자는 한국의 글로벌 도시 조성을 위해서는 싱가포르를 벤치마킹할 필요가 있다고 주장한다. 싱가포르가 어떻게 글로벌 자본주의 경쟁의 냉혹함을 이겨 내고 1인당 국민소득 512달러에서 오늘날과 같은 6만 달러가 넘는 글로벌 활동의 중심지가 되었는지를 분석하여, 한국의 글로벌 도시 정책에 적용을 모색할 필요가 있다는 것이다. 싱가포르가 글로벌 도시로 편입된 주요 요인으로는 국내 산업 보호망을 걷어 버리고 글로벌 기업이 진출하기 좋은 조건을 구축하기 위해 관세, 법인세, 각종 수입세 등의 면제를 단행하여 외국 기업 투자를 위한 생태계를 과감히 조성하였고, 정부 조직을 투명·청렴하게 개혁함으로써 글로벌 도시로 거듭난 것에 주목할 필요가 있다는 것이다.

글로벌 컨설팅 기업 에이티커니(A. T. Kearney)가 발간한 『2019 글로벌 도시(Global Cities, 2019)』(2020) 순위에 한국 서울이 13위에 이름을 올렸다(표 7.3 참조). 전년에 비해 순위가 1단계 떨어졌다. 글로벌 도시 순위를 보면, 뉴욕이 1위, 런던이 2위, 파리가 3위, 다음으로 도쿄가 4위, 홍콩이 5위, 싱가포르가 6위를 기록하고 있다. 그리고 베이징이 9위, 서울은 13위, 상하이는 19위에 놓여 있다. 더 심각한 문제는 글로벌 도시에 대한 미래 전망에서 한국은 매우 어둡다는 것이다. 글로벌 도시의 미래 전망치를 보여 주는 〈표 7.3〉 오른쪽에는 한국 도시가 전혀 이름을 올리지 못하고 있다. 반면, 싱가포르는 2위를 기록하고 있

<표 7.3> 상위 25개 글로벌 도시 순위와 미래 전망치

2019	2018	△	도시	2019	2018	△	도시
1	1	–	뉴욕	1	3	+2	런던
2	2	–	런던	2	5	+3	싱가포르
3	3	–	파리	3	1	−2	샌프란시스코
4	4	–	도쿄	4	6	+2	암스테르담
5	5	–	홍콩	5	4	−1	파리
6	7	+1	싱가포르	6	14	+8	도쿄
7	6	−1	로스앤젤레스	7	8	+1	보스턴
8	8	–	시카고	8	7	−1	뮌헨
9	9	–	베이징	9	33	+24	더블린
10	11	+1	워싱턴 D.C.	10	11	+1	스톡홀름
11	15	+4	시드니	11	12	+1	토론토
12	10	−2	브뤼셀	12	16	+4	제네바
13	12	−1	서울	13	19	+6	시드니
14	16	+2	베를린	14	10	−4	멜버른
15	13	−2	마드리드	15	13	−2	취리히
16	17	+1	멜버른	16	18	+2	베를린
17	18	+1	토론토	17	23	+6	코펜하겐
18	14	−4	모스크바	18	25	+7	빈
19	19	–	상하이	19	17	−2	밴쿠버
20	22	+2	암스테르담	20	50	+30	아부다비
21	24	+3	보스턴	21	9	−12	휴스턴
22	20	−2	샌프란시스코	22	20	−2	모스크바
23	23	–	바르셀로나	23	21	−2	몬트리올
24	25	+1	부에노스아이레스	24	2	−22	뉴욕
25	21	−4	빈	25	38	+13	타이베이

출처: A. T. Kearney, 2020.

고, 도쿄는 6위, 타이베이가 25위를 기록하여 높은 성장잠재력을 보이고 있다.

에이티커니 자료는 글로벌 도시를 측정한 조사인데, 한국에는 서울 이외에 다른 어떤 도시도 순위 경쟁에 포함되지 못했다. 즉 글로벌 도시를 목표로 경제자유구역을 조성하고 있는 인천, 부산, 대구 등 어떤 지역도 글로벌 도시로서 기본 조건과 품격을 갖추었다고 인정받지 못한다는 것이다. 반면, 중국은 경제특구가 조성되고 있는 홍콩, 베이징, 상하이 등이 글로벌 도시로 인정받아 순위 경쟁에 포함되어 있다. 그런데 더 심각한 문제는 에이티커니 글로벌 도시 순위에 포함된 중국 도시들도 서양의 도시학자들에게는 짝퉁 글로벌 도시로 비판받고 있다는 사실이다. 더클룻과 스헌(de Kloet & Scheen, 2013)은 상하이 푸둥(浦東)에 대한 연구에서, 서양 사람들이 상하이, 선전, 주하이 등 중국에서 글로벌 도시를 추구하는 도시들이 미국과 유럽의 글로벌 도시를 모방·복제한 짝퉁(山寨, shanzhai) 도시를 건설하고 있다는 주장에 대해, 짝퉁 도시라는 것을 인정하면서 이런 짝퉁 도시를 건설하기 위해서는 어느 정도 글로벌 수준에 올라 있어야 한다는 것을 역설한다. 아바스(Abbas, 2008)는 글로벌 짝퉁 도시를 만들기 위해서는 도시가 일정 수준에 올라서야 한다고 주장하며, 글로벌 경제와 글로벌 제품 및 서비스에서 어느 정도 수준에 도달한 도시가 되어야 짝퉁 글로벌 도시라도 만들 수 있다는 것이다. 그리고 아시아 도시는 콜하스(Kool-haas, 1995)가 주장하는 특색 없는 보통 도시(generic city)[2] 수준을 이미 넘어서 자신만의 독특한 색깔을 갖고 있다고 주장하며, 과연 "원조 글로벌 시티란 무엇인가?"의 질문을 제기한다.

미국 뉴욕이 글로벌 도시의 원조인가? 사실 글로벌 도시는 추상적 개념으로 수많은 고층 빌딩 숲을 이루며 수변공간이 조성된 도시의 이미지로 나타난다. 아바스는 글로벌 도시에 대한 이와 같은 이미지를 바탕으로 상하이 푸둥을 '미니 맨해튼(mini Manhattan)'이라고 표현하였다. 사실 유럽과 미국인의 이런 사고 뒤에는 미국과 유럽의 도시들은 원조·진본으로 가치가 있고, 푸둥과 선전 같은 도시는 짝퉁으로 저질이라는 왜곡된 편견이 도사리고 있다. 그런데 아바스는 이런 왜곡된 사고를 비판하며, 아시아 도시의 이런 변화가 바로 글로벌 자본주의를 추동하는 힘이라고 주장한다. 푸둥은 맨해튼보다 더 맨해튼적이다. 우리를 둘러싼 모든 것들은 원조의 독특한 복사본이라는 장 보드리야르(Jean Baudrillard)의 시뮬라크르(simulacre)가 아시아의 글로벌 도시에서 재현되고 있다. 짝퉁 도시 또한 독특하고 유별난 보통 도시이지만, 그곳에서 살아

---

2. 콜하스는 아시아의 도시들이 유럽 도시를 모방·복제·합성하여 정체성이 없는 보통 도시들을 건설하고 있다고 말하며, 전형적인 이런 도시로 중국의 선전(深川)과 주하이(珠海)시를 지목하고 있다.

가는 사람들에게는 특별하고 의미 있는 공간이라고 로빈슨(Robinson, 2006)은 주장한다.

위 논의에서 알 수 있듯이, 중국 글로벌 도시들은 비록 짝퉁이라고 비판은 받고 있으나, 어쨌든 글로벌 도시의 구색은 갖추었다고 인정받고 있다. 그러나 한국에서는 서울 이외의 어떤 도시도 글로벌 도시로 인정받지 못하고 있는 심각한 현실에 직면해 있다. 이것이 글로벌 사회에서 한국 도시의 현주소인 것이다.

제8장

포스트모던 사회와 도시

시대는 이제 2000년을 넘어 새로운 밀레니엄에 들어섰다. 새로운 밀레니엄을 맞이하여 등장하였던 구호 중 하나가 "새 술은 새 부대에 담아야 한다."였다. 마찬가지로 이제 도시개발 방식에서도 변화가 필요한 시점이다. 그래서 지속가능한 개발, 스마트 도시 개발, 문화도시 개발, 첨단도시 개발, 창의도시 개발 등 다양한 용어들이 난무하고 있다. 이 말은 새로운 밀레니엄을 맞이하여 도시를 설명하기 위한 핵심 키워드가 아직 정립되지 않았다는 것을 보여 준다. 그런데 학자들 사이에 거의 의견의 일치를 보이는 것 중 하나는 이제 고도성장을 지향하는 시대는 지나고, 시민들의 삶의 질 향상을 위한 도시를 만들어야 한다는 것이다. 즉 즐거운 도시, 행복도시를 추구해야 한다는 것이다.

또 다른 하나는 도시는 이제 생산의 공간이 아니라, 공간의 생산이 되어야 한다는 것이다. 즉 도시가 산업사회의 부산물로 조성되는 것이 아니라, 시민들의 삶의 질 향상을 위한 도시가 만들어져야 한다. 그리고 이제는 제조업 중심의 산업사회에서 벗어나 탈산업사회화 도시가 건설되어야 한다. 이런 새로운 밀레니엄의 도시 공간적 특성 변화를 다음 네 가지 측면에서 살펴보기로 하자.[1]

첫째, 산업사회에서 탈산업사회로 변화

둘째, 생산의 공간에서 소비·유희의 공간으로 전환

셋째, 모던에서 포스트모던 도시로 변화

넷째, 국가 중심에서 도시 중심으로 전환

산업사회에서 탈산업사회로 변화: 새로운 밀레니엄으로 시대가 바뀜에 따라 도시의 산업구조가 제조업 중심에서 서비스업 중심으로 전환되는 양상을 보인다. 산업화를 통한 자본의 축적을 추구하였던 산업사회의 성장은 공장제 조직과 제조업 발달이 견인차 역할을 하였으며, 1800년대 초중반에 걸쳐 영국의 맨체스터(Manchester), 미국의 피츠버그(Pittsburgh), 디트로이트(Detroit), 버펄로(Buffalo) 등 공장도시가 성장하게 되었다. 따라서 산업화 초기 단계에 있는 지역들의 성장을 위한 모형으로 이러한 제조업도시와 공장도시들이 제시되었으며, 농촌인구의 지속적 도시 이주를 초래하여 인구의 도시집중과 대도시의 성장을 가져왔다.

이러한 산업사회의 포드주의적 경제 체제에서 생산방식의 주요 특징은 동일한 상품을 장기간에 걸쳐 대량으로 생산하는 것으로 설명될 수 있다(표 8.1 참조). 시장범위는 주로 국내에 한정되었으며, 케인스식 규제(Keynesian regulation)와 집단 협상 방식에 의해 안정성과 예측 가능성이 보장되고, 동질적 대량소비를 위한 시장을 주요 대상으로 하였다. 직무는 테일러(Frederick Taylor)와 포드(Henry Ford) 원리에 따라 조직되었고, 생산 라인은 최소한의 비용과 가격을 위한 규모의 경제 원리에 따라 조성되었다.

탈산업사회가 도래하면서 중요 활동의 우선순위가 생산에서 서비스로, 직장에서 가정으로 전환되면서 산업과 생산방식에서 뚜렷한 변화가 진행되고 있다. 물론 규모의 경제 원리는 아직도 유용하지만 생산과정과 주기가 현저히 단

---

1. 포스트모던 도시에서 기술된 많은 부분은 필자의 이전 저서인 『현대 도시행정』(2014)과 『현대 도시개발』(2017)에서 상당 부분 발췌 인용하였음을 밝힌다.

〈표 8.1〉 산업사회와 서비스사회의 비교

산업사회	서비스사회
대량생산	차별화된 생산
장기적 생산주기	단기적 생산주기
표준화	유연성과 복잡성
규모의 경제	범위의 경제
생산의 주요 요소: 자본	생산의 주요 요소: 지식과 정보
핵심 기능: 생산	핵심 기능: 개발, 기획, 관리, 영업
경쟁력: 비용, 가격	경쟁력: 품질, 서비스, 소비자 수요에 적응
안정적, 동질적 국내시장	변동적, 분절적 세계시장
대량소비	개별적 소비
단순 반복적 작업	자동화 작업
직무 세분화	직무 범위의 확대
표준화된 노동시장	유연적 노동시장
계층적 조직구조	횡단적 구조, 네트워크 조직구조
수직적 통합	수평적 협력, 외부조달(outsourcing)
대기업 중심	중소기업, 벤처기업 중심
국가 중심	국제 간 협력과 지방정부 중심
개인 간의 노동 분업	기업 간의 노동 분업

축되었으며, 범위의 경제가 점차 중요성을 더해 가고, 가격을 중심으로 한 경쟁에서 품질·서비스 만족 등으로 경쟁 요소가 변화하였다. 이제 생산이 점차 자동화되면서 노동력의 상당 부분이 개발, 계획, 관리, 영업과 같은 상품생산을 보완하는 서비스로 중요성이 전환되고 있으며, 지역 서비스산업과 산업생산 사이의 상호작용이 부의 창조와 축적을 위한 견인차 역할을 하는 것으로 인식되고 있다.

이러한 새로운 경제 체제를 '서비스사회'로 부르는 데는 다음과 같은 두 가지 이유가 있다. 첫째, 이미 벨(Bell, 1973)과 투렌(Touraine, 1967)이 주장한 바와 같이, 최종 소비에서 서비스 활동이 차지하는 몫이 점차적으로 증가하고 있다. 예를 들면, 소득이 증가함에 따라 재화에 대한 소비 증가율은 상대적으로 낮은 반면, 교육, 건강, 문화, 여가와 같은 서비스에 대한 소비는 상대적으로 높은 증가율을 보인다.

둘째, 현재의 재화/서비스의 생산과정에서 중간서비스 생산자(intermediate service producers)와 이용자(users) 사이의 상호작용이 결정적 역할을 한다. 특히 분업화와 전문화에 의해 더욱 복잡화되어 가는 사회와 생산·분배 활동을 연계시키는 서비스 활동이 핵심적 역할을 수행한다(Illeris 1996). 즉 기업, 정부, 시장, 학문 분야 등이 분업화될수록 정보, 재화, 사람의 교류를 위한 필요성이 더 증가하며 서비스 활동의 역할이 더욱 중요하게 되었다.

생산의 공간에서 소비·유희의 공간으로 전환: 새로운 밀레니엄으로 시대가 진행됨에 따라 도시의 산업구조는 제조업에서 서비스업 중심으로 재구성되며, 도시는 이제 생산의 공간에서 소비·유희의 공간으로 전환되고 있다. 자동화·기계화에 따른 생산성 증가는 이제 우리의 삶에서 '어떻게 생산하는가?'의 문제를 넘어 '어떻게 소비하는가?' '어떻게 여가를 보낼 것인가?' 등에 보다 많은 관심을 가지는 시대로 변화하고 있는 것이다. 특히 생산성 증가에 따른 소득수준의 상승은 생활의 주안점을 양적인 면에서 삶의 질적인 면으로 변화시키며, 규모(scale)의 사회에서 범위(scope)의 사회로 전환되고 있다. 이제 사회는 다양성과 독특성을 가지며 선택의 범위가 확대된 소비문화의 공간을 구성한다. 즉 지역성장을 위해서는 소비자의 다양한 수요와 욕구를 만족시키기 위한 다양한 선택의 기회가 지역에서 제공되어야 한다. 이런 면에서 최근에 급성장을 보인 지역이 미국의 라스베이거스(Las Vegas)와 올랜도(Orlando) 같은 여가·휴식 중심 도시라고 할 수 있다.

생산성 향상에 따른 소득의 상승은 삶의 질 향상을 위한 휴식과 여가활동의 신장, 소비의 증가로 연결되어 고급 서비스, 첨단 서비스, 다양한 서비스를 제공하는 도시의 급성장을 보이고 있다. 이제 서비스는 단순히 소비를 위한 활농이 아니라 생산과 소비를 연결하며, 부가가치를 생산하고, 재생산을 위한 필수적 활동으로 인식되고 있다. 그리고 도시에서 제공되는 서비스의 경쟁력이 도시경쟁력의 핵심 요인으로 등장함에 따라 시간·공간을 초월한 다양한 서비스,

볼거리, 축제와 이벤트가 개발되어 도시에 대한 홍보 효과와 더불어 관광과 여가 산업을 통한 수입이 도시 재정의 상당 부분을 보전하고 있다.

포스트모던 시대에 자신의 수입을 위한 직업활동은 단지 소득 창출에만 목적이 있는 것이 아니라, 직업활동 자체가 유희와 즐거움과 연계되어야 한다. 이런 의미에서 비즈니스는 단지 비즈니스로만 끝나는 것이 아니라 다른 여가, 쇼핑, 문화, 관광 등과 연계되어 생산과 재생산을 반복 및 재현하는 특성을 보인다. 예를 들면, 라스베이거스에서 국제회의는 단지 회의만을 위한 이벤트가 아닌 가족들을 동반한 휴식과 직무가 복합된 활동으로 재정립되고 있다. 이런 측면에서 포스트모던 도시는 국제회의, 이벤트, 축제, 전시회 등을 개최 혹은 유치하기 위한 컨벤션센터의 입지가 성장을 위한 필요조건이지만, 그렇다고 충분조건을 만족하는 것은 아니다. 최근의 도시개발은 컨벤션센터와 문화활동, 쇼핑센터, 테마파크, 호텔 등이 연계된 개발이 시도되고 있다.[2] 즉 컨벤션센터에서 이벤트 혹은 회의를 유치하기 위해서는 주변에 외부 방문자들의 숙박을 위한 호텔이 있어야 하고, 공식 업무가 끝난 다음에 여가·휴식을 위한 문화활동이 제공되어야 하며, 쇼핑의 편리성을 위한 쇼핑몰이 인접하고, 가족들의 즐거움을 위한 테마파크 등이 복합적으로 개발되어야 한다. 이런 의미에서 포스트모던 도시는 단지 비즈니스의 공간이 아닌 축제와 즐거움이 복합된 공간, 즉 현실과 하이퍼리얼이 복합된 공간으로 개발되는 경향을 보인다.

모던에서 포스트모던 도시로 변화: 서구 문명은 그리스와 로마 시대 이래 역사철학적 사고를 중심으로 세 시기로 구분하여 논의한다. 첫 번째 시기는 전근

---

2. 이런 현상은 MICE 산업의 성장을 통해 잘 입증된다. MICE는 기업회의(Meeting), 포상관광(Incentive Travel), 컨벤션(Convention), 전시(Exhibition)를 합쳐 놓은 용어로서, 유럽과 미주, 아시아와 태평양 지역의 전시·컨벤션 도시에서 글로벌 사회의 주요 산업으로 주목받고 있다. 즉 글로벌 사회가 형성됨에 따라 글로벌 비즈니스, 국제회의 및 전시회 등으로 인해 상호교류가 증가하게 되었고, 이러한 배경에서 MICE 산업은 도시 경제의 활성화, 내수 확대, 고용 창출, 글로벌 이미지 고양, 관련 산업의 파급효과 등 경제적·사회적·문화적으로 많은 긍정적 효과를 창출할 수 있는 산업으로 인식되고 있다.

대(premodernity) 시기로서 종교와 전제군주가 지배하던 암흑시기를 의미한다. 두 번째 시기는 근대성(modernity) 시기로서 과학과 이성이 삶을 형성한 시기로, 흔히 계몽사회 혹은 산업사회/자본주의 사회를 의미한다. 세 번째 시기는 탈근대성(postmodernity) 시기로 20세기 후반과 21세기 초의 세계화, 소비주의, 국가권력의 해체, 지식의 상업화 등이 나타난 후기자본주의 사회를 의미한다(King, 2005: 519). 이런 시대적 구분으로 볼 때, 새로운 밀레니엄을 맞이한 현재는 모던을 넘어선 포스트모던 시대에 진입하였다고 볼 수 있다.

역사적 맥락에서 모던(modern)은 이성과 합리성을 근간으로 한 정치, 경제, 문화활동 등이 활성화되어 산업화와 자본주의가 도입되면서 전통사회에서 근대사회로 전환되는 기본 논리가 형성된 시기를 의미한다. 철학적 개념으로서 근대는 계몽철학을 근간으로 하여 사물과 진리의 의미를 밝히기 위한 지식과 방법론을 탐구하는 데 주안점을 두고 있다. 이러한 세계관에 의하면, 논리적 사고를 통해 객관적 진리가 형성되고, 과학과 지식의 발달과 축적을 통해 정의롭고 안정된 사회가 형성된다고 주장한다. 즉 과학과 지식의 발달은 합리적 의사결정을 위한 기초 자료를 제공함으로써 근대사회의 예측 가능성을 높이고, 정의롭고 안정된 사회의 형성이 가능하다는 것이다(Nyström, 2000). 근대가 주장하는 이와 같은 가정과 논리에 대해 포스트모던 학자들은 강한 의문을 품으며 억압과 착취를 위한 논리라고 비판하고 있다.

'탈근대' 혹은 '후기 근대'로 번역되는 포스트모던(postmodern)은 언어상으로는 '근대' 이후를 의미하지만, 해석과 응용의 관점에서는 근대를 대치하는 새로운 개념으로 이해된다. 역사적 맥락에서 탈근대는 근대를 지탱하였던 가정과 논리에 지속적으로 기대는가, 혹은 이러한 가정과 논리를 거부하는가에 따라 근대의 계속 혹은 근대로부터의 급진적 이탈로 분리되어 이해되기도 한다. 그러나 탈근대의 기본적 핵심은 '차이'를 강조하며, 따라서 근대와의 단절에 주안점을 두고 있다.

탈근대를 이해하기 위해서는 모더니즘이 현실을 구성하는 방법, 즉 현실에 대한 사고 형성과 이해에 기본이 되는 언어의 의미와 기능을 이해할 필요가 있다. 이런 시각에서 리오타르(Lyotard, 1984)는 언어게임, 담론, 서사 등이 탈근대 원리와 방법론에 기본을 구성하며, 진리와 의미는 과학과 합리성에 의해 객관적으로 형성되는 것이 아니라, 문화와 사회적 맥락에서 주관적으로 구성되는 것이라고 주장한다. 이러한 포스트모던의 사고와 주장은 차이와 다양성, 다원주의를 지지하는 입장을 유지한다.

근대와 탈근대의 개념 차이는 근대화(modernization)와 탈근대화(post-modernization)에 대한 이해의 차이에서도 극렬하게 드러난다. 일반적으로 근대화는 전통사회의 문화와 구조를 탈피하여 경제적 진보를 이룩한 발전사회학적인 과정을 설명하는 의미를 갖는다. 이런 시각에서 근대화는 산업화, 과학기술의 발전, 근대국가의 형성, 자본주의 시장경제의 도입, 도시화와 도시 인프라의 형성 등을 유도한 사회발전의 과정과 단계를 지칭하기도 한다. 반면, 탈근대화는 근대화가 초래한 사회현상을 비판적·성찰적으로 조망하고, 근대화의 과정과 논리 뒤에 은폐된 목적과 동기를 밝히며, 근대화 과정에서 억압과 착취, 차별과 소외당하는 집단들의 정당한 권리 회복과 해방을 위한 사회변혁과 제도 변화를 추구하는 의미를 갖는다.

모던과 포스트모던의 차이는 경제성, 효율성에 대한 논리적 주장에서 극렬한 차이가 드러난다. 근대의 사고는 계몽의 합리성을 근거로 투입과 산출 과정에서 고도의 효율을 달성하기 위한 기술과 지식, 조직구조와 원리의 탐색에 주안점을 두었으며, 그 결과로 중앙집권 체제, 자본주의 시장경제, 관료제, 표준화와 획일성 등을 추구하는 사회를 형성하였다. 그러나 포스트모던의 시각에서 보면, 각 개인들은 언어게임 속에서 사회현상과 텍스트를 읽는 각기 고유한 방식을 가지며, 이 과정에서 특히 자신이 소속된 집단의 문화가 중요한 영향을 미친다. 이와 같은 포스트모던의 시각에서 바라볼 때, 근대의 핵심적 키워드인 합리성, 효율성, 경제성 등의 이념은 그 자체가 특정 문화와 가치체계의 창조물이며 사회통제를 위한 언어적 표현에 불과하다는 주장이 제기된다(Farmer,

1997).

마르크스(Marx), 뒤르켐(Durkheim), 베버(Weber)를 비롯하여 많은 사회학자들이 지난 150년 동안 근대성과 근대사회의 특성에 대한 탐구에 심혈을 기울였으며, 최근에는 하버마스(Habermas), 베크(Beck), 기든스(Giddens) 등의 학자들이 그 맥을 이어 가고 있다. 극단적 포스트모던 학자들은 근대는 종말을 고하고 새로운 사고와 생활방식, 세계관이 전개된 포스트모던의 시기가 도래하였다고 주장하기도 하지만, 아직도 사회의 많은 현상들은 모던의 틀 속에서 작동하고, 모던과 포스트모던이 공존하며 서로 간에 긴장을 창조하는 사회가 연출되고 있다고 보는 것이 보다 합당한 표현일 것이다.

〈표 8.2〉는 포스트모던 행정학자인 보거슨(Bogason, 2004)이 제시한 모던과 포스트모던의 차이를 도식화한 것이다. 이러한 이분법적 비교에 대해 많은 학자들(Hassan, 1985; Wilder, 1998)이 모던과 포스트모던 사이의 복잡한 관계를 단순히 양극화로 묘사할 위험성이 있다고 경고한다. 그러나 이 표는 모던과 포스트모던의 차이에 따른 현대도시를 이해하는 데 도움이 될 것으로 판단된다. 예를 들면, 모던 도시는 거대 계획을 설계함으로써 국가가 하나의 총체성으로서 관리되기를 기대하는 경향을 보인다. 반면, 포스트모던 도시는 도시 과정을 변화와 다양성에 열린 상황을 무대로 지역 중심의 정책을 선호한다. 그러나 이와 같은 비교 구분은 모던과 포스트모던을 약식으로 묘사한 것으로, 오늘날의 지적 풍토 전부를 이러한 도식으로 포착할 수 없다는 하비(Harvey)의 주장을 명심할 필요가 있다(Harvey, 1989: 68).

모던은 요약적으로 합리성, 중앙집중화, 전문화, 관료화 그리고 산업화로 특성화되며, 그 근저를 이루는 방법론에는 과학기술의 효율적 이용과 지식·권력의 통제를 통한 사회경제적 발전이라는 대전제가 깔려 있다. 반면, 포스트모던은 파편화, 다양화, 이질성, 분권화, 개별화 등으로 특성화되며, 국민국가는 더 이상 문화와 정체성의 소재지 역할을 수행하지 못하고, 혼돈과 불확실성, 차이와 갈등의 분출을 통한 근대 체제로부터의 억압과 착취가 비판·거부되는 도시

<표 8.2> 근대와 탈근대의 도식적 차이

근대(modern)	탈근대(postmodern)
거대 시야(global vision)	국지 이해(particular interests)
생산 중심(production)	소비 중심(consumption)
대규모 생산체제(mass production)	유연적 전문화(flexible specialization)
통합화(integration)	차별화(differentiation)
이익단체(interest organization)	사회운동(social movements)
정당정치(party politics)	인물 중심 정치(personality politics)
관료제(bureaucracy)	특별조직(adhocracy)
민족문화(national culture)	하이퍼리얼 이미지(MTV image)
계획(planning)	자연성(spontaneity)
이성(reason)	상상력(imagination)
전체(wholes)	부분(fragments)

출처: Bogason, 2004, p.4에서 재인용.

를 표방한다. 이러한 모던에서 포스트모던으로의 전환은 국가 중심에서 도시 중심으로 정치 행정의 소재지가 변화되어야 한다는 것을 보여 주며, 도시개발 방식에 대한 새로운 접근이 요구되는 근거를 제시한다.

국가 중심에서 도시 중심으로 전환: 포스트모던 시대의 초서사, 거대이론에 대한 거부와 다양성, 차이에 대한 찬양은 사회현상 연구에서 주요 분석단위가 국가 중심에서 도시 중심으로 바뀐다는 것을 의미한다. 20세기 후반부터 등장한 '세계화와 동시에 지방화' 물결은 종래에 핵심적 분석단위였던 국민국가기능을 이중적으로 해체하는 결과를 가져왔다. 따라서 생산 관련 활동은 지역의 인구 및 지형적 조건에 영향을 받기 때문에 지역적 순환으로 분리되며, 소비와 유통 활동은 이제 글로벌 차원에서 이루어지기 때문에 글로벌 순환에 의해 결정되는 변화가 진행되고 있다. 즉 포디즘(Fordism) 사회에서 포스트포디즘(post Fordism) 사회로 진행됨에 따라 국가는 더 이상 효율성, 경쟁력, 정체성에서 적절한 공간단위가 아닌 것으로 인식되고 있다.

정보통신과 교통기술을 중심으로 한 최근의 과학기술 발전에 의해 유도된 경제활동의 글로벌화는 생산과 유통 활동이 국가의 경계를 넘어 글로벌 차원에서 이루어지기 때문에 더 이상 국가의 관리와 통제 대상이 아닌 시장 논리에 지배되는 면을 보인다. 국가는 더 이상 자본과 통화량을 효과적으로 관리할 수 없으며, 기술과 산업활동의 글로벌 이동을 통제하지 못한다. 국가는 지구적 차원에서 진행되는 변화를 관리하기 위해서는 너무 작은 단위이며, 이러한 활동은 점차적으로 초국적(transnational) 기관과 활동에 의해 통제되고 있다.

다른 한편으로 총체성을 거부하는 포스트모던 사회는 차별성, 다양성, 이질성, 독특성을 상대적으로 높이 평가한다. 이것은 어떤 특정한 집단 혹은 이데올로기가 사회를 지배하고 이러한 지배 논리를 따르지 않는 집단을 '타자성'으로 배제하고 억압하는 체제를 탈피하여, 다양한 집단과 지역의 의사들이 자유롭게 표현되고 소수집단의 차이와 독특성이 인정되는 체제로의 전환을 의미한다. 포스트모던 사회는 '지배 집단' 혹은 '우리'와 다르다는 차이에 의해 배제·억압의 대상이 되는 것이 아니라, 반대로 이러한 차이와 다양성이 용인되고 경쟁력의 기반을 이루는 사회를 의미한다.

이런 맥락에서 포스트모던 도시는 '큰 것이 경쟁력을 갖는 사회'보다는 '작은 것이 아름다운 사회'를 의미한다. 그리고 급변하는 포스트모던 사회에서 몇 번이고 반복해서 말하지만 국가는 변화를 주도하는 측면에서는 너무 작은 단위이며, 변화에 신속히 적응하는 측면에서는 너무 큰 단위이다. 따라서 글로벌 시대에 생산과 유통을 중심으로 한 경제활동은 글로벌 차원에서 이루어지지만, 시민사회의 정체성과 소속감은 지역 차원에서 형성될 필요가 있다. 이와 같은 시각에서 탈현대도시는 지역의 정체성이 '다양성을 근간으로 형성되는 공간', '비동시적(非同時的)인 것의 동시성(同時性)이 허용되는 공간'이 되어야 한다.

이제 새로운 밀레니엄을 맞이하여 도시개발과 생활방식에서 변화가 진행되고 있다. 아직은 초창기이기 때문에 밀레니엄 시대의 포스트모던 도시의 윤곽이 명확히 드러나고 있지 않지만, 20세기 후반과 21세기 초반에 진행된 도시 변화에서 뚜렷한 특성을 보이는 도시가 있다. 바로 로스앤젤레스가 그곳이다.

로스앤젤레스: 포스트모던 도시

사람들은 뉴욕을 떠나 로스앤젤레스로 향하고 있다. 반짝이는 해변과 절경을
이루는 웅장한 산, 300일 동안 이어지는 화창한 날씨, 비교적 저렴한 집세, 게
다가 일과 삶의 균형을 이룰 수 있으니, 사람들이 로스앤젤레스를 찾는 것은
어쩌면 당연한 일인지도 모른다(시리얼, 2018: 136-137).

소자(Soja, 2000)는 포스트모던 도시의 전형적인 예로서 로스앤젤레스(Los
Angeles)를 지목하였으며, 로스앤젤레스가 포스트모던 도시로 재구성되는 과
정을 여섯 가지 지리학적 공간 변화로 설명하였다. 그리고 각각의 공간 변화는
결코 독립적인 것이 아니며, 포스트모던 도시를 형성하기 위한 연계된 과정으
로 이해해야 한다고 소자는 언급하였다. 여섯 가지 지리학적 공간 재구성을 명
백하게 인과관계로 분리할 수는 없지만, 앞의 세 변화는 포스트모던 도시 변화
를 위한 원인의 성격을 가지며, 뒤의 세 변화는 결과의 의미를 갖는다.

포스트모던 도시개발을 위한 첫 번째 지리학적 공간 변화는 경제기반의 재
구성에서 시작된다. 즉 도시의 산업활동을 위한 조직과 기술, 그리고 노동의 사
회적·공간적 분업 체제에 근본적 변화가 유도된다. 이러한 변화는 가장 단순
한 형태로 포디스트로부터 포스트-포디스트 도시 체제로 전환, 대규모 생산
과 소비를 위한 경직적 조직 운영에서 보다 유연한 생산과 관리 체제로 전환,
대규모 산업단지로부터 수직적 분화, 지리적 밀집(cluster)에 의해 특화된 산업
공간으로 전환 등을 의미한다. 이러한 지리학적 변화는 미국의 북동부 철강 지
역(rustbelt)에서 따뜻한 남부 지역(sunbelt)으로 산업체가 이동하는 현상이나,
노동의 글로벌 분업 측면에서는 한국과 타이완 등 신산업국가(Newly Indus-
trialized Countries, NIC)의 성장 등에서 포스트모던 사회로의 도시 재구성을
목격할 수 있다.

이러한 첫 번째 공간 재구성은 탈산업화(deindustrialization)와 재산업화

(reindustrialization)의 복합 과정, 혹은 포스트모던 용어로서 포디스트 도시의 해체와 유연적 생산, 유연적 축적, 포스트포디즘 등으로 표현되는 새로운 도시 산업주의의 도입으로 설명될 수 있다. 이러한 산업적 변화를 어떻게 해석·표현하는가에 대해서는 아직도 많은 논란이 있지만, 20세기 후반 이래 도시경제 기반에 급격한 변화가 일어나고 있고, 이러한 변화는 도시의 사회·경제지리학에 중대한 영향을 미치고 있다는 것은 부인할 수 없는 사실이다. 그리고 로스앤젤레스의 도시지리적 재구성은 세 가지의 중요한 양상을 보이고 있다. ① 기존 산업단지가 아닌 미개발 지역 혹은 교외 지역에 새로운 '첨단기술 집적 지역(technopolis)'의 등장, ② 생산자 서비스(producer service) 산업의 급성장, ③ 중소기업 중심의 산업 성장 등이 두드러진 현상으로 나타나고 있다.

두 번째 지리학적 공간 변화는 경제활동의 세계화, 글로벌 자본의 팽창에 따른 '월드시티(world city)' 체제의 형성으로 나타난다. 과학기술의 발전에 따른 '시간·공간의 압축 현상'은 도시 영향권 범위의 확대를 가져와서, 뉴욕·런던·도쿄·파리·홍콩·로스앤젤레스 등과 같은 월드시티로부터 지구촌 방방곡곡까지 영향을 미치며 '자본과 노동력의 월드시티에 의한 관리와 통제'라는 새로운 현상을 초래하였다. 또한 이러한 글로벌 과정은 도시 구조와 생활방식에 지속적으로 영향을 미쳐 도시활동의 글로벌화를 유도하고 있다. 최근에 와서는 거의 모든 도시들이 월드시티만큼이나 글로벌화와 포스트모던에 영향을 받고 있다고 해도 과언이 아니다. 거의 모든 곳에서 지역은 점차로 지구촌에 포함되고 지구촌은 점차로 지역화되어, '지구방화(地球方化, glocalization)'라는 새로운 용어가 탄생할 정도로 공간 재구성이 일어나고 있다.

세 번째 지리학적 공간 변화는 다양한 신조어로 표현되는 공간 이용의 새로운 현상들이다. 이러한 용어로서 초서내도시(megacities), 외곽도시(outer cities), 변두리도시(edge cities), 광역대도시(metroplex), 첨단기술도시(tech-nopolis), 첨단기반도시(dynapolis), 후기교외도시(postsuburbia), 이질적 도시(heteropolis) 등을 들 수 있다. 이러한 신조어로부터 우리는 최근의 공간 이용이 종래의 용어로는 설명되지 못할 정도로 급격한 재구성이 일어나고 있다는 것을 감지할 수 있다. 처음의 두 도시 재구성이 '탈산업화와 재산업화', '지방의 세계화와 세계의 지방화'라는 상반된 현상의 기묘한 결합을 보여 주듯이, 세 번째 도시 재구성도 '탈집중화와 재집중화', '도심의 주변화와 주변의 중심화'와 같은 상반된 현상이 동시에 발생하는 것을 볼 수 있다.

어떤 용어를 사용하건 간에 포스트모던 도시의 공간 형태와 구조는 시카고가 전형적 도시 모형이었던 모던 도시와는 현격한 차이가 있다는 것을 알 수 있다. 이 가운데 특히 두드러진 현상으로 관찰된 것이 교외의 도시화(urbanization of suburbia)이다. 20세기 후반부터 도심의 인구와 산업활동이 점차로 외곽 지역으로 이전함에 따라 도심의 인구밀도가 감소하고 교외의 중심지들이 성장하여 외곽도시 혹은 변두리도시가 등장하게 되었다. 포스트모던 도시화의 또 다른 현상으로 관찰되는 것이 바로 멕시코시티, 상파울루 등과 같은 초거대도시의 성장이다. 세계화·정보화의 물결은 도심의 탈집중화와 동시에 서비스와 IT산업의 대도시 재집중화를 가져와서 도시권의 범위 확대(예를 들면, 100마일 도시)와 대도시의 거대도시화를 초래하였다.

포스트모던 도시 공간의 네 번째 재구성은 앞의 세 변화의 영향으로 나타난 현상으로, 사회적 파편화, 격리 현상, 양극화가 더욱 가속화된다는 것이다. 로스앤젤레스를 비롯한 많은 대도시의 포스트모던 도시화 과정에서 관찰되는 현상은 종래의 도시사회학적 시각으로는 이해될 수 없을 정도로 도시 공간에서 사회·경제·문화적 불평등이 심화되고 있다는 것이다. 여기에도 신조어들이 풍성하여 아령(dumbbell)형 혹은 볼링—핀형 등 새로운 포스트모던 도시지리학 용어들이 등장하였다. 이러한 용어에서 알 수 있는 바와 같이, 포스트포디스트 사회의 탈산업화는 생산직 노조활동의 위축을 초래하여 중산층 규모의 축소를 가져오고 있다. 상위계층에는 전문직 종사 여피(yuppies)[3], 딩크(dink)[4],

---

3. 여피는 '젊은 도시 전문직(young urban professional)'의 약자로서, 대도시 또는 그 인근을 거주 및 직장으로 삼으면서 대학 수준의 학력을 갖추고 고소득 직업에 종사하는 젊은 성인 집단을 지칭

연예계 슈퍼스타, IT 귀재, 투자 전문가 등이 포진하고 있다. 반면, 중간계층 이하의 규모는 더욱 확대되어 노숙자, 불법체류자, 비숙련 노동자, 임시직 근로자, 실업자, 복지 수혜자들의 숫자는 증가 추세를 보이며, 이러한 현상은 포스트모던 사회에서 도시 극빈계층(urban underclass)의 규모가 증가한다는 것을 보여 준다.

이러한 변화의 총체적 결과는 점증하는 소득 격차와 빈곤과 부 사이의 격렬한 대조를 보이는 도시경관으로 나타난다. 즉 포스트모던 도시의 일상생활에서 소득과 문화, 직종과 생활방식의 차이는 다른 어떤 시기보다 극렬하게 나타난다. 이러한 차이는 한편으로 예술 분야나 기업활동 혹은 정치활동에서 문화복합적·계층횡단적 아이디어를 창출하여 미래의 희망으로 작용하기도 한다. 그러나 다른 한편으로는 포스트모던 도시에서 소외와 주변화, 갈등과 절망, 범죄와 폭력 등의 모습을 연출하기도 한다. 이런 측면에서 포스트모던 도시의 가장 큰 도전은 바로 후자(사회적 약자)에 대한 적절한 포용·배려와 동시에 어떻게 전자(사회적 선도 집단, 전문가)를 배양할 것인가의 문제일 것이다.

포스트모던 도시의 다섯 번째 재구성은 앞의 네 현상의 결과로서, '인간성 상실의 도시'와 '새로운 도시 정체성'이 발생한다는 것이다. 역동적 복합성을 보여 주는 포스트모던 도시는 지금까지의 전통적 방식으로는 관리·통제가 어려운 갈등적·대립적 상황을 연출한다. 그 결과로 주택단지는 벽으로 차단되고, 무단횡단에 대한 엄중 경고가 난립하며, 쇼핑센터는 최첨단 감시 체제에 의해 소비자의 모든 행동을 감시하고, 사무실은 외부 침투를 막기 위한 보안 체제를 유지하며, 더욱 흉포화된 조직폭력배의 증가와 중무장한 경찰 등 소위 '자폐도시(carceral city)' 또는 증오도시의 상황을 연출하고 있다(Soja, 2000: 298). 포스트모던 건조 환경에서 건물과 주택은 스텔스(stealth)형으로 건축되고, 거리와 공원 벤치는 쇠로 만들어져 오래 머물 수 없으며, 노숙자의 공원 숙박을 막

한다.
4. 딩크는 'double income no kid'의 약자로서, 도시에 거주하는 아이 없는 맞벌이부부를 지칭한다.

기 위해 야간 물 뿌리기 자동장치가 작동하는 '가학적 공공공간(sadistic public space)'을 조성하는 등 도시는 '인간성 상실의 공간'으로 전락하는 면을 보인다.

포스트모던 도시에서의 인종, 계급, 성, 연령, 소득, 언어 등의 요인에 따른 갈등적·대립적 상황은 한편으로 도시에서 소외와 절망, 폭력과 범죄, 불안과 위험 등의 상황을 연출하지만, 이러한 포스트모던 도시의 난해한 미로 속에서 긍정적 측면이 등장하기도 한다. 즉 이러한 주변의 불안정한 환경 속에서 주민들은 지역 정치에 새롭게 높은 관심을 보이는 '장소의 정치(the politics of place)' 개념이 살아난다. 포스트모던 도시의 주민들은 자신의 생활이 근린활동과 밀접하게 관련되었다는 것을 이해하기 시작하였으며, 공동체의 정치력과 지역성을 확보하기 위해 계층, 연령, 소득, 성, 취미 등에 걸친 연대가 활발히 형성된다. 도시문제에 대한 시민들의 높은 관심은 도시 정책과 계획, 더 나아가 도시 정부 제도의 변화를 요구하는 시민의식으로까지 발전하기도 한다.

포스트모던 공간의 여섯 번째 재구성은 앞의 다섯 재구성에 수반된 결과와 동시에 새로운 차원이 전개되는 시발점을 의미한다. 이제 포스트모던 공간에서는 물리적 재구성에 더하여 행태적·문화적·이데올로기적 재구성이 전개되어 도시 이미지의 급격한 변화가 연출된다. 포스트모던 공간에 현실과 초현실(hyperreal), 원조와 복제(simulacra)가 공존하여 지금까지 우리에게 현실과 상상을 구분하게 하였던 전통적 사고방식의 재구성이 시작된다. 포스트모던 도시에서 초현실은 단지 특별한 공간에만 존재하는 것이 아니라 가정과 이웃, 직장과 쇼핑몰, 학교와 투표소 등 거의 모든 곳에 존재하여 우리의 일상생활에 영향을 미친다. 포스트모던 도시는 시간과 공간, 현실과 초현실을 초월한 새로운 의미를 창조하는 공간을 만들어 낸다. 예를 들어, 라스베이거스는 낮과 밤의 변화가 없고, 계절의 변화가 없으며, 고대(이집트 피라미드, 로마 시저스팰리스, 중세 베네치아와 뉴욕 콘셉트의 호텔들)와 현대가 공존하고, 동화와 현실이 공존하는 도시 공간을 조성하였다. 이제 포스트모던 도시에서 시민들은 초현실을 경험하기 위해 특별한 공간을 방문하는 것이 아니라, 시민들이 어디에 있든 간에 초현실이 찾아오는 것을 경험한다.

상기와 같은 특성이 도시 공간에 잘 표출된 곳이 바로 로스앤젤레스라고 할 수 있다. 로스앤젤레스에는 다양한 인종과 민족이 거주하며, '동화되지 않은 타자와의 공존과 개방성'이 보장된 다문화사회를 형성하고 있다. 2013년 USC(남가주 대학교)에서 조사한 결과에 따르면, 2012년 로스앤젤레스 카운티에 거주하는 순수 백인은 27%에 불과하고 히스패닉, 아시안, 흑인, 아메리카 원주민 등 이른바 소수계가 3분의 2를 넘었다. 특히 중남미계인 히스패닉은 48%로 최다 인구를 차지하였고, 한국, 중국, 필리핀, 베트남 등 아시아계는 14.5%에 이르렀으며, 흑인 인구는 9.3%로 나타났다(연합뉴스, 2013). 이런 통계는 로스앤젤레스는 이제 백인이 지배하는 도시가 아니며, 진정한 의미의 '인종 도가니'가 형성된 도시라는 것을 보여 준다.[5]

로스앤젤레스가 포스트모던 도시로 자리매김한 데에는 할리우드와 디즈니랜드가 또한 주요 요인으로 작용하였다. 할리우드는 미국 영화산업의 중심지로서 수많은 영화들이 제작되고, 그로 인해 많은 유명 배우들을 만날 수 있는 글로벌 엔터테인먼트 비즈니스의 중심지이다. 현재 많은 영화들이 이곳에서 만들어지고, 아카데미 시상식이 열려 수많은 관광객들을 모으며, 유명 배우들의 이름이나 손도장과 발도장이 찍혀 있는 스타의 거리(Walk of Fame)를 구경하기 위해 전 세계에서 관광객들이 몰려들고 있다. 2017년 미국 통계청 조사에 의하면, 미국에서 영화와 TV 산업에 약 40만 개 기업이 관련되어 있으며, 210만 명이 이 분야에 종사하고 있는 것으로 집계되었다. 2016년 할리우드에서만 206억 달러가 연방과 지방 세수입으로 걷혔으며, 영화와 드라마의 글로벌 수출을 통해 165억 달러의 수익을 창출하였다(Deadline, 2018). 이런 할리우드가 있어 로스앤젤레스는 축제의 공간, 마법의 공간, 유희의 도시로 알려져 많은 관광객과 영화제작의 꿈을 안고 있는 사람들, 배우로 명성을 날리고 싶은 사람들,

---

5. 참고로 2010년 미국 인구센서스 결과를 보면, 인종 분포에서 백인 63.7%, 흑인 12.2%, 히스패닉 16.3%, 아시안 4.8%, 아메리카 원주민(인디언계) 0.9%, 기타 4.1%로 나타났다.

<그림 8.1> 할리우드 스타의
거리

영화 속 판타지에 빠지고 싶은 사람들을 로스앤젤레스로 꾸준히 끌어들이고
있다.

　디즈니랜드 또한 로스앤젤레스를 포스트모던 도시로 자리매김하는 데 일조
한다. '어린이들을 위한 꿈과 희망의 놀이공원', '꿈이 현실로 이루어지는 곳',
'머리 아픈 일상으로부터의 탈출구'인 디즈니랜드는 어른들에게는 과거에 즐
거웠던 시절을 회상하게 하고, 젊은이들에게는 도전과 미래 사회를 경험하게
하며, 자라나는 어린이들에게는 꿈과 희망을 주는 공간으로 인식되고 있다. 디
즈니 공간에 들어서면 동화와 진실, 과거와 현재, 현재와 미래, 상상과 현실, 현
실과 초현실이 복합된 공간을 연출하여 방문객들을 동심에 빠뜨리고 꿈과 판

타지 세계로 인도한다. 디즈니랜드는 연간 1800만 명의 방문객을 끌어들이며 57억 달러의 지역 경제효과를 창출하고 있다. 지역에서 약 28,000명이 디즈니랜드에 종사하고 있으며, 주와 지방세로 3억 7000만 달러를 내면서 매년 높은 성장률을 기록하고 있다(Disneyland Public Affair, 2019). 이런 디즈니랜드의 경제효과를 기대하며 싱가포르, 홍콩, 일본, 그리고 최근 한국의 여러 도시에서도 도시개발과 도시 이미지 쇄신 작업에 어떻게 하면 디즈니형 도시를 만들어 지역의 매력도를 높이고 관광객을 유치할 것인가를 추진하고 있다. 이런 현상에 대해 '성공적인 도시설계=잘 꾸며진 디즈니 도시'라는 상업적 소비주의에 매몰되었다는 비판이 제기되기도 한다(디자인, 2002).

이런 비판을 반영하여 도시가 디즈니랜드와 같은 관광객을 위한 테마파크로 변하는 현상을 일컫는 신조어로 '디즈니피케이션(Disneyfication)'이라는 용어가 있다. 피터 팰런(Peter Fallon) 뉴욕 대학교 교수가 처음 사용한 디즈니피케이션은 도시가 고유의 정취를 잃고 미국 놀이공원인 디즈니랜드처럼 관광객

〈그림 8.2〉 로스앤젤레스 디즈니랜드

놀이터로 변해 가는 현상을 비판하는 의미를 담고 있다.[6]

도시의 디즈니화는 무엇을 의미하는가? 앨런 브라이먼(Alan Bryman, 1947
~2007)은 그의 논문 「Disneyization of Society」(2004)에서 사회가 디즈니화
되는 현상을 다음 네 가지 차원에서 논하고 있다.

테마화(theming): 도시활동이 점차 테마화하는 경향을 보인다. 예를 들면,
레스토랑과 카페가 점차 테마화하여 인디언 복장의 카페와 레스토랑이 등장하
고, 어린이를 위한 키즈(kids) 카페와 레스토랑이 생기거나, 반려견을 동반하
는 레스토랑과 카페가 만들어지고 있다. 이런 현상은 특히 쇼핑몰에서 두드러
진 현상으로 나타나, 이제는 쇼핑몰이 단순히 쇼핑하는 공간을 넘어 식사, 영
화, 스포츠, 독서, 숙박, 전시 등 다양한 활동이 이루어지는 테마파크로 변화하
고 있다(예로 코엑스몰).

소비의 차별 소멸화(dedifferentiation of consumption): 도시가 점차 디즈
화함에 따라 소비활동의 차별화가 점차 사라지고 있다. 예전에는 식사는 음식
점에서 하고, 영화는 영화관에서 관람하며, 쇼핑은 시장이나 백화점에서 하고,
책은 도서관에서 읽는 것으로 인식되었다. 그러나 도시가 점차 디즈니화함에
따라 백화점에서 음식을 먹고, 테마파크에서 쇼핑을 하며, 북카페에서 이야기
를 나누고, 쇼핑몰에서 스케이트를 즐기는 소비(장소)의 차별성이 상실된 도시
를 연출하고 있다.

상품화(merchandising): 도시가 디즈니화된다는 것은 도시의 이미지 개발

---

6. 이탈리아 베네치아, 네덜란드 암스테르담, 스페인 바르셀로나 등이 대표적인 디즈니피케이션 도
시로 꼽힌다. 여기서 더 나아가 관광객 때문에 주민이 쫓겨나는 '투어리스티피케이션'(touristifica-
tion)'이라는 신조어도 있다. 도시 내부에 진정한 삶이 있고 문화가 있는 도시가 아닌, 속이 텅 빈 놀
이동산 같은 디즈니랜드가 되어 버린 도시, 거주민은 없고 관광객들로 채워진 도시로 변할 수 있다
는 우려가 나타나고 있는 것도 사실이다(중소기업뉴스, 2019).

과 판촉 및 라이선싱(licensing)의 중요성이 한층 높아지고 있다는 것을 의미한다. 디즈니랜드에는 디즈니에서 개발한 다양한 캐릭터를 상품화하여 판매하고 있다. 미키 마우스에서부터 잠자는 숲속의 공주까지 다양한 캐릭터들이 모자에서부터 신발에 이르기까지 판촉에 이용되고 있다. 마찬가지로 도시가 디즈니화됨에 따라 도시를 상징하는 콘셉트와 테마, 이미지와 디자인이 개발되어 다양한 로고와 브랜드로 도시를 판촉하거나 상품화하는 추세를 보인다. 예를 들면, 미국 뉴욕은 'I♥NY' 디자인이 개발되어 티셔츠에서부터 머그잔에까지 뉴욕을 알리는 상표로 이용되고 있다. 마찬가지로 로마의 휴일, 반지의 제왕, 겨울연가 등 다양한 테마와 콘셉트들이 모자, 펜, 넥타이, 신발, 시계, 장난감, 가방, 스카프 등 각종 상품의 디자인과 판촉에 이용되어 도시를 알리고 관광객들을 유인하는 데 일조하고 있다.

감성 노동화(emotional labor): 도시가 디즈니화된다는 것은 소비자에게 서비스를 전달하는 과정에서 최대한 친절하게 상품으로서 서비스를 판매하는 경향이 확립됨을 의미한다. 디즈니랜드에서 일하는 사람에게 길을 묻거나 질문하면 웃음을 띠며 최대한 친절하게 대답을 하고 알려 준다. 이런 디즈니 서비스 활동이 이제 도시 전체 산업으로 확대되어 소비자에게 자신의 감정을 숨기고 끝까지 친절한 미소로 환대하는 문화가 확대되고 있다. 이렇게만 되면 겉보기에는 모두 즐겁고 행복한 도시 모습을 보이겠지만, 글쎄… 도시가 연극무대도 아니고 좀 혼란스러운 느낌이 드는 것은 사실이다.

그래서 프랑스 포스트모던 철학자인 장 보드리야르(Jean Baudrillard)는 디즈니랜드를 미국에서 가장 진실한 공간이라고 역설적으로 평하고 있다. 그에 의하면, 디즈니랜드는 자신이 테마파크 이상도 이하도 아니라는 것을 표방하기 때문에, 그의 소논문 「시뮬레이션(Simulation)」에서 다음과 같이 말하였다.

디즈니랜드는 사실상 로스앤젤레스와 미국을 둘러싼 모든 지역이 더 이상 실제가 아니라 초현실과 모방·복제의 공간임에도 사실이라는 가면을 쓰고 있을 때, 이곳은 가상공간임을 솔직히 인정하는 진실한 공간이다.

말이 된다고 생각하지 않는가? 도시가 다들 난 성형하지 않은 생얼로 원래의 모습이야! 난 화장이나 분장도 하지 않았어! 내가 원조야 하고 뽐내거나 우기거나 꼴값을 떨거나 하는데… 디즈니랜드는 당당하게 난 판타지야! 상상과 초현실의 도시다 하고 커밍아웃한다. 로스앤젤레스는 이런 디즈니와 할리우드가 있어 모던을 넘어 포스트모던 도시로서 자리매김하고 있다.

제3부

도시의 미래:
매력적인 도시,
어떻게 만들어지는가?

제3부는 한국 도시의 미래를 고민하는 내용으로, 시민들의 삶의 질과 행복도를 높이기 위해 도시를 어떻게 만들어야 하는가를 논의한다. 그래서 제9장에서는 도시계획가 알렉산더 타마니안(Alexander Tamanian)이 최고의 존경을 받는 도시, 아르메니아의 수도 '예레반(Yerevan)'을 중심으로 어떤 도시에서 시민들이 즐겁고 행복한지를 살펴본다. 다음으로는 도시가 번성하기 위해서는 사람과 마찬가지로 땅과 사람, 그리고 그 위에서 벌어지는 산업활동 사이에 궁합이 맞아야 한다는 것을 논의한다. 그리고 세상사는 아는 만큼 보이는 것처럼 도시도 아는 만큼 보이기 때문에 도시 발전을 위해서는 시민역량 강화가 필요하다는 것을 주장하며, 마지막으로 시민들의 행복도를 높이기 위해서는 즐거운 도시가 승리한다는 것을 독자들과 함께 알아본다.

제10장 '도시는 사회적 생물이다'에서는 도시도 인간과 마찬가지로 사회적 생물로서 생·로·병·사의 과정을 거치는 것을 보여 준다. 인간이 태어나서 유아기를 거쳐 청년기에 도달하고, 장년기를 지나 노년기에 접어드는 생애주기를 경험하듯이, 도시도 태어나 유아기–청년기–장년기–노년기를 거친다. 이 과정에서 도시의 건물들도 혼자 있으면 외롭고, 청년기에는 썸타기도 하며, 장년과 노년기를 거치며 노후와 쇠퇴기를 맞이하여 경쟁력을 상실하기도 한다. 이런 일련의 과정으로 도시가 생물로서 어떤 행태를 보이는지를 제10장에서 살펴본다.

제11장에서는 한국 도시에서 최근 심각한 이슈로 제기된 젠트리피케이션과 저출산 문제를 연계해서 고찰한다. 도시가 개발되고 성장하면서 공간 점유와 이용을 위한 끊임없는 투쟁과 계승이 이어져 왔다. 그런데 최근과 같이 야만스럽고 탐욕스럽게 인간의 욕망을 드러낸 적은 거의 찾아볼 수 없었다. 이런 세태

를 잘 반영한 표현이 아마 '조물주 위에 건물주'라는 말일 것이다. 17세기 후반부터 영국이 세상을 지배하게 된 배경에는 '공손함'과 '예의'라는 요소가 작용하였다고 도시학자 벤 윌슨(Ben Wilson, 2021)은 말하고 있다. 런던이 세계도시로서 다양한 사람과 인종, 기술과 문화를 품고 발전할 수 있었던 것은 바로 '공손함'과 '예의'가 혼잡한 도시환경에서 서로 다른 배경을 갖는 사람들 사이에 상호작용을 돕는 윤활유 역할을 하였기 때문이라는 것이다. 그래서 영국 신사(gentleman)라는 말이 나왔고, 도시 공간을 품위 있게 만든다는 의미로서 젠트리피케이션(gentrification)이라는 용어가 나왔는데, 이 말이 현재는 '둥지 내몰림'이라는 부정적 현상을 의미하고 있다. 제11장에서는 한국 도시에서 젠트리피케이션이 어떻게 발생하였는가를 밀레니얼 세대의 등장과 연계해서 살펴보고, 이런 밀레니얼 세대가 핵심 경제 집단으로 등장하면서 발생한 초저출산 현상에 대해 일반과는 다른 각도에서 논의한다. 즉 저출산 현상에 관해 대다수가 한국 사회의 심각한 문제를 초래할 것으로 주장하는데, 필자는 저출산이 반드시 재앙으로만 작용하는 것이 아니라 한국 사회의 기회 요인이 될 수도 있다는 것을 생각해 본다.

제12장은 초저출산 현상이 지속되면서 인구 감소로 인해 쇠퇴와 소멸 위기에 처한 지방들이 나타나고 있는 실상에 대해 논의한다. 필자는 사람이 없어 지방이 쇠퇴하는 것이 아니라 아이디어가 없어 사람들이 떠난다는 것을 역설적으로 주장한다. 사람이 떠나 지방이 쇠퇴하는 것은 사실이지만, 떠나는 주요 요인 중 하나는 지역에서 정체성과 소속감, 자긍심을 느끼지 못하기 때문이다. 내가 사는 곳이 자랑스럽고, 애정을 느끼며, 소속감이 있다면 아마 일시적으로는 떠나더라도 언젠가는 고향으로 회귀할 것이다. 그런데 현재 한국의 지방들은 사람들을 지역에 끌어들이기 위한 메리트가 없고 아이디어도 부재하다. 그래서 돈이 지역을 살리는 것이 아니고, 기발한 아이디어, 우수한 인재, 포용적 다문화와 선진적 지방자치제도 확립이 도시를 살린다는 것을 독자들에게 전달할 예정이다.

제9장

도시도 아는 만큼 보인다: 매혹의 도시 예레반

9-1. 도시를 어떻게 만들어야 하는가? 매혹의 도시 예레반

도시를 어떻게 만들어야 사는 사람들이 즐겁고 활기 넘치며 행복하게 살 수 있는가? 도시개발과 계획에 종사하는 사람들이 오랫동안 품어 온 질문이다. 그런데 누구도 여기에 대해 시원한 대답을 해 주지 못했다. 어떤 사람은 뭐니 뭐니 해도 일자리가 풍부해야 한다고 주장하고, 다른 사람은 잠자리가 편해야 한다고 말하며, 또 다른 사람은 도시가 안전해야 한다고 주장한다. 그리고 어떤 사람은 먹고살기 편해야 한다고 하고, 또 어떤 사람은 품위 있는 도시가 되려면 문화가 있어야 한다고 주장하며, 또 다른 사람은 공정한 도시가 되어야 한다고 말하기도 한다. 정말 천태만상이며 다 옳은 이야기이다. 그런데 이런 도시가 현실에서 가능한가? 토머스 모어의 소설 『유토피아』에서나 나오는 것이 아닌가? 필자도 그런 줄 알았다. 그런데 아르메니아의 예레반(Yerevan)에 가 보고 생각이 바뀌었다.

살 만한 도시가 되기 위해서는 일자리도 있어야 하고, 잠잘 곳도 있어야 하며, 안전해야 하고, 문화도 있고, 공정한 도시가 되어야 한다. 그런데 어떤 도시는 일자리가 많이 생기고 사람들도 생기 있게 살아가는데, 다른 도시에서는 일자리도 없고 사람들이 떠나며 생기를 잃어 가고 있다. 다른 많은 이유가 있겠지만, 필자가 보기에는 도시 공간 이용과 계획에서 답을 찾을 수 있다고 본다.

필자는 몇 년 전 코카서스 지역을 여행한 적이 있다. 사실 이 지역에 가기 전에는 코카서스산맥의 경치를 보고 자연을 즐기기 위해 여행을 계획하였다. 그런데 막상 가 보니 코카서스산맥은 멀리서만 보이고, 이 지역에서 오랜 역사를 가진 동방정교 교회들만 숱하게 보고 왔다. 그런 가운데 필자의 눈을 번쩍 뜨게 한 것이 있었으니 바로 아르메니아의 수도 예레반이었다. 아르메니아 총인구 300만 명 가운데 3분의 1인 110만 명이 거주하는 도시 예레반에서 도시의 새로운 모습을 보았다. 아! 도시를 이렇게 만들면 사는 사람들이 정말 즐겁고 활기차며 재미있게 지낼 수 있겠다는 생각이 들었다. 한편으로는 우리는 왜 이런 도시를 만들지 못하고 있는가 하는 아쉬움과 자괴감이 들었다.

예레반의 역사는 한참 거슬러 올라가 '노아의 방주' 전설에 닿아 있다. 예레반 도시 랜드마크인 계단식 공원 '캐스케이드(cascade)'에 올라서면 하얀 눈을 머리에 인 아라라트(Ararat)산(5,185m)을 마주하게 된다(그림 9.1 참조). 아라라트산은 노아의 방주가 정박하였던 곳으로 알려진 전설의 산이다. 성경에 따르면 신이 인간 세상을 벌하기 위해 대홍수를 일으켰는데, 노아의 가족은 방주를 만들어 화를 면하였다. 홍수가 잦아든 뒤 노아가 땅을 발견하고 "예레바츠(찾아냈다)!"라고 외쳤으며, 여기에서 예레반이라는 지명이 탄생하였다고 아르메니아인은 믿는다. 아르메니아가 예레반을 인류의 첫 번째 도시라고 높은 자긍심을 갖는 연유이다(중앙선데이, 2018).

그런데 아르메니아는 한국 못지않은 외세 침략의 역사와 억압의 시대를 경험하였다. 현재 전 세계에 흩어져 있는 아르메니아인은 약 600~800만 명 정도로 추산되며, 이 가운데 300만 명 정도가 현재 아르메니아에 거주하고 있다. 예레반은 유럽과 인도를 연결하는 교역로의 중계지로서 번창하였고, 15세기 이

〈그림 9.1〉예레반에서 바라본 아라라트산

후 오스만제국과 페르시아제국(사파비 왕조)의 각축지가 되었다. 1827년에 러시아제국에 의해 점령되었고, 20세기 초에 예레반은 인구 3만 명의 소도시였다. 1918년 5월 28일 아르메니아 민주공화국이 선언되면서 예레반은 수도가 되었으나, 1920년 11월 29일 소련 붉은 군대(赤軍)에 함락되어 소비에트 연방 아르메니아 공화국의 수도가 되었다. 예레반은 도시계획이 적용된 소련의 도시 중 첫 번째였으며, 1991년 독립과 함께 아르메니아 공화국의 수도가 되었다.

필자가 이 도시에 매력을 느끼게 된 것은 바로 잘 짜여진 도시계획에 빠져서였다. 필자가 아직 도시를 많이 다녀 보지 않아서 그랬는지는 모르겠지만, 도시개발을 30년 이상 공부하였기 때문에 나름 많은 도시를 가서 보고 배웠다고 생각했었다. 그리고 예전에는 프랑스 파리나 터키 이스탄불, 미국 워싱턴D.C. 등을 보고 정말 잘 조성된 도시라고 생각하기도 했었다. 그런데 아르메니아 에레반을 보고, 아! 도시를 이렇게 만들면 정말 사는 사람들이 행복하겠구나 하는 것을 새롭게 느꼈다. 이런 생각은 파리에서도 느끼지 못했고, 뉴욕에서도 들지 않았으며, 싱가포르에서도 전혀 경험하지 못했다. 오직 예레반에서만 느낄 수 있는 감정이었다.

우선 이 도시에는 다른 도시에서는 찾아볼 수 없는 도시계획가의 동상이 시내 중심지에 자리 잡고 있다. 세상 어디를 가도 그 도시를 계획한 도시계획가의 동상을 본 적이 없었다. 정치가, 예술가, 학자, 소설가, 군인 등은 이곳저곳에 많이 설치되어 있지만, 도시계획가 동상이라니…. 한편으로는 생뚱맞았고, 다른 한편으로는 이 도시의 시민들이 정말 도시를 사랑하고, 도시에 대한 자부심이 넘치며, 도시계획가에게 감사하는 마음을 가지고 있구나 하는 생각이 들었다.

앞에서 이야기한 바와 같이, 예레반이라는 도시는 소비에트 연방 시절에 최초로 계획된 도시이며, 이때 도시계획을 주도한 사람이 바로 알렉산더 타마니안(Alexander Tamanian, 1878~1936)이었다. 이 사람의 동상이 예레반 도심에 세워져 있다. 러시아 출신 건축가이며 도시계획가인 타마니안은 1924년 예레반 도시계획을 주도하여 작은 지방 도시를 현대(산업문화)도시로 탈바꿈시키는 청사진을 그려 냈다. 예레반 반원형 도시는 그렇게 탄생하였고, 중심지의 리퍼블릭 광장(Republic Square), 캐스케이드 언덕, 오페라와 발레 하우스 등은 여전히 예레반 시민들로부터 많은 사랑을 받고 있다.

그런데 왜 알렉산더 타마니안이 서구의 도시계획 학계에는 알려지지 않았는지 궁금하다. 아마 예레반이 당시에는 적대국인 소련의 소도시이기 때문에 그럴 수도 있고, 다른 한편으로는 서구에서 공부하지 않은 무명의 도시계획가가 멋진 도시를 만든 것에 대한 질투와 시기심 때문일 수도 있다. 그리고 다른 한편으로는 자본주의 사회에서는 토지 이용을 시장 기능에 맡기는 것을 주요 원리로 하는데, 사회주의 국가에서 도시계획을 통해 매력적인 도시가 만들어졌다는 것을 알리고 싶지 않았을 수도 있다. 당시에 서구에서 이름을 날렸던 르 코르뷔지에(Le Corbusier), 제인 제이컵스(Jane Jacobs), 로버트 모지스(Robert Moses), 애버크롬비(Abercrombie) 등이 모두 당시 서구 사회의 주류 도시계획가 혹은 도시학자로 알려졌던 것과 비교하여 학문 분야에서도 무언가 편파적인 시각이 있는 것 같아 씁쓸하다. 그러면 왜 이 도시가 매력적인지 한번 파

〈그림 9.2〉 예레반을 계획한 알렉산더 타마니안 동상

헤쳐 보자.

예레반 도시 한가운데에는 리퍼블릭 광장이 있다. 이 광장을 중심으로 네 구역으로 나뉘어 정부청사, 국립역사박물관, 호텔, 시장 등이 각기 자리 잡고 있다. 국립역사박물관 앞에는 분수가 설치되어 많은 사람들이 몰려들어 사진도 찍고 공연도 하는 공간으로 이용되고 있다. 즉 도시 중앙에 만남의 광장, 소통의 광장, 집회의 광장, 공연의 광장이 조성되어 자연스럽게 도시의 중심부를 형성하고 있다. 여기서 필자가 특히 눈여겨본 시설은 국립역사박물관과 오페라하우스였다.

어떤 사람은 도시 중심부에 역사박물관과 오페라하우스가 있는 것이 뭐 그렇게 중요하냐고 반문할 수 있다. 역사박물관은 그 나라와 도시의 과거부터 현재를 보여 주는 곳이다. 그래서 역사박물관에 가면 과거에 이 사회가 어떻게 형성되었으며, 선조들은 어떤 생활을 하며 유물을 남겨 주었고, 문화와 풍습은 어떤 형태를 띠었는가를 이해할 수 있다. 그래서 선진 도시에 가면 박물관과 현대미술관이 중심지에 자리하고 있는 것을 볼 수 있다. 오페라하우스 또한 그 도시의 문화 수준을 보여 주는 좋은 지표이다. 문화예술을 사랑하는 도시는 오페라

〈그림 9.3〉 예레반 도시 청사진

하우스, 연극 공연장들이 도시 중심지에 자리하고 있는 것을 알 수 있다. 뉴욕 브로드웨이가 그렇고, 오스트리아 빈 오페라하우스가 바로 중심지에 자리 잡고 있다.

그러면 우리의 현실은 어떤지 한번 돌아보자. 서울의 국립중앙박물관은 어디에 자리하고 있는가? 용산 이촌동 구석에 자리하고 있다. 국립현대미술관은 어디에 있는가? 과천 청계산 자락에 무슨 비밀 군사기지인 것처럼 자리하고 있다. 그나마 다행인 것은 최근에 국립현대미술관 서울 분관이 경복궁 옆 예전 기무사 자리에 들어섰다는 것이다. 국립현대미술관 분관이 들어서면서 주변에 화랑, 갤러리, 북카페, 레스토랑 등이 들어서서 북촌이 활성화되어 많은 사람들이 몰려들고 있다. 이제 왜 이런 시설들이 중심지에 있어야 하는가를 어느 정도 이해할 수 있을 것이다. 우리도 예레반처럼 도시계획이 되어 국립중앙박물관이 광화문 네거리에 자리하고, 국립현대미술관이 명동에 있다면 서울의 품격은 한층 높아졌을 것이다. 강남 지역에도 예술의전당이 우면산 자락에 있는 것이 아니라 강남역 사거리나 삼성동 코엑스 인근에 자리 잡았다면 강남의 지형은 훨씬 달라졌을 것이다. 그런데 타마니안은 1924년에 이런 것을 미리 예측해서 현재의 예레반을 설계하였던 것이다.

이번에는 중심지에 정부청사가 있는 것을 논의해 보자. 도시가 성장하기 위해서는 앵커(anchor) 시설이 필요하다. 앵커 시설이 견인차가 되어 도시로 사람과 상업활동을 끌어들이는 역할을 한다. 어떤 도시에서는 산업체가 이 역할을 하고, 어떤 도시에서는 대학이 이 역할을 하기도 한다. 예를 들면, 포항과 울산은 포스코와 현대중공업이 앵커가 되어 도시성장을 견인하고 있고, 미국 더럼(Durham)과 채플힐(Chapel Hill)은 듀크 대학교(Duke University)와 노스캐롤라이나 대학교(University of North Carolina)가 자리해서 도시성장을 견인하고 있다. 그래서 이런 앵커 활동이 중심지에 배치되어 도심을 활성화하고 생기 있는 도시를 만드는 데 공헌한다. 예레반에서 우리는 이런 광경을 눈으로 보고 몸으로 느낄 수 있다.

그러면 한국의 현실은 어떤지 논의해 보자. 서울은 그나마 시청이 중심지에 위치하여 앵커 역할을 하고 있다. 그런데 다른 도시들은 어떠한가? 현재 조성 중인 세종특별자치시를 한번 돌아보자. 세종시는 행정 중심 도시로 조성되는 곳이다. 그러면 정부청사가 앵커 역할을 하도록 도시가 설계되어야 하는데 이게 뭐란 말인가? 웬 족보에도 없는 용(말이 용이지 뱀도 아닌 것 같은) 모양의 기다란 정부청사를 만들어 근무하는 사람이나 방문하는 사람들을 모두 불편하게 하는 이상한 도시를 만들었다. 말레이시아 행정도시 푸트라자야(Putrajaya)에 한번 가 보시라. 행정기관들이 도시성장을 위해 어떻게 배치되어 있고, 성장의 앵커로서 어떻게 작용하고 있는가를 알아보라는 것이다. 한국의 행정 중심 도시라고 야심 차게 개발하는 곳에 가 보니 정부청사는 한쪽에 치우쳐 있고, 주거지역과 산업활동은 다른 지역에 흩어져 중심지 없는 도시가 만들어지고 있다. 이것은 비단 세종시만의 문제가 아니다.

노무현 정권 이래 국가가 균형발전을 위해 강력하게 추진하고 있는 혁신도시들을 한번 둘러보자. 서울과 수도권에 있던 공공기관들을 지방으로 이전하여 수도권 집중을 완화하고 지역 균형발전을 추진한다는 목적으로 혁신도시들이 추진되었다. 그런데 결과는 어떠한가? 지역을 살리는 것이 아니라 지역을 두 동강 내었다는 비판이 여기저기에서 제기되고 있다. 바로 도시계획을 제대로 하지 못해 발생한 문제이다. 왜 이런 문제가 발생하였는가. 서울과 수도권에서 이전한 공공기관들이 지역발전에 앵커 역할을 해야 하는데 그것이 아니고 새로운 신도시를 만들었기 때문이다. 서울과 수도권에서 이전하는 공공기관들이 어떻게 하면 지역발전을 견인할 것인가에 대한 고민이 없이, 외곽 지역에 있는 빈 땅을 개발하여 졸속으로 이전을 추진하였으니 발생한 사건이다. 그러니 수도권에서 이전한 가족들은 주거를 위한 인프라가 전혀 없는 지역에서 불편한 생활을 할 수밖에 없었고, 기존에 있는 도시에서는 새로운 비즈니스가 구도심에서 신도시로 이전함으로써 구도심이 황폐화하는 현상이 나타났다. 즉 예레반의 도시계획을 벤치마킹하였다면 다른 그림이 그려졌을 것이란 이야기이다. 그렇게 하려면 이전하는 공공기관들이 중심지에 들어서서 쇠퇴하는 지방의 앵커로 역할을 하게끔 자리 잡고, 주변 지역에 공공기관을 방문하는 사람들을 위한 호텔과 쇼핑센터, 문화와 예술활동들을 배치하는 도시계획이 수립되었다면, 아마도 지역이 구도심과 신도시로 두 동강 나서 서로 충돌하고 갈등하는 상황은 벌어지지 않았을 것이란 말이다.

현재 한국이 직면한 가장 심각한 문제 가운데 하나는 서울과 수도권의 집중현상이라고 할 수 있다. 저출산·고령화 현상과 맞물려 지방 도시들은 인구가 감소하여 점차 죽어 가고 있다고 아우성이다. 어떤 학자는 지방분권화가 지방을 소멸시키고 있다는 말을 하기도 한다. 그런데 필자가 보기에는 지방분권화가 지방을 죽이는 것이 아니라, 개념 없는 도시개발과 계획이 지방을 죽이고 있다. 지방을 살리겠다고 일회성의 의미 없는 축제를 하고, 구도심을 살리겠다고 콘텐츠 없는 문화의 거리를 조성하며, 다른 지역이 동화를 그려 벽화마을을 만든다고 하니 너도나도 벽화를 그려 골목을 살린다고 하고, 청년들 일자리 창출을 위해 너도나도 창업마을을 조성한다고 하고 있다. 이런 사업들이 잘 성공하면 좋겠지만, 대부분이 실패하여 재정만 축내고 있다. 왜 그런가? 바로 도시계획이 제대로 수립되지 않았기 때문이다.

부부가 잘 살기 위해서는 서로 궁합이 잘 맞아야 한다. 마찬가지로 지역활동이 뿌리를 내리기 위해서는 땅과 활동이 궁합이 맞아야 한다. 사막에 사과나무가 뿌리를 내릴 수 없는 것과 마찬가지로 창업활동이 아무 데서나 성공할 수는 없다. 창업활동을 위한 토양을 만들고, 밭을 일군 다음, 씨를 뿌리고 비료를 적절히 주어야 창업활동이 성공할 수 있다. 도시도 마찬가지라는 말이다. 도시가 경쟁력을 갖고 성장하기 위해서는 도시계획이 기본적으로 잘 짜여져야 한다. 도시가 잘 계획되지 않으면 바로 난개발과 막개발 현상이 나타날 수밖에 없으며, 그러면 거기에 사는 사람들은 결코 행복하고 즐거운 생활을 영위하기 어렵다. 글이 문법에 맞지 않게 쓰이면 난독증 현상이 나타나듯이, 도시도 적절하게 계획되지 못하면 생활의 난맥상이 나타날 수밖에 없다.

그럼 도시를 어떻게 개발·계획해야 하는가? 아르메니아의 예레반은 여기에 대한 대답을 준다. 우리 도시와 지방들이 왜 죽어 가는가? 바로 도시와 지방에서의 삶이 불편하고, 자긍심을 심어 주지 못하며, 지역과 궁합이 맞는 활동을 찾지 못하고 있기 때문이다. 도시가 존재하려면 반드시 중심지가 있어야 한다. 중심지 활동이 앵커가 되어 주변에 연계된 클러스터를 만들어 사람과 비즈니스를 끌어들여야 한다. 그리고 자동차가 중심이 아닌 보행자 중심인 도시를 만들어 거리가 활성화되어야 한다. 이런 힙(hip)한 도시를 만들기 위해 미국 포틀랜드는 'Keep Portland Weird, Again!'이라는 캠페인을 벌이고 있다. 포틀랜드를 다른 도시와는 차별화된 별난(독특한) 도시를 만들자는 것이다. 즉 포틀랜드의 토지와 궁합이 맞는 활동을 찾아 육성하자는 것이다. 아마 21세기 예레반이 어쩌면 미국 포틀랜드에서 다시 구현되는 것은 아닌지 지켜볼 필요가 있다. 그럼 우리는 어떻게 한국의 예레반을 만들 것인지 함께 고민해 보아야 할 시점이다.

9-2. 도시도 궁합이 맞아야 번성한다

궁합은 부부간에만 맞아야 하는 것이 아니다. 땅과 그 위에서 벌어지는 활동도 궁합이 맞아야 번성한다. 식물과 토양이 궁합이 맞아야 뿌리를 내리고 번성하듯이, 땅 위에서 벌어지는 활동도 마찬가지이다. 그래서 번성하는 지역은 땅과 그 위에서 벌어지는 활동 사이에 궁합이 잘 맞는 곳이고, 쇠퇴하는 지역은 궁합이 맞지 않는 지역이다. 이런 양상을 주변에서 많이 볼 수 있다. 한때 인천에서 밀라노 디자인시티를 추진하였다가 실패하였다. 왜 실패하였는가? 바로 궁합이 맞지 않았기 때문이다. 디자인 토양이 전무한 인천에 디자인시티를 건설한다고 하였으니 성공할 리 없다. 지금 많은 지역에서 경제자유구역을 추진하고 있지만, 대부분 답보 상태에 있다. 왜? 땅과 경제자유구역의 궁합이 맞지 않기 때문이다. 새만금방조제를 설치하여 매립지가 생겼는데, 아무 용도로도 쓸모가 없으니 경제자유구역으로 지정해 달라고 하였다. 그러니 경제자유구역이 목적대로 성공할 수 있겠는가? 그런데 인천 송도 경제자유구역은 어느 정도 성과를 보이고 있다. 왜냐하면 바로 옆에 인천공항이 있어 경제자유구역을 위한 영양분을 지속적으로 공급하기 때문이다.

이런 현상들이 도시에서 자주 목격된다. 서울에 있는 국립현대미술관과 국립중앙박물관을 보자. 국립현대미술관 본관은 과천 청계산 자락에 있다. 산자락과 현대미술관이 궁합이 맞겠는가? 지금도 관람객이 별로 없고, 겨우 '미술관 옆 동물원'이라는 영화에나 나왔다. 그런데 서울 분관이 경복궁 옆 삼청동에 자리 잡더니 무슨 일이 벌어졌나? 주변에 갤러리가 들어서고, 북카페가 생기고, 레스토랑이 오픈하고, 부티크숍이 들어서서 사람들을 끌어모으고 있다. 그래서 북촌이 활기를 띠고 서울의 원도심이 살아나고 있다.

반면, 국립중앙박물관을 보자. 용산가족공원 옆에 자리 잡고 있고, 주변은 모두 아파트 단지로 둘러싸여 있다. 그러니 중앙박물관이 제 역할을 못하고 있다. 만약 중앙박물관이 명동에 있거나 영등포 사거리에 있다고 상상해 보자. 그러

〈그림 9.4〉 과천 청계산 자락의 국립현대미술관

〈그림 9.5〉 하늘에서 본 국립중앙박물관

면 박물관 옆에 갤러리도 들어서고, 레스토랑도 생기며, 고미술품 취급 비스니스도 들어서고, 아트숍들도 개장할 것이다. 그래서 사람들이 모이는 만남의 공간, 소통의 공간, 공공의 공간이 형성되고 문화지구가 만들어질 수 있다. 그런데 지금은 아파트 숲에 둘러싸여 섬처럼 놓여 있다. 왜 & 그래서? 땅을 잘못 골라 공간과 활동의 궁합이 맞지 않는다.

필자가 활동하고 있는 인천을 둘러보자. '아트센터 인천'이 궁합이 맞는 곳에 있나? 지금 계획 중인 '인천뮤지엄파크'는 정말 궁합이 맞는 곳에 건립되고 있나? 필자가 보기에는 아니다. 호수 변에 아트센터라! 시드니 오페라하우스는 이미 50년 전 도시에 만들어진 시설이다. 그것을 모방해 호수 변에 아트센터를 만들었는데, 주변에 아무것도 없다. 왜 중심지에 만들지 못하고, 외곽에 덩그러니 이런 시설을 엄청난 돈을 들여 만들었나? 그냥 그곳에 공지가 있으니, 어딘가에 아트센터는 있어야 하는데 구색 맞추기로 그곳에 만들자는 방식으로 건립하였다. 그러니 땅과 활동이 궁합이 맞겠는가?

지금 설계 중인 인천뮤지엄파크도 보자. 도시계획을 보면 뮤지엄파크 주변은 모두 아파트 숲을 이루고 있다. 딱 서울 국립중앙박물관 판박이이다. 여기도 마찬가지로 공지가 있으니 그냥 그곳에 박물관과 미술관을 집어넣자는 방식으로 계획이 진행되고 있다. 이래서야 공간과 활동이 궁합이 맞겠나 심히 걱정된다. 관계자의 궁색한 변명은 인근에 인하대학교가 있어 젊은 층을 끌어들일 수 있을 것이란다. 인하대학교가 무슨 예술대학의 뿌리가 있나? 인하대학교를 염두에 두었으면 그 공간을 차라리 테크노파크나 벤처 단지로 조성하지, 웬 뮤지엄파크란 말인가? 그리고 필자가 왜 박물관/미술관과 같은 공공시설의 위치를 강조하는가 하면, 한번 조성되면 새로 짓기 어렵고, 오랫동안 시민들 생활에 영향을 미치기 때문이다. 그래서 궁합이 맞지 않는 곳에 들어서면 공공서비스를 적절히 제공받지 못해 시민들이 불편을 겪고 이용자도 별로 없게 된다.

말이 나왔으니, 한마디 더 하고 지나가자. 현재 인천뮤지엄파크 건설이 추진되는 지역은 인하대학교 앞 OCI(옛 동양화학) 부지이다. 옛 동양화학 인천공장을 철거한 후 인근 부지를 합쳐 154만 6,747m²(약 46만 7,000평)에 주거·상업 시설을 조성하는 인천 '용현·학익 1블록' 도시개발사업이 현재 추진되고 있다. 이 사업은 아파트와 단독주택 등 13,149가구의 주거단지와 업무·상업 시설이 들어서는 초대형 개발 프로젝트이다. 뮤지엄파크는 OCI가 인천시에 기부채납

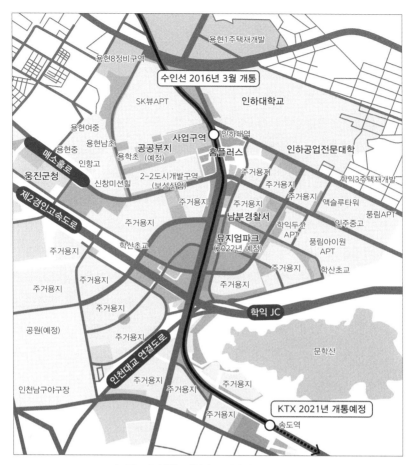

<그림 9.6> 인천뮤지엄파크 예정지 및 주변 계획

한 10만m² 부지에 인천시립미술관과 박물관 등을 건립하는 사업이다.

필자는 예전부터 이곳을 공업지역으로 이용하자고 수차례 주장해 왔다. 왜
냐하면 인천 구도심에 있는 공장들을 폐쇄하면서 하나같이 대규모 주택단지가
들어서고 있는데, 이러면 구도심의 일자리가 다 없어지고 침상도시(bed town)
로만 남는다고 역설하였다. 그래서 공장을 폐쇄하면 모두 주거와 상업 용지로
용도변경할 것이 아니라, 일부는 일자리 창출을 위해 공장용지로 보존하자고
제안하였던 것이다. 그리고 OCI 부지는 인하대학교 바로 앞에 위치하기 때문

에 벤처 혹은 첨단산업공원을 위해 적절한 공간이라고 설명하였다. 그런데 정책결정자들은 첨단산업공원이 무엇인지를 이해하지 못하고, 도심에 공단이 들어서는 것으로 인식하였던 모양이다. 인천 정책결정자들의 수준이 이 정도이니…. 첨단산업공원은 산업단지와 공원을 결합한 공간이다. 예를 들면, 파주출판문화단지가 대표적인 산업공원이라고 할 수 있다. 이제는 공단에 단순히 산업활동만 들어서는 것이 아니라 공원 개념과 연계되어 개발되어야 한다는 의미이다. 그래서 이곳을 첨단산업공원 혹은 벤처/창업단지로 개발하면 주변에 있는 인하대학교, 인하공업전문대학, 정석항공과학고등학교, 인천기계공업고등학교 졸업생들에게 고용기회가 제공되어 판교테크노밸리와 같은 지역 활성화를 가져올 것이라 주장하였다. 결과적으로 이런 필자의 주장은 받아들여지지 않았고, 부지는 주거와 상업 지역으로 개발되고 있으며, 기부채납한 부지에 뮤지엄파크가 추진 중에 있는 것이다. 그러니 땅과 그 위의 활동이 궁합이 맞겠는가? 그러면서 스마트 도시를 만들겠다고 하니….

인천 문화예술가와 단체들은 뮤지엄파크 건설을 환영하고 있다. 왜? 그나마 없던 것을 건설한다고 하니 그냥 좋다는 것이다. 먼 앞날을 예상하지 못하고 현재 목전에서 무언가 없던 것을 준다니 환영 일색이다. 그런데 박물관/미술관은 문화예술을 하는 사람들의 전유물이 아니다. 즉 그들만의 리그가 아니라는 것이다. 공급자만을 위한 시설이 아니라 수요자의 접근성, 편리성, 파급성 등을 함께 고려해야 한다. 그래서 박물관/미술관은 그냥 구색 맞추기 위해 아무 곳에나 있는 그런 시설이 아니다. 박물관/미술관이 어디에 위치하고 있는가에 따라 시민들의 문화예술에 대한 인식이 달라지고 도시의 품격이 변한다.

선진 도시에서 박물관/미술관이 어디에 있고, 도시 발전을 어떻게 견인하고 있는가를 정녕 모르시는가? 파리가 그냥 문화예술도시로 각광 받는 것이 아니다. 루브르 박물관(Musée du Louvre), 오르세 미술관(Musée d'Orsay), 퐁피두센터(Centre Pompidou)가 어디에 있는가를 보시라. 미국 뉴욕이 그냥 세계 최고 도시로 일컬어지는 것이 아니다. 맨해튼의 메트로폴리탄 미술관(Metropolitan Museum of Art), 구겐하임 미술관(The Solomon R. Guggenheim Museum), 현대미술관(Museum of Modern Art) 등이 어디에 위치해 있는지 보시라. 모두 파리와 뉴욕 맨해튼 중심지의 접근성이 우수한 지역에 자리하고 있다. 그리고 스페인 빌바오(Bilbao)와 영국 런던에서 미술관이 어떻게 도시 발전을 견인하였는지 보시라. 빌바오에서는 조선산업의 침체로 쇠퇴하는 도시를 살리기 위해 구겐하임 빌바오 미술관(Museo Guggenheim Bilbao)을 유치해 도시 활성화를 가져오지 않았는가. 영국 런던은 폐발전소를 활용해 테이트 모던 미술관(Tate Modern Collection)을 만들어 전 세계로부터 많은 관광객을 끌어모으는 사실을 모르는가. 그런데 한국에서는 아직도 박물관/미술관을 구색 맞추는 시설로 인식하고 있으니 얼마나 한심한 현실인가?

왜 이렇게 독설을 하는가 하면, 지역에 박물관과 미술관이 어디에 위치하고 있는지 보시라! 국립현대미술관 본관은 과천 청계산 자락에 있고, 인천광역시립박물관은 청량산 자락에 있다. 최근에 지어진 대구미술관은 대덕산 자락에 있고, 울산박물관 또한 산자락에 있다. 박물관/미술관이 산자락에 있어야 하는 무슨 비밀 기지인가? 아니면 박물관/미술관은 등산복을 입고 가서 관람과 산

〈그림 9.7〉 스페인 구겐하임 빌바오 미술관

행을 함께 해야 하는 세트 메뉴인가 말이다. 그래도 다행인 것은 몇몇 도시에서는 박물관/미술관의 중요성을 이해해서 중심지에 입지하고 있는 도시들도 있다. 대표적인 도시가 바로 광주와 대전이다.

광주에는 시립미술관, 문화예술회관, 역사민속박물관, 비엔날레전시관 등이 중심지에 자리 잡고 있다. 아마 딴 도시였다면 무등산 자락에 있었을 것이다. 국립아시아문화전당이 중심부에 자리 잡고 있어 광주를 문화도시로 자리매김하게 했다. 대전 또한 시립미술관, 예술의전당, 시립연정국악원 등이 중심부에 자리 잡고 있어 시민들의 사랑을 받고 있다. 이런 도시가 있어 그나마 다행이다.

물론 지역에 땅과 궁합이 맞는 활동이 있다. 서울 경복궁은 풍수지리적으로 명당에 자리 잡아 조선왕조 500년을 버텨 내지 않았는가? 광화문 앞에 세종문화회관이 있어 만남의 공간, 공공의 공간으로 사랑받고 있다. 혜화동 대학로에는 소극장들이 자리 잡고 있어 주변 대학생, 젊은 층들을 위한 만남의 공간, 소통의 공간, 이벤트 공간을 연출하고 있다.

인천에도 땅과 궁합이 맞는 활동이 있다. 바로 인천종합문화예술회관이다. 종합문화예술회관이 구월동에 있어 주변에 로데오거리가 형성되고, 문화예술인들이 모이는 지역으로 번성하고 있다. 그러니 아무 곳에 그냥 무작위로 땅이 있다고 비즈니스, 공공시설을 배치하지 말라는 것이다. 살기 좋은 도시는 이런 시설들이 적절히 배치된 도시이다. 살기 불편한 도시, 쇠퇴하는 도시를 잘 보시라. 궁합이 맞지 않는 활동들을 부적절하게 배치한 도시들이다.

이런 논리에서 풍수지리는 사라진 옛날이야기가 아니라 지금도 현재진행형이다. 예전에는 자연지리가 중요하였다면 지금은 인문지리, 도시지리가 중요한 요인으로 전환되었을 뿐이다. 그러니 공간과 그 위에서 벌어지는 활동이 궁합이 잘 맞는지 살펴보고 정책이나 사업을 추진해야 한다. 궁합이 잘 맞으면 지역이 번성하지만, 궁합이 맞지 않으면 쇠퇴할 수밖에 없다. 결론적으로 도시정책은 땅과 사람과 비즈니스를 연결시켜 주는 작업이다. 궁합이 잘 맞는 정책은 성공하지만, 그렇지 않은 정책은 실패할 수밖에 없다는 것을 정책결정자는 명

〈그림 9.8〉 인천종합문화예술회관

심해야 한다.

9-3. 도시도 아는 만큼 보인다

"예술이란 정신의 산물이기 때문에 예술에 대한 어떤 과학적인 연구도 반드시 심리학이 되게 마련이다"(곰브리치, 『예술과 환영』서문). 그렇다면 "도시는 물질의 산물이기 때문에 도시에 대한 어떤 과학적인 연구도 반드시 경제학이 되게 마련이다." 글쎄, 진짜 그런가?

오스트리아 출신 영국의 도상학자(미술사학자) 에른스트 곰브리치(Ernst Gombrich, 1909~2001)는 "아는 만큼 보인다."라는 말을 하였다. 미술을 이해하는 데 아는 만큼 보인다는 의미로 해석되는 이 말은 도시에 관해서도 그대로 적용된다. 필자가 이 말을 접하고 본 미술작품으로 디에고 벨라스케스(Diego Velázquez)의 〈시녀들(Las Meninas)〉은 그림 속에 많은 복선이 감추어져 있으며, 그림을 제대로 이해하려면 내공이 필요하다는 것을 알았다.[1]

〈그림 9.9〉 벨라스케스의 〈시녀들〉

벨라스케스는 그림 속에 거울을 배치함으로써 눈에 보이는 실상과 거울 속 허상 사이의 상황을 표현하며 그림 속의 권력관계를 교묘하게 노출시킨다. 그림 속에서는 화가가 무언가를 그리고 있고, 어린 공주가 시녀에 둘러싸여 노는 모습을 보여 주고 있다. 그런데 거울 속에 왕과 왕비의 모습을 그려 넣음으로써 상황은 반전되어 화가가 왕과 왕비를 그리고 있고, 국왕 부부는 앞에서 놀고 있는 공주에게 주목하고 있는 것을 보여 준다. 즉 이 그림에서 진정한 권력관계는 바로 거울 속에 표현되어 화가와 공주, 시녀와 광대들의 시선이 모두 왕과 왕비에게 고정되어, 왕과 왕비가 이 공간을 지배하고 있는 것을 알 수 있다.

---

1. 스페인 화가인 디에고 벨라스케스(1599~1660)는 펠리페 4세(Felipe IV) 시절 궁정화가로서 바로크 시대 초상화에 유능한 화가였다. 이탈리아에서 미술 공부를 한 그는 스페인 왕족의 초상화를 그렸고, 유명한 유럽 의원을 비롯해 수많은 사람들의 초상화를 그렸으며, 걸작 중의 걸작으로 꼽히는 〈시녀들〉(1656)을 남겼다. 이 작품은 현재 스페인 마드리드 프라도 미술관(Museo del Prado)에 소장되어 있다.

도시도 아는 만큼 보인다. 인간 사회와 도시의 속살을 한번 들여다보자. 사람 사는 세상에서 겉보기에는 행복하게 사는 것처럼 보이는 부부들이 실상은 죽지 못해 사는 쇼윈도 부부인 경우가 얼마나 많은가! TV에서는 잉꼬부부로 알려졌는데, 얼마 지나지 않아 성격 차이(?)로 갈라서서 좋은 친구로 남기로 하였다는 이야기를 비일비재하게 접한다. 즉 우리가 겉으로 보는 것이 다가 아니라는 것이다. 도시도 마찬가지이다. 겉보기에는 멋지고 아름답게 보이지만 실제로 살기에는 불편한 도시가 있는가 하면, 겉으로는 허름하고 퇴색된 모습을 보이지만 내부에서는 강렬한 역동성을 보이는 도시도 있다. 전자의 예로서 인천 송도 경제자유구역을 들 수 있으며, 후자의 예로서 인천 배다리 지역을 들 수 있다.

인천 송도 경제자유구역을 가 보자. 겉보기에는 멋지다. 중앙에 센트럴파크가 조성되어 있고, 주변에 고층 빌딩과 아파트들이 단지를 형성하여 들어서 있으며, 도로는 직선으로 쫙 뻗어 있다. 위에서 내려다보면 시원한 녹지와 도로 그리고 고층 건물들이 멋진 도시 풍광을 연출하고 있다. 근데 딱 여기까지이다.

이제 이곳에서 걸으며 도시를 살펴보도록 하자. 몇몇 중심지를 벗어나면 걷는 사람이 없다. 보행자가 없다는 것이다. 다른 지역에 비해 녹지가 많이 조성되었고 도심에 센트럴파크가 있는데, 이곳을 벗어나면 거리에 사람을 찾아보기 어렵다. 왜? 도시가 자동차 중심으로 조성되어 보행자가 다니기에는 볼 것도 쉴 곳도 없으며, 먹을 곳도 마땅찮고, 재미도 없다. 경제자유구역의 상업 중심지와 주택단지의 상가 지역을 벗어나면 아파트 지역이 연속적이거나 고층 빌딩이 단절적으로 이어져 황량한 벌판에 홀로 남겨진 느낌을 준다.

거리에는 보행자의 시선을 끌 다양한 상점들과 쇼윈도가 있어서 사람들을 끌어모아야 한다. 그런데 송도 경제자유구역은 어찌 된 영문인지 이런 모습을 찾을 수 없다. 중심 지역을 제외하고는 사람들이 꼭꼭 숨어 보이지 않으며, 센트럴파크와 해돋이공원도 보도와 차단되어 외부에서 사람 모습을 보기 어렵다. 왜 이렇게 되었나? 그 원인 가운데 하나는 한국의 아파트 단지들이 단지 내

〈그림 9.10〉 인천 송도 경제자유구역 전경

에 상업 시설을 조성하여 주변 지역과의 연계활동이 필요 없기 때문이다. 그래서 단지에 들어가면 밖으로 나올 필요가 없고, 밖으로 나올 때는 걷는 것이 아니라 자동차를 이용하기 때문에 보행자를 찾을 수 없다.

또 다른 요인으로는 고층 빌딩들이 단절적으로 건설되었기 때문에 거리의 연속성이 없고 보행 동선이 길어진 문제를 낳았다. 송도 경제자유구역에 건설된 빌딩들은 서로 붙어 있는 것이 아니라 공간을 두고 떨어져 건설되었다. 건물과 건물 사이는 녹지가 형성되어 있어 멀리서 보기에는 쾌적하다. 그런데 실제 생활하는 사람들은 동선이 길어지고, 건물이 단절되어 상점들이 들어서기에 부적합하며, 건물 사이로 비바람이 몰아쳐 방풍의 기능을 하지 못한다. 그래서 인천 송도 경제자유구역을 겨울이면 '송베리아(송도+시베리아)'라고 부른다. 이와 비교되는 거리로 서울 강남의 테헤란로를 보자. 건물과 건물이 연결되어 동선이 상대적으로 짧고, 상점들이 서로 붙어 상권을 형성하며, 보행자에게 볼거리와 먹을거리를 제공하여 자연스럽게 만남의 공간을 형성하고 있다. 눈을 감고 두 곳을 한번 비교해 보시라!

　세 번째로 흩어진 도시활동을 한곳으로 모을 수 있는 소통과 만남의 공간이 없다는 것이다. 서울에는 광화문광장, 서울광장 등이 있어 시민들이 모이고 소통하며 도심의 중심지를 형성한다. 그런데 송도 경제자유구역에는 시민들이 모이고 소통하기 위한 만남의 공간, 소통의 공간, 공공의 공간이 없다. 선진 도시에서는 도심의 박물관, 음악당, 도서관 등이 이런 기능을 수행한다. 인천 송도 경제자유구역에 아트센터가 있고, 문자박물관을 건립한다고 하는데, 이런 기능들이 중심지가 아닌 주변 지역에 있어 만남과 소통의 공간 역할을 수행하지 못한다. 물론 이것은 서울도 마찬가지이다. 국립중앙박물관이 어디 있는지? 국립현대미술관 본관이 어디 있는지? 예술의전당이 어디에 입지하고 있는지? 정말 서울이 세계적인 도시이고 선진 도시인지 이런 면을 보면 한숨이 나온다. 만약 국립중앙박물관이 광화문에 있으면 어땠을까? 예술의전당이 우면산 자락이 아닌 강남역 중심에 있으면 어땠을까? 국립현대미술관이 명동 한복판에 있었으면 어땠을까? 아마 서울의 위상과 품격이 달라졌을 것이다.

　또한 송도 경제자유구역에는 동맥과 정맥은 있지만 실핏줄이 없다. 즉 공동체를 연결하는 골목길이 없다는 것이다. 도시가 온통 고층 아파트로 만들어져 단독주택이나 다세대주택이 없으니 골목길이 생길 수 없고, 사람들이 서로 접촉하고 알고 지내기 위한 공간이 없으니 공동체가 만들어질 수 없으며, 골목길이 없으니 상점이 들어설 공간이 없고, 그 결과 지역의 역사와 문화, 소속감과 정체성이 애초부터 형성되기 어렵다. 이제 주택단지는 그냥 거주를 위한 공간이고, 재테크를 위한 수단이며, 르코르뷔지에(Le Corbusier)가 말한 "삶을 위한 기계"에 불과할 뿐이다. 이것이 한국의 선도 도시로 내세우고 있는 인천 송도 경제자유구역의 속살이다.

　다음으로 인천 배다리 지역을 들여다보자. 인천 금창동과 송현동 일대를 일컫는 배다리마을은 겉보기에는 허름하고 누추한 동네 모습이다. 아마 그래서 드라마 '도깨비'와 영화 '극한직업'의 촬영지로 선택되었는지도 모르겠다. 이곳은 개항 이후 일본인에게 밀려난 조선 사람들이 거주하던 지역으로, 지은 지 100년이 넘은 인천 최초의 공립보통학교인 창영초등학교(1907년 설립)와 우리나라 최초의 근대식 사립학교인 영화초등학교(1892년 설립), 조선인이 세운 우리나라 최초의 성냥공장 등 근대 건축물이 잘 보존되어 있다. 헌책방 거리와 문화·전시·예술 공간이 들어서서 역사와 문화가 공존하는 마을로도 알려져 있다(한겨레, 2019). 이제 이곳을 걸으며 마을을 둘러보자.

첫째, 배다리에서는 보행자들이 눈에 띈다. 거리에 헌책방도 있고, 이발소도 있으며, 사진관도 있고, 음식점도 있으며, 구멍가게도 있다. 이런 상점들이 거리를 형성하며 볼거리를 만들고 사람들을 끌어모은다.

둘째, 배다리는 상점들이 다닥다닥 붙어 있어 동선을 줄이며 거리 활동의 연속성을 보인다. 식사를 위해 식당에서 음식을 먹고, 필요한 물건들을 인근 구멍가게에서 구입하며, 때가 되면 이발소에서 이발을 하고, 저녁에는 인근 주막에서 술 한잔 기울이며 동네 돌아가는 이야기를 나눌 수 있다. 그러다 보니 주민들은 서로 집안 이야기, 동네 이야기, 도시와 나라 돌아가는 이야기를 나누며 친밀한 이웃 관계를 형성하고 공동체가 형성될 수 있다.

셋째, 배다리에는 주민들이 모여 만남과 소통을 하는 공간이 있다. 바로 스페이스 빔(Space Beam)과 배다리 공동이용시설 등이 이런 기능을 수행한다. 지역 공동체 문화공간인 스페이스 빔은 배다리에 위치한 옛 인천문화양조장 건물을 임차해 리모델링한 뒤 2007년 9월 개관하였다. 대표로 활동하고 있는 민운기 시민운동가는 "내 안의 자본주의적 욕망에서 삶의 공간에 작동하는 일방적 지배권력을 비우고 자율적이고 주체적인 개개인의 의지와 관계로 대안적 도시 공동체를 만들자."라는 취지로 스페이스 빔을 운영하고 있다고 말한다.[2]

---

2. 민운기 대표는 "마을의 운명은 주민들이 스스로 결정해야 한다. 책임지지도 못할 거면서 관이 독단적으로 결정해서는 안 된다."라며 "드라마와 영화의 성공으로 관광객이 마을에 많이 오는 것은 좋은 일이긴 하지만, 관광 논리와 보여 주기식 사업이 되어서는 안 된다."라고 주장한다. 그리고 "제대로 된 마을을 만드는 것이 우선이고, 그 결과로 관광객이 찾아오게 해야 한다."며 "다른 지역처럼 원도심 활성화 후 기존 저소득층 주민을 몰아내는 현상이 발생하지 않을 거라는 보장이 없다. 마을

〈그림 9.11〉 인천 배다리의 문화예술공간

지역에는 배다리를 관통하는 산업도로 건설에 반대하여 인천의 다양한 예술
단체와 문화공간들이 배다리로 근거지를 옮겼고, 이후 도로 건설의 부당함을
제기하는 주민들과 함께 '산업도로 반대 주민대책위원회'를 꾸렸으며, 인천 지
역 문화·시민 단체와 활동가들이 중심이 된 '배다리를 지키는 인천시민모임'을
발족해 현재도 왕성하게 활동하고 있다(인천투데이, 2019).

한편 배다리에는 골목길이 있어 주민들이 작은 이야기를 만들며 삶을 살아
가고 있다. 골목길을 통해 주민들이 서로 접촉하며 이야기를 나누고, 공동 관심
사와 정보를 공유하며 협력과 동반자 관계를 형성하고, 배다리의 역사와 문화
를 계승하고 만들어 가면서 공동체의 정체성과 자긍심, 소속감과 연대 의식을
가지고 살아가고 있다.

위 두 곳을 비교하면 눈에 보이는 것이 다가 아니라는 것을 알 수 있다. 송도
경제자유구역은 겉보기에는 멋지고 현대도시의 모습을 보이며, 살기에 편리한
도시로 인식될 수 있다. 그런데 실상은 살기에 불편하며, 자동차가 있어야 하

과 도시를 어떻게 만들 것인가 등 대안을 찾는 실험을 계속할 것이다."라며 스페이스 빔 설립 취지
에 대해 말하고 있다(인천투데이, 2019).

고, 걷기에 황량한 불편한 도시를 연출한다. 반면, 배다리는 겉보기에는 허름하고 누추해 보이지만 거리가 살아 있으며, 골목길이 있어 이웃 간에 친밀한 관계가 형성되고, 공동체의 정체성과 소속감이 형성된 정감 있는 도시를 느낄 수 있다. 이런 의미에서 도시는 하드웨어와 소프트웨어가 잘 조화를 이룬 공간을 조성해야 한다. 하드웨어에만 치중하면 속 빈 강정을 만들 수 있고, 소프트웨어만 강조하면 (지방에서처럼) 경쟁력을 상실할 수 있다.

이러한 내용과 관련해서 1890년대 미국 시카고를 중심으로 전개된 도시미화운동(City Beautiful Movement)[3]에 주목할 필요가 있다. 도시미화운동은 말 그대로 도시를 아름답게 꾸며 매력적인 도시를 만들자는 운동이다. 그러면 외래 관광객과 자본이 몰려와 도시에 활력을 불어넣어 발전을 가져올 수 있다는 전략이다. 그런데 이 운동이 한동안 잘 추진되다가 전문가와 시민단체로부터 혹독한 비판을 받아 후퇴하게 된다. 비판을 받게 된 주요 요인은 '누구를 위한 도시미화운동인가?'였다. 도시 재정을 들여 미화운동을 전개하였는데, 열매는 주로 건설업자, 부동산 개발업자, 자본가 등 부유층 집단에 독점되고, 비용은 일반 시민들에게 배분되는 비합리적 운동이었으며, 그 결과 지역 불균형과 양극화가 더욱 심화되었다는 것이다. 그래서 도시미화운동을 통해 겉모양은 좋아졌으나, 빈부 격차와 지역 양극화는 더욱 심화된 불평등한 도시가 만들어진다는 비판에서 벗어나지 못했다.

그렇다! 분장 혹은 화장, 요즘은 성형을 통해 얼굴(겉모습)이 예뻐질 수는 있지만, 그렇다고 마음까지 예뻐지지는 않는다. 도시도 마찬가지이다. 도시 화장이나 성형을 통해 거리 모습과 풍광은 나아질 수 있으나, 그렇다고 시민들의 삶

---

3. 도시미화운동은 1893년 미국 시카고 세계무역박람회의 개최를 계기로 도시 내 역사적 공간에 오픈스페이스를 확보, 건축예술 강조 및 가로 광장 등의 문화적 조형 도시공원의 건설을 추진한 운동을 말한다. 특히 도시미화운동은 건축가이며 도시계획가인 대니얼 버넘(Daniel Burham)이 19세기 말부터 20세기 초까지 활발히 주도하였으며, 도시 규모에 따라 공공건축물을 규제하는 도심부 계획을 주축으로 하는 조형적 도시미를 강조하면서 도시설계의 기원을 이룬 것으로 평가받고 있다 (http://blog.naver.com/xooworo 인용).

의 질과 행복지수가 높아지는 것은 아니라는 것이다. 그래서 도시는 보이는 것이 다가 아니며, 아는 것만큼 도시가 보인다.

미술과 도시

미술과 뇌과학이 서로 연결되어 있다고 한다(에릭 캔델, 2019). 그래서 몬드리안의 추상미술과 잭슨 폴록(Jackson Pollock)의 작품들은 뇌가 시각 정보를 받아들이는 신경세포를 자극하여 형상과 윤곽을 구성하고 심상을 자극한다는 것이다. 사람들은 세상을 자신의 기억과 경험 그리고 정보와 지식에 따라 사회현상을 바라보고 해석한다. 필자는 몬드리안의 그림과 잭슨 폴록의 〈넘버 32〉를 보고 이분들이 도시에 대한 남다른 이해와 해석 방식을 제시하고 있다고 생각하였다. 특히 몬드리안의 〈브로드웨이 부기우기(Broadway Boogie-Woogie)〉(1942~1943)를 보면 무언가 평면적인 도시 청사진을 보는 느낌을 가지며, 잭슨 폴록의 〈넘버 32〉(1950)를 보면 점차 복잡하고 떠도는 인간성 상실의 도시를 그리게 된다. 그래서 추상화는 화가가 그렸지만, 작품을 어떻게 해석하고 이해하는가는 감상자의 몫이며, 두 화자와 청자가 만나 작품이 완성된다고 한다.

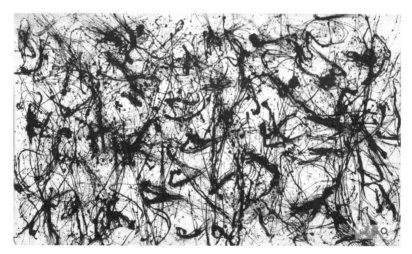

〈그림 9.12〉 잭슨 폴록, 〈넘버 32〉

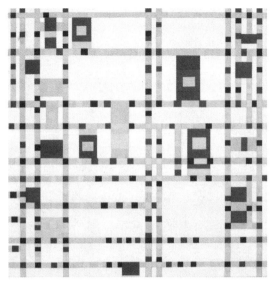

〈그림 9.13〉 몬드리안, 〈브로드웨이 부기우기〉

9-4. 즐거운 도시가 승리한다

필자는 30년 동안 대학교수를 하며 강단에 섰었는데, 강의의 주안점은 바로 "즐거운 강의가 승리한다."였다. 아무리 강의 내용이 충실해도 즐겁지 않으면 재미가 없고 흥미를 끌지 못한다. 그래서 매 학기 강의 첫 시간에 학생들에게 한 학기 동안 즐겁게 강의를 진행해 보자고 이야기하였다.

도시도 마찬가지이다. 즐거운 도시가 승리한다. 이 이야기는 미국 하버드 대학교 교수인 에드워드 글레이저(Edward Glaeser)가 쓴 책 『도시의 승리(Triumph of the City)』에 나오는 말이다. 이제 도시는 경제성장과 부의 증가에 중점을 둘 것이 아니라, 시민들의 삶의 질과 행복을 증진시켜 즐거운 도시를 만들어야 한다고 역설한다.

그러면 필자가 교수로 활동하였던 도시 인천의 현실은 어떤가 보자. 인천에서 가장 살기 좋은 곳을 꼽으라면 아마 많은 사람이 송도 경제자유구역을 지목할 것이다. 송도 경제자유구역, 겉보기에는 꽤 괜찮아 보이고 널찍한 느낌을 준다. 센트럴파크를 비롯해 넓은 녹지공간이 조성되어 있고, 대로들이 직선으로 시원하게 펼쳐져 있다. 고층 건물들이 들어서 현대도시의 풍광을 보이고, 주변에 운하가 조성되어 수변도시의 정취를 만들어 낸다. 그런데 딱 거기까지이다. 그리고 무언가 2% 부족한 느낌을 준다. 실은 2%가 아닌 20%가 부족한 현실을 보이는데, 이번에는 여기까지만 비판하기로 하자.

그러면 2% 부족한 것이 무엇인가 한번 살펴보자. 인천 송도 경제자유구역은 글로벌 도시를 표방하고 있다. 그런데 글로벌 도시가 과연 무슨 뜻인가? 여러 해석이 가능하겠지만, 글로벌 도시의 의미로는 글로벌 활동과 비즈니스가 지역에 집중되어 글로벌 인재들을 끌어들이기 위한 글로벌 기반시설이 갖추어진 도시로 이해될 수 있다. 즉 글로벌 활동과 인재, 그리고 인프라로 장착한 도시라고 정의할 수 있다. 그런데 현실에서 송도 경제자유구역을 글로벌 도시라고 자신 있게 말할 수 있는가? 필자가 보기에는 아직 한참 모자란다. 이 내용 모두를 여기서 밝힐 수는 없고, 이 책에서는 즐거운 도시와 관련된 부분만 논의해 보자.

글로벌 도시가 되기 위해서는 글로벌 인재를 끌어들이는 매력이 있어야 한다. 겉보기에만 멋진 것이 아니라, 도시활동도 매력적이고 즐거움이 있어야 한다. 그런데 송도 경제자유구역은 하드웨어는 어느 정도 갖추었는데, 소프트웨어에서는 아직도 한참 멀었다. 말 그대로 속 빈 강정이란 의미이다. 왜 이렇게 비판하는가 하면, 바로 즐거움을 위한 활동과 공간이 없기 때문이다.

도시가 활기를 띠기 위해서는 즐거움을 위한 공간이 있어야 한다. 더구나 글로벌 도시를 표방하면 글로벌 활동과 인재들을 위한 만남의 공간, 소통의 공간, 유희의 공간, 축제의 공간, 더 나아가 해방의 공간이 있어야 한다. 그런데 송도 경제자유구역에는 이런 사유와 해방의 공산이 없다.

한국에서 외국인들을 위한 대표적 해방의 공간으로 이태원을 들 수 있다. 이태원에 가면 외국인들과 힙(hip)한 사람(hipster: 유행을 따르지 않고 자신들만의 고유한 패션과 음악 문화를 좇는 개성 있는 부류)이 많이 몰려들어 색다른

〈그림 9.14〉 이태원 거리 밤 풍경

거리를 연출하고, 다양한 레스토랑, 카페, 클럽 등이 있어 젊음과 에너지를 방출하는 해방구로 작동하고 있다. 그래서 관광객들을 끌어모으기 위한 쇼핑과 먹을거리, 유희와 엔터테인먼트, 스펙터클과 이벤트가 있는 낭만의 공간을 연출하며 외국인들을 끌어모은다.

　즐거운 도시를 위한 공간은 서울 이태원만 있는 것이 아니다. 홍콩 란콰이퐁(Lan Kwai Fong)에 한번 가 보시라. 란콰이퐁은 홍콩에서 가장 인기 있는 밤 문화의 명소로, 다양한 분위기의 바와 레스토랑이 몰려 있어 잠들지 않는 도시, 즐거운 도시, 해방의 공간을 느낄 수 있다. 앙코르와트(Angkor Wat)로 유명한 캄보디아 시엠레아프(Siem Reap)에 가 보자. 여기에도 유럽인(European) 거리와 펍(Pub)스트리트가 있어 관광객을 끌어모으며 밤 문화를 주도하고 있다. 베트남 호찌민도 이런 해방구가 있다. 바로 베트남의 여행자 거리라 부르는 데 탐(De Tham)과 부이비엔(Bùi Viện) 거리이다. 밤에 부이비엔 거리를 가면 나이트 라이프를 즐기는 수많은 외국인을 볼 수 있고, 클럽과 바가 즐비해 있어 거리는 음악과 사람들의 소리가 섞여 볼거리와 엔터테인먼트 공간을 연출하며

〈그림 9.15〉 별난 도시 포틀랜드

에너지 분출을 위한 해방구가 된다.

여기에 더해 지역 전체가 별난 도시를 추구하는 곳도 있다. 바로 미국 오리건 주 포틀랜드(Portland)로 도시 슬로건이 'Keep Portland Weird!'이다. 즉 포틀랜드를 다른 도시들과 차이가 나는 별난 도시로 만들자는 것이다. 그래서 최근에 도시개발의 주요 방법론으로 등장한 원리가 '힙스터(hipster)들을 끌어모으는 힙한 도시'를 만드는 것이다. 왜? 힙스터들은 무언가 별나고 돌출적이며 기발한 사고와 생활방식을 추구하기 때문에 다양하고 이질적이며 개방적이고 창의적인 도시를 만드는 데 핵심 요인으로 작용한다는 것이다. 그래서 힙스터들을 끌어모으기 위해서는 도시가 즐거워야 하고, 넘치는 끼와 에너지를 발산할 수 있는 해방구가 있어야 한다.

그런데 송도 경제자유구역은 겉보기에는 그런대로 괜찮은데 재미가 없다. 바로 이런 해방구가 없기 때문이다. 말로는 글로벌 도시라고 하면서 이태원, 홍대 앞과 같이 외국인, 젊은이, 힙스터들이 에너지를 발산할 수 있는 공간이 없다. 그러니 도시가 활기가 없고, 보행자도 없으며, 그저 멀리서만 바라보는 황량한 도시가 되었다.

도시는 다양한 계층, 집단, 인종, 연령 등이 어울려 사는 공간이다. 그래서 도시에는 고급 주택, 대형 아파트도 있어야 하지만, 저가 주택과 공간도 있어야 한다. 그래야 가난한 젊은이, 예술가, 히피, 보헤미안, 힙스터들에게 삶을 위한 공간과 기회가 제공된다. 인천 송도를 보면 고급 아파트만 있다 보니 역동성 없는 공간, 재미없는 천국을 만들었다. 그래서 임대주택, 소형 아파트, 다세대주택 등이 혼재된 공간이 더 활력 있고 재미있는 거리를 만든다.

도시는 즐거워야 한다. 즐겁지 않고 재미가 없으면 사람들을 끌어들이는 매력이 없다. 얼마 전 인천시 발표에 의하면, 인천 송도 경제자유구역에서 출발하여 서울역을 거쳐 경기도 마석까지 연결되는 광역급행 GTX-B 열차 노선이 2022년 착공하여 2030년에 개통될 예정이라고 한다. 이 노선이 완공되면 송도에서 서울역까지 27분 소요되어 이동시간이 크게 단축될 것으로 예상된다. 그런데 이 계획의 확정이 과연 팡파르를 울려야 할 일인가? 현재 인천의 상황에서 광역급행열차가 개통되면 과연 서울 사람들이 인천으로 많이 몰려올지, 아니면 반대로 인천 사람들이 서울로 많이 몰려갈지 예측해 볼 필요가 있다. 필자가 예상하기에 인천에 힙스터들을 끌어들이는 매력의 공간이 없고 에너지를 발산하기 위한 해방구가 없다면 결과는 자명하다. 광역급행열차는 서울이 인천의 사람과 돈을 빨아들이는 빨대로 작용할 것이다. 우리는 이미 이런 사례를 고속도로와 고속철도의 개통으로 경험하였다. KTX 고속철도가 개통되어 대구와 부산에서 서울까지 이동시간이 감축되자 무슨 일이 발생하였는가? 지역 상권이 점차 위축되고 서울과 수도권이 한층 비대해지는 현상을 지금 목격하고 있다. 전국이 고속도로로 연결되어 반나절 생활권 시대에 접어든 다음 무슨 일이 발생하고 있는가? 젊은 층이 이탈하고 지방에는 노인들만 남아 쇠퇴와 소멸 지역이 점차 확대되는 현실에 직면하고 있다.

이제 왜 즐거운 도시가 승리하는지 이해가 되었을 것이다. 인천이 경쟁력을 갖기 위해서는 송도 경제자유구역이 경쟁력을 가져야 한다. 이를 위해서는 힙스터들을 끌어모으는 즐거운 도시를 만들어야 한다. 인천의 정책결정자들은 광역급행열차의 개통을 축하만 할 것이 아니라, 인천이 서울 사람들과 돈을 어떻게 빨아들여야 할지에 대한 심각한 고민을 해야 할 때이다.

장 보댕(Jean Bodin)은 그의 저서 『공화국(La République)』에서 "거대한 국가가 무너지는 것은 변화에 적응하지 못했다는 것을 의미한다."라고 주장하였다. 도시를 전공한 필자의 시각에서는 도시가 실패하는 것은 즐거운 도시, 매력의 공간을 만들지 못했다는 것을 의미한다.

제10장

도시는 사회적 생물이다

정치가 생물이라고? 도시는 계획대로 건설되는 것이 아니고, 시시각각으로 변하는 생물이다.

10-1. 빌딩도 혼자 있으면 외롭다

사람은 사회적 동물이라 혼자서 살지 못한다. 똑같은 논리가 도시에도 그대로 적용된다. 사람들이 모여 공동체를 만들 듯이, 도시활동도 혼자면 외롭고 발전하지 못한다. 빌딩도 마찬가지이다. 고층 빌딩이 홀로 높이 올라가면 멋지고 폼은 나겠지만, 외롭고 주변의 도움을 받지 못한다. 이런 예를 우리는 여의도 63빌딩을 통해 오랫동안 보아왔다.

한동안 서울의 랜드마크로 뽐냈던 63빌딩은 오랫동안 외로웠다. 주변에 스카이라인을 형성하는 다른 빌딩들이 있었으면 서로 도와 뉴욕 맨해튼과 같은 마천루 거리를 만들었을 것이다. 그런데 63빌딩은 태생부터 입지를 잘못 선택하였다. 여의도 중심지에 자리 잡아야 하는데 한쪽 구석으로 치우쳐 랜드마크

〈그림 10.1〉 여의도 63빌딩

는 되었지만 중심지로서의 기능을 수행하지 못했다. 그렇지 않고 63빌딩이 여의도 중심지에 건설되었다면, 주변에 고층 빌딩들이 들어서서 시너지 효과를 창출하여 여의도 성장을 위한 앵커 역할을 수행하였을 것이다.

유사한 사례를 잠실에 있는 롯데월드타워 빌딩에서 목격할 수 있다. 2016년 완공된 지상 123층, 지하 6층, 높이 555m의 롯데월드타워는 잠실의 랜드마크로 쇼핑센터, 호텔, 놀이공원 등으로 이용되어 많은 관광객과 쇼핑족을 끌어모으고 있다. 그런데 이곳의 효능은 딱 여기까지이며 주변에 파급효과를 주지 못하고 있다. 왜냐하면 주변이 석촌호수와 아파트 단지로 둘러싸여 시너지 효과를 창출하지 못하기 때문이다.

반면, 현재 공사가 진행되어 2024년에 완공 예정인 삼성동 현대자동차 그룹 글로벌 비즈니스센터를 살펴보기로 하자. 메인타워 105층 569m와 컨벤션호텔 35층 193m로 건축 중인 이곳은 주변 활동과 접근성에서 잠실 롯데월드타워와 비교가 되지 않는다. 우선 삼성동에는 컨벤션센터가 있고, 호텔과 백화

〈그림 10.2〉 잠실 롯데월드타워

점, 그리고 지하에는 코엑스몰이 있어 그 자체로 복합 클러스터 효과를 창출하고 있다. 즉 컨벤션센터에서는 국제회의와 전시회가 수시로 열리고, 행사에 참석하는 사람들의 숙박을 위한 고급 호텔이 바로 옆에 있으며, 이들의 쇼핑활동을 충족하기 위한 백화점이 같이 있다. 또한 지하에는 아쿠아리움, 메가박스 등이 있어 가족을 위한 놀이공간을 제공하며, 다양한 음식점과 상점들이 밀집하여 다양한 욕구를 충족시키고 있다. 여기에 테헤란로와 영동대로가 교차하는 공간에 광역급행철도 GTX-A가 들어서면 현대글로비스 센터는 교통의 중심지가 되어 강남 비즈니스 활동의 중심 공간 역할을 할 것으로 기대된다. 이제 왜 이런 효과가 도시성장을 위한 핵심적 활동인지 이론을 통해 알아보자.

　도시가 성장하는 데에는 다양한 요인들이 작용한다. 종교적 요인, 정치·행정적 요인, 군사적 요인, 문화적 요인, 지리적 요인 등 다양한 요인이 작용하지만, 18세기 후반 산업혁명이 발발한 이후 도시성장의 주요 요인으로는 단연 경제적 요인이 핵심적으로 작용하였다. 즉 산업사회가 도래한 이후 도시성장의 핵심적 요인으로 경제적 요인이 압도적인 요소가 되었다는 것이다.

도시성장을 위한 핵심 요소로 경제적 요인이 작용한 데는 다음과 같은 세 가지 효과가 작동하기 때문이다. 즉 규모의 경제, 집적의 효과, 클러스터 효과가 그것이다. 지금부터 이 효과가 도시성장에 어떻게 영향을 미치는가에 대해 논의해 보자.

첫째로 규모의 경제(economies of scale)에 대해 논의해 보자. 규모의 경제는 사전에 "경제 투입 규모가 커질수록 평균비용이 줄어드는 현상을 말하며, 생산량을 증가시킴에 따라 평균비용이 감소하는 현상을 의미한다."라고 설명하고 있다. 간단히 말해, 자동차를 한 대 생산할 때의 비용보다 자동차를 100만 대 대량생산할 때 비용이 훨씬 저렴하다는 것이다. 이 원리는 생산에만 적용되는 것이 아니라 소비에도 그대로 적용된다. 예를 들면, 동네 슈퍼마켓에서 물건을 살 때보다 대형 할인 매장에서 살 때 더 저렴하게 물건을 구입할 수 있다. 왜냐하면 대형 할인 매장에서는 물건을 대량으로 구매하기 때문에 규모의 경제가 작용하여 저렴하게 구입해 저렴하게 판매할 수 있기 때문이다. 그래서 기업들은 점차 몸집을 불려 가고, 많은 사람을 고용하며, 이런 활동이 점차 확대되어 도시의 성장을 가져오게 된다.

둘째로 집적(集積)의 효과(agglomeration effect)에 대해 알아보도록 하자. 집적의 효과는 "사람과 산업활동이 특정 지역에 밀집함으로써 발생하는 경제적 효과"로 정의할 수 있다. 즉 사람이나 비즈니스가 특정 지역에 밀집하면 그곳에서 다양한 경제적 효과가 발생한다는 것이다. 사람들이 밀집하면 새로운 소비시장이 만들어져 비즈니스가 창출되고, 산업활동이 밀집하면 새로운 일자리가 만들어져 지역 활성화를 가져올 수 있다. 그래서 집적의 효과에 의해 도시가 성장한다. 이런 집적의 효과는 두 가지로 분류된다.

하나는 지역화 효과(localization effect) 혹은 전문화 효과로, **"동일한 혹은 유사한 산업활동**이 특정 지역에 밀집함으로써 발생하는 경제적 효과"로 정의된다. 예를 들면, 인천 차이나타운에 중국 음식점이 밀집함으로써 관광명소가 되어 많은 사람들을 끌어모으고 있다. 마찬가지로 서울 인사동에는 고미술품 상점들이 밀집하여 문화예술이나 고미술품에 관심을 가진 사람들을 끌어모으고 있다.

다른 하나는 도시화 효과(urbanization effect)로, 앞에 말만 바꾸어 **"다양한 산업활동**이 특정 지역에 밀집함으로써 발생하는 경제적 효과"로 정의된다. 예를 들면, 서울 스타필드 코엑스몰로 여기에 가면 다양한 상점, 다양한 음식점, 다양한 볼거리와 이벤트를 경험할 수 있기 때문에 사람들이 많이 모이며 경제적 효과를 창출한다. 마찬가지로 시장에 가면 다양한 상품과 서비스를 향유할 수 있기 때문에 사람들이 모이고 경제적 효과가 창출된다.

앞에서 집적의 효과에 대해 간단히 설명하였는데, 사실 집적의 효과에 따른 파급력은 훨씬 크다. 동일한 활동이 특정 지역에 밀집하면 어떤 효과가 발생하는지 상상해 보자. 예를 들어, 압구정동에 성형외과가 하나 들어섰다고 가정해 보자. 부유층 동네이기 때문에 성형을 위한 소비자들이 많이 몰려들 것이다. 시간이 지남에 따라 성형외과가 잘되는 것을 알고 주변에 다른 성형외과가 들어선다. 아마 처음에 성형외과를 개업한 의사는 자신에게 올 고객을 경쟁 상대에게 빼앗기기 때문에 주변에 성형외과가 들어서는 것이 달갑지 않았을 것이다. 그런데 시간이 지남에 따라 성형외과가 점차 밀집하면서 압구정동은 성형의 중심지로 알려지고, 전국을 넘어 외국에서도 성형하려는 사람이 몰려드는 성형 전문화 지역으로 우뚝 서게 된다.[1] 이렇게 되면 그 파급력은 상상할 수 없을 정도로 커지게 된다.

우선 소비시장이 확대된다. 앞에서 언급한 것처럼, 국내를 넘어 중국, 일본, 동남아로 소비시장이 확대되는 것을 볼 수 있다. 특히 최근에는 한류 활동과 연계되어 성형뿐 아니라 화장품시장까지 소비시장이 확대되는 것을 알 수 있다.

또한 노동시장이 확대된다. 성형을 전문으로 공부한 의사라면 아마 직장을

---

1. 지금까지 압구정동을 중심으로 '성형거리'를 형성해 경쟁하던 성형외과가 점차 신사역 사거리를 중심으로 무대를 옮겨 치열한 경쟁을 이어 가고 있다고 한다(메디칼타임즈, 2018).

〈그림 10.3〉 밀집해 있는 압구정동 성형외과

알아보는 데 먼저 압구정동에 가서 일자리를 찾을 것이다. 그리고 중국이나 동남아 등 외국에서도 성형의 전문가라면 압구정동에 들러 성형시장의 변화에 관심을 가질 것이다.

그리고 정보와 기술이 변화한다. 성형 분야의 다양한 소비자와 전문가들이 한 지역에 밀집함에 따라 성형과 관계된 새로운 정보와 지식이 축적되고, 새로운 기술과 장치들이 개발되어 압구정동은 성형을 주도하는 혁신 지역으로 자리 잡을 것이다.

이러한 전문화 활동을 통해 많은 도시들이 성장하였다. 미국 실리콘밸리는 반도체와 IT 기술의 집적을 통해 성장하였고, 이탈리아 밀라노는 의류와 디자인 활동의 집적을 통해 패션의 중심지로 성장하였다. 프랑스 파리는 박물관과 미술관의 집적을 통해 문화예술의 중심지로 각광 받고 있으며, 미국 뉴욕 맨해튼은 고층 빌딩의 집적을 통해 마천루 도시로 성장하였나.

다음으로, 도시화 효과가 주는 파급효과에 대해 알아보도록 하자. 다양한 산업활동이 특정 지역에 밀집하면 다양한 계층, 연령, 인종, 집단을 끌어들인다. 다양한 사람과 집단이 교류와 접촉을 하게 되면 다양한 생활과 사고방식, 다양한 정보와 지식, 다양한 문화와 예술, 다양한 기술과 아이디어가 교류, 모방, 합성, 축적되어 변화와 혁신의 중심지로 작용한다. 똑같은 사람과 집단이 있는 곳에서는 변화와 혁신을 기대할 수 없다. 이런 대표적인 곳이 바로 군대와 종교 집단이다. 군대는 똑같은 사람들이 똑같은 일을 똑같은 시간에 똑같이 수행하는 집단이다. 이런 군 집단에서 변화와 혁신을 기대하기는 어렵다. 마찬가지로 똑같은 신을 똑같은 방식으로 믿는 종교 집단에서 새로운 변화와 혁신이 발생하기는 만만치 않을 것이다. 반면, 다양한 언어와 문화, 계층과 인종적 배경을 가진 사람들이 모인 집단에서는 다양한 아이디어와 상상력이 발휘되어 변화와 혁신을 위한 추진체로 작동한다. 이런 원리에 의해 인구 규모가 큰 도시에서 다양한 상품과 서비스가 제공되고, 인구 규모가 작은 도시에서는 상대적으로 제한된 상품과 서비스가 제공된다. 즉 서울에서는 저가 상품과 서비스에서부터 최고의 명품과 서비스까지 모두 접할 수 있는데, 지방에서는 상대적으로 선택지가 제한된 것을 알 수 있다. 그래서 속담에 "말은 나면 제주도로 보내고, 사람은 나면 서울로 보내라."라고 하지 않았던가!

셋째로 클러스터(cluster, 群集) 효과에 대해 알아보도록 하자. 클러스터는 연계된 활동들이 포도송이처럼 한데 뭉쳐 있는 형태를 의미한다. 그래서 클러스터 효과는 "전후방 연계활동들이 특정 지역에 밀집하여 발생하는 경제적 효과"로 정의된다. 여기서 전방적 연계(forward linkage)는 특정 활동에서 생산된(혹은 발생하는) 재화나 서비스를 투입(input)으로 이용하는 활동을 의미하며, 후방적 연계(backward linkage)는 특정 활동에 원자재를 공급하는 재화나 서비스 활동을 의미한다. 자동차산업을 예로 들면, 후방적 연계산업으로는 자동차를 생산하는 데 원자재를 제공하는 철강산업, 전자산업, 부품산업, 자동차 디자인, 유리산업 등을 의미하며, 전방적 연계산업으로는 자동차를 원자재로 이용하는 도로산업, 물류산업, 관광산업, 정비업체, 휴게소 등 활동을 의미한다(그림 10.4 참조). 이러한 전후방 연계활동이 큰 산업을 기간산업이라 하며, 이런 활동들이 특정 지역에 밀집하여 발생하는 경제적 효과를 클러스터 효과라

철강산업　후방적　　전방적　도로산업
　　　　　연계　　　　연계

전자산업　　　　　　　　　　　　　물류·유통산업

부품산업　　자동차산업　　　　관광·여가산업

〈그림 10.4〉 자동차산업의 전후방 연계산업

고 한다.[2]

　도시개발에서 최근에 앵커 산업 혹은 활동이라는 용어가 자주 등장한다. 앵커 산업이나 활동은 지역성장을 견인하는 산업이나 활동을 의미한다. 즉 도시가 성장하려면 앵커산업이 있어서 활발한 전후방 연계활동을 통해 성장을 견인해야 한다는 의미이다. 그런데 앵커활동이 반드시 거대한 기간산업만을 의미하는 것은 아니다. 앵커활동은 박물관이 될 수도 있고, 대학이 될 수도 있으며, 컨벤션센터가 될 수도 있다. 박물관을 예로 들면, 특정 지역에 박물관/미술관이 들어섬으로써 주변에 고급 레스토랑, 북카페, 갤러리, 부티크숍 등이 오픈해 문화 클러스터가 형성되는 것을 볼 수 있다. 바로 서울 북촌이 좋은 사례이다. 국립현대미술관 서울 분관이 삼청동에 자리 잡으면서 주변에 연계활동들이 들어서 북촌의 재생과 서울 원도심의 활성화를 견인하였다.

　이제 왜 고층 빌딩이 혼자 있으면 외롭고, 경제적 효과를 창출하지 못하는가를 어느 정도 이해하였을 것이다. 사람도 마찬가지이고, 빌딩도 마찬가지이며, 산업활동도 마찬가지이다. 관계된·연계된 활동들이 서로 뭉쳐 시너지 효과를 창출할 때 경쟁력이 높아지며 성장을 견인하게 된다. 이런 의미에서 삼성동 현대자동차그룹 글로벌 비즈니스센터가 앞으로 강남의 성장을 어떻게 견인할지 자못 기대된다.

---

2. 앨버트 허시먼(Albert Hirschman)은 기간산업에 투자할 때 전방적 연계보다 후방적 연계활동이 큰 산업에 우선적으로 투자할 것을 주장하였다. 후방적 연계가 큰 경우 초기 생산에서는 외부로 원자재를 수입해야 하지만, 산업이 점차 발전할수록 원자재의 수입대체활동이 활발히 일어나 기간산업 전체의 발전을 가져올 수 있다는 논리이다. 한국에서는 박정희 정권에서 허시먼 원리를 받아들여 기간산업의 육성을 통한 경제성장을 가져왔다.

그렇다고 도시가 무한히 성장하지는 않는다. 규모의 경제, 집적의 효과, 클러스터 효과에 의해 도시 규모가 확대되지만, 이런 요인들이 긍정적으로만 작용하는 것이 아니라 부정적으로 작용하기도 한다. 즉 도시가 일정 규모 이상으로 커지면 규모의 불경제(diseconomic of scale)와 집적의 부정적 효과가 발생하여 도시가 더 이상 커지는 것을 억제하는 요인으로 작용한다. 좀 더 구체적으로 살펴보면, 규모의 불경제는 어떤 활동이 일정 규모 이상으로 커지면 요소비용이 점차 증가하는 현상을 의미한다. 예를 들면, 집에 냉장고 크기는 한정되었는데 낚시를 해서 생선을 많이 잡아왔다고 해 보자. 일정수의 생선은 보관이 가능한데, 적정 수준을 넘어서면 나머지 생선은 애물단지가 되어 남을 주거나 버려야 한다. 즉 적정 규모까지는 효용이 발생하지만, 일정 규모를 넘어서면 효용보다 비용이 더 많이 든다는 것이다. 도시 규모도 마찬가지이다. 일정 규모까지는 주택, 교통, 상하수도, 전력, 가스 등이 저렴하게 공급될 수 있지만, 적정 규모를 넘어서면 부동산 가격이 폭등하고 공공서비스 비용이 상승하여 규모에 따른 부정적 비용이 긍정적 효과를 초과하게 된다.

다음으로, 집적의 부정적 효과는 흔히 혼잡비용(congestion cost)과 혼용해서 이해된다. 즉 특정 활동이 일정 수준 이상으로 밀집해서 발생하는 부정적 효과를 의미한다. 예를 들면, 도로에 일정 수준의 차량까지는 원활한 소통을 가져오지만, 적정 수준을 넘어 차량이 한꺼번에 밀리면 정체/지체를 불러일으켜 혼잡이 발생하는 현상을 보인다. 마찬가지로 공용 수영장에 일정 규모의 이용자까지는 수영을 즐길 수 있지만, 적정 규모를 넘어서면 수영장인지 목욕탕인지 모를 정도의 혼잡을 가져올 수 있다. 도시도 일정 규모를 넘어서면 교통혼잡, 공해문제, 쓰레기 처리, 주택문제 등이 발생하여 사람들이 도시를 떠나 교외로 빠져나가는 현상이 발생한다. 그래서 도시의 무한한 성장을 억제하는 요인으로 작용한다.

그런데 한국의 서울과 수도권은 지금도 인구와 산업활동이 지속해서 집중되는 것을 볼 수 있다. 왜냐하면 아직도 규모의 불경제와 집적의 부정적 효과가 규

모의 경제와 집적의 효과를 상쇄할 정도로 커지지 않았기 때문이다. 그리고 과
학기술이 발달함에 따라 집적의 부정적 효과를 점차 감소시킴으로써 당분간은
서울과 수도권의 비대 현상은 지속될 것으로 예상된다. 예를 들어, 공해방지 시
설과 장치가 개발되어 집적에 따른 환경비용을 감소시키고, IT 기술발전에 의
한 스마트 교통체계가 도입되어 교통혼잡이 줄어들면 집적의 부정적 효과가 감
소하여 서울과 수도권으로 사람과 산업활동이 더욱 집중할 것이라는 의미이다.

10-2. 썸타는 도시

세상은 정말 많이 변하였고, 지금도 엄청 빠른 속도로 변하고 있다. 불과 50
년 전만 해도 대가족제도가 주류였는데, 이제는 핵가족을 넘어 혼밥·혼술·혼
영의 시대[3]가 진행되고 있다. 그렇다고 철저히 개인 행동과 의식만이 지배하
는 것은 아니고, 관계를 맺기는 하지만 대면적 접촉보다는 컴퓨터 스크린을 통
한 접촉에 더욱 익숙하고, 깊은 관계를 갖기 전에 간을 보는 썸(some)타는 사
회가 진행되고 있다. 그래서 사람과 사람 사이의 유대관계가 대면적 접촉 시대
에는 깊이 형성되었는데, 지금은 상대적으로 약한 유대관계의 시대에 살고 있
다(Granovetter, 1973). 비록 유대관계는 약하지만, 반면에 폭넓은 유대관계를
SNS 등 매체를 통해 형성하여 의견을 주고받고 정보를 교환하며 집단을 형성
해 삶을 살아간다.

IT 기술발달에 의해 형성된 썸타는 사회에서는 할 말은 다 하고 자기 생각을
강력하게 표현하는 것이 가능하며, 때로는 다양한 하찮은 아이디어 및 의견들
이 교류·소통·공유·확산되어 예기치 않은 결과를 가져오거나 창의활동의 기
반이 되기도 한다. 예를 들어, 2002년 월드컵 때 등장한 '붉은악마'는 축구 경기
를 혼자 보는 것보다 여럿이 맥주 마시며 보면 훨씬 재미있을 것이라는 생각을

---

3. 혼자 밥을 먹고, 혼자 술을 마시며, 혼자 영화를 보는 시대를 말한다.

〈그림 10.5〉 2002년 월드컵 당시 서울시청 앞 광장에 모인 '붉은악마'

공유한 사람들이 모인 모임이 거대한 집단을 만들었다. 이와 유사한 활동이 박근혜 정권에서 최순실 국정농단 사건이 터진 후에 촛불시위로 확대되어 한국사회의 대변혁을 가져오는 계기로 작용하였다.

이러한 변화의 근저에는 인터넷을 비롯한 매체기술의 발달로 시민들의 정보에 대한 접근성이 향상되었고, 자신들의 의견을 표출하고 결집하기 위한 다양한 통로들이 제공되었기 때문이다. 허시먼(Hirshmann, 1970)의 논문「탈퇴, 항의 & 충성(Exit, Voice and Loyalty)」에서 지적한 바와 같이, 정보통신기술이 발달함에 따라 사회문제에 대한 집합적 항의를 위한 거래비용(transaction cost)이 감소하여 사회가 점차 투명하고 민주화된 유리 상자로 전환되고 있다. 유석진(2002)은 정보화 시대의 전개로 집합적 항의(voice)활동은 다음과 같은 변화가 기대된다고 기술하고 있다.

집합적 항의의 정도와 빈도는 항의를 조직하는 데 드는 거래비용에 영향을 받는다. 현실 세계에서는 잠재적 불만자(would-be discontent)를 찾아내어 확인하고 조직화시키는 것이 매우 어렵다. 가상공간의 등장과 정보화의 진전은 항의를 조직하는 데 드는 거래비용을 극적으로 감소시켜 주는 효과를 가져온다. 시간과 공간의 제약으로 인해 항의를 조직하는 데 비용이 많이 들었던 현실 세계에 비하여, 가상공간에서의 항의를 조직하는 데는 시간과 공간의 제약을 쉽게 뛰어넘을 수 있다. 인터넷상에 수없이 조직되는 기업과 정치조직 등에 대한 안티(anti) 사이트들이 바로 이러한 점을 여실히 보여 주고 있다. 기존의 현실 세계에서 자신의 불만을 토로하기 위해서는, 그것도 효과적으로 토로하기 위해서는 소비자보호원을 찾아가거나 등의 거래비용이 많이 드는 행위를 개별적으로 행하여야 했다. 하지만 가상공간에서는 쉽게 자신과 같은 경험을 가진 사람을 규합할 수 있고, 이들이 적은 비용을 들여 집합적으로 항의를 조직하는 것이 쉬워졌다.

그렇다고 대면접촉이 중요하지 않다는 것은 아니다. 사실 중요한 정보·지식·관계는 인터넷이 아닌 대면접촉을 통해 전달 및 확산되고, 썸타는 관계에서는 자신의 모든 것을 보여 주지 않는다. 그래서 도시에서 동일한 취향과 색깔을 가진 사람들과 유사한 특성의 산업과 활동들이 모여 클러스터를 만들고, 이러한 클러스터에서 새로운 기술혁신과 변화가 일어나며 도시 중심지로 성장하게 된다. 즉 사이버 공간이 다양하게 작용하지만 물리적 공간과 장소는 여전히 중요하며, '자주 보아야 친해진다'는 말은 아직도 유효하다.

왜 썸타는 도시가 되었나? 필자는 학교에 있으면서 두 가지 현상에서 썸타는 도시로 변화하는 것을 목격하였다. 첫 번째는 학생들과 이야기하는 가운데 들은 것으로, 요즘은 대학교에서 남녀 교제를 하는데 남학생들이 적극적으로 행동(dash)을 하지 않는다고 한다. 그래서 여학생이 먼저 퍼스트무브(first move)를 하기도 한다고 들었다. 누가 먼저 손을 내미는 것이 문제는 아닌데, 젊음의 활기가 점차 약해지는 것 같아 아쉽다. 그만큼 과거와 비교하여 남학생들의 용기와 자신감이 위축된 것을 반증하는 것 같다.

두 번째는 대학교의 축제가 활기를 잃었다. 얼마 전까지 대학축제 기간에는 동아리들이 천막을 치고 자신들의 존재를 알리며, 선후배들이 모여 캠퍼스에서 주막을 열어 밤새도록 노래하고 세상 돌아가는 이야기를 하는 광경을 목격하였다. 그런데 지금은 주막이 없어지고, 축제도 점차 시들해졌다. 왜냐하면 축제 기간에 대학교에 술 반입이 금지되었기 때문이다. 학생들이 캠퍼스에서 주막을 열어 장사하는 행위가 현행법 위반이며, 탈세행위라는 것이다. 축제 기간에 주막을 열려면 정부의 허가를 받아야 하고, 영업행위를 했으면 세금을 내야 한다는 논리이다. 참 별것에 다 법규와 규정을 가져다 붙인다. 그리고 대학 본부에서는 축제 기간에 술 반입이 안 되면 그만큼 사건 사고 발생이 적어지기 때문에 정부 조치에 방관과 동조를 하고 있다. 도대체 이것이 뭐란 말인가? 대학

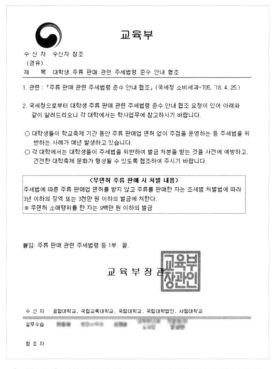

〈그림 10.6〉 대학생 주류 판매 관련 주세법령 준수 교육부 공문

축제의 목적이 무엇이고 왜 있는 것인데 말이다.

대학축제는 카니발(carnival)에서 유래되었다. 카니발은 매일매일의 일상에서 벗어나 어느 정도 일탈을 허용하는 기간으로, 이 기간에는 평소에는 금지되었던 행위나 활동이 허용된다. 예를 들면, 카니발 기간에는 계급관계를 벗어나 상놈과 양반이 함께 즐기며 놀았고, 평소에 마음은 있으나 용기가 없어 손을 내밀지 못했던 연인에게 감히 춤을 청할 수 있는 기회가 주어졌던 것이다. 그런데 축제가 끝난 후에 후환이 두렵거나 뒷감당이 어려울 것을 대비해 카니발에는 소품(그래서 하회탈이 만들어진 것이 아닌가)으로 가면이 등장하거나 분장 혹은 변장하는 것이 허용되었다. 그런데 대학축제에서 술 반입을 금지한다니 어처구니가 없다.

대학은 진리를 추구하고 학문을 연마하는 곳이다(사실인가?). 일상에서는 진리를 추구하고 학문을 연마하다가 축제 기간에는 어느 정도 일탈을 허용해야 하는데, 어른들이 이것을 용납하지 않겠다고 한다. 규제로 묶어 놓고 일 년 내내 캠퍼스에서는 젊음을 분출하지 말고 꾹 참고 있으라고 한다. 이런 규제와 분위기 속에서 젊음의 에너지가 솟아나겠는가? 썸타는 도시는 누가 만들었는가 하면 바로 어른들, 기성세대가 만든 산물이다.[4] 그래서 썸타는 도시는 열정이 없고 무언가 밍밍하다.

한국 사회에서는 지금 『82년생 김지영』과 '페미니즘'에 대한 찬반 논쟁이 충돌하고 있다. 82년생 여성들은 세상 살기 어려우니 결혼은 필수가 아닌 선택이 되었으며, 페미니즘에 겁먹은 남성들은 결혼에 엄두가 나지 않는다. 모두 너무 똑똑하고 계산적이라 인생도 그런 방식으로 본다. 필자가 아는 지인의 아들은 아예 결혼은 포기하고 생애 목표가 100억을 버는 것이라고 한다. 연애하면 돈만 들고 별 재미도 없다고 하니, 썸도 포기하고 돈만 벌겠다고 한다. 그래서 쇼

---

4. 그래서 필자가 인천 시의원을 만나, 지역 대학축제 조례를 만들자고 건의를 했었다. 조례 내용은 일 년 중 축제 기간(예를 들면, 일주일)에만 술 반입을 허용하자는 것이 주요 골자였다. 그런데 관심이 없는지 전혀 소식이 없다.

펜하우어(Schopenhauer)는 "합리적인 병사는 전쟁을 하지 않고, 합리적인 사람은 결혼을 하지 않는다."라고 했나?

〈그림 10.7〉 『82년생 김지영』

그래, 인생 뭐 있겠는가? 필자가 좋아하는 철학자이며 극작가인 조지 버나드 쇼(George Bernard Shaw, 1856~1950)는 묘비에 이렇게 써넣으라고 하였다. "내가 오래 살다 보면, 언제가 이런 일이 생길 줄 알았지(I knew if I stayed around long enough, something like this would happen)." 찰리 채플린(Charlie Chaplin)은 "인생은 가까이서 보면 비극이지만 멀리서 보면 희극이다(Life is a tragedy when seen in the close-up, but a comedy in long-shot)."라는 말을 남겼다. 요즘 인생 100세 시대라고 하는데, 100년을 날수로 세어 보면 겨우 36,500일에 불과하다. 그러니 하루하루 행복하게 살아야지.

도시가 활기를 띠기 위해서는 젊은 층에 힘을 실어 주어야 한다. 어떻게 해야 젊은 층에 힘을 실어 주고 꿈을 꾸게 해 줄 수 있는가? 젊은이들이 자신의 생애 계획(life-plan)을 수립하고 성취할 수 있는 도시와 사회가 되어야 한다.[5] 영국의 철학자이며 정치경제학자인 토머스 힐 그린(Thomas Hill Green, 1836~1882)은 적극적 자유(positive freedom)를 설명하며, 각 개인은 자신의 생애 계

---

5. 필자가 미국에서 연구년으로 있을 때 재미있는 일이 있었다. 필자와 같이 있는 중학생 조카가 토요일에 누구를 만나러 간다고 하였다. 그래서 누구를 만나러 가냐고 물었더니 학교에서 소개해 준 디자이너를 만나러 간다고 한다. 어떻게 학교에서 디자이너를 소개해 주었느냐고 물었더니, 학교에서 자신의 생애 목표를 써내라고 해서 '디자이너'가 되는 것이 꿈이라고 써냈단다. 그랬더니 학교에서 너의 목표를 성취시켜 줄 멘토를 소개해 준다며, 지역에 있는 전문 디자이너와 조카를 연결시켜 주었다. 그래서 선진 교육제도가 이렇게 다르고, 학교에서부터 학생의 꿈과 목표를 실현시켜 주기 위해 다양한 프로그램을 운영하고 있다는 것을 알게 되었다. 그런데 한국 교육의 현실은? 학교는 생애 목표를 성취하기 위한 과정이 아니라 대학에 들어가기 위한 입시기관이 되어 버렸다. 이런 사회에서 젊은이들에게 꿈과 희망을 갖고 생애 계획을 세우라고 할 수 있겠는가?

획을 달성할 수 있을 만큼 적절한 경제적 자원을 소유하고, 이런 적극적 자유를 성취할 수 있도록 정부는 노동자의 생계를 위한 임금을 보장해 주어야 한다고 주장하였다. 이런 시각에서 사회의 지나친 부의 불평등은 결코 옳은 것이 아니라고 한다. 왜냐하면 과도하게 불평등한 사회에서는 많은 노동자가 자신의 생애 계획을 효과적으로 추구할 만큼의 적절한 자원을

〈그림 10.8〉 찰리 채플린

제공받지 못하기 때문에 자신의 자유를 적극적으로 추구할 수 없다고 주장한다(Clark, 1991: 91). 이제 기성세대가 고민해야 할 때이다. 젊은이들에게 꿈과 희망을 주고 생애 계획을 수립하고 성취할 수 있게끔 기반을 제공해야 한다. 그런데 현실이 그렇지 않으니 젊은이들이 썸만 타고 있다. 이런 현상을 적나라하게 표현한, 세계의 천재들이 한국에 태어났으면 어떤 삶을 살았을까를 비꼬는 우화가 있다.[6]

첫째, 뉴턴은 강남에서 최고로 잘나가는 학원 강사가 되어 있다. 종래의 과학이론을 뒤엎을 만한 실력을 가졌으나 이를 시기한 학계로부터 건방진 놈, 선배를 무시하는 놈 등과 같은 소리와 함께 왕따를 당하였다. 머리 좋은 그는 결국 골치 아프지 않고 돈 잘 버는 길을 택하였다.

둘째, 아인슈타인을 찾았더니 중국집에서 음식 배달을 하고 있었다. 오직 수학과 물리밖에 할 줄 몰랐던 그는 영어와 내신 성적에 걸려 대학에는 발도 못 디뎌 보았다. 결국 고졸 학력으로 취직도 안 되어 생계를 위해 철가방을 들고 있는 것이다.

셋째, 갈릴레이는 아오지 탄광에 끌려갔다. 북한에서 태어난 그는 주체사상 외에는 공부할 것이 없어서 죽어라고 파고든 끝에 주체사상은 허구라는 결론

---

6. '만약 에디슨이 한국에서 태어났다면'(https://blog.daum.net/ksdragon/15696975)에서 인용.

에 도달하였다. 이 같은 연구 결과 때문에 자아비판대에 서게 되었고, 속마음과는 달리 주체사상을 찬양하고 내려오며 "그래도 허구인데…."라고 중얼거렸다가 아오지 탄광으로 끌려갔다.

넷째, 에디슨은 수많은 발명품을 만들어 냈으나 한국의 까다로운 각종 규제와 급행료 등에 가로막혀 빛을 보지 못하고 보따리장수로 전전하고 있다.

다섯째, 퀴리 부인은 머리는 좋았지만 얼굴이 받쳐 주지 못해 어쩔 수 없이 특유의 근면함을 살려 봉제공장에서 미싱사로 근무한다.

마지막으로, 스티븐 호킹 박사는 재주는 뛰어났지만 장애인에 대한 차별로 인해 절망 속에 빠져 살았고, 급기야 장애인 편의 시설이 전혀 되어 있지 않은 서울 시내에 나갔다가 교통사고로 요절하였다.

현재 썸만 타는 한국 사회가 우리의 젊은이들을 이런 방향으로 몰아넣는 것은 아닌지 반성해 볼 필요가 있다.

비트겐슈타인(Wittgenstein)은 말했다. "언어는 다양한 기능과 쓰임을 가진 것으로 이해된다. 언어의 본질이란 없으며 중요한 것은 언어가 쓰이는 문맥이다. 언어는 일종의 게임과 같이 규칙을 따른다"(이동희, 2009). 도시도 마찬가지이다. 도시도 다양한 기능과 활동으로 이해된다. 특히 젊은 세대들이 자신의 꿈을 펼칠 수 있는 공간과 게임과 규칙이 잘 정립된 도시가 경쟁력을 갖는다. 그러기 위해서는 아이디어에 씌워진 콘돔을 벗겨 내어, 아이디어가 만나 자식을 낳아야 썸을 넘어 연으로 맺어져 지속가능한 도시가 될 수 있다.

10-3. 베네치아에 살래? 한국에 살래?

중세 유럽 도시를 여행하면 도시가 아름답다, 여기서 살면 무언가 멋진 로맨스가 만들어질 것 같다는 생각이 들곤 한다. 특히 이탈리아 피렌체, 베네치아, 볼로냐 등의 도시에서는 이곳에 머물고 싶다는 느낌을 받는다. 그런데 실제 머물러 보면, 한국 사람에게는 역시 한국이 최고구나 하는 것을 깨닫게 된다. 물론 거기에는 언어소통이라는 장벽이 있어 그렇기도 하지만, 사실 언어가 잘 소통되어도 유럽 도시가 우리에게 불편한 것은 마찬가지이다. 왜냐하면 한국 도시는 현대도시로 개발되었는 데 반해, 유럽 도시는 중세도시의 모습을 고수하기 때문이다. 인간이 도시를 만들지만, 인간이 만든 도시에 의해 인간 생활이 영향을 받는다. 그러니 현대도시에 살면 현대적 사고와 생활방식으로 살아가지만, 중세도시에 살면 중세적 사고와 생활방식으로 살아갈 수밖에 없다. 즉 중세도시에는 살아가는 방식도 중세에 머물러 있다. 그래서 한국 도시와 비교하여 변화와 역동성이 없다.

이런 면에서 실리콘밸리가 첨단산업의 메카라면, 한국은 도시개발의 메카이다. 한국은 20세기에 들어서 일제강점기와 한국전쟁을 거치면서 폐허 상태에서 시작하였기 때문에 남아 있는 것이 거의 없었다. 그래서 새로 지으면 그것이 바로 현대적인 것이고, 도시 거주민 대다수가 이주민이었기 때문에 생활 자체가 새로운 문화와 생활방식으로 정착되어 다른 국가와 사회보다 한층 빠른 속도로 변화가 진행되었다. 이것이 바로 한강의 기적을 낳은 것이다. 이와 같은 급속한 성장이 과학기술로 이어져 IT 기술의 최고 경쟁력을 갖춘 사회로 성장하였고, 이러한 기술이 문화예술과 융합하여 K-POP과 같은 한류(Korean Style)를 창출하였다고 볼 수 있다.

> 인간은 무엇인가 결핍이 있어야 나태해지지 않고, 그것을 채우려는 희망에 마음을 걸고 노력하게 된다. 그야말로 결핍은 삶의 의지를 가동시키는 원동력이다. 사랑도 어쩌면 그와 같은 선상에 있는 것인지 모른다(김영숙·마경, 2018: 231에서 발췌).

이 말은 사랑뿐만 아니라 한국 사회 변화의 많은 것들을 대변하고 있다. 인간뿐만 아니라 도시도 마찬가지이고, 국가도 마찬가지이며, 기업도 마찬가지 논리에 의해 작동한다. 한국 도시에서 모든 것이 채워졌다면 성장과 혁신을 위한

〈그림 10.9〉 이탈리아 중세도시 볼로냐

동기 부여가 없었을 것이고, '빨리빨리'에 의한 급속한 발전도 기대할 수 없었으며, 지금과 같은 현대도시도 형성되지 못했을 것이다. 이런 관점에서 도시의 변화와 창조는 결핍과 불편에 대한 도전의 결과이다.

도시의 변화와 혁신은 다양한 아이디어, 창의성이 뛰어난 인재들이 많이 모인 곳에서 일어난다. 이것은 인적 자본 요인과 관련해 이야기하는 것이고, 공간적 측면에서 창조는 살기 좋은 곳에서보다는 삶의 환경이 열악한 곳에서 발생할 가능성이 크다. 왜냐하면 살기 좋은 곳은 편하기 때문에 새로움을 추구할 필요가 없다. 그러나 살기 불편하면 꿈을 꾸게 되고, 새로운 아이디어가 나올 가능성이 크다는 것이다. 예를 들어, 전기가 있으면 밤이 밝아 별이 보이지 않지만, 전기가 없는 곳에서는 반딧불이를 잡아 불을 밝히며 밤하늘의 별을 보면서 상상의 나래를 펼칠 수 있다.

마찬가지 논리에서 도시와 시골을 비교해 보자. 지금은 도시나 시골이나 모두 전기가 들어오고 TV와 인터넷 등 정보통신기술의 혜택을 똑같이 받고 있다. 그래서 사실 도시나 시골이나 사고와 생활방식에서는 큰 차이가 없다. 그런데 변화와 혁신은 주로 시골이 아닌 도시에서 창출된다. 왜냐하면 조용한 곳에 서는 침묵이 있지만, 소란스러운 곳에는 소리가 있다. 사막에서는 꽃이 피지 않 지만, 진흙 속에서는 연꽃이 피어난다. 도시와 농촌의 차이가 바로 이런 현상을 보여 준다.

도시의 거리는 소란스럽고 복잡하고 시끄럽고 지저분하고 정신이 없지만, 이런 거리가 볼거리를 제공하고 시간 보내기 좋으며, 다양한 것을 보고 접촉하 고 느끼고 맛보고 경험하는 공간을 제공한다. 예를 들어, 뉴욕 맨해튼, 중국 상 하이 거리, 서울 강남역 사거리를 상상해 보시라. 이런 거리에서 새로운 아이디 어, 상상력, 창조성, 변화의 동기와 꿈이 생겨난다. 소음이 없는 공간은 침묵만 이 있으며, 바로 산속이나 사막과 같은 적막한 공간을 형성한다.[7] 여기서도 아 인슈타인의 상대성원리가 작용한다. 소란스러운 도시가 있으니 반대로 조용한 곳에 대한 욕망이 생기고, 조용한 곳에서 살고 있으니 사람들이 북적거리는 대 도시에 대한 꿈과 환상이 만들어진다. 그래서 인간 사회는 이루지 못하고 누리 지 못한 것에 대한 갈망과 욕구 속에서 진화를 거듭하게 된다. 이것은 또한 일 종의 공생관계를 낳게 된다. 범죄자가 있으니 경찰이 있고, 시민이 있으니 정 부가 있으며, 시골이 있으니 도시가 있다. 부패한 교황이 없었으면 루터도 없었 고, 북쪽의 독재자 김일성이 없었으면 남쪽의 독재자 박정희도 없었을 것이다. 정말 그런가? 어쨌든 자본주의 사회에서 모든 것은 결핍에 의해 채움의 욕망이 생기고, 채움은 축적의 욕망으로 변화하며, 축적은 끊임없는 경쟁으로 치닫는 과정이 자본주의의 속성인 것 같다.

최근에 관광수요가 폭발적으로 증가한 이후, 도시들이 너나 할 것 없이 문화 도시, 관광도시, 레저스포츠 도시를 꿈꾸고 있다. 이렇게 문화도시 만들기에 많 은 도시가 전력을 쏟고 있는데, 유네스코 세계문화유산 지정에 대한 비판을 보

---

7. 필자는 몇 년 전 학생들과 함께 강원도 정선의 민둥산을 등산하고 산을 넘어 화암리에서 하룻밤을 묵은 적이 있다. 다음날 아침에 일어나 동네를 한 바퀴 도는데 큰길에서는 강아지들이 놀고 있고 차들은 보이지 않는 한적함을 보면서, 이 동네에서는 시간이 멈추어 있다는 것을 느꼈다.

〈그림 10.10〉 서울 강남역 사거리

면 역설적 논리가 제기된다. 이탈리아 도시사회학자이며 언론인인 마르코 데라모(Marco D'Eramo)는 많은 도시가 열망하는 유네스코 세계유산의 등재가 도시를 박제화한다고 비판한다(경향신문, 2015). 도시는 기술과 환경이 변화함에 따라 생활방식과 삶의 방식이 변해야 자연스러운데, 유네스코 세계유산 등재는 도시를 현상태의 보존에 주안점을 두기 때문에, 사실 그곳에 거주하는 사람들과 건물들을 박제하는 결과를 가져온다는 것이다. 이런 실태를 베네치아에서도 볼 수 있으며, 유네스코 도시로 지정된 다수의 구도심에서 종종 목격된다. 유네스코 도시로 등재된 후에 관광객이 몰려들고 일자리가 창출되기는 하였으나, 그곳에 거주하는 사람들은 변화와 혁신의 동기와 에너지를 상실하고 관광산업과 서비스산업만이 번성하여 과거의 진취적·도전적·혁신적 지역 문화는 자취를 감춘 것을 볼 수 있다. 이런 현상은 유네스코 문화도시로 지정되면 도시계획과 건축에 다양한 규제가 부과되어 기술 이용의 한계, 재건축 금지와 건축물 노후화 등으로 산업활동의 제약과 위축을 가져와 도시 변화와 혁신을 억제하거나 장애로 작용할 수 있다는 것이다.[8] 인간이 도시를 만들지만, 인간이 만든 도시에 의해 인간이 영향을 받는 현상이 문화도시에서 재현되고 있다. 중세도시 유산을 잘 보존하여 문화도시로 사랑받지만, 중세 건물과 도시에서의 생활은 주민들을 중세의 늪에 빠뜨려 진취성, 도전 정신, 변화와 혁신이 뒤진 박제도시화되는 현상이 나타나고 있다.

유럽의 선진 도시들은 유구한 문화와 역사 유적으로 전통과 도시미관을 유지하며 고고한 자태를 뽐내고 있다. 그런데 아이러니한 현실은 중세의 역사 유물과 건축물에 둘러싸여 있으면 자신들의 사고와 생활양식도 그러한 환경에 구속되고 지배받는다는 것이다. 물론 그러한 양식을 현실에 재현하여 새로운 디자인으로 재구성하거나 상품화하여 고급 브랜드를 창조하기도 한다(예로 베네통 등). 그런데 공간은 인간의 생활양식뿐 아니라 사고와 창의성, 상상력에도 영향을 미친다.

한국 사회는 한국전쟁을 경험하며 도시가 파괴되어 재생되는 아픔의 역사를 거치며 성장해 왔다. 많은 것이 파괴되어 5,000년 역사와 유물을 일부밖에 보여 주지 못하는 아쉬움이 있는 반면에, 현대사회의 도시 모습과 미래는 이곳에서 보여 줄 수 있다. 아마도 이런 사고와 생활양식이 우리의 선조로부터 물려받은 전통과 접목되어 IT 사회를 여는 선도적 역할을 하고 있는지도 모른다. 그리스의 유적 없이도, 로마의 콜로세움 없이도, 중세의 성지가 없어도 우리는 현대도시를 창출하기 위해 끊임없이 노력해 왔고, 그 결과로 지금과 같은 도시성장을 이루어 냈다. 특히 포스트모던 사회에서 근대가 파괴된, 따라서 탈근대의 모습을 보이는 한국의 도시 공간과 여기에 글로벌과 한국 문화예술의 결합은 21세기 경쟁력 있는 도시 건설을 위한 좋은 기회와 소재지를 제공하였다. 즉 중

---

8. 실제로 필자가 인도 여행 중에 고대 왕궁과 성을 둘러보며 이런 값진 문화유산을 왜 유네스코 세계유산에 등재하지 않는가를 질문하였는데, "유네스코 세계유산에 등재하면 정기적으로 그곳의 관리와 평가를 받게 되어 건축물 이용에 제약이 있고, 특히 영리 목적으로 이용을 통제하기 때문에 소유주가 원하지 않는다."라는 답변을 들었다.

〈그림 10.11〉 경주 역사유적지구 교촌마을

세·근대의 문화예술과 유적이 소실되었다는 것을 비관한 것이 아니라, 이 공간에 21세기 새로운 문화와 예술, 그리고 경제성장이 결합된 도시를 창출하기 위한 정책과 계획이 구상되어, 슘페터가 주장한 '창조적 파괴'의 개념이 한국 도시에서 '혁신의 공간'으로 재현되고 있다. 21세기 한국 도시는 20세기 일제강점기와 한국전쟁과 같은 '파괴의 역사'를 미래의 성장을 위한 '창조의 역사'로 승화시키는 멋진 드라마를 연출하고 있다.

제11장

젠트리피케이션과 밀레니얼 세대를 위한 변명

물이 고여 있으면 정화되지 않고 썩는 것과 마찬가지로, 도시도 시대가 변함에 따라 변신을 해야 한다. 특히 한국 도시와 같이 가난과 폐허 속에서 창조의 역사를 만들어 내기 위해서는 끊임없이 새로움을 추구해야 도시경쟁력을 갖는다. 그래서 한국 도시에서 새로움과 특성화, 고품격과 다양성 추구를 통해 지역에 활기를 불어넣기 위한 목적으로 추진되고 있는 것이 바로 '젠트리피케이션(gentrification)'이다. 젠트리피케이션, 말은 멋진데, 나타나는 현상은 비신사적이다. 영국에서 멋을 아는 중산층 노동자를 신사(젠틀맨)로 부르는 것에서 따와 삭막한 동네를 품격 있는 동네로 탈바꿈시키는 현상을 표현하는 용어로 이름 붙여졌는데, 이제는 처음 동네에 들어와 활기 있게 만든 전입자들을 퇴출시키는 비신사적 상황을 표현하는 용어로 쓰이고 있다. 그래서 젠트리피케이션을 우리말로 '둥지 내몰림'으로 부르는데, 이 말도 필자는 별로 적질한 표현으로 생각하지는 않는다. 물론 초기 전입자들이 삭막한 동네에 와서 둥지를 틀고 열심히 일해 동네에 활기를 불어넣어 사람들이 몰리니까 건물주들이 임대료를 너무 올려 지역에서 더 이상 영업을 할 수 없어 퇴출되는 현상이 나타나

'둥지 내몰림'이란 용어로 표현한 것은 이해가 되지만, 이런 현상은 이미 도시 생태계에서 오래전부터 있어 왔던 현상이다. 세상이 공정하지 않고 비신사적인 것은 주지의 사실 아닌가? 그리고 인간 사회뿐만 아니라 자연계도 적자생존의 원리가 작동하고 있는 것은 마찬가지이다. 즉 기후가 변화하면서 식물이 토양에 뿌리내리는 과정도 마찬가지라는 말이다. 토종 식물이 있는 곳에 외래종 식물이 침투하면 토종과 외래종 사이에 뿌리내림을 위한 경쟁이 발생하고, 결국에는 환경에 보다 잘 적응한 식물이 뿌리를 내려 번성하고 토종은 점차 퇴출되는 현상이 발생한다. 마찬가지 현상이 도심의 공간 이용과 점유를 위한 경쟁 과정에서 발생하여 '둥지 내몰림' 현상으로 나타난 것이다.

사실 '둥지 내몰림' 현상이 '젠트리피케이션'으로만 나타나는 것은 아니다. 한국에서는 거의 볼 수 없지만, 반대 현상으로 미국에서 종종 슬럼화(slum) 현상으로 표출되기도 한다. 예를 들어, 미국의 도심 확대 과정을 보면, 백인들이 거주하던 도심에 흑인 혹은 유색인종이 이주하면 이를 용인하거나 아니면 옆에 거주하는 백인이 다른 곳으로 이사를 간다. 그러면 옆집에 새로운 백인이 이주하기보다는 새로운 흑인 혹은 유색인종이 이주하여 더 많은 인근의 백인들이 이 지역을 떠나는 현상이 발생한다. 이러한 일들이 반복되면 어느새 이 지역은 백인 지역에서 흑인 혹은 유색인종 지역으로 전이되고, 백인들은 도심을 떠나 외곽 지역 혹은 교외 지역에 새로운 거주지를 마련하게 된다. 이러한 일련의 과정을 미국 시카고학파는 도심의 공간 이용과 점유를 위한 침입과 계승의 생태학적 접근으로 다음과 같이 설명하였다.

침입(invasion)

공동체의 침입은 다양한 양태를 보이지만 지배적인 두 형태로는 토지 이용과 점유 집단의 변화를 들 수 있다. 전자는 토지 용도가 변하는 것으로, 예를 들어 주택에서 상업지구로 혹은 공업지구에서 주택단지로 변경되는 것을 의미한다. 후자는 지역의 인종적 및 경제적 색깔이 변하는 것으로, 예를 들어 백인 거주의 중산층 지역에서 흑인 거주의 빈민층 지역으로 변하는 것을 의미한다. 침입은 결과로서 지역 경제가 활성화되거나 혹은 퇴색되는 다양한 계승 단계를 보이며 지역 부동산 가격에 반영된다.

계승(succession)

계승은 다양한 양태로 나타난다. 침입에 따라 우선 지역의 가장 효용성이 높은 공간의 점유를 위한 투쟁이 발생한다. 이 과정에서 중심지의 지가가 상승하고 고층 건물들이 들어서게 된다. 인구의 급증과 함께 경쟁력이 약한 활동들은 외곽으로 밀려나며, 중심지는 은행, 백화점, 호텔, 고급 쇼핑몰 등이 점유하게 된다. 공장과 산업체들은 화물터미널과 철로 등 주요 교통로를 따라 인근에 입지하며, 주거지역은 인종 혹은 경제 계층별로 격리해서 조성된다. 이 과정에서 외국 이민자들과 빈민층은 주로 중심업무지역(CBD) 혹은 전이지역에 거주하며 인근의 공동체를 점차 잠식하여 기존 거주자들을 외곽 혹은 교외 지역으로 밀어내는 결과를 보인다.

상기와 같은 침입과 계승 과정은 다음과 같은 5단계로 진행된다.

- 제1단계: 새로운 집단의 이주

  기존의 거주 집단과 생활방식, 소득수준, 행태 패턴이 상이한 새로운 집단의 이주
- 제2단계: 공간 점유를 위한 경쟁

  새로운 이주자는 기존의 거주자들과 공간 이용을 위한 투쟁이 발생
- 제3단계: 새로운 이주자에 의한 공간 독점

  시간이 경과됨에 따라 새로운 이주자들이 지역을 독점
- 제4단계: 기존 거주자의 외곽으로 이주

  기존 거주자들은 중심지로부터 먼 곳, 외곽 지역으로 이주
- 제5단계: 외곽 지역에서 공간 점유를 위한 새로운 경쟁이 발생

시카고학파의 매켄지(McKenzie, 1925)는 새로운 IT 기술의 도입, 새로운 산업기술의 발전, 경제기반의 변화 등에 의해 공동체 균형에 혼란이 발생하고, 적응을 위한 새로운 순환 과정이 진행된다고 주장한다. 이 과정에서 공동체는 인구 이동과 재구조화를 통해 성장과 변신을 하기도 하고, 혹은 침체와 수축을 경험하기도 한다.

이제 젠트리피케이션이 최근에 발생한 문제가 아니라는 것을 이해하였을 것이다. 그러니 '둥지 내몰림'이 심각하다고 호들갑 떨지 말고, 도시가 변화하고 확대되는 과정에서 발생하는 '몸살'이라고 이해할 필요가 있다. 문제는 침입과 계승 과정에서 노력 없이 열매만 따먹으려는 조물주 위에 있다는 건물주들이 문제이다. 재주는 곰이 넘고 돈은 되놈이 받는다는 말이 있듯이, 일은 젠트리파이어(gentrifiers)[1]가 하고 대가는 건물주가 챙기는 '둥지 내몰림'이 반복된다면 결코 공정한 사회라고 할 수 없다. 이런 논점에서 건물주의 이익 독점을 규제하고 세입자에게 정당한 보상이 배분될 수 있도록 권리를 보장하는 제도가 마련되어야 한다. 이런 제도가 없기 때문에 압구정동 가로수길이 뜨다가 임대료가 올라 사업을 접고 다른 지역으로 이전하고, 홍대 앞에 젊은 층이 몰려드니 마찬가지로 건물주들이 임대료를 올려 다른 곳으로 이전하며, 이태원이 뜨니까 임대료가 치솟아 사업을 접고 인근 지역으로 이전하는 행태들이 반복적으로 나타나고 있다. 자본주의 사회에서 도시는 자본이 판치며 돈잔치를 벌이는 공간이지, 아직은 시민들의 삶의 질을 중시하는 공정한 도시는 아니다.

11-1. 도시 젠트리피케이션을 위한 변명

한국 도시가 지금의 모습을 띠는 데는 젠트리파이어의 노력과 희생이 큰 몫을 하였다. 물론 도시가 성장하고 발전하는 데는 공공과 민간 부문 모두 큰 역

---

1. 젠트리파이어는 '삭막한 거리나 골목을 고급화하는 사람'을 의미한다. 그런데 현실에서는 맥락에 따라 '젠트리피케이션'을 반대하는 사람으로도 쓰인다.

할을 하였지만, 도시 미화와 상권 활성화를 위한 거리와 골목길 고급화 작업에는 젠트리파이어들이 중요한 역할을 하였다는 의미이다.

한국 도시가 언제부터 선진화되어 왔는가에 대한 생각은 사람마다 다를 것이다. 필자가 피부로 느끼는 한국 도시의 고품격화에는 두 가지가 크게 영향을 미친 것으로 생각된다. 첫 번째는 젠트리피케이션이고, 두 번째는 둘레길 조성이다. 필자가 유학 시절인 1980년대 중반과 지금의 한국 도시를 비교해 보면 격세지감을 느낀다. 당시에 한국은 고도성장을 추구하는 과정에서 삶의 질과 같은 요인은 부차적인 것으로 인식되었고, 오직 양적 성장에 올인한 사회였다. 그래서 정부와 민간부문 모두 경제성장과 소득 증가에 매몰되어 몸집은 커졌지만, 사고와 인식은 아직 성숙하지 못한 사회를 연출하였다. 아마 이 당시의 상황을 잘 보여 주는 사례로서 고속도로 운전 행태를 들 수 있다. 소득이 어느 정도 증가하니 너도나도 자동차를 구입하게 되었고, 주말이면 자동차를 운전해 고속도로를 달려 나들이를 다녀오는 여가와 휴식 문화가 도입되었다. 문제는 자동차 증가 속도에 맞추어 정부가 도로를 확장하였어야 했는데 그러지 못하다 보니 주말의 고속도로는 거의 주차장을 방불케 하였다. 이런 상황에서 운전자 하나가 갓길로 달리면 다른 운전자들도 갓길로 달려 고속도로는 말 그대로 아수라장이 되어 버렸다. 이는 1980년대 후반부터 1990년대 초중반까지 한국 고속도로의 상황을 묘사한 것이다. 무엇을 말하는 것인가 하면, 바로 고도성장에 의해 몸집은 커졌지만 동반해서 시민의식까지는 성숙하지 못했던 상황을 설명하는 것이다. 그런데 1990년대 후반을 지나면서 IMF라는 경제위기를 통해 글로벌 사회 진입을 위한 비싼 강습료를 지불한 후에 한국 사회는 한 단계 성숙된 도시로 성장하게 되었다. 즉 몸집만 커진 것이 아니라 시민의식도 성숙되어 선진 도시의 섬세함과 디테일을 배우고 실천하기 시작하였던 것이다. 누가? 바로 젠트리파이어들이 외국 여행을 통해 보고 배우고 돌아와서 자신들만의 차별화된 색깔 있는 레스토랑, 바, 부티크숍, 갤러리, 북카페 등을 오픈하며 삭막한 동네에 활력을 불어넣기 시작하였다. 그렇게 동네가 부활한 곳이 이태원이고, 홍대 앞이며, 압구정동 가로수길이고, 경리단길이며, 최근에는 성수동과 경의선숲길로 번져 확대되고 있다. 이런 과정에서 동네가 활성화되고 상권이 살아나니 임대료가 급상승하여 젠트리파이어들이 내몰림당하는 현상이 벌어지고 있다.

두 번째로 한국 도시가 이제 선진 도시 못지않은 살 만한 도시가 되었다는 것을 피부로 느끼게 한 것은 도시마다 조성된 둘레길이다. 필자는 2001년에 미국 노스캐롤라이나주 더럼에 있는 듀크 대학교에 연구교수로 갔던 적이 있었다. 이때 학교 근처에 있는 듀크 대학교 골프장 주변에 조성된 듀크 트레일(Duke Trail)을 조깅하며 생각한 것이, 왜 한국 도시에는 시민들을 위한 이런 트래킹 코스가 없는가 하는 의문이었다. 그래서 한국에 돌아가면 도시에 둘레길 조성을 건의해 보겠다고 생각하였는데, 서명숙(제주올레 이사장)이 2006년에 유네스코 세계문화유산인 산티아고 순례길을 걷고 돌아와 2007년 9월 제주도에 올레 1코스를 만들었다.[2] 이후 지리산 둘레길을 비롯해 서울숲길, 대부해솔길, 수원 화성행궁길, 안동 선비순례길, 울진 금강소나무숲길 등 각 지역마다 둘레길을 만들기 시작하여 지금은 거의 모든 도시에 시민들을 위한 둘레길을 조성하였다. 정말 대한민국은 대단하다! 다른 곳에서 어떤 사업이 시민들에게 좋은 반응을 보이며 성과를 내었다고 전해지면, 순식간에 전국에 퍼져 너도나도 유사한 사업이 추진된다. 둘레길이 그렇고, 도시 축제도 그랬으며, 도시재생사업도 마찬가지로 퍼져 나가고 있다. 다른 도시를 답습을 하든, 사업을 복제하든, 정책을 따라 하든 간에 2010년 이후 한국 도시는 양적인 성장을 넘어 시민들의 삶의 질을 중시하는 질적인 변화를 추구하는 양상을 보이기 시작하였다.

---

2. 서명숙은 한국 여성 정치부 기자 1세대이자 시사주간지 사상 첫 여성 편집장이며, 한국 둘레길 조성의 산파이다. 제주도 서귀포시에서 태어나서 자랐고, 월간지 「마당」 및 「한국인」 등에서 기자로 일하다가 1989년 「시사저널」 창간 멤버로 입사하여 정치부 기자, 정치팀장, 취재1부장, 편집장 등을 역임하였다. 이후 오마이뉴스 편집국장을 끝으로 23년에 걸친 언론인 생활을 마치고 고향 제주도로 돌아가 2007년 9월에 제주올레를 발족하여 올레길을 만들고, 현재까지 제주올레 이사장직을 맡아 활동하고 있다.

이제 한국 도시도 세계 선진 도시들과 견주어 손색이 없을 정도가 되었다. IT 와 공공교통, 의료와 여가·휴식 인프라는 글로벌 변화를 주도하는 선도국이 되었다고 해도 과언이 아니다. 한국 도시 어디에서나 와이파이(Wi-Fi)를 이용 할 수 있고, 도시 지하철은 세계적 수준으로 운영되고 있으며, 코로나19를 통 해 한국의 방역과 공공의료 시스템이 우수하다는 것이 전 세계에 알려졌고, 한 국만큼 거의 모든 도시에 둘레길이 조성된 곳은 찾아보기 어렵다. 그런데도 한 국 도시는 여전히 무언가 2%가 부족하다. 필자가 보기에 이제 한국 도시도 두 가지만 보완하면 선진 도시로 자부심을 가질 수 있지 않을까 싶다. 첫째는 중심 지에 공공의 공간을 조성하는 것이고, 둘째는 문화예술활동을 도심에 끌어들 이는 것이다. 이 문제에 대해 이야기를 해 보자.

첫째, 도시 중심에 공공의 공간, 만남의 공간, 소통의 공간을 조성하는 것이 다. 예를 들어, 서울 중심에는 광화문광장과 서울광장이 있어 시민들이 모여 집 회도 하고 공연도 하며, 다양한 사람의 의견이 교환·공유·결집 혹은 충돌하며 공론의 장이 형성된다. 광주에는 중심지에 국립아시아문화전당이 지어져 시민 들이 만나고, 소통하며, 접촉하는 공간을 제공한다. 그런데 서울과 광주 이외의 도시에서는 중심지에 이와 같은 공공의 공간을 찾아보기 어렵다. 도시가 제 기 능을 수행하기 위해서는 최소한 하나 이상의 중심업무지역(CBD)이 존재하고, 사람들이 모이고 소통하며 즐기는 공간이 있어야 한다. 그리고 도시 중심지에 큰 공공의 공간이, 각 구역과 골목길에는 작은 공공의 공간이 있어야 한다(그 림 11.1 참조). 그래야 사람들이 모여서 이야기하고 즐기며 서로 다른 의견을 조율하고, 접촉하며, 소통하는 공론의 장이 마련된다. 〈그림 11.1〉은 이탈리아 피렌체시를 위성에서 찍은 구글맵이다. 사진에서 보면, 피렌체 두오모를 중심 으로 큰 광장이 있고, 주변에 골목길을 돌아가면 작은 광장들이 나온다. 큰 광 장 주변에서는 도시의 주요 행사와 집회 및 시장이 열리고, 작은 광장 주변에는 펍(맥주집), 피자 가게, 소규모 선물 가게 등이 있어 주민들과 관광객을 모이게 하는 소통과 만남의 광장이 된다.

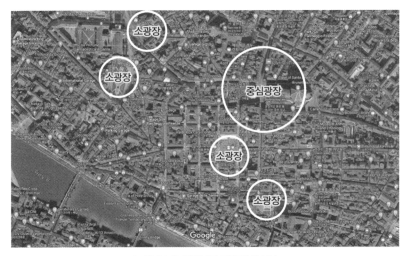

〈그림 11.1〉이탈리아 피렌체 중심부

이제 한국 도시의 공공의 공간을 살펴보자. 〈그림 11.2〉는 서울 강남역 주변을 공중에서 촬영한 것이다. 무엇이 보이는가? 서울 강남역은 젊은 층이 가장 많이 모이는 장소 가운데 하나인데, 광장은커녕 인근에 변변한 공원조차도 없다. 그러니 강남역 길거리에서 만나 카페나 뒷골목 음식점 혹은 술집으로 향하는 수밖에 없다. 어떻게 도시를 만들면서 광장이나 공원을 계획하지 않았는지 이해가 되지 않는다. 아마 당시의 정책결정자들은 사람들이 모이는 것을 두려워해서 일부러 모이지 못하도록 광장을 도시계획에서 배제한 것은 아닌가 하는 생각이 든다. 광장이 없으니 사람들이 모이는 공간이 없어 집회를 하려면 거리를 봉쇄하여 불편이 발생할 수밖에 없다. 서로 다른 생각과 의견을 가진 사람들이 모여 토론하고 생각을 주고받으며, 때로는 갈등과 충돌이 발생하기도 하지만, 이런 과정을 통해 사회적 자본이 축적되고 민주적 시민의식이 형성되며 공동체 문화가 만들어진다. 그런데 광장이 없으니 시위를 하려면 장소가 없어 강남역 사거리 철탑에 올라 고공농성을 벌이는 수밖에 없으며, 싸이의 '강남스타일'이 세계적으로 선풍적 인기를 몰고 왔으나 막상 강남에는 '강남스타일'을

〈그림 11.2〉 서울 강남역 주변

춤추고 즐길 만한 공간이 없는 것이 현실이다. 이제 왜 한국 도시가 한 단계 더 도약하려면 중심지에 공공의 공간, 만남의 공간, 소통의 공간을 위한 광장이 조성되어야 하는가를 이해하였을 것이다. 문제는 이미 도시가 형성되어 공간이 없는데 어떻게 광장이나 공원을 조성하느냐 하는 것이다. 안 되면 되게 하고, 무에서 유를 창조하는 것이 우리의 특기 아니었는가? 대안으로 강남대로 혹은 영동대로 자동차 길을 지하로 뚫고 지상에는 광장을 조성하는 방안도 있고, 뉴욕 하이라인파크처럼, 강남대로나 테헤란로 위에 공중도로를 조성하여 보행자 전용 광장과 공원을 조성하는 방안도 생각해 볼 필요가 있다.

둘째, 한국 도시의 품격을 높이기 위해서는 미술관/박물관과 콘서트홀 등 문화예술 전시와 공연장을 도심 중심지에 조성하여야 한다. 유럽이나 미국의 선진 도시에 가 보시라! 박물관과 콘서트홀이 도시 어디에 위치해 있는가? 대다수의 도시에서 도심 중심부의 접근성이 좋은 곳에 입지하고 있는 것을 볼 수 있을 것이다. 뉴욕 맨해튼의 메트로폴리탄 박물관과 현대미술관이 그렇고, 파리의 루브르 박물관과 오르세 미술관이 그렇고, 런던의 대영박물관 또한 도심 중심부에 있으며, 스페인 마드리드의 프라도 미술관도 중심부에 자리 잡고 있다. 그러면 우리의 현실을 보자. 국립중앙박물관은 어디에 있으며, 국립현대미술관은 어디에 자리 잡고 있는가? 국립중앙박물관은 용산공원 옆 아파트 단지 인근에 있으며, 국립현대미술관 본관은 경기도 과천 청계산 자락에 위치하고 있다. 그래, 국립중앙박물관이야 서울 지하철 4호선 이촌역에 내리면 갈 수 있다고 하지만, 국립현대미술관 본관은 과천 서울대공원에서 내려 한참 언덕길을 올라가야 만날 수 있다. 이것이 도대체 뭐란 말인가? 무슨 코미디도 아니고, 문화예술을 사랑하는 사람들 건강을 생각해서 산자락에 만들어 놓았나? 이는 그동안 우리가 문화예술을 보았던 시각을 고스란히 반영하고 있다. 즉 문화예술은 도시의 주요 활동이 아니고 부차적 활동이기 때문에 구색 맞추기로 공지가 있는 곳에 그냥 조성하면 된다는 생각으로 국립현대미술관과 예술의전당을 지은 것이다. 이제 이런 사고에서 벗어날 때가 되었다. 그리고 앞에서도 말했듯이, 국립중앙박물관과 예술의전당이 도심 중심지, 예를 들면 명동이나 강남역 사거리에 있다고 상상해 보자. 그러면 박물관을 찾는 사람들이 훨씬 많을 뿐만 아니라, 주변에 갤러리, 예술가 스튜디오, 북카페, 고급 레스토랑, 부티크숍 등이 들어서서 문화예술 클러스터를 형성할 것이다. 마찬가지로 예술의전당이 강남역 사거리 인근에 있으면, 주변에 음악 및 발레 스튜디오, 악기점, 북카페, 고급 레스토랑 등이 들어서서 강남의 품격을 한층 높이고 만남의 공간, 교류의 공간, 소통의 공간으로 사랑받을 것이다. 그러면 명동과 강남역 사거리는 단순한 쇼핑 공간, 먹을거리 장소를 넘어서 문화예술이 있는 공간으로 이름을 떨칠 것이다.

도심에 공공의 공간이 없다는 것은 의미 있는 장소가 없다는 것이다. 강남에는 막상 싸이의 '강남스타일'을 들으며 춤을 출 수 있는 공원이나 광장이 없다. 이것이 우리 도시의 한계이다. 이 한계를 보완해 공공의 공간을 조성하고, 외곽에 비밀 기지처럼 있는 미술관/박물관, 아트센터를 중심지로 끌어오면 도시의 활동이 달라지고, 도시의 품격과 위상이 높아진다. 인천에 종합문화예술회관이 중심지에 들어선 다음에 무슨 일이 벌어졌는가? 국립현대미술관 분관이 경복궁 옆에 들어선 다음에 주변 지역이 어떻게 변하였는가? 이제 한국 도시도 양적인 성장을 넘어 질적인 진화를 해야 할 시점이고, 이것이 한국 사회가 한 단계 더 도약하기 위한 미래의 과제이다. 그런데 이 과제는 민간부문의 젠트리피케이션을 통해 해결될 수 있는 문제가 아니고 정부가 나서서 계획하고 실현해야 할 일이다.

젠트리피케이션을 불러온 집단, 밀레니얼 세대? 베이비부머를 위한 대변

이론적으로 젠트리피케이션은 도심 공간 이용과 점유를 위한 침입과 계승으로 설명되지만, 한국에서는 자기만의 독특한 차별성을 추구하는 젠트리파이어와 밀레니얼 세대(Millenial Generation)가 만나 도심 젠트리피케이션을 가져왔다. 즉 생산자로서 자기만의 차별화, 다양화, 고급화를 추구하는 젠트리파이어와 소비자로서 이런 차별화된 공간을 탐닉하는 밀레니얼 세대가 만나 거리가 다양화·고급화·차별화된 모습을 띠며 이태원 클래스, 홍대 문화, 압구정 가로수길, 강남 스타일 등을 만들어 내고 있다.

밀레니얼 세대는 1980년대 초반부터 1990년대 중반 또는 2000년대 초반까지 출생한 세대를 지칭하며, 그중에서도 1981년생부터 1996년생까지를 핵심 밀레니얼 세대라고 부른다. 기성세대의 경우 상품 구매에서 가장 중요한 요소는 가격이었는데, 밀레니얼 세대는 자신의 취향, 가치관이 소비에서 중요한 결정요소라고 말한다. 지금 당장 나에게 필요한 물건이 아니라도, '나'에게만 의미가 있다면 선뜻 구매를 한다는 것이다. 즉 나를 위한 소비, 나를 위한 투자라면 아끼지 않는 행태를 보인다(서울경제, 2020). 이런 밀레니얼 세대의 비즈니스와 소비 행태가 한국 도시의 젠트리피케이션을 촉진시켰다는 것이다. 틀린 말은 아니다.

밀레니얼 세대는 끊임없이 새로움을 찾아 헤매는 뉴 노마드(new nomad) 보헤미안 세대의 특성을 보인다. 그래서 새로운 핫플레이스, 핫 디자인, 핫 상품, 핫 게임, 핫 문화를 갈구하고 소비하는 행태를 보이며, 이들의 이동 공간과 동선을 따라 새로운 곳이 뜨고 지는 현상이 발생한다. 즉 밀레니얼 세대의 취향과 기호에 따라 기존의 재생 지역이 활력을 잃고 새로운 지역이 핫플레이스로 뜬다는 것이다. 이런 사례로 우리는 압구정 가로수길이 활력을 잃고 성수동이 뜨는 것을 목격하였으며, 홍대 앞 상권이 점차 경의선숲길로 확산하는 현상을 현재도 경험하고 있다. 그래서 밀레니얼 세대에 의해 한국 도시의 젠트리피케이션이 진행되었다는 주장이 틀린 말은 아니라는 것이다. 그렇다고 이 주장이 전적으로 옳은 것은 아니다. 이 말은 한국 도시의 젠트리피케이션을 가져온 주요 요인으로 밀레니얼 세대의 행태 패턴이 영향을 미친 것은 사실이지만 이 주장이 충분조건까지 만족시키는 것은 아니라는 것이다. 왜냐하면 밀레니얼 세대가 독특한 소비 패턴을 보이며 뉴 노마드로서 핫플레이스를 찾아 즐길 수 있는 배경에는 베이비붐(baby boom) 세대가 받쳐 주고 있기 때문이다. 즉 베이비부머가 든든한 지원자가 되어 뒤를 봐주니 밀레니얼 세대는 자신이 번 것을 별 부담 없이 소비하고, 핫플레이스를 찾아 이동하는 새로운 유목민 세대가 될 수 있다는 의미이다. 아! 이 주장은 필자가 베이비붐 세대로서 주관적 견해를 표현한 것이니 독자들은 오해 없으시길 바란다.[3]

한국 도시의 젠트리피케이션은 밀레니얼 세대에 의해 진행되었다고 주장하는데, 필자가 보건대 이것은 겉으로 보이는 현상만을 말한 것이고 그 배경에는 한국 사회의 급성장, 특히 베이비붐 세대의 관용과 희생, 변화에 대한 동참, 삶의 질 향상을 위한 열망이 주요 요인으로 작용하였다고 생각한다. 밀레니얼 세대가 무슨 돈이 있어 홍대 앞에서 놀고, 이태원에서 밤을 새우며, 압구정동에

---

3. 베이비부머는 대체로 1945~1960년 사이에 태어나서 자란 세대로 현재 나이 60~75세 사이의 연령 집단을 의미한다. 이 세대는 한국 격동기와 성장기를 겪으며 고생도 하였고 기회도 많았던 시대를 산 사람들로서 대부분 시골에서 태어나 현재는 서울과 수도권 및 대도시에 둥지를 틀고 살아가고 있다.

서 스페인 음식을 즐길 수 있겠는가? 바로 부모 세대인 베이비붐 세대가 자식 세대를 자신들과 다르게 키우고 포용하며 교육시키고 인내하는 희생과 배려가 있었기에 밀레니얼 세대의 활동이 용인되고 확대되며 증폭되어 국내에서는 젠트리피케이션, 해외에서는 K-POP과 한류가 창출 및 확산될 수 있었다. 즉 베이비부머들은 샌드위치 세대로서 부모에게 효도해야 한다는 도덕률은 전수받아 실천하면서, 자식들로부터는 효도를 받지 못하는 것을 감수하고 희생하는 세대이다. 이들은 이전 세대로부터 부모에게 효도해라, 전통을 숭상해라, 무에서 유를 창조해라, 가정과 조상과 친척관계가 중요하다는 등 전통과 관습의 중요성을 끊임없이 들어 왔고 강요받았다. 그런데 베이비부머는 다음 세대에게 이런 것을 강요하지 않았고, 강요할 수도 없었다. 이런 베이비붐 세대의 희생과 노력이 밀레니얼 세대를 만들고, 그들의 행동을 용인하고 포용하는 사회를 만들어 낸 것이다. 즉 가부장적 권위를 포기하고, 82년생 김지영도 수용한 세대가 바로 베이비부머라는 것이다.

이것은 무엇을 의미하는가? 바로 전통은 수용하면서 동시에 변화를 추구하는 창조적 파괴를 시도한 세대라는 말이다. 그리고 한국 사회에서 초가집부터 시작해 슬레이트 지붕을 거쳐 공동주택 아파트로의 성장을 경험한 세대이다. 말 그대로 어린 시절 미군 부대에서 제공한 강냉이죽과 우유죽을 학교에서 배급받아 먹고 자라면서, 동네 흙길이 신작로와 아스팔트로 변하는 과정을 거쳤으며, 전차가 사라지고 지하철이 등장하며 자동차가 보편화되는 과정을 모두 겪은 세대란 말이다. 이런 생애과정에서 밀레니얼 세대를 낳고 기르며 과거와는 다른 방식으로 자식들을 돌보고 교육해서 결국 밀레니얼 세대라는 독특한 스타일을 키워 냈다. 이 과정에서 본인은 기러기아빠, 펭귄아빠, 독수리아빠 등으로 표현되며 어려운 시절을 감내한 세대가 바로 베이비부머들이다. 이들이 밀레니얼 세대를 키워 새로운 노마드(유목민) 라이프스타일이 창출되고, 한국 도시의 젠트리피케이션이 연출되고 있다는 말이다. 그런데 시대가 변하고 나이가 들어 베이비붐 세대가 은퇴할 때가 되니 '꼰대'라는 말을 듣고 있다. 나이가 들면 세대 간에 차이가 나니 꼰대라는 말을 듣는 것은 충분히 이해가 간다. 그런데 이것 하나만은 기억해 두시라! 베이비붐 세대는 근대 한국사에서 최빈국에서 태어나 살 만한 사회로 변화하는 과정을 성장과 함께 몸으로 체험하였던 세대이며, 한국 사회의 정치·경제·사회·문화 등 전반에서 새로운 틀을 짜는 데 큰 몫을 한 세대라는 것이다.

사회가 발전하려면 어느 시점에서는 과거를 돌아보고 단절해야 한다. 아마 베이비붐 세대가 한국 사회에서는 계몽주의 세대로서 과거와의 단절을 시도하고 창조적 파괴를 가져온 세대가 아닌가 한다. 그래서 본인들은 부모를 봉양하지만, 자신들은 자녀로부터 봉양받는 것을 포기한 샌드위치 세대로 살아가고 있다. 헤르만 헤세(Hermann Hesse)의 작품 『데미안』에는 다음과 같은 내용이 나온다.

새는 힘겹게 투쟁하여 알에서 나온다. 알은 세계다. 태어나려는 자는 한 세계를 깨뜨려야 한다. 새는 신에게로 날아간다. 그 신의 이름은 아프락사스다.

새가 하늘로 날기 위해서는 알에서 깨어나는 의식이 필요하듯이, 사회도 비상을 위해서는 과거와 단절을 해야 한다. 단절을 너무 급진적으로 시도하면 프랑스대혁명처럼 큰 혼란을 경험하게 되지만, 한국 사회는 현명하게도 사회는 촛불문화제로, 도시는 젠트리피케이션으로 큰 혼란 없이 시민의식과 도시의 변화를 가져왔다. 그래서 한국 도시는 베이비붐 세대에서 밀레니얼 세대로 이어지며 82년생 김지영이 자신의 권리를 주장하는 사회, 모던을 탈피해 포스트모던이 진행되는 사회, 권위주의를 넘어 탈권위를 추구하는 사회로 변화하고 있다. 이러한 변화를 유도한 가운데에 베이비붐 세대가 있었고, 이제 밀레니얼 세대가 이어받아 변화를 마무리해야 하는 시점에 와 있다. 이렇게 주장하다 보니 필자가 같은 베이비붐 세대라 베이비부머를 너무 미화한 것이 아닌가 싶다. 독자들께서 이해해 주시라. 앞에서 언급한 것처럼 이 글에는 필자의 주관적인 생각이 많이 들어 있다는 것을! 그렇게 말하니 효암 채현국 선생의 말씀이 생각난다.

> 봐주지 마라. 노인들이 저 모양이라는 걸 잘 봐두어라. 너희들이 저렇게 되지 않기 위해서. 까딱하면 모두 저 꼴 되니 봐주면 안 된다(한겨레신문, 2014).

그래, 채현국 선생의 말씀처럼 앞선 세대에 대해 비판할 것이 있으면 하자. 비판과 성찰이 있어야 반성도 있고 발전도 있다. 그러니 도시에서 시민들이 만나 서로 접촉하고 소통하며, 갈등하고 협상하며 담론을 주고받을 수 있는 공론의 광장을 조성하자. 이제 한국 도시에 둘레길은 조성되었고 젠트리피케이션이 진행 중에 있고, 박물관/미술관 등 문화예술 공간을 도심으로 끌어들이고, 공론의 공간인 광장을 중심지에 조성하는 일 등이 미래 과제로 남아 있다. 밀레니얼 세대가 이런 일들을 잘 추진해서 한국 도시의 품격을 한 단계 더 높일 것으로 믿는다.

11-2. 베이비붐과 밀레니얼 세대 후편: 한국 사회 저출산 현상, 재앙인가 기회인가?[4]

한국 사회에서 베이비붐 세대와 밀레니얼 세대가 어떤 변화를 초래하였는가? 아마 그 결정판이 요즘 주요 이슈로 제기되는 문제 가운데 하나인 저출산·고령화 현상이라고 할 수 있다. 정부는 다양한 유인 정책으로 강력히 출산장려를 추진하고 있지만, 서출산 현상은 더욱 심화되고 있다. 1964년 정부 홍보 매체인 대한뉴스에서 '덮어놓고 낳다 보면 거지꼴을 못 면한다', 1972년에는 '딸, 아들 구별 말고 둘만 낳아 잘 기르자'는 가족계획운동이 벌어졌는데, 지금은

---

4. 본 절은 『국가정책연구』 제33권 제3호에 실린 김천권·정진원 논문 「한국사회 저출산 현상, 재앙인가 기회인가?」의 내용을 요약 발췌한 것임을 밝힌다.

'인구절벽', '저출산·고령화 위기'를 걱정하고 있으니, 격세지감을 실감하며 정부와 전문가들의 장래 예측이 허망하다는 것을 느낀다. 이런 맥락에서 지금 우리가 우려하고 있는 저출산·고령화 문제와 인구절벽에 대한 전문가들의 위기 주장도 무언가 잘못된 것은 아닐까? 그리고 저출산·고령화 추세를 정부 정책으로 극복한다는 것이 현실적으로 가능할까?

초저출산이 심각한 사회문제를 제기하는 것은 누구나 다 아는 현실이다. 그러나 초저출산이 사회적으로 부정적 영향을 미치기도 하지만, 반면에 긍정적 효과 또한 발생할 수 있다는 것은 거의 무시되고 있다. 세계 최고의 초저출산율을 기록하며 고령화 사회로 급속히 진입하고 있는 한국 사회에서 인구학계, 정부, 경제계, 언론 등은 미래의 인구 감소에 따른 경제성장률 저하, 소비 감소, GDP 감소 등 저성장 시대의 도래를 걱정스러운 시각으로 바라보고 있다. 물론 저출산에 따른 인구 감소와 고령화 사회의 진입은 경제의 불안정과 침체 요인으로 작용할 수 있다. 그러나 관점을 달리하여 시간을 좀 더 장기적으로 보면 저출산에 따른 인구 저성장과 감소는 반드시 부정적으로만 작용하는 것이 아니라, 한국 사회를 재구성하는 기회 요인으로 작용할 수 있다. 이미 한국 도시는 규모와 밀도에서 집적의 불경제가 작용하여 혼잡비용이 증가하고, 국토의 불균형적 이용과 발전에 의해 높은 거래비용을 지불하고 있는 현실이다. 그리고 지구촌은 이제 피크오일(peak oil) 시대에 접어들어 소비를 기반으로 한 경제성장 자체가 제약을 받는 시대에 돌입하고 있다. 이런 시대적 상황에 직면하여 인구 저성장은 한국 사회의 재앙과 위기가 아닌 지속가능한 사회를 위한 강점과 기회로 작용할 수도 있다는 것이다. 필자는 이런 시각에서 인구 저성장 추세를 지속가능한 도시개발을 위한 기회 요인으로 활용해야 한다는 논지를 전개한다.

이제 인구의 증가가 경제성장을 가져오는 '인구 보너스' 시대는 지나갔다. 미국이 세계 최대 강국인 것은 인구 규모가 세계 최대이기 때문이 아니며, 유럽의 강소국들(예로 노르웨이, 스웨덴, 덴마크, 네덜란드, 벨기에, 스위스 등)이 강력한 국가경쟁력을 갖는 것은 인구 규모가 크기 때문이 아니다. 사회운영을 위한 합리적 제도가 정착되어 있고, 국민과 정부 사이에 탄탄한 신뢰 관계가 형성되어 있으며, 개인이 능력을 충분히 발휘할 수 있는 발판이 잘 정비되어 있기 때문이다. 즉 인구가 많아서 경제성장을 가져오고 행복한 사회가 조성되는 것은 아니라는 것이다. 그런데 한국 사회에서는 일반적으로 인구·경제학자, 정책담당자와 언론들은 저출산을 경제의 침체 요인으로만 인식하여 위기 분위기를 고조시키며, 저출산·고령화 현상을 극복해야 하는 사회문제로만 인식하고 있다. 이제 이런 일방적 시각에서 탈피하여 저출산·고령화가 한국 사회의 지속가능한 발전을 위해 재앙으로 작용하는지, 아니면 기회로 작용하는지에 대해 본격적으로 논의해 보자.

일찍이 토머스 맬서스(Thomas Malthus)는 인구와 생산성 증가를 비교하여 인간의 삶의 질 향상을 위해서는 인구 증가가 억제되어야 한다고 주장하였다. 그로부터 약 250년이 지난 현시점에서 한편으로는 이 주장에 대한 비판과 반대 주장(출산장려)이 나오고 있으며, 다른 한편에서는 저성장·탈성장을 추구해야 한다는 주장이 제기되고 있다. 이런 배경에는 맬서스가 살았던 시대(1766~1834)와 비교하여 지금은 과학기술이 급속히 발전하고 농업혁명을 통해 식량문제가 어느 정도 해결되었다는 차이가 있는 것은 사실이다. 그런데 저출산·고령화 현상은 단순히 인구와 경제에만 국한된 문제가 아니라, 세상을 바라보는 시각에 따라 상이한 주장, 이슈와 논점을 제기한다. 즉 저출산·고령화는 단지 인구문제, 경제문제, 생산성과 효율성 문제, 지역적 문제로만 볼 것인가, 아니면 좀 더 넓은 시야에서 사회문제, 민주성과 형평성 문제, 지구촌과 생태계 문제, 사회적 정의와 삶의 질 문제로 넓혀서 볼 것인가에 따라 각기 상이한 시각과 논점이 제기된다는 것이다. 그런데 한국 사회에서 저출산·고령화를 바라보는 주요 시각은 한국 경제와 미래에 부정적 영향을 미친다는 비판과 주장이 지배적이고, 긍정적 효과에 대해서는 거의 논의되지 않았다. 그러면 왜 이 문제가 한국 사회에서 부정적 이슈로만 끊임없이 부각되고 있는지 살펴보기로 하자.

첫째, 저출산·고령화가 경제성장에 부정적 영향을 미친다는 주장은, 인구 감소는 결과적으로 시장수요와 경제 규모의 축소를 가져와 고용의 하락을 유도함으로써 경제의 전반적 침체를 초래한다는 논리에 기반을 두고 있다. 그러나 출산율과 경제성장의 관계를 보면, 일반적으로 이해하는 것처럼 명확한 정(+)의 관계가 확인되지 않는다. 출산율과 경제성장 사이의 관계를 분석한 브랜더와 도우릭(Brander and Dowrick, 1994)의 연구에 의하면, 출산율 하락은 노동 공급에 영향을 미치고 궁극적으로 1인당 실질소득을 상승시킨다고 주장한다. 시뮬레이션 분석을 이용하여 한국에서 저출산과 경제성장 사이의 관계를 분석한 구성렬(2008)의 연구에 의하면, 저출산에 따른 경제의 질(1인당 소득)과 GNP(경제 규모)는 대체 관계에 있으며, 대체 관계를 고려하는 경우 저출산은 1인당 소득의 상승에, 고출산은 GNP 규모의 증가에 상대적인 우위를 갖는다고 주장한다. 따라서 대체 관계를 고려하면 정부 정책은 질을 선택할 것인가, 아니면 양을 택할 것인가를 결정해야 한다고 주장한다. 많은 연구가 출생률은 경제성장과 무관하다는 것을 보여 주고 있으며, 한국 통계에서 과거 30년 동안 높은 출산율이 경제성장에 긍정적으로 작용한 것은 한국 사회의 고도성장기와 베이비붐 세대가 맞물려 나타난 현상으로 해석될 수 있다.

또 다른 시각에서 저출산·고령화가 지방과 농촌에 미치는 영향을 논의한 다수의 최근 연구들(마강래, 2017; 노자와 치에, 2018)은 저출산·고령화에 의한 저밀도 농촌과 소도시들은 공공인프라 공급, 유지 및 보수 비용이 상승하기 때문에 주거환경이 나빠질 것으로 예상한다. 이런 논리라면 인구밀도가 현저히 낮은 노르웨이, 아이슬란드, 캐나다, 스위스 등의 주거환경이 인구밀도가 높은 한국, 일본, 타이완보다 열악할 것이란 결과가 나온다. 그런데 현실은 이런 나라들이 한국, 일본보다 삶의 질과 행복지수가 한층 높게 나타나고 있다. 이것은 공공서비스와 삶의 질, 주거환경 등은 단순히 인구 규모와 밀도로 설명되는 것이 아니라 선진 시장제도, 민주적 정치제도, 거버넌스 시스템, 복지제도 등이 잘 정립 및 제공되고 있는가에 영향을 받는다.

심지어는 최근의 저출산문제에 대한 접근에서 아동을 공공재로 보아야 한다는 주장(Folbre, 1994)과 이런 논리에서 출산율 증가를 위해 강력한 인센티브 제공과 강제력 사용 등을 제시하는 연구(유종열, 2010), 여기서 더 나아가 아동 양육에 시간이나 에너지를 적게 쓰는 사람, 무자녀 부부들은 부모 노동의 무임 승차라는 주장까지도 나오고 있다(신윤정·이지혜, 2012: 24). 물론 이와 같은 주장도 일견 타당성이 있는 것으로 보이나, 이런 논리라면 무자녀 부부는 미래에 발생하는 행정 수요를 감축시키고 범죄와 환경오염 가능성을 낮추기 때문에 공익적 차원에서 공공재로 볼 수도 있다는 역설적 주장도 나올 수 있다.

한국 사회 저출산의 또 다른 요인으로는 경기 침체에 따른 높은 청년 실업률, 가임여성의 직장생활과 경력 단절의 문제, 삶의 목표와 방식의 변화 등 다양한 요인들이 영향을 미치는 것으로 제시된다. 그러나 초저출산이 실업률과 경력 단절 등 주로 경제적 요인에 의해 영향을 받는 것으로 이해될 수 있으나, 한국 사회의 초저출산 현상은 단순히 양육비·교육비 증가, 여성의 사회 진출, 경쟁 심화 등의 요인에 기인한 것만으로 보긴 어렵다. 보건환경의 개선, 의료기술의 발달, 소득 증가 등과 같은 생활환경의 질적 향상에 의해 기대수명이 신장되어 소수의 자녀로서도 후손을 이어 갈 본능적 욕구가 충족되었기 때문으로도 분석된다. 그리고 대가족 농경사회에서 다산은 생산성 증대를 위한 축복으로 인식되었으나, 탈산업화가 진행되는 현대사회에서 다산은 부모의 취향으로 인식되는 면을 보인다. 이것 또한 자본주의 사회에서 경제성, 효율성 기준이 삶을 지배하는 현상을 그대로 보여 준다. 이러한 현상은 상대적으로 열악한 환경에 처해 있는 저개발국가에서는 높은 출산율을 보인 반면, 이른바 선진사회에서는 저출산 현상이 나타나는 것으로도 확인할 수 있다.

이런 관점에서 한국 사회의 저출산 현상은 경쟁이 심화되고 소득수준이 높아짐에 따라, 이제는 자녀 수에 집착하기보다는 자녀의 삶의 질과 미래 행복에 더 많은 관심을 가지는 사회로 전이되는 과정에 나타나는 현상으로 설명될 수 있다. 즉 진화론적 측면에서 다산을 통해 양적 생산을 확대하기보다는 저출산과 집중적 육아를 통해 경쟁력을 높이는 전략이 주요 추세로 자리 잡아 가고 있으며, 다출산을 통해 다수의 일반 능력 보유자를 양육하기보다는 소출산을 통해 소수의 전문 능력 보유자를 키워 내는 것이 현재의 주요 추세를 형성하고 있다(전중환, 2012). 이것은 교육과 양육비용 절감으로 출산율을 신장시킬 수 없다는 것을 보여 주며, 경제성장을 위해서는 저출산이 대세인 것을 인정하고 태어난 아이들의 글로벌 경쟁력과 삶의 질을 어떻게 신장시킬 것인가에 정책의 주안점을 두어야 한다는 것을 보여 준다. 즉 저출산에 의해 노령인구 부양을 위한 경제활동인구가 부담해야 하는 비중이 높아진다면, 경제활동인구의 경쟁력과 생산성 향상을 지금보다 두 배로 신장시킴으로써 상대적으로 부담은 줄어들게 되며, 최근의 실버 세대는 은퇴 이후 경제력이 낮고 소극적인 소비를 보인 기존의 실버 세대와는 다른 액티브시니어(active senior)로서 어느 정도 경제력을 가지며 적극적 활동을 하는 새로운 세대라는 주장도 나오고 있다(이윤범, 2016).[5]

---

5. 기존의 실버 세대라는 개념은 은퇴 이후 경제력이 낮고 소극적인 소비를 하는 세대를 의미하였는데, 새롭게 등장한 액티브시니어라는 개념은 활동적이고 적극적인 특징을 가지고 있고 충분한 경제력을 가졌을 것으로 평가되는 세대이다. 이런 맥락에서 액티브시니어는 기존의 실버 세대의 개념과는 또 다른 새로운 하나의 계층이라 할 수 있다. 우선 액티브시니어는 사회적으로 부를 이룩한 부자 세대이며, 정치적 이슈에 적극적이고, 본격적으로 고등교육을 받기 시작하였으며, 새로운 문화를 이끌어 가는 힘이 있는 세대로 평가되는데, 우리나라의 인구적 특성을 고려하였을 때 베이비붐 세대(1955~1963)가 이에 해당된다고 할 수 있다. 이들의 소비 트렌드는 아래와 같다. 첫째, 식스포켓 소비의 주체로 떠오른다. 저출산의 영향으로 자녀 수가 적어지면서, 손주들에 대한 할아버지 경제의 규모는 커지는 추세이다. 60세 이상 고객의 백화점 유/아동복 및 유모차 소비는 2014년 대비 2015년 각각 14%p, 10%p 증가하였다. 둘째, 스스로를 실버 세대라 칭하는 것을 원치 않으며, 진취적인 소비 욕구를 가지고 있고 젊은 취향과 함께 디자인/스타일이 있어야 한다. 다음으로, 여성이 강한 의사결정권을 갖고 있는 것으로 나타난다. 제품 구매 시 여성이 결정권을 가진 비율을 조사한 결과 가구(94%), 휴가(92%), 주택(91%) 등 굵직한 소비 이벤트에서 여성 결정권이 절대적인 것으로 나타났고, 심지어 남성 관여도가 높을 것으로 예상되는 자동차(80%), TV와 같은 가전제품(91%)마저 여성 관여도가 높았다. 앞으로 경제성장과 함께 부를 이룩한 베이비붐 세대가 실버 세대로 편입되면서 실버 세대는 더 이상 실버 세대가 아닌 액티브시니어로서, 시장에서의 소비 주체가 될 것으로 전망한다(이윤범, 2016).

이런 상황에서 정부는 저출산·고령화 추세를 어떻게 하면 꺾을 것인가에 골몰하고 있다. 그런데 저출산·고령화 추세를 과연 정부가 저지 혹은 억제할 수 있는가? 아마 추세를 완화시킬 수는 있겠지만, 완전한 저지 혹은 억제는 어려울 것으로 예측된다. 그것보다는 현실을 받아들여 한국 사회의 변화와 혁신을 위한 필연적 체질 개선 과정으로, 즉 양적 성장에서 질적 성장으로의 전환을 위한 과정으로 인식하여 적절한 정책을 수립하는 것이 바람직하다. 한국 사회는 1960~1970년대 피라미드 인구구조에서 2040~2050년대에는 역피라미드로 바뀌어 경제활동인구가 부담하는 노인 부양이 상대적으로 급격히 증가할 것이 예상된다. 물론 젊은 세대의 노령 집단 부양을 위한 부담이 증가하는 것은 사실이지만, 반면에 자녀 수가 적기 때문에 노인계층으로부터 물려받는 상속/증여 재산의 몫은 상대적으로 증가하였다. 즉 부양 부담과 상속재산이 동시에 증가한다는 것이다. 그래서 저출산·고령화는 인구 안정화를 위한 필수적 과정으로 한국 사회의 선진화를 위해서는 필연적으로 경험해야 하는 현상이고, 이러한 과정을 부담으로만 보기보다는 그동안 누린 혜택에 대한 연령대별 분담으로 이해할 필요가 있다.

저출산·고령화는 우리가 어떻게 대응하고 미래를 설계하는가에 따라 재앙으로 작용할 수도 있고, 기회로 작용할 수도 있다. 그런데 분명한 사실은 지구촌 부존자원은 점차 감축되는 반면 인구는 지속적으로 증가한다면 자원 고갈 시기는 더욱 앞당겨질 것이라는 것이다. 그래서 지속가능한 사회와 개발을 주장하는 학자와 NGO 및 단체들은 고도성장을 추구할 것이 아니라 저성장, 더 나아가 탈성장을 추구해야 한다고 목소리를 높이고 있다. 이런 시대적 상황에서 한국 사회의 저출산·고령화는 앞으로 다가올 피크오일 시대를 대비하여 대량생산과 소비 중심의 고도성장 정책을 지양하고, 경제의 부침을 최소화하여 안정 경제를 추구하는 미래를 겨냥한 바람직한 변화로 인식될 수 있다(요시다 타로, 2011).

그런데 왜 한국에서는 저출산·고령화에 따른 문제만을 심각하게 강조하고 기회 요인은 거의 논의되지 않고 있는가? 여기에는 공공선택론의 원리가 강하게 작용하기 때문이라고 본다. 인구 저성장에 따른 문제가 부각되는 것은 자신의 밥그릇을 우선적으로 챙기는 정치인, 권한의 확대를 추구하는 관료, 자기 분야의 중요성만을 강조하는 전문가, 자신과 무관한 문제에 대해서는 무임승차하는 일반 시민들이 만들어 내는 공공선택론적 결과의 전형적인 사례를 보여 준다. 인구의 감소는 정치인에게는 지지집단의 감소, 관료들에게는 예산과 인원의 축소, 전문가에게는 자기 분야의 전문성 축소, 그리고 시민들의 무임승차 등 공공선택론 시각에서 각 집단의 합리적 행위가 작용하여 만들어 낸 작품으로 볼 수 있다.

저출산·고령화는 한국만의 문제가 아니라 선진사회의 일반적 추세이다. 그런데 유럽연합(EU) 연구 결과는 유럽 주요 국가의 인구가 증가할 것으로 예상한다. 2013년 유럽 주요 국가의 인구 규모를 보면 영국 6400만, 프랑스 6600만, 독일 8100만, 이탈리아 6000만, 스페인 4700만을 보이는데, 2060년에는 영국 8000만, 프랑스 7600만, 독일 7100만, 이탈리아 6600만, 스페인 4600만을 기록할 것으로 내다보았다. EU 평균 출산율 통계는 2013년 1.59에서 2030년 1.68, 2060년에는 1.76으로 점차 상승할 것으로 전망하고 있다. 인구 고령화를 보면, 남성의 경우 기대수명이 2013년 77.6세에서 2060년 84.7세로 7.1세 증가가 예상되며, 여성은 2013년 83.1세에서 2060년 89.1세로 6.0세 증가할 것으로 전망한다. 이러한 저출산·고령화에 따라 여성과 노령인구의 경제활동 참여율이 높아질 것으로 예상한다. 여성의 경제활동 참여를 보면, 2013년 62.6%에서 2023년 67.3%, 2060년에는 71.2%의 참여율을 보일 것으로 예상하고, 노령인구의 경제활동 참여율은 2013년 50.3%, 2023년 60.9%에서 2060년 67.1%로 상승하여 퇴직 연령이 신장될 것으로 전망한다(European Commission, 2014). 유럽 사회의 이런 긍정적 전망은 무엇을 의미하는가? 필자가 보기에 유럽은 오늘보다 내일이 행복한 사회, 즐거운 사회가 될 것으로 시민들은 전망하고 있으며, 이런 긍정적인 사고가 자녀 출산과 연결되어 인구절벽을 극복하는 동기로 작용하고 있다고 생각된다.

그리고 미국의 로버트 고든(Robert Gordon) 교수는 한국이 저출산·고령화로 인해 사회적 압박이 다른 나라보다 훨씬 심각할 것으로 예상하는데(조선일보, 2016), 필자는 이런 예상이 한국의 실정을 충분히 이해하지 못하는 무지에서 나온다고 본다. 미국과 같은 거대국가는 사회변화에 신속한 적응이 어렵지만, 한국과 같은 강소국가는 상대적으로 신속한 적응이 가능하며, 사회의 구조변화도 신속히 이루어질 수 있다는 것을 간과한 것이다.[6] 싱가포르 국가개조 사례를 보시라. 저출산·고령화 시대는 '큰 것이 경쟁력인 시대'가 아니라 '작은 것이 아름다운 시대'라는 저성장, 더 나아가 탈성장이 새로운 패러다임으로 등장한다는 것을 간과하고 있다(Schumacher, 2010).

그러면 한국 사회에서 왜 결혼을 하지 않고 아이를 낳지 않는가? 주요 요인으로는 결혼에 대한 인식 변화와 혼인 연령의 상승, 양육비의 증가, 그리고 정부의 부적절한 출산율 장려정책 등이 복합적으로 작용한 결과라고 이해할 수 있다.

첫째, 저출산의 원인으로 지목되는 결혼에 대한 인식 변화를 보면, 한국 사회에서 결혼 기피 현상이 확산되어 결혼은 필수라는 의견이 급격히 감소하는 추세를 보이고 있다. 통계청의 '2014년 사회조사 결과'에 의하면, 13세 이상 남녀 가운데 결혼에 대해 '해도 좋고 하지 않아도 좋다'라고 생각하는 비율은 38.9%로 2012년 조사 때보다 5.3%p 증가하였다. 결혼에 대해 '하지 않는 것이 좋다',

---

6. 노인에 대한 인식을 조사한 고승연·홍유림(2017)의 연구에 의하면, 한국 사회에서 노인은 평균 67.2세 이상부터 노인으로 인식하고 있으며, 대부분의 사람들이 노후에도 일을 할 것을 희망하고, 응답자의 92% 이상이 노인 고용 의향이 있다고 응답하고 있다. 이런 응답 결과는 서구 사회와 달리 한국 사회의 노인들은 경제에 적극적으로 가담하여 활발하게 활동하는 것을 선호함을 보여 주며, 정부가 좀 더 다양한 노인 적합 직종을 개발하고 노령인구의 고용 창출을 추진하면 고령화문제는 풀지 못할 난제는 아니라는 것을 보여 준다. 그리고 네덜란드와 독일 등 유럽 국가에서는 작업장에서 경험 많은 노령 근로자와 젊은 근로자의 조합과 직무 재구성을 통한 시너지 효과를 추구하고, 기업에서 노령 근로자 취업 과정에 차별 완화 및 정부의 고용 지원, 노령 근로자를 위한 지속적 직업교육과 학습문화 정립 등 노령인구 취업정책을 적극적으로 추진하고 있다(OECD, 2015).

'하지 말아야 한다'라고 답한 비율은 2.0%로, 이 비율을 더하면 국민 41%가 결혼을 필수라고 여기지 않는 것으로 응답한 셈이다. 성별로 보면 '결혼을 해도 좋고 하지 않아도 좋다'고 답한 비율이 남성은 34.4%인 반면, 여성은 43.2%로 여성의 비율이 더 높았다. 연령대별로 보면 30대가 50.7%로 가장 높았고, 60대 이상은 20.8%로 낮아, 결혼에 대한 인식이 연령대에 따라 큰 차이가 있는 것을 알 수 있다(연합뉴스, 2015).

둘째, 저출산의 원인으로 혼인 연령의 상승도 주요 요인으로 작용하는 것으로 나타났다. 통계청 '2018 혼인·이혼 통계'에 따르면, 한국의 평균 초혼 연령이 10년 전보다 약 2세 높아졌으며, 혼인 건수는 갈수록 떨어져 인구 1,000명당 혼인 건수(조혼인율)는 통계 작성 이후 매년 최저치를 경신하고 있다. 평균 초혼 연령은 남자 33.2세, 여자는 30.4세로 전년 대비 모두 0.2세 상승하였다. 2018년 혼인은 25만 7,600건으로 전년보다 2.6%(6,800건) 감소하였으며, 이런 통계는 건수 기준 1974년(25만 9,100건) 이후 가장 낮은 수치를 보이며, 조혼인율은 5.0건으로 1970년 통계 작성 이후 매년 최저치를 기록하고 있다(통계청, 2019).

셋째, 양육비의 증가를 보면, 최근 NH투자증권 100세시대연구소가 한국보건사회연구원의 '2012년 가족보건복지실태조사 결과'를 토대로 2017년 양육비를 추산한 결과, 자녀 1명에게 들어가는 양육비는 3억 9670만 원인 것으로 나타났다. 2003년 1억 9702만 원, 2009년 2억 6204만 원, 2012년 3억 896만 원에서 꾸준히 증가 추세를 보이고 있다. 2017년 한해 예상 양육비는 대한민국 근로자의 평균 연봉인 3250만 원을 단 한 푼도 쓰지 않고 12년간 꼬박 모아야 하는 액수와 동일하다(인천일보, 2017).

넷째, 저출산의 주요 요인으로, 핀트를 잘못 맞춘 정부의 출산율 장려정책을 들 수 있다. 한국 사회에서 출산율 감소의 원인은 신혼부부 주택 부족 때문에 발생한 것이 아니며, 자녀 돌봄을 여성이 전담하기 때문도 아니고, 보건의료체계의 미흡 때문도 아니다. 아마 주요 원인으로는 자녀 양육에 따른 경제적 비용의 증가, 육아 환경의 부적절, 삶의 방식 변화 등을 제시할 수 있다. 예를 들어, 신혼 시작은 자가주택이 아닌 전세 혹은 월세 등 임대주택에서 시작할 수 있고, 맞벌이부부보다는 외벌이부부의 출산율이 더 높으며, 한국 사회는 이제 임신과 출산을 위한 선진 의료체계를 갖추고 있고, 출산 비용이 없어 자식을 낳지 않는다는 이야기는 거의 들어 본 적이 없다. 이런 관점에서 저출산은 게리 베커(Gary Becker)가 주장한 것과 같이 내구재 수요 공급의 원리에 따른 경제적 비용과 삶의 방식이 주요 요인으로 작용하며, 환경적 요인으로 거주 조건과 근린환경이 문제의 증폭 요인으로 작용하고 있다.

결론적으로 왜 결혼을 하지 않고, 아이를 낳지 않는가? 이것은 현재의 가치 기준으로 결혼하지 않고 아이를 낳지 않는 것이 최선의 선택이기 때문으로 설명될 수 있다. 매트 리들리(Matt Ridley)는 그의 저서 『이성적 낙관주의자: 번영은 어떻게 진화하는가?』에서 인류의 진화는 다윈주의적 자연선택의 결과인데, 한국의 상황에서 결혼과 자녀 기피는 현시점에서 최선의 가치와 아이디어의 조합에 의한 결과물이며, 이런 현상이 한국 사회의 진화에 영향을 미치며 초미의 변화와 혁신을 초래한다고 해석될 수 있다.

신생아들이 태어나고 출산 친화적 사회를 만들어야 지속가능한 국가, 지역, 도시, 그리고 공동체가 존속할 수 있는 것은 당연한 사실이다. 그런데 한국이 현실적으로 이런 상황에 접어들었는지에 대해서는 의문이 든다. 비록 고령화 사회에 접어들었다지만 아직 인구는 증가 추세에 있고, 인구밀도는 다른 어떤 나라들보다 높다. 그리고 인구 규모와 국가경쟁력은 반드시 정비례 관계를 보이지 않는다. 더욱이 삶의 질과 인구 규모 및 밀도는 정(+)의 관계보다는 부(−)의 관계로 잘 설명된다.

이제 한국 사회에서 둘 이상의 다자녀 출산은 기대하기 어려운 상황이다. 최근에는 여기서 더 나아가 젊은 층의 결혼 기피 현상까지 나타나고 있다. 정부에서는 결혼, 출산, 양육, 보육을 위한 환경을 조성한다고 하지만, 자식 양육은 결국 국가의 책임이 아니고 가정의 책임으로 인식하는 한국 사회에서는 아무리 정부가 지원과 투자를 한다 하더라도 이러한 추세를 바꾸기는 어려운 국면에 이르고 있다. 그리고 이런 배경에는 핏줄에 강한 집착과 연대를 갖는 한국 사회만의 독특한 특성이 작용하고 있다. 이를 단적으로 보여 주는 사례가 바로 입양에 대한 차별과 거부반응이라고 볼 수 있다. 이제 출산장려를 위한 정책에 더하여 고령자 취업을 위한 정책, 퇴직 연령의 단계적 상향 조정을 심각하게 고려해야 할 시점이다. 다행히도 한국 사회의 노령인구는 복지 혜택보다는 취업을 희망하는 성향이 훨씬 높게 나타난다. 즉 DNA 구조상 노는 것보다 일하는 것을 더욱 선호한다는 것이다. 이런 특성을 고려하여 저출산·고령화 사회에 대비한 정책이 연구될 것이 요구된다.

이제 한국 사회에서 저출산·고령화가 과연 재앙으로 작용하는지, 아니면 기회로 작용하는지에 대해 본격적으로 논의해 보기로 하자. 이러한 논의의 중심에는 다음과 같은 논점들이 주요 문제로 제기된다.

첫째, 저출산·고령화가 성장률 감퇴와 경기 침체를 초래하는가?

둘째, 저출산·고령화로 인한 경제활동인구 감소와 노령층 증가에 의해 경제부담이 증가하는가?

셋째, 왜 저출산·고령화를 정부와 경제단체, 전문가 집단과 매스컴 등은 국가 경제와 안보의 위기라고 주장하는가?

넷째, 저출산·고령화가 지방 도시와 군(농촌지역)의 소멸을 초래하는가?

대부분의 연구에서 저출산·고령화가 한국 경제에 부담으로 작용할 것을 전망하고 있다. 그러나 저출산·고령화는 부담뿐만 아닌 비용 절감으로도 작용한다. 예를 들면, 저출산에 따른 학령인구의 감소는 교육비 감소, 교육시설에 대한 투자와 관리 비용 감소, 교육 서비스 비용의 감소 등을 가져온다. 그리고 인구 감소는 주택수요 감소, 주택 건설 비용 감소, 주택을 위한 공간의 감소, 쓰레기 배출 감소, 전력수요 감소, 교통수요 감소 등 수많은 공공서비스 수요와 비용의 감소를 유발한다. 특히 탈성장 시대에 접어들어 한국 사회가 저성장·탈성장을 추진하는 데 긍정적으로 작용한다.

　그런데 대다수의 연구는 저출산·고령화에 의해 생산가능인구가 감소하여 투자, 노동, 총요소생산성에 부정적 영향을 미침으로써 경제성장에 제약 요인으로 작용할 것을 주장한다. 이는 근본적으로 한국 사회는 언제나 고도성장을 추구해야 하며, 저성장과 탈성장은 전혀 염두에 두지 않은 주장이다(김원규·황원식, 2017). 그리고 소수의 천재적인 전문가나 정책결정자보다는 다수의 시민이 거시적 추세를 더 잘 내다보고 대비한다는 점을 명심해야 한다. 왜냐하면 전문가와 정책결정자는 본인 자신이 정책의 이해관계자이지만, 시민은 바로 객관적인 정책의 대상이기 때문이다. 즉 전문가와 정책결정자는 저출산·고령화가 가져오는 위기를 강조해야 정책의 전문성과 예산편성의 정당성을 확보할 수 있지만, 시민은 그저 변화에 순종하고 대비하는 데 보다 익숙하기 때문이다.

　전문가들은 항상 자신의 연구 분야가 가장 중요하고 사회에 지대한 영향을 미친다는 착각 속에 빠져 있다. 인구지리학 분야도 마찬가지로 저출산, 고령화, 인구 감소, 소비 및 생산 둔화 등과 같은 문제가 사회에 심각하게 영향을 미치며 부정적으로 작용할 것이라고 경고한다. 특히 저출산이 경제에 미치는 영향은 학계에서보다 언론계, 특히 경제신문과 미디어에서 주요 주제로 다루어, 한국 사회의 큰 위기상황이 닥칠 것으로 부각하고 있다. 그런데 이러한 경고가 한편으로 의미 있는 것은 사실이지만, 저출산, 인구 감소 등이 가져오는 긍정적 변화에 대해서는 거의 함구하고 있다. 이것은 부정적 측면을 강조해야 문제의 심각성이 부각되어 매스컴과 관련된 전문 분야가 대중에게 이슈화되고 주목을 받을 수 있기 때문일 것이다. 반면, 저출산, 인구 감소 등이 긍정적으로 영향을 미친다면 그대로 방치해도 문제를 만들지 않기 때문에 관련 분야는 주목을 덜 받게 된다. 이런 논리가 작용하여 매스컴과 인구지리학 분야에서는 끊임없이 저출산과 인구 감소 초래하는 단기적 문제점만을 부각하고, 거시적 관점에서 생활방식의 변화와 삶의 질 향상을 가져오는 긍정적 측면은 의도적으로 도외시하는 경향이 있다는 점을 주목할 필요가 있다. 즉 공공선택론적 시각에서 이익집단의 위기 조장과 기득권 집단의 헤게모니 유지 및 확대를 위한 은폐된 목적이 작동하고 있는 것은 아닌지 의심이 든다.

최근에는 저출산·고령화와 관련하여 황당한 주장들이 나오기까지 한다. 어떤 역사학자는 자녀가 없는 가정과 자녀가 있는 가정은 삶의 방식과 미래에 대한 개념에 차이가 있다는 주장을 늘어놓고 있다. 그의 논지는 자녀가 없는 부부는 재산을 상속해 줄 자식이 없기 때문에 미래에 대한 관점도 근시안적이며 삶의 방식이 다르다는 황당한 주장을 한다. 또 다른 자칭 언론학자라는 사람은 저출산·고령화 사회는 어른은 없고 노인만 있는 사회가 되지 않을까 고민이라고 토로하며, 이런 사회를 살아가는 젊은이들에게 노인의 존재는 '사회적 재난'이 될 수 있다고 주장한다. 이런 주장까지 나오는 것을 보면, 한국 사회에서 아이를 낳지 않으면 범죄자이고, 나이 많은 노인이 되면 사회의 짐덩어리로 추락하는 느낌을 준다. 이것이 대다수 매스컴과 학자들이 저출산과 고령화 사회를 바라보는 왜곡되고 편향된 시각이라고 할 수 있다.

조지프 스티글리츠(2013: 378)가 말하기를, "경제를 예측하는 사람들은 대침체가 발생하기 일 년 전에도 대침체의 발생을 예견하지 못했다. 따라서 우리는 이들이 내놓은 40년 후의 경제예측을 크게 신뢰해서는 안 된다."라고 주장하였다. 필자는 이 말이 저출산·고령화 사회의 예측에 중요한 단초를 제공한다고 생각한다. 경제예측에는 수많은 변수가 작용하기 때문에 예측이 어려우며, 이런 의미에서 저출산이 초래하는 경제예측도 마찬가지라고 판단된다. 경제학자와 인구학자, 그리고 매스컴들은 저출산에 따른 경기 침체와 부정적 효과를 강조하지만 세상은 이들의 예측대로 진행되는 것은 아니며, 사실 예측하지 못한 결과가 발생한 경우가 비일비재하다.

저출산·고령화 현상이 반드시 재앙으로만 작용하는 것은 아니며, 한국 사회의 새로운 변화와 도약을 위한 발판이 될 수도 있다. 즉 그동안 한국 사회는 가난에서 벗어나기 위해 고도성장을 추구한 결과로 현재와 같은 선진국 수준의 소득수준과 산업화를 이룩하였다. 그런데 목표로 하였던 경제성장과 산업화는 이루었지만, 그에 걸맞은 삶의 질과 행복도는 달성하지 못한 것이 사실이다. 만약 경제성장도 성취하고 삶의 질도 향상되어 시민의 행복도가 높아졌다면 아마 결혼 기피와 저출산문제는 발생하지 않았을 것이다. 경제성장과 함께 소득수준은 높아졌지만 동시에 생계비와 주택 가격도 상승하여 실질임금은 별로 상승하지 않았으며, 산업화는 이루었지만 동시에 인구가 증가하여 젊은 층의 실업률은 높은 수준을 유지하고 있다. 또한 자녀 양육과 교육비는 급증하여 출산과 육아가 가정생활에 큰 부담으로 작용하고 있는 것이 현실이다. 이런 관점에서 저출산·고령화는 현재 상황에서 개인의 가치 극대화를 위한 합리적 선택의 결과로서 한국 사회의 메가트렌드로 당분간은 지속될 것이 예상된다.

앞에서는 이러한 저출산·고령화 현상이 인구절벽을 가져와서 경제성장률의 저하, 시장 규모의 축소, 인구 고령화로 인한 복지 부담의 증가, 지방 도시와 농촌지역의 소멸 등 많은 문제를 초래할 것으로 전망하였다. 그러나 저출산·고령화는 한국 사회에 재앙으로만 작용하는 것이 아니라 새로운 도약의 대변혁(great transformation)을 위한 기회 요인이 될 수도 있다. 지금부터 이 논거에 대해 논의해 보도록 하자.

첫째, 저출산·고령화는 경제의 부담으로만 작용하는 것이 아니라 문제해결을 위한 계기가 될 수도 있다. 한국 사회의 고질적인 문제로 주택 부족과 부동산 가격의 폭등을 들 수 있다. 저출산 현상은 부동산 거품을 제거하고 주택 가격의 안정화를 가져오는 데 긍정적으로 작용한다. 한국보다 먼저 초고령 사회로 접어든 일본의 사례를 보면, 저출산·고령화가 진행됨에 따라 주택에 대한 수요가 줄어들어 부동산시장의 거품이 사라지고 주택 비용이 하락하며 안정화 단계에 접어들었다. 일본의 고령화 사회 진입에 따른 부동산시장 변화를 분석한 조주현의 연구(2011)에 의하면, 대도시 외곽 지역의 주택수요 감소, 신도시 주택시장 부진, 대도시 도심부의 입지 선호 등 지역별 주택 수급에 차이를 보이고 있다.[7] 이러한 연구 결과는 저출산·고령화가 진행되면서 주택 수급에 따른 주택 가격의 하락과 안정이 자연히 초래되어 저출산의 부정적 요인(주택 가격의 상승)이 자연적으로 해결된다는 것이다. 이러한 논리는 저출산문제는 정부의 개입보다는 시장 메커니즘에 의해 해소된다는 것을 보여 준다.

둘째, 저출산·고령화가 진행됨에 따라 인구가 감소하여 노동 공급이 줄어들어 젊은 층의 실업률 또한 하락할 것이 예상된다. 저출산·고령화를 먼저 경험한 일본의 현황을 보면, 저출산 등에 따른 인구구조 변화의 부수적 효과에 의해 2016년 7월 실업률이 3%를 기록하면서 21년 만에 최저치를 기록하였다. 노동 공급이 감소하다 보니 2017년 3월 대학졸업생의 취업률은 97.3%로 사상 최고치를 기록하여 인구 감소와 고령화의 인구구조 변화가 노동시장에 큰 영향을 미치는 것을 보여 준다. 그리고 노동시장의 구조 변화는 과학기술의 발달에 따른 필연적인 현상으로, 일자리는 지속적으로 감소할 것이 예상된다(조지프 스티글리츠, 2013: 151-152). 따라서 실업문제를 해결하기 위해서는 일자리 창출도 중요 하지만 노동 공급이 감소해야 한다. 이런 시각에서 저출산 현상은 노동시장에서 공급의 감소를 가져와 실업률 하락과 임금 상승을 일으키는 요인으로 작용할 것이다. 이런 논리에서 한국 사회도 저출산이 지속되면 어느 시점에 들어서서는 노동 공급이 현저히 줄어들어 청년층 실업문제는 자연적으로 해결될 것으로 예상된다.

셋째, 저출산·고령화에 의해 시장 규모가 축소되고 투자수요가 감소한다는 주장이 있다(권규호, 2014). 예를 들면, 인구절벽에 의해 교육과 주택수요가 감소하고 인력난과 경기 침체를 초래한다는 것이다. 그런데 이런 주장은 소득과 경제의 대체효과를 전혀 고려하지 않은 단견적 주장이다. 경제의 범주에는 주택과 교육만 있는 것이 아니고, 주택과 교육 부문에 대한 소비가 감소하면 대체효과로서 문화와 여가 등에 대한 소비가 증가하여 이 부문에 대한 투자가 증가함과 더불어 관광에 대한 수요 또한 증가할 수 있다. 또한 청년층 인구 비중의

---

7. 일본은 저출산·고령화에 의해 이미 지가의 하락을 경험하고 있다. 도쿄 외곽부터 이런 현상이 나타나며 빈집이 늘어나고, 주택의 자산가치가 하락하는 현상이 나타나고 있다.

감소로 생산가능인구가 감소하여 자본의 한계생산성이 낮아지면 투자수요가 위축되는 요인으로 작용한다고 주장하지만, 이것은 사회의 기술변화를 전혀 고려하지 않은 단선적 분석이다. 생산가능인구가 감소함에 따라 노동력 수급에서 수요가 공급을 초과하여 실업률이 저하되고, 노동집약에서 자본집약 혹은 기술집약으로 전환됨에 따라 자본의 한계생산성은 높아질 것이 예상된다.[8] 인구구조 변화가 경상수지에 미치는 영향에 대해서도, 20대 이하의 유·청년층과 60~70대 고령층은 저축률이 낮은 것으로 나타나 경상수지 적자의 주요 요인이라고 주장하지만, 반면 이들은 저축보다 수요의 증가를 가져오는 집단으로 내수 진작의 주요 집단으로 작용한다. 따라서 직접적인 투자 요인보다는 간접적인 투자 요인의 주요 요소라는 것을 인지해야 한다.

넷째, 저출산·고령화의 사회적 영향으로 가족제도의 붕괴와 공동체의 해체가 진행될 수 있다는 우려도 있다. 최근 독신가구의 증가와 나 홀로 집단(혼족)의 등장은 이런 가능성도 있다는 징후를 보이는 것이 사실이다. 그러나 저출산은 출산율이 낮다는 것이지 아이를 낳지 않는다는 것이 아니고, 자녀를 적게 낳으면 상대적으로 자녀에 대한 관심과 지원이 높아져 조기교육 및 집중교육에 의해 개인 인적 자본의 축적, 기술과 능력 배양, 특성화, 다양화, 차별화 등을 통해 미래 세대 경제성장의 동력으로 작용할 수 있다. 또한 저출산은 범죄율 하락에도 일조하여 사회적으로 긍정적 영향을 미치는 것으로 나타난다. 미국에서 낙태 수술이 합법화(1973년)된 후 20년이 지나 청소년 범죄율이 급격히 하락한 현상이 발생한 것처럼, 저출산에 따른 자녀에 대한 부모의 투자와 관심 증가는 청소년 범죄율을 하락시키고, 사회 전반에서 긍정적 영향을 미칠 것으로

8. 실제로 GDP(국내총생산)에서 임금이 차지하는 부분은 지속적으로 감소하는 추세를 보인다. 이것은 경제 전반에 걸쳐 저출산·고령화에 따른 총생산의 감소보다는 기술 개발과 혁신에 따른 총생산 증가분이 훨씬 크다는 것을 보여 준다. GDP 가운데 임금이 차지하는 통계를 보면, 미국은 1975년 61.4%에서 2015년 57.1%로 하락하였으며, 일본은 1975년 77.3%에서 2015년 47.2%로 하락하였다. 중국 또한 1995년 52.8%에서 2015년 47.0%로 하락하였고, 터키는 1995년 43.06%에서 2015년 33.4%로 하락하였다(ILO, 2014). 이러한 통계를 보면, 저출산·고령화가 GDP에 미치는 영향보다는 기술 개발과 혁신이 GDP에 미치는 영향이 훨씬 큰 것을 알 수 있다.

예상한다(스티브 레빗·스티브 더브너, 2007).

　다섯째, 일부 학자들이 저출산·고령화로 인해 경제활동인구가 줄어들면 젊은 세대들에게 노인인구를 위한 과도한 부담이 문제로 작용할 것이라고 주장한다. 사실이다. 부담이 증가할 수도 있다. 그러나 셰이너 외(Sheiner et al., 2007: 16)가 주장한 바와 같이, 세대는 독립적으로 존재하는 것이 아니라 서로 연결되어 있다. 그래서 이러한 세대 간 연계에 의해 상속과 증여와 같은 소득이전이 발생할 뿐만 아니라, 저축과 이자 등을 통해 경제에 영향을 미친다. 그리고 한 세대가 짐을 짊어지면 다음 세대의 부담은 적어진다. 예를 들어, 지금의 베이비붐 세대(60~65세)는 부모를 봉양하는 의무는 부담하는 반면에, 자식으로부터 봉양은 받지 못하는 샌드위치 세대이다. 그래도 베이비붐 세대는 형제자매들이 지금 세대보다 많기 때문에 분담하여 봉양하는 것이 가능하였다. 반면, 현재 세대는 상대적으로 적은 수의 자녀들이 부모를 부양해야 하는 부담은 있지만, 대신에 저출산에 의해 상대적으로 개인이 물려받는 상속·증여 등 유산의 몫이 그만큼 크다. 과거 고출산 시대에는 부모로부터 물려받을 재산(부)이 적었는데, 이제는 부모 재산의 상당 부분을 상속·증여로 물려받는다. 이런 논리에서 문제는 저출산·고령화가 아니라 이러한 부의 세대 간 이동을 어떻게 효율적으로 배분하고, 공공과 사적 부문에서 고령화에 대한 대책을 수립하느냐 하는 것이다.

　여섯째, 저출산·고령화 사회가 심각한 문제로 제기되는 주요 이유로는 경제활동인구의 감소에 의한 노동생산성 하락이 초래된다는 것이다. 분명 근로자의 나이와 첨단기술 이용 및 노동생산성 사이에는 상관관계가 성립한다. OECD(경제협력개발기구)가 분석한 근로자의 나이와 정보처리기술 이용의 관계를 보면, 나이가 들수록 정보처리기술 이용 정도는 점차 감소하는 것으로 나타난다. 이런 현상이 특히 한국, 일본, 에스토니아, 아일랜드에서 높게 나타나는 반면, 캐나다와 미국, 스웨덴에서는 젊은 사람들보다 연로한 근로자들이 정보처리기술을 더 집중적으로 이용하는 것으로 나타났다(Paccagnella, 2016:

37-38). 그런데 비록 나이 든 근로자가 젊은 근로자보다 평균적으로 능력이 떨어지는 것은 사실이지만, 노동생산성은 결코 낮은 것이 아니다. 특히 나이가 많은 노동자들은 낮은 임금수준과 경험을 바탕으로 생산성에 도움을 주기 때문에 정보처리기술 이용의 상대적 약점을 충분히 보완하는 것으로 나타난다 (Paccagnella, 2016: 44).

상기와 같은 논의에서 알 수 있는 바와 같이, 저출산·고령화는 한국 사회가 어떻게 대응하느냐에 따라 재앙이 될 수도 있고 기회로 작용할 수도 있다. 저출산·고령화 사회로의 진입이 사회보장 서비스 등에 새로운 행정수요를 창출하기도 하지만, 인구 감소가 결국 행정수요의 감소를 가져온다는 것은 망각 혹은 무시되고 있다. 인구 감소가 문제가 아닌 기회가 된다는 의미는 인력 감소에 의한 생산 감소분을 로봇 등 4차 산업기술에 의해 충당할 수 있다는 것이다. 최근 주목받고 있는 로봇과 인공지능 기술의 발달은 점차적으로 인력을 대체하며, 생산활동은 이제 인간에 의해 이루어지는 것이 아니라 로봇에 의해 이루어지는 시대가 전개될 것으로 전망한다. 예를 들면, 운전자 없는 자동차, 전철, 버스 등이 곧 실용화 단계에 있고, 배송 수단으로 드론이 곧 이용될 것으로 예상되며, 만능 요리를 위한 조리 장치, 자동 청소기 등이 이미 이용되고 있다. 이런 관점에서 인구가 많은 것이 경쟁력인 사회는 이미 지나갔다. 즉 인구가 경쟁력인 사회는 전쟁사회, 국가가 중심인 사회, 양 중심의 사회, 힘이 경쟁력의 기초가 되는 사회에서의 개념이다. 그러나 현대사회는 이런 사회에서 점차로 평화사회, 도시 중심, 삶의 질 중심, 지식정보가 경쟁력의 기초가 되는 사회로 전환되고 있다.

그러면 누가 저출산·고령화 문제를 부추기고 있는가? 공공선택론에 의하면 이해관계가 있는 특정 집단들이 이 문제를 계속 증폭시키며 재앙으로 작용할 것이라고 사실을 오도하고 있다. 이렇게 저출산·고령화 문제를 증폭시키는 집단으로 인구 전문가, 정치가, 행정가, 그리고 매스컴 집단을 들 수 있다. 첫 번째, 인구 전문가들은 저출산·고령화 문제를 지속적으로 부각시킴으로써 자신의 전문 분야 중요성이 알려지고, 연구 필요성과 정책과제의 지원 등이 확대될 것이다. 두 번째, 정치가들은 인구가 감소하면 정치기반이 흔들리고 지역구 통폐합 등 불리한 여건이 조성되어 재선의 목표를 달성하는 데 불리하게 작용할 수 있다. 이와 더불어 지방과 농촌 지역의 인구 감소는 자신의 지역구 기반을 약화시켜 정치적 영향력이 약화될 우려가 있다. 세 번째, 행정가들은 저출산·고령화에 따른 단기적 영향으로 세수입 감소와 노인 복지를 위한 세부담 증가에 민감하게 반응할 것이다. 그리고 인구 감소는 결국 정부 규모의 축소로 이어져 조직 내 인원과 권한의 축소를 가져올 것을 우려하고 있다. 네 번째, 매스컴은 인구 감소에 의해 치명적인 피해를 입을 것으로 예상된다. 즉 인구 감소는 신문 구독자의 감소, TV 시청자의 감소, 영화와 영상 매체 수요자의 감소 등으로 인해 수요기반이 흔들릴 것이 예상된다. 이런 시각에서 대중매체는 저출산이 존폐의 위기로 작용하여 추세반전을 모색해야 하는 중요 과제라고 할 수 있다. 마지막으로 일반 시민들은 국가 정책에 대해 사실 무임승차하려는 경향을 가지고 있다. 정부 정책이 자신의 이해와 밀접한 관계를 보이지 않는 한 시민들은 큰 관심을 보이지 않으며, 다른 사람들이나 시민단체가 대신 관심을 가지고 활동해 줄 것으로 기대한다.

저출산·고령화 문제가 인구학, 경제학, 사회복지학 등에서는 중요한 이슈인 반면에, 공간 이용과 관계된 지리학, 도시개발, 도시사회학 등에서는 상대적으로 중요한 이슈로 부각되지 못하였다. 왜냐하면 공간적 측면에서 한국은 혼잡비용이 높은 인구 포화상태로 삶의 질에 부정적 영향을 줄 정도이기 때문에 저출산에 의한 인구 정체와 감소는 지역 경제에 다소 부정적으로 작용할 수 있지만, 삶의 질 향상에는 긍정적으로 작용할 수 있기 때문이다. 그리고 시민들도 저출산이 장래에 심각한 문제를 제기할 것으로 인식하고는 있지만, 현재의 한국 상황에서는 아이를 많이 낳고 싶다는 동기부여가 약하고, 아이를 많이 낳아 경쟁이 치열한 사회에서 살도록 하는 것이 현명하다는 판단이 서지 않는 것이다. 이런 시각에서 정부가 아무리 출산을 장려하는 정책을 시도해 보아야 기대하였던 성과를 거두기 어려우며, 일정 기간 저출산이 지속된 다음에 한국 사회가 선진화되어 삶의 질이 향상되고 경쟁이 낮아진 행복사회가 도래하면 자연히 출산율은 높아질 것으로 전망된다. 물론 그렇다고 저출산을 방치하라는 것은 아니며, 정책의 방향과 초점을 달리하라는 것이다. 양성평등 사회, 여성 친화적 도시, 남녀 공평한 가사 분담, 안전하고 정의로운 사회는 저출산을 완화하는 데만 필요한 것이 아니라 공정한 사회와 삶의 질이 향상된 공동체를 조성하는 데 핵심이 되는 정책들이다. 이런 지속가능한 안전도시, 정의로운 도시를 조성하여 다음 세대에 물려준다면 출산율은 자연히 높아져 저출산문제는 해소될 것으로 예상된다. 즉 출산을 장려하는 직접적 정책보다는 안전도시, 행복도시, 정의롭고 즐거운 도시를 조성하여 삶의 질 향상을 추구하는 방향으로 정책이 전환되어야 한다는 것이다.

한국은 세계에서 가장 빠르게 개발도상국을 탈피한 국가이다. 이제 이런 경험을 인구에 적용하여 고출산 국가에서 초저출산 국가로 새로운 시도를 하고 있으며, 이러한 시도는 한국 사회를 위기에 몰아넣을 수도 있지만 새로운 기회로 작용할 수도 있다. 그런데 돌아보면 정부는 국민의 행동보다 뒤처져 뒷북치는 경우가 허다하다. 예를 들면, 1960~1980년대에 인구 증가를 경험하면서는 인구 억제정책을 강력하게 펼치더니, 1990년대에 들어서서 저출산에 직면하고는 허겁지겁 저출산 예방과 출산장려 정책을 시도하고 있다. 이러한 정부의 뒷북 행위와는 달리 국민은 경제 상황, 문화와 가치관 변화, 삶의 질 중시 등을 고려하여 출산을 현명하게 조절하는 판단력을 갖고 있다. 이제 출산장려를 시도하기보다는 정의로운 사회, 인간이 존경받는 사회, 일반 서민들이 공정을 느끼는 사회를 만든다면 아마 출산율은 사연히 높아질 것으로 기대한다. 내가 사는 사회가 경쟁이 심하고, 불공정하며, 스트레스를 많이 받는다면 이런 사회를 살아갈 자녀를 많이 출산하겠는가? 정부 관계자들, 그리고 인구학자들에게 물어보고 싶은 말이다. 진정으로 무엇 때문에 한국 사회에서 초저출산 현상이 발생하고 있는가? 고도성장을 추구함으로써 극한 경쟁과 스트레스를 경험하고 있는 사회에서 나타나는 자연스러운 현상이 아닌가?

이제 논의의 결론을 맺을 지점에 왔다. 한국 사회는 저출산·고령화와 관련하여 재앙 요인은 상대적으로 과대평가되고, 반면에 기회 요인은 과소평가되고 있다. 그 근저에는 언론과 학자를 비롯한 정책 관련 집단의 공공선택론적 행태가 자리 잡고 있고, 주요 논리로는 미래는 오늘과 같은 기술과 사회, 생활방식과 규범이 그대로 유지 및 연장될 것이라는 보수 내지는 수구적 사고 체계가 자리 잡고 있기 때문이다. 『인구 폭탄(The New Population Bomb)』의 저자인 골드스톤(Goldstone, 2010)은 선진국과 개발도상국의 현재 인구증가율이 유지되면 국제질서의 재편을 가져올 것으로 예상하며, 여기에 대한 대비책을 선진국들은 마련해야 한다고 주장한다. 그는 선진국의 인구 감소와 노동인구 고령화, 개발도상국의 젊은 층 급증과 경제력 이동이 향후 새로운 국제질서를 만들 것이라며, 21세기 국제질서는 인구 폭탄에 따라 크게 변할 수밖에 없다고 전망하였다. 당연한 것 아니겠는가? 선진국들은 현재의 지배구조가 미래에도 유지되기를 희망하지만, 역사는 바뀌고 세상은 변하기 마련이다.

돌이켜보면 얼마나 많은 전문가의 예측과 정부의 정책들이 빗나갔는가? 최근의 부동산정책, 경제정책, 글로벌정책, 교육정책, 환경정책 등 많은 정책과 전문가들의 예측이 모두 통계를 바탕으로 수립되었는데, 결과는 전혀 다른 방향으로 진행되었다. 마찬가지로 현재 정부가 추진하고 있는 저출산·고령화 정책도 미래를 잘못 예측하고 잘못된 방향으로 사회를 유도하는 것은 아닌지 하는 우려가 든다. 특히 제4차 산업혁명, 로봇, AI가 발달한 시대에 새로 생기는 일자리보다 사라지는 일자리가 많을 것이라 하면서, 저출산·고령화 사회를 극복해야 한다는 논리는 정말 이해가 되지 않는다. 이런 시대에 대비하기 위해서도 저출산·고령화는 적절한 대안과 대비책이 아닌가?

한번 생각해 보자. 미국이 중국보다 인구가 많아서 강대국인가? 인구가 줄면 정말 일자리도 감소하는가? 아마 그럴 가능성도 있다. 그런데 노동 공급도 줄어들어 실업률도 하락할 것이다. 오늘날 일본의 현실이 그것을 여실히 보여 준다. 시민은 결코 바보가 아니며, 자신의 삶과 이해를 고려한 합리적이고 현명한 선택을 하고 있다. 그래서 때가 되면 결혼하지 말라고 해도 결혼을 하고, 아이를 낳지 말라고 해도 아이를 낳을 것이다. 단지 지금은 저출산·고령화가 한국뿐만 아니라 글로벌 메가트렌드이며, 한국과 글로벌 사회에서 생활환경 및 삶의 질이 향상되면 이 문제는 자연스럽게 풀릴 것이다.

인간은 주변 환경과 상황 변화에 따라 자신의 행위를 조정한다. 그래서 상황이 어려울 때는 종족 보존을 위해 다산을 한다. 반대로 안정된 상황에서는 자녀의 수를 조정하려는 성향을 갖는다. 그러면 지금이 과연 어떤 상황인지 냉철히 분석할 필요가 있다. 분명 위기 상황은 아니다. 그렇다고 안정된 상황도 아니다. 지금 한국은 위기에서 안정으로 변화하는 과도기에 있고, 이것이 출산율 저하와 연계되어 있다. 즉 위기 상황이 아니기 때문에 다산을 하지 않고, 안정된 상황도 아니기 때문에 아이들에게 물려주고 싶은 세상도 아니라는 것이다. 어떤 상황으로 몰아가야 하는가? 위기로 되돌릴 것인가, 아니면 안정된 상황으로 전환되어야 하는가? 대답은 하나이다. 안정된 사회로 가야 하고, 선진국처럼 안정된 사회(남북한 평화협력 체제, 삶의 질이 높은 사회)로 전환되면 아마 자녀를 낳지 말라고 해도 낳을 것이다. 즉 전쟁의 위협이 없는 평화로운 사회, 스트레스를 덜 받는 안정된 사회, 갑질과 불평등이 사라진 정의로운 사회, 억압과 차별이 없는 공정한 사회가 되면 저출산문제는 저절로 해결될 것이라는 말이다.

이런 의미에서 이제 한국 사회도 고도성장만을 추구하는 것이 아니라 저성장·탈성장으로 국가 운영 패러다임의 전환을 가져와서 부의 축적이 아니라 행복의 축적, 양적 성장이 아니라 삶의 질 향상을 추구하는 사회로 전환을 모색해야 한다. 그래서 이병철(2013)은 "성장 없이도 행복하게 살 수 있는 길은 무엇인가"를 고민해야 할 때라고 지적한다. 아마 여기에 대한 해답을 시민들은 저출산에서 찾은 것 같다. 한국에서 5000만이 살아가는 사회와 3000만이 살아가는 사회를 비교했을 때 과연 어떤 사회가 더 지속가능하며 자연과 함께하는 삶을 산다고 평가하겠는가? 5000만이 소비하는 에너지와 3000만이 소비하는 에너지를 비교하면 어떤 사회가 더 에너지 절감 사회라고 할 수 있겠는가? 이런 관점에서 저출산·고령화는 국가가 주도적으로 하지 못하는 일을 국민이 자발적으로 미래를 위해 삶의 방식을 바꾸는 시도는 아닌가를 잘 생각해 볼 필요가 있다.

제12장

아이디어, 인재, 다문화
그리고 지방자치제도가 답이다

12-1. 사람이 떠나 지방이 쇠퇴하는 것이 아니라 아이디어가 없어 소멸한다

지방이 쇠퇴하고 있다. 최근에는 지방 군지역을 넘어 대도시까지 쇠퇴하고 있다고 아우성이다. 2017년 전국의 6대 광역시 가운데 수도권인 인천을 제외한 부산, 대구, 대전, 광주, 울산 등 5개 지방 대도시의 인구가 줄어들었다. 저출산 현상이 지속되는 가운데 2013~2016년 일시 중단되었던 수도권 집중이 재개되었고, 지방 대도시들의 산업·주거 기능이 쇠퇴하고 있기 때문이란다. 전문가들은 농어촌과 중소도시에 이어 지방 대도시의 인구까지 줄어든다면 지방 소멸의 파국을 피하기 어려워진다고 우려하고 있다. '국가통계포털(KOSIS)'의 주민등록인구 통계를 보면, 2017년 6대 광역시 가운데 부산, 대구, 광주, 대전, 울산 등 5개 지방 대도시의 인구가 전년보다 줄었다. 인구 감소 규모는 부산 27,876명, 대구 9,326명, 광주 5,444명, 대전 12,143명, 울산 7,172명 등이었다. 수도권에 있는 인천만 5,473명이 늘어났다. 이것은 6대 광역시의 역대 최대

인구와 최근 인구를 비교해도 마찬가지이다. 역대 최대 인구와 2018년 6월 인구를 비교하면 부산은 42만 8,000여 명(11%), 대구는 5만 9,000여 명(2.4%), 광주는 1만 5,000여 명(1%), 대전은 3만 7,000여 명(2.5%), 울산은 1만 4,000여 명(1.2%) 줄어들었다. 수도권의 인천은 2003년을 제외하면 1992년 이후 해마다 인구가 늘어나고 있다(한겨레, 2018).

매스컴에서는 연일 지방 쇠퇴의 심각성에 대해 떠들고, 저출산문제에 대해 한껏 목청을 높이고 있다. 매스컴은 그럴 만하다. 왜냐하면 인구가 줄어들면 독자 수가 줄어들어 결국 문을 닫게 되니 떠들지 않을 수 없다. 그런데 정말 저출산이 재앙으로만 작용하는가? 여기에 대해서는 앞 장에서 충분히 논의하였으니, 지금은 쇠퇴문제에 대해 집중적으로 알아보도록 하자.

왜 사람들이 이동하는가? 여러 학설이 있지만, 현지(전출지)에서의 소득과 이주한 전입지에서의 기대소득 사이에 차이가 나기 때문이라고 해리스-토다로(Harris-Todaro) 모델은 설명한다(Harris & Todaro, 1970). 예를 들면, 현지에서 100만 원을 버는데 새로운 전입지에서 150만 원에 취업될 확률이 80%라면 이주를 하고, 취업 확률이 50%라면 이주를 하지 않는다는 것이다. 왜냐하면 80% 취업 확률에서는 기대소득이 150×0.8=120이고, 50% 취업 확률에서는 기대소득이 150×0.5=75이기 때문에 현재 소득과 비교하여 전입지 기대소득이 높으면 이주를 결심하고, 기대소득이 낮으면 현지에 머문다는 논리이다. 물론 이 논리가 반드시 들어맞는 것은 아니지만 그런대로 합리적 논거는 제공한다.

여기서 더 나아가 군나르 뮈르달(Gunnar Myrdal)은 지역들 사이의 격차가 순환/누적적 인과법칙(the circular and cumulative causation principle)에 따라 심화된다고 주장한다. 그리고 이러한 지역 격차의 주요 요인으로 선별적 인구 이동과 집적의 효과 등을 제시하고 있다. 선별적 인구 이동은 전출지에서 모든 연령과 집단의 이동을 가져오는 것이 아니라, 특정 집단이 우선 이동하여 전출지와 전입지 사이의 격차가 더 벌어진다는 것이다. 예를 들어, 인구 이동 패턴을 보면 경제활동 가능인구(15~50세), 가임여성, 전문 및 숙련직 등이 가장 높은 이동률을 보인다. 따라서 전입 지역에서는 이런 집단이 먼저 빠져나가 전출 지역으로 향하니, 결과적으로 전출지와 전입지 사이에 인구 증가, 소득 등 경제활동에서 누적적인 격차가 벌어지는 현상이 발생한다. 아마 한국의 수도권과 지방에서 지금 겪고 있는 지역 격차도 이런 선별적 인구 이동에 기인한다고 볼 수 있다.

그럼 이런 쇠퇴의 원인은 무엇인가? 여러 가지 복합적인 요인이 작용하고 있다.

첫째, 한국 사회가 직면한 저출산·고령화 현상이 직격탄으로 작용하고 있다.

둘째, 수도권과 대도시 빨대현상이 주요 요인으로 작용하고 있다.

셋째, 지방이 경쟁력을 상실하였기 때문에 수도권과 대도시로 사람이 몰리고 있다.

아마 이런 요인들이 크게 작용하여 지역이 쇠퇴하고 소멸 위기에 처해 있다고 본다. 그런데 첫째 저출산·고령화는 메가트렌드이기 때문에 국가에서도 이 문제를 막지 못하고 있다. 둘째 수도권과 대도시 빨대현상은 고속도로와 고속철도에 의해 발생하였기 때문에 지방에서 적절한 해결책을 찾기 어렵다. 셋째 지방경쟁력 상실의 문제는 지역에서 풀어야 하는 숙제이다. 즉 지방 쇠퇴와 소멸의 문제에 직면해 지역이 할 수 있는 일은 바로 어떻게 해야 지방경쟁력 향상을 가져오느냐인 것이다. 그래서 필자가 제시한 대안이 바로, 첫째 미시적으로 지역을 살리기 위한 아이디어를 창출하라는 것이고, 둘째 거시적으로 지방을 재구성하기 위한 대수술을 하라는 것이다.

먼저 지역을 살리기 위한 아이디어 창출에 대해 논해 보자. 필자가 보기에 사람이 떠나 지방이 쇠퇴하는 것은 사실이지만, 떠나는 주요 요인 중 하나는 지역에서 정체성과 소속감, 자긍심을 느끼지 못하기 때문이다. 내가 사는 곳이 자랑스럽고, 애정을 느끼며, 소속감이 있다면 아마 일시적으로는 떠나더라도 언젠가는 고향으로 회귀할 것이다. 그런데 현재 한국의 지방들은 사람들을 지역에 끌어들이기 위한 메리트가 없고 아이디어도 없다. 일본 나오시마(直島)에 가 보시라.

　나오시마는 일본 서남부 가가와(香川)현 가가와군에 위치한 작은 섬으로 인구 3,000명 정도가 거주하고 있다. 이 섬에 가기 위해서는 다카마쓰(高松)시에서 배를 타고 1시간 정도 가야 하는 오지 섬이었다. 이 섬은 '베네세 아트 사이트 나오시마(Benesse Art Site Naoshima)'라는 예술 프로젝트로 인해 세계적으로 주목을 받고 있다. 나오시마는 미쓰비시 중공업이 구리제련소를 폐쇄한 후 방치되었던 외딴섬이었는데, 베네세 재단의 후원으로 유명 건축가 안도 다다오(安藤忠雄)가 설계한 미술관과 호텔이 들어서고 유명 예술가들의 작품을 전시하면서 '예술의 섬'으로 탈바꿈했다. 나오시마는 예술 프로젝트의 성공 사례이다. 섬 입구에는 구사마 야요이(草間彌生)의 작품 〈호박〉이 야외에 전시되어 있으며, 지추미술관(地中美術館)에는 인상파 화가 모네의 작품 〈수련〉을 볼 수 있고, 한국 화가의 이름을 딴 '이우현 미술관'도 만나 볼 수 있다. 현재는 연간 50만 명의 관광객들이 방문하는 예술섬으로 알려졌으며, 세계적으로 유명한 여행 잡지인 『콘데 나스트 트레블러(Conde Nast Traveler)』가 '죽기 전에 가 보고 싶은 7대 명소'로 꼽은 유명한 관광지가 되었다(남해안신문, 2018).

〈그림 12.1〉 나오시마섬 입구에 있는 구사마 야요이의 작품 〈호박〉

또 다른 사례로 오스트리아 할슈타트(Hallstatt)를 보자. 오스트리아 중부 산속에 자리 잡은 인구 900명의 아주 작은 마을인 할슈타트는 인구의 몇십 배가 되는 관광객들로 성수기·비수기 없이 늘 붐비는 곳이다. 심지어 중국에서는 이곳을 통째로 복제한 짝퉁 할슈타트를 중국 남부 광둥성 후이저우(惠州)에 건설하였다.[1] 왜 이곳에 이렇게 많은 사람들이 몰려드는가? 이곳은 산속 호수 옆에 동화와 같은 마을을 만들고, 호숫가 산책로를 따라 레스토랑, 카페, 광장 등을 조성하여 마을 전체가 1997년 유네스코 세계문화유산으로 지정되었다. 산속 마을이 사람을 떠나게 하는 것이 아니라, 사람을 끌어들이는 아이디어를 창출한 것이다.

노르웨이 릴레함메르(Lillehammer) 또한 유사한 사례이다. 릴레함메르가 사람이 많아 1994년 동계올림픽을 개최한 것이 아니다. 동계올림픽 유치를 위한 아이디어와 조직력, 주민들의 결속과 응집력에 의해 릴레함메르는 세계적인 스포츠와 이벤트 도시로 거듭났다. 올림픽을 위해 건립된 시설은 정비·신축하여 대회가 끝난 후 유치한 각종 스포츠이벤트, 국제회의, 기업행사, 동창회 등에 사용되면서 지역경제의 주요 수입원으로 자리매김했다(인천투데이, 2011). 즉, 지역의 기후조건에 주민들의 동계올림픽 유치 아이디어가 결합하고, 여기에 주민들의 조직력과 결집력이 더해져 인구 27,000명이 사는 북구의 조그만 도시 릴레함메르는 365일 관광객이 북적대는 매력적인 도시로 우뚝 섰다.

또 다른 도시로 스페인 빌바오(Bilbao)를 보시라. 쇠퇴도시에서 어떻게 살아났는가? 도시의 핵심 산업이었던 조선업의 몰락으로 쇠퇴 일로에 있던 도시가 구겐하임 빌바오 미술관을 유치하고, 유명한 건축가 프랭크 게리(Frank Owen Gehry)가 티타늄으로 외장한 독특한 미술관을 설계하여 연간 100만 명

---

1. 중국의 한 부동산 업체는 수 조 원을 들여 할슈타트와 똑같이 생긴 마을을 중국 남부 광둥성 후이저우에 건설하였다. 실제 할슈타트의 호텔 건물이나 교회 종탑 등도 그대로 옮겨 놓은 듯 똑같이 만들었다고 한다. 그런데 아이러니하게도 중국 관광객들은 중국에 만들어진 짝퉁 할슈타트보다는 '오리지널'을 찾기 위해 오스트리아 할슈타트로 가는 경우가 더 많다고 매체는 전하고 있다(중앙일보, 2012).

〈그림 12.2〉 남해 독일마을

이상의 방문객들을 끌어들이고 있다.

그럼 한국에는 이런 곳이 없는가? 있다. 바로 경상남도 남해군 '독일마을'이다. 남해 독일마을은 1960~1970년대 독일로 파견된 광부와 간호사들의 귀국/귀촌 마을로 조성되었다.[2] 2001년 남해군이 부지와 연결도로, 수도 시설, 전기 시설 등 인프라를 제공하고, 독일에서 거주하던 광부와 간호사들이 직접 개별적으로 부지를 구매하여 독일식 가옥을 짓기 시작하여 마을이 조성되었다. 이후 많은 매스컴을 통해 알려지면서 지금은 연간 100만 명이 방문하는 남해 최

---

2. 남해 독일마을은 1999년 김두관 당시 남해군수가 독일 각 지역을 다니며 독일마을에 대한 설명회를 개최하여 건립 프로젝트가 본격화되었다. 김두관 전 남해군수의 형도 독일로 파견된 광산 근로자 중 한 명으로 이들의 마음을 잘 헤아렸다고 한다. 1960~1970년대에 독일로 파견됐던 광부와 간호사들에게 귀국해 정착을 위한 기회를 제공하는 프로젝트로 지방정부에서 인프라를 조성하고 주택은 개별적으로 건설하는 방식으로 사업이 진행되었다. 2001년, 남해군은 삼동면 물건리와 동천리, 봉화리 일대 약 90,080m²의 부지에 독일마을을 조성하기로 하고, 택지 분양 및 도로, 상하수도 등의 기반시설을 마련했다. 총 53개의 택지가 분양됐고, 2002년 첫 주택이 건축됐다. 일부 주택들은 독일에서 설계됐고, 독일에서 들여온 건축자재로 건립됐다. 독일마을은 지역의 특수성 때문에 군청 내 문화관광과가 개별적으로 관리하고 있다. 당시 독일마을에 거주하려면 독일에서 20년 이상 거주한 독일 영주권을 가진 재외국민 또는 독일 국적 동포여야 했지만, 현재 규제가 풀려 국내인도 거주가 가능하다(김효진, 2013).

고의 인기 관광지로 각광을 받고 있다.

위 사례에서 알 수 있듯이, 쇠퇴하는 도시를 살리는 단기적인 처방은 아이디어에 달렸다. 돈이 지역을 살리는 것이 아니고, 아이디어가 도시를 살린다는 것이다. 함평 '나비축제'를 보시라. 아무도 관심 가지지 않는 나비를 축제로 승화시켜 함평을 전국에 알리고 최고의 축제로 자리 잡지 않았는가. 그런데 나비축제가 성공하니 모든 지역에서 너도나도 축제한다고 난리들이다. 그렇다고 다른 지역을 그저 모방하거나 복제하지는 마시라. 중국 짝퉁 할슈타트처럼 아우라가 없다. 모방과 복제를 하더라도 자신의 독특성과 차별성을 가져야 한다. 예를 들면, 도시재생을 위해 거리를 단장하더라도 지역만의 독특한 앵커활동을 찾아야 한다. 앵커는 실버타운이 될 수도 있고, 안도 다다오 건축 작품이 될 수도 있으며, 색다른 박물관/미술관이 될 수도 있고, 재팬타운이 될 수도 있으며, 유럽식 정원이 될 수도 있다.

쇠퇴도시의 문제는 돈이 아니라 아이디어 빈곤에서 온다. 그런데 이 문제를 지방정부 능력만으로는 풀 수 없다. 왜냐하면 전문성과 아이디어가 없기 때문이다. 몸이 아프면 병원에 가서 의사에게 처방을 받아야 한다. 마찬가지로 도시가 아파 사람들이 떠난다면 도시 전문가를 불러 진단을 받고 처방을 받아야 한다. 그런데 필자가 알기로는 어떤 도시도 도시 전문가를 불러 진단을 받고 처방을 받았다는 이야기를 들은 적이 없다. 우리나라 대다수 도시의 시장과 군수들은 자신이 도시 모든 분야에 전문가라고 착각하고 있다. 시장과 군수는 정치가이지 전문가가 아니다. 마찬가지로 공무원들도 공직에 있는 사람이지 전문가가 아니란 말이다. 더구나 한국의 공무원들은 순환보직 때문에 특정 분야의 전문가가 될 수 있는 생태계가 아니다.

다음으로, 지방의 쇠퇴문제에 대한 거시적 처방에 대해 알아보자. 중앙정부에서는 국가 균형발전을 추진하고 쇠락하는 지방 경제를 살린다는 목적으로 혁신도시와 기업도시 정책을 펼쳤다. 결과는 별 성과가 없다. 혁신도시/기업도시 정책을 가지고 서울과 수도권의 빨대현상을 막기에는 역부족이다. 그리고 혁신도시와 기업도시 정책의 수행 과정에서 큰 오류를 범하고 있다. 그 내용을 보도록 하자.

혁신도시는 서울과 수도권에 있는 정부 기관과 공기업들을 지방으로 분산시켜 국가 균형발전을 추진하고 지역 경제를 활성화하기 위한 정책이다. 이런 목적으로 혁신도시가 추진되었는데, 결과는 균형발전도 가져오지 못했고, 지역 상권은 두 쪽으로 갈라졌다. 왜 이런 결과가 초래되었는가? 지역 경제에 대한 치밀한 분석과 세밀한 연구 없이 졸속으로 정책이 추진되었기 때문이다. 지방으로 이전한 정부 기관과 공기업들은 이전 비용을 줄이기 위해 지역 중심지가 아닌 외곽 지역에 새로운 둥지를 틀었다. 그 결과 외곽에 기관을 위한 사옥과 주거지는 조성하였지만, 생활을 위한 근린 시설과 편의 시설, 학교 등이 없어 가족들이 이주를 함께 할 수 없었다. 그러니 영구적 정착이 아닌 일시적 거주를 위한 도시가 될 수밖에 없었고, 결국 균형발전이라는 목표는 물 건너갈 수밖에 없었다.

두 번째로 혁신도시가 중심지에 조성되는 것이 아니라 외곽 지역에 만들어지니 기존 상권은 점차 무너지고 외부에 새로운 상권이 형성되는 양극화 현상

〈그림 12.3〉 원주 혁신도시 전경

이 초래되었다(원주데일리, 2018). 혁신도시를 통해 경제 활성화를 가져오라 하였더니, 원도심과 신도시 사이에 갈등만 키워 놓은 모양새가 되었다. 그러니 하나의 상권으로 뭉쳐도 수도권과 경쟁하기 힘겨운데, 기존 상권을 두 동강 내 었으니 구도심도 힘을 잃고 신도시도 추진력을 받지 못하는 형국이 되었다는 것이다.

혁신도시를 추진하는 처음부터 정부 기관과 공기업을 한꺼번에 지방으로 이 관하는 것이 아니라, 충분한 재원을 지원하여 세밀한 계획을 세우고 단계적으 로 이전을 추진하였다면 이런 결과는 방지할 수 있었을 것이다. 예를 들면, 원 주로 기관을 이전하는 데 충분한 재원을 지원하여 중심지에 부지를 구입하고 주거지를 마련하였다면 원주 구도심도 활성화되고, 이전하는 가족들도 근린과 편의 시설을 이용할 수 있기 때문에 장기적 정착에 도움이 될 수 있었다는 이야 기이다(조선비즈, 2020). 그런 다음 이런 사례를 바탕으로 시행착오를 점차 줄 여 가며 단계적으로 중앙정부 기관과 공기업 이전을 추진하였다면 혁신도시 정책은 국토 균형발전과 지방 경제의 쇠퇴를 막는 성공적 사업이 될 수 있었을 것이다. 여기도 전문가가 아닌 정치가 혹은 공무원들이 정책을 구상하고 밀어 붙여 이런 결과가 초래된 것은 아닌가?

그러면 어떻게 해야 장기적으로 쇠퇴하는 지방을 살릴 수 있는가? 지방 도시 판을 새로 짜는 방법 이외에 다른 방법은 없다. 어떤 학자는 압축도시와 광역권 통합이 답이라고 한다(마강래, 2017). 그것도 한 방법일 수는 있다. 그런데 필자 가 보기에 그것 가지고는 장기적 처방이 될 수 없다.[3] 왜냐하면 현재 지방 도시 는 필자가 보기에도 애향심이 가지 않고, 자긍심과 소속감도 주지 못하며, 기회 가 되면 그냥 떠나고 싶다는 생각밖에 들지 않는다. 현재의 지방 도시들은 도시

---

3. 큰 도시만이 대안이 아니다. 광역권으로 뭉쳐야 하고 대도시를 키워야 한다는 압축도시 논리가 한 편으로는 이해가 가지만 그렇다고 필연적인 대안이 아니다. 중소도시도 얼마든지 살아남을 수 있 다. 어떻게? 예레반처럼 살기 좋은 도시를 만들어 보시라. 쇠퇴도시는 그냥 쇠퇴하는 것이 아니라 땅과 사람과 활동이 연계가 되지 않았기 때문이다(인천일보, 2020).

를 전공한 필자도 읽을 수가 없고, 내용을 파악할 수가 없다. 문법에 맞지 않는 글을 접하면 난독증이 나타나듯이, 도시를 잘못 만드니 난개발이 되어 아주 불편한 정체성 부재의 도시를 만들었다. 그러면 어떻게 해야 하는가? 판을 갈아엎고 재편하는 것이다. 현재 추진되는 재생이라는 부분 수술로는 쇠퇴하는 지방을 살릴 수 없다.[4] 지방 도시들의 전면 수술만이 살길이다. 문법에 맞는 도시, 도시계획에 맞는 도시, 아르메니아의 예레반과 같은 도시로 새롭게 태어나야 한다. 쇠퇴도시에 대한 답은 바로 창조적 아이디어와 도시 재구성에 있다. 그렇다고 지방의 도시 모두를 한꺼번에 재편하라고 하는 것이 아니다. 시범적으로 몇 도시를 먼저 재편해 보고, 시행착오를 점차 줄이며 정책을 단계적으로 확대해 가는 것이 바람직하다.

미국 저널리스트인 와이너(Weiner, 2016)는 그의 책 『천재의 발상지를 찾아서』에서 '도시는 아이디어가 섹스하러 가는 곳이다'라는 재미있는 말을 했다. 매력적인 도시는 어떻게 만들어지는가? 아르메니아의 예레반은 천재적인 계획가 알렉산더 타마니안의 청사진을 기반으로 매력적인 도시로 만들어졌지만, 일반 도시들은 시민들의 작은 아이디어가 모여 매력적인 도시를 만들기 위한 밑거름과 기반을 형성한다. 즉, 도시는 시민들의 작고 불완전한 아이디어가 만나 불충분한 가치판단이 공간에서 결합해 빚어낸 산물이다. 그래서 완전한 그림이 없는 것처럼 완전한 도시도 없지만, 매혹적인 그림은 있듯이 매력적인 도시는 있다. 인간이 완전하지는 않지만 매력적인 사람이 있듯이 말이다. 시민들의 불완전하지만 작은 창조들이 모여 집단지성과 다중지혜를 형성하고 이것을 기반으로 적극적 창조가 만들어진다.

도시도 마찬가지이다. 서울 강남이 하루아침에 만들어진 것이 아니다. 도시

---

4. 쇠퇴를 막는다고 재생정책과 사업이 한창 진행 중이다. 그런데 문제의 핵심은 파악하지 못하고 그냥 살기 좋은 마을 만들기, 담장 없애기, 주차장 확충, 골목 공방 조성, 지역 시장 활성화 등 거의 메뉴가 정해져 있다. 이런 재생사업은 일시적이며 예산만 낭비하는 결과를 가져온다는 것이 필자의 주장이다.

계획가가 대로를 설계하고 공공건축물의 배치는 계획하였지만, 그곳에서 살아가는 개인들이 건물, 기업, 상점, 주택을 배치하여 거리를 만들고 골목길을 형성하여 지금의 테헤란로, 영동대로, 강남대로, 압구정동 등이 만들어졌다. 그래서 공간을 만들어 가는 것은 거대한 창조성이 아니라 일상의 작은 창조가 모여, 즉 작은 아이디어들이 섹스를 통해 자식을 낳고, 대가 이어지며 도시가 만들어지는 것이다. 바로 지금 쇠퇴하는 지방 도시에서 아이디어들이 창출되어 섹스를 통해 자식을 낳고, 대가 이어지는 활동이 절실히 요구되는 때이다.

12-2. 경쟁력 있는 도시를 만들려면 경쟁력 있는 인재를 키워라

우리 속담에 개천에서 용이 난다는 말이 있다. 그런데 최근에는 이런 말이 통용되지 않는다고 한다. 콩 심은 데 콩 나고 팥 심은 데 팥 난다는 것이다. 도시도 마찬가지이다. 콩이 나려면 콩을 위한 토양을, 버섯을 원하면 버섯을 위한 토양을 만들어야 한다. 그러면 도시경쟁력을 갖추기 위한 토양은 무엇이란 말인가?

예전에는 도시나 국가가 성장하기 위해서는 천연자원이 풍부해야 한다고 배웠다. 물론 천연자원이 풍부하면 자원을 개발해 풍족한 사회를 만들 수 있겠지만, 이런 등식이 반드시 성립하는 것은 아니다. 프랑스 국제정치학자 파스칼 보니파스(Pascal Boniface)에 의하면, 천연자원을 소유하고 있다는 것은 행운인 동시에 저주로 작용한다. 천연자원이 풍부한 국가(자원을 수출하여 벌어들이는 수입이 국가 총예산 수입의 4분의 1이 넘는 국가들) 53개국 중 다수가 지구상에서 가장 가난한 국가로 분류되고 있다. '지질학적 불가사의'라고 불릴 만큼 풍부한 천연자원을 가지고 있는 콩고는 지구에서 가장 가난한 국가 중 하나이다(파스칼 보니파스, 2019: 276-277).

이런 사례는 수없이 찾을 수 있다. 중동에 석유가 나와 몇몇 아랍 국가들은 높은 국민소득을 구가하고 있지만, 반면에 세계에서 석유 매장량이 가장 많은 남아메리카 베네수엘라는 빈곤에서 벗어나지 못하고 있다. 알프스라는 멋진 자연을 품에 안고 있는 스위스는 다른 천연자원 없이도 잘살고 있지만, 그보다 훨씬 광활한 안데스와 다양한 천연자원을 보유하고 있는 아르헨티나는 경제의 곤두박질 속에 어려움을 겪고 있다. 이런 현실은 도시와 국가 성장을 위해 천연자원도 중요하지만, 그것보다 더 중요한 요인이 있다는 것이다. 바로 인적 자원, 사람이다.

과학기술의 급격한 변화, 특히 정보통신기술의 급격한 발달이 가져온 최근 사회현상은 대니얼 벨(Daniel Bell)이 예견한 '후기 산업사회'를 넘어 정보·지식 중심의 사회로 전개되고 있다. 1998/1999년도 World Development Report 에는 "세계경제를 선도하는 국가들에서 관찰되는 현상으로, 지식과 자원 사이에서 삶의 기준에 영향을 미치는 요인의 균형추가 점차 지식으로 기우는 시대로 진행되고 있으며, 이제 지식은 토지, 도구, 노동을 넘어 현대사회에서 가장 중요한 요소로 등장하고 있다. 오늘날 가장 기술적으로 선진화된 경제는 바로 지식을 기반(knowledge-based)으로 한 경제이다."라고 언급하고 있다. 이런 의미에서 현대사회는 지식 성장(knowledge growth)에서 지식 가속화(knowledge acceleration)를 넘어 지식 폭발(knowledge explosion) 혹은 지식 분출(knowledge eruption)의 지식 중심 시대에 접어들었다고 표현될 수 있다(김천권, 2007; 144-145).

이와 같은 지식 중심 사회에서 도시경쟁력 확보를 위해서는 무엇보다 정보와 지식을 생산하는 집단, 즉 인적 자원이 배양 및 축적되어야 한다. 우수한 인재가 지역에서 배출되어 창의성이 발휘되고 도시 변화와 혁신을 주도해야 도시경쟁력이 유지될 수 있다. 지역에서 우수한 인재가 배출되지 않는다면, 우수한 인재를 아웃소싱(outsourcing)하여 외부로부터 수혈받아야 도시경쟁력을 유지할 수 있다.

한번 상상해 보자. 만약 한국의 대전에서 빌 게이츠가 태어났다면 어땠을까? 스티브 잡스와 같은 기업가가 인천에서 태어났다면 어떤 변화가 있었을까? 스티브 스필버그와 같은 감독이 안양에서 태어났다면 도시가 어떻게 변하였을까? 아마 대전이 실리콘밸리와 같은 세계적인 첨단산업도시로 성장하였을지도 모르고, 인천 남동공단이 첨단산업 캠퍼스로 탈바꿈하였을 수도 있으며, 안양이 아시아의 할리우드로 주목받고 있을지도 모른다. 바로 이것이 인적 자원의 힘인 것이다. 그럼 이런 인적 자원은 어디에서 배양되고 축적되는가? 다른 곳들도 있지만 주로 지역 대학에서 배양되고 축적된다.

지식 중심 사회가 전개되면서 도시성장의 주요 요소로 인적 자원이 중요해짐에 따라, 지역의 과학기술 인력과 전문 인적 자원을 육성·배양·전수하는 지역 대학의 역할이 더욱 강조되고 있다. 이제 대학은 지식 교육 및 연구와 축적뿐 아니라 소득 창출과 배분을 위한 경제활동까지 수행하고 있으며, 단순히 지식 배양과 전수뿐 아니라 지역의 혁신을 주도하는 지식 중심지(knowledge center)로서의 역할을 수행한다. 이런 논리에서 도시가 경쟁력을 가지려면 우수한 대학이 있어야 한다.

최근 잘나가는 도시들을 보자. 실리콘밸리가 첨단산업도시로 경쟁력을 갖는 데는 인근에 스탠퍼드 대학교(Stanford University)와 버클리 대학교(University of California, Berkeley)가 있어 우수한 인재가 지속해서 공급되기 때문이다. 보스턴이 명문 도시로 명맥을 이어가는 데는 하버드 대학교(Harvard University)와 매사추세츠 공과대학교(Massachusetts Institute of Technology, MIT)에서 젊은 피가 끊임없이 수혈되기 때문이다. 미국 노스캐롤라이나 리서치 트라이앵글(Research Triangle)이 첨단산업공원으로 성장한 배경에는 듀크 대학교(Duke University), 노스캐롤라이나 대학교 채플힐(University of North Carolina at Chapel Hill), 노스캐롤라이나 주립대학교-롤리 캠퍼스(North Carolina State University-Raleigh)가 있어 주정부와 협업 체계를 형성하고 있기 때문이다.

반면, 자동차도시 디트로이트(Detroit)를 보자. 도시에 우수한 대학이 없고 약 60km 떨어진 앤아버(Ann Arbor)에 미시간 대학교(The University of

Michigan-Ann Arbor)가 있다. 그리고 미시간 대학교는 자동차와 관련된 기계공학보다는 원자력공학, 사회학, 심리학, 정치학, 의학, 법학 등에서 명문 대학으로 알려져 있다. 그러니 미국 3대 메이저 자동차 회사(GM, Ford, Chrysler)가 있는 디트로이트가 쇠퇴하고 있지! 반면, 철강도시 피츠버그(Pittsburgh)를 보자. 여기에는 명문 카네기멜런 대학교(Carnegie Mellon University)가 있어 우수한 과학기술 인재를 지속해서 배출하고 있다. 이런 내용을 접하니 한국의 어떤 도시와 비교되지 않는가? 바로 울산과 포항이다.

울산에는 현대자동차 울산공장과 현대중공업이 핵심 산업으로 자리 잡고 있다. 그런데 한국 대학 순위 20위 내에 들어가는 대학이 하나도 없다. 이것은 무엇을 말하는가? 지역에서 우수한 인재가 배출되지 않고 인적 자원의 축적이 잘 되지 않는다는 것을 의미한다. 현대자동차가 지금은 잘나가고 있지만, 언제 자동차산업 경쟁력이 무너져 디트로이트와 같은 쇠퇴를 경험할지 모른다. 마찬가지로 현대중공업의 조선업이 지금은 경쟁력을 갖고 있지만, 언제 중국으로부터 도전을 받아 경쟁력을 잃을지 모른다. 여기에 대비하기 위해서는 지역에서 우수 인재가 끊임없이 배출되어 새로운 아이디어와 창의력으로 변화와 혁신을 이루어야 한다. 그런데 울산은 그렇지 못하다(돈이 많으면 뭐 하나? 잘 써야지. 부자는 돈이 많은 사람이 아니고, 유익한 곳에 잘 쓰는 사람이라고 한다).

반면, 포항을 보자. 포스코를 중심으로 철강도시로 성장한 포항에는 포항공과대학교가 있어 우수한 인재들이 배출되고 있다. 바로 피츠버그의 카네기멜런 대학교와 같이 포항공과대학교가 인적 자원을 위한 기반을 제공하고 있다. 학교 규모가 적어 다소 문제지만, 포항의 잠재력과 경쟁력이 포스코와 포항공과대학교의 산학협력 관계에서 형성되고 있다.

도시가 경쟁력을 가지려면 인재를 키워야 하고. 인재를 키우기 위해서는 지역 대학에 투자해야 한다. 예전에 대학은 도시성장을 보조하는 기능을 수행하는 것으로 인식되었다. 도시성장을 설명하는 주요 원리인 성장연대(growth coalition) 이론에서 대학은 성장을 위한 부수적 요인으로 간주되었다. 성장연대 이론에 의하면, 성장을 추진하는 주요 집단으로 부동산 개발업자, 금융업자, 정치와 관료집단, 지역 매스컴 그리고 지역기반 산업체(도로, 전기, 가스, 전화, 인터넷 등)를 들며, 이런 집단들이 서로 연대하여 도시성장을 적극적으로 추진한다고 주장하였다. 보조적 집단으로는 지역 대학, 미술관 등 문화예술 집단, 프로스포츠팀, 자영업자, 노동조합, 대기업, 전문가 집단 등이 성장을 보조적으로 지원한다는 논리를 폈다(Logan & Molotch, 1987). 그런데 최근에 지식 중심 사회가 등장하면서 이런 논리가 바뀌었다. 대학은 도시성장의 보조적 요인이 아니라 가장 중요한 인프라를 구성한다는 것이다. 그리고 이제는 인프라를 넘어 도시성장의 주요 주체로 성장을 견인하고 있다.

대학이 도시개발의 산파 역할을 한 대표적인 도시가 바로 실리콘밸리이다. 종래의 도시개발은 지역의 산업입지 경쟁력을 바탕으로 외부 기업을 지역에 유치하는 전략에 초점을 맞추었는데, 실리콘밸리는 지역의 기업가정신(en-trepreneurship)을 배양하여 내부적 동력에 의해 도시성장을 끌어냈다. 그래서 실리콘밸리 성장의 핵심 기업은 당시 대기업들인 GE, GM, RCA 등이 아니라, 실리콘밸리 자신의 기업을 세우고 과학기술 클러스터를 형성함으로써 도시경쟁력을 배양하였다.

이제 답이 나왔다. 지역에 우수한 대학이 있으면, 우수한 인력이 배출되어 외생적 성장이 아니라 내생적 성장을 가져올 수 있다는 것이다. 즉 지역이 외부 기업에 이런저런 혜택을 주겠다는 추파를 던져 도시성장을 가져오는 것이 아니라, 지역이 우수 인재를 길러 지역 기업을 창출하여 도시성장을 유도한다는 전략이다. 그래서 실리콘밸리는 GM이나 GE 등 대기업에 추파를 던진 것이 아니라, 지역 인재를 배출하여 휼렛패커드(Hewlett-Packard), 페어차일드(Fairchild), 인텔(Intel), 구글(Google), 페이스북(Faccbook) 등 벤치기업을 창업하여 도시성장을 이루었다.

그러니 도시경쟁력을 위해서는 지역에 우수한 대학을 만들어 우수한 인력을 배출해라. 대학도 그냥 일반 대학이 아니라, 최소한 특정 분야에서 최고로 인정

〈그림 12.4〉 댈러스 심포니 홀 내부

받는 명문 대학이나 학과를 만들어야 한다. 예를 들면, 디자인 분야 최고 대학, 고미술/건축 분야 명문 학과, 바이오 분야 최고 학과, 인공지능 분야 전문 학과 등과 같이 특화된 대학이나 학과를 대학과 지역이 힘을 합쳐 키워야 한다. 그러면 지역과 대학은 기술경쟁력을 갖고 지속가능한 도시를 만들 것이다. 그것이 아니고 보통 대학과 일반적 학과를 유지한다면 인구절벽 시대에 지역과 대학의 미래는 캄캄할 것이다.

인재들이 명품 도시를 만든다. 예를 들면, 로스앤젤레스에는 장 폴 게티(Jean Paul Getty, 1892~1976)가 있어, 사후 폴게티 미술관(Paul Getty Museum)을 만들어 로스앤젤레스를 더욱 명품 도시로 만들고 있다. 댈러스는 댈러스 심포니 홀을 건설하는 비용이 부족했는데, 로스 페로(Henry Ross Perot, 1930~2019)라는 백만장자가 심포니 홀 이름을 모턴 H. 메이어슨 심포니센터(Morton H. Meyerson Symphony Center)로 하는 조건으로 자신의 사재 1000만 달러를 기부해 심포니 홀을 완공할 수 있었다. 모턴 메이어슨은 로스 페로가 EDS(Electronic Data Systems) 회사를 설립해 세계적인 대기업으로 키우는 데

〈그림 12.5〉 미국 사우스다코타주 러시모어산 조각상

도움을 주었던 사업 파트너였다. 이렇게 인재들이 명품 도시를 만들고, 명품 도시에서 우수 인재가 배출되어 도시경쟁력이 상승한다. 하다못해 이런 사람들이 없으면 이런 사람들을 아웃소싱하여 거대한 조각상을 만들어 사람들을 끌어모으는 사우스다코타(South Dakota)주도 있다. 이곳은 러시모어산 국립기념지(Mount Rushmore National Memorial)에 미국의 위대한 대통령 4명(워싱턴, 제퍼슨, 루스벨트, 링컨)의 얼굴을 조각상으로 만들어 주를 알리고 관광객을 끌어모으고 있다.

그렇다, 지역이 우수 인재를 배출하지 못한다면 아웃소싱이라도 해야 한다. 그러면 지역에 우수 인재를 아웃소싱하기 위해서는 어떤 요인이 작용하는가를 살펴보자. 무엇이 인재를 지역으로 끌어모으는가? 두 가지 요건이 작용하고 있다. 하나는 필수요건으로 우수한 고용 기회, 다른 하나는 충분요건으로 어메니티(amenities) 요인이다.

첫째 필수요건으로, 우수 인재를 지역으로 끌어들이기 위해서는 좋은 일자리가 있어야 한다. 그래서 높은 연봉을 주고, 성과에 따라 높은 보너스를 준다면 인재들이 지역으로 몰릴 것이다.
그런데 이 조건은 필수 요건이지 충
분 요건은 아니다.

둘째 충분 요건으로, 우수 인재를
지역에 거주하게 하기 위해서는 우수
한 어메니티가 제공되어야 한다. 즉
쾌적한 거주와 산업 환경이 제공되어
야 한다는 것이다. 쾌적한 거주와 산
업 환경을 위해서는 우선 공해가 적
어야 하고, 범죄율이 낮은 안전도시
가 되어야 하며, 자녀들을 위한 우수

〈그림 12.6〉 뉴욕 허드슨가 555번지 제인
제이컵스 생가

한 교육환경이 제공되어야 하고, 우수한 문화예술활동이 지역에서 제공되어야
한다. 이런 조건이 충족되어야 고급 인력이 일시적으로 거주하는 것을 넘어 장
기적인 정착으로 이어질 수 있다.

여기서 의문이 하나 생긴다. 왜 우리나라 도시에는 존경할 만한 사람들 동상
혹은 동네에 훌륭한 활동을 한 사람들의 동상이 없는가? 간혹 시골에 가면 예
전에 훌륭한 일을 했다는 현감이나 사또들 공적비가 있기는 하다. 그런데 정말
이 사람들이 훌륭한 일을 해서 사적비가 세워졌는지는 솔직히 의심이 든다. 그
렇게 훌륭한 분이라면 왜 동네에 잘 알려지지 않았는가? 존경할 만한 사람들이
없는 것인가? 아니면 후대들이 관심과 신경을 쓰지 않은 것인가? 한번 곰곰이
생각해 볼 필요가 있지 않은가?

경쟁력 있는 도시가 되기 위해서는 경쟁력 있는 우수 인재가 배출되어야 한
다. 지역에서 우수 인재를 배출하는 대표적인 기관이 바로 대학이다. 따라서 지
역이 경쟁력을 갖기 위해서는 지역 정부와 대학이 힘을 합쳐 우수 인재를 배출
하고, 혁신적 아이디어와 창의력을 배양하여 지역의 내생적 성장을 끌어내야
한다. 지역이 우수 인재를 배출할 능력이 없다면, 우수 인재를 지역으로 끌어

들이기 위한 환경을 조성해야 한다. 현대(modern)에서 탈현대(postmodern)로 진행되는 작금의 사회는 더욱 불확실하고, 다양하며, 불안정하고, 위험이 가중되는 사회로 변화하고 있다. 이와 같은 포스트모던 사회에서 대학의 역할은 더욱 중요성이 강조된다. 불확실한 사회에서 대학은 비판적 역할과 미래 비전을 제시하는 기능에 더해, 급변하는 사회에서 창조적 아이디어를 창출하는 기능이 요구되며, 위험사회에서 사회를 모니터 및 평가하는 기능을 수행해야 하고, 갈등적 상황을 조절하는 역할까지 수행할 것이 요구된다. 즉 초복잡성(supercomplexity)이 작용하는 포스트모던 사회에서 대학은 이러한 메타 복잡성(meta-complexity)을 처리하기 위한 메타 기관(meta-institution)의 역할을 수행할 것이 기대된다(Ross, 2005).

12-3. 다문화도시가 답이다

도시학자이며 운동가인 제인 제이컵스(Jane Jacobs, 1916~2006)는 도시를 "다양한 스텝을 밟고 사는 사람들 사이의 거리의 춤(ballet of the sidewalks)이 펼쳐지는 무대"라고 말했다.[5] 얼마나 멋진 표현인가! 즉 도시는 다양한 사람들이 어울려 앙상블을 연출하는 공간이다. 서로 잘 어울리면 멋진 앙상블이 연출되지만, 잘 어울리지 못하면 불협화음이 나타난다. 그래서 도시정부의 중요한 책무는 바로 다양한 사람들이 다양한 목소리를 내는 도시에서 오케스트라의 지휘자처럼 멋진 앙상블을 만들어 내는 것이다.

도시는 다양해야 한다. 다양한 사람과 집단이 다양한 상품과 서비스를 제공하며, 다양한 아이디어와 제안을 통해 변화와 혁신을 위한 창의력과 역동성이

---

5. 제인 제이컵스는 대도시에서 대규모 도시개발이 진행되면서 공동체가 점차 사라지고, 이웃 간의 근린관계가 붕괴되는 현실을 비판하며, 도시는 다양한 사람들이 다양한 목소리를 내며 다양한 관계를 형성하고 살아가는 공간으로 도시 공동체의 역사, 정체성, 소속감, 자긍심을 보존 및 계승하는 도시촌(urban village) 운동을 전개하였다.

형성되어야 도시가 경쟁력을 가지고 성장과 발전을 한다. 그래서 도시는 아이디어들이 섹스를 통해 아이를 낳고 대를 이어 지속되는 공간이라고 하였다. 그러면 이러한 아이디어의 원천은 어디에 있나? 바로 다문화에 있다.

이미 다수의 연구 결과는 다양성이 큰 도시일수록 많은 외래 관광객이 방문하여 높은 판매 수익을 올리고, 도시의 생산성, 일자리 창출, 경제성장에서 긍정적으로 작용하며, 문화횡단적 협력(cross-cultural cooperation)을 통해 새로운 아이디어를 자극하고 창의력을 북돋움으로써 도시경쟁력 배양과 글로벌 이미지 향상을 가져와 도시의 매력도를 높이고, 창의적 인재와 투자를 지역으로 유인한다는 것을 보여 주었다. 그리고 유네스코(2001)는 문화다양성에 대해 "생물다양성(bio diversity)이 자연을 위해 필수적인 것처럼 문화다양성은 인류 생존을 위해 필수적이다."라고 선언하였다. 이런 관점에서 문화적 다양성은 도시의 새로운 유형·무형 자산으로서 도시성장과 혁신의 밑거름으로 작용한다.

우리는 이미 역사 속에서 다문화가 도시성장에 어떻게 작용하였는가를 보았다. 그리스가 망한 이유 중 하나로 아테네 시민에 대한 편협한 해석이 주요 요인으로 작용하였고, 로마가 번성한 데는 이방인을 로마인으로 인정한 다문화 정책이 주효하였다. 마찬가지로 스페인이 망한 데는 유대인을 배척한 정책이 원인 중 하나로 작용하였고, 네덜란드가 근대사회의 발상지가 된 주요 요인은 바로 종교에 대한 관용과 다문화사회를 지향하였기 때문이다.[6] 그리고 지금도 삶의 질이 높고 경쟁력 있는 국가는 대부분 다문화사회를 구성하고 있는 것을 볼 수 있다. 미국이 그렇고, 캐나다가 그러하며, 오스트레일리아 또한 대표적인 다문화사회를 표방하고 있다.[7] 도시도 마찬가지라는 것이다.

세계에서 가장 손꼽히는 다문화 도시라고 하면 미국 뉴욕일 것이다. '멜팅 팟(melting pot)'이라고 불리는 미국에서도 다양한 인종, 언어, 문화, 종교, 전

---

6. 제1부 고대도시와 근대도시 참조.
7. 미국은 트럼프 정부 들어서서 반이민정책을 추진하였는데, 과연 이 정책이 미국 국가경쟁력에 어떤 영향을 미칠지 주목할 필요가 있다.

통과 관습이 모여 있는 곳이 바로 뉴욕이다. 뉴욕에는 차이나타운도 있고, 코리아타운도 있으며, 재팬타운(Little Tokyo)도 있고, 이탈리아타운(Little Italy)도 있다. 이렇게 다양한 인종과 문화가 한데 어울려 살아가면서 다양한 아이디어와 창의력이 나오고, 이를 바탕으로 뉴욕이 변화와 혁신의 중심지로 거듭나고 있다. 그래서 뉴욕은 미국 도시라기보다는 '코즈모폴리턴(cosmopolitan)', 즉 세계 도시로 부르는 것이 적절하다는 주장도 있다.

〈그림 12.7〉 뉴욕 맨해튼 코리아타운(엠파이어 스테이트 빌딩 바로 인근에 있다)

미국 사회가 발전하는 과정에서 다양한 인종과 문화가 합쳐진 '멜팅팟', 즉 용광로 개념이 제시되었지만, 최근에는 '멜팅팟'이 아닌 다문화(multi-culture) 개념이 주목받고 있다. 다양성을 측정하는 방식에는 주로 다음 네 가지가 이용된다(Baycan-Levent, 2009).

첫째는 단일문화주의(monoculturalism)로, 문화와 민족주의가 강하게 얽혀 사회적 통합을 위해 국가 문화 속에 모든 집단을 매몰시키는 사회를 의미한다. 예를 들면, 파시즘이나 나치즘 문화가 여기에 속한다.

둘째는 주도적 문화(leading culture)로, 공동체 구성원으로 정체성의 기반이 되는 문화가 존재하고, 이를 바탕으로 문화의 핵심 개념이 정립되는 사회를 의미한다. 예를 들면, 한국 사회를 한민족 문화로 규정하고 K-POP, 한국 드라마 등을 총체적으로 한류(Korean Style)로 부르는 문화가 여기에 속한다.

셋째는 문화혼합주의(melting pot)로, 다양한 문화들이 혼합/융합되어 새로운 독특한 문화를 창출하는 것을 의미한다. 예를 들면, 미국의 '문화 용광로' 개념으로, 다양한 문화들이 융·복합되어 미국의 독특한 문화를 만들어 내는 것을 말한다.

넷째는 다문화주의(multiculturalism)로, 각각의 다양한 문화들이 고유의 정체성을 유지하며, 차이를 인정하고 공존하는 사회를 의미한다. 캐나다와 오스트레일리아 등이 이런 다문화주의를 수용·추진하고 있다.

물론 다문화사회가 시민 생활에 긍정적으로만 작용하는 것은 아니다. 서로 다른 언어, 문화, 종교, 생활방식이 접촉하면 차별과 편견에 의해 갈등과 충돌이 발생할 수 있고, 이에 따른 마찰비용이 증가하기도 한다. 그렇지만 다양한 사고와 생활방식, 언어와 문화, 종교와 교육에서 다양한 아이디어와 창의력, 독특성과 차이가 형성되어 도시의 변화와 혁신을 위한 활력과 역동성이 창출된다. 즉 도시에 다양한 인종과 문화, 언어와 민족, 종교와 교육, 집단과 계층이 공존해야 다양한 중심지가 형성되고, 다양한 레스토랑이 들어서며, 다양한 비즈니스가 창출되고, 다양한 소집단 문화가 만들어지며, 다양한 시장이 형성되고, 다양한 교육이 제공될 수 있다.

예를 들면, 인천 송도 경제자유구역을 보라. 그곳에는 큰 평수의 아파트만 있고 작은 평수의 아파트는 없으며, 단독주택도 없다. 그러니 다양한 시장과 뒷골목이 형성될 수 없다. 반면, 성남에는 다양한 규모의 아파트가 있고, 단독주택도 있으며, 골목길도 있다. 그래서 성남 모란시장에는 다양한 사람들이 몰리며 "없는 것(개고기)만 빼고 다 있다"고 한다. 그래서 모란시장은 서울과 수도권에서 유동인구가 가장 많은 곳 가운데 하나로 꼽히고 있다(중앙일보, 2019). 왜? 다양한 상품과 서비스가 제공되니까!

한편, 다양성이 배제되고 사람들에게 똑같은 생각, 행동, 사고방식, 생활방식을 요구하는 곳이 있다. 바로 군대가 그렇다. 군대는 아침에 일어나서 똑같은 옷을 입고, 똑같은 음식을 먹으며, 똑같은 일을 똑같은 시간에 똑같이 수행하고 똑같은 시간에 잠드는 집단이다. 이런 군대 조직에서는 새로운 아이디어, 변화와 혁신을 기대할 수 없고, 주어진 시간에 주어진 임무를 성실히 이행하는 것만

〈그림 12.8〉 성남 모란시장

을 요구한다.

도시는 군대와 달리 문화, 생활방식, 아이디어, 언어, 민족, 인종, 종교 등 다양한 집단과 서브컬처(sub culture)가 존재해야 한다. 그리고 다양한 하위문화가 생성되도록 도시가 개발 및 계획되어야 재미있고 즐거운 공간이 된다. 왜냐하면 다양한 문화에서 다양한 시각, 아이디어, 사고방식이 형성되어 창의성과 독특성을 촉진하는 촉매 역할을 하며, 도시의 다양한 생활방식, 해결책, 혁신 마인드를 제공하기 때문이다.[8]

그런데 다문화도시는 그냥 만들어지는 것이 아니다. 나와 다른 사람에 대한 관용과 인내, 포용과 배려가 있어야 다문화도시가 될 수 있다. 사회와 집단의 정체성과 독특성을 나타내는 다양성은 사회 변화, 혁신, 창조성의 원천인 동시에, 문화적 다양성은 인류 생존을 위한 필수 요건을 구성한다(Dauge & Yang, 2002: 26). 이런 관점에서 다문화사회는 나와 다른 문화를 우리 문화로 동화시

---

8. 헤링(Herring, 2009)은 기업에서도 인종, 성 등에서 다양성이 높은 조직이 그렇지 않은 조직보다 높은 수익과 영업실적을 보인다고 연구 결과는 밝히고 있다.

〈그림 12.9〉 안산시 원곡동 다문화특구

키는 것이 아니라, 다양한 문화와 생활양식들이 서로 공존하고 포용하며 공생할 수 있는 문화권(cultural right)을 보장하는 사회를 의미한다. 그래서 다문화사회가 되기 위해서는 모든 사람에게 동등한 기회와 권리가 부여될 뿐만 아니라, 서로 간에 차이가 인정되고 존중되는 사회가 되어야 한다. 그래서 궁극적으로 인종적 다문화, 사고의 다문화, 정치적 다문화가 허용되어야 한다. 즉 나와 다른 피부 색깔, 성, 문화, 종교, 민족, 언어, 관습, 사고, 생활방식에 대한 인내와 수용, 폭넓은 이해와 배려, 대표성과 형평성이 보장되어야 다문화도시가 될 수 있다는 것이다. 그래서 다문화는 차별이 아닌 차이를 인정하고, 배제가 아닌 관용/포용을 수용하며, 이질성을 넘어 다양성을 배양함으로써 시민들의 선택 범위를 넓혀 도시활동을 풍요롭게 한다.

그리고 다문화도시가 되어야 글로벌 도시가 될 수 있다. 다른 나라의 문화, 종교, 민족, 인종, 전통, 생활방식을 수용하지 못하면서 어떻게 글로벌 도시가 될 수 있겠는가? 그래서 다문화도시가 되기 위해서는 개방적 도시, 포용적 도시, 동화되지 않은 타자와 공생하는 품격 있는 도시(cool city)가 되어야 한다. 이런 논리에서 한국도 중국 문화, 조선족 생활방식, 동남아 관습, 서양인 사고,

일본 양식 등을 인정하고 받아들이는 개방적·포용적 사회가 되어야 한다. 이런 조짐이 한국 도시에도 조금씩 싹터서 서울 영등포구 대림동에 조선족 마을이 형성되고 있고, 경기도 안산시 원곡동에 다문화특구가 들어서고 있으며,[9] 서울 건국대학교 후문에도 조선족 시장이 형성되고, 인천 연수구에 고려인 함박마을과 송도에는 글로벌 도시 조성을 표방하고 있다. 이제 선진 도시들은 글로벌 사회를 맞이하여 다양성 추구에만 그치는 것이 아니라, 인종, 국가, 종교, 언어, 문화를 기반으로 한 차이와 다양성을 넘어 직종, 교육, 기술, 취미, 스타일, 패션, 삶의 방식 등에서 다양성을 추구하는 다양성의 다양화(diversification of diversity), 즉 초다양성(super diversity)을 추구하는 시대에 벌써 접어들었다(Baycan-Levent, 2009: 590).

12-4. 지방자치가 성숙해야 지방이 산다

마강래(2018)는 『지방분권이 지방을 망친다』라는 책에서 "지방분권, 지금 이 상태로는 안 된다. 권한을 받을 공간 단위를 먼저 조성한 후 분권이 진행되어야 한다."라고 주장한다. 지방분권을 하지 말자는 이야기가 아니라, 분권과 균형발전은 서로 다른 개념이기 때문에 분권함으로써 균형발전이 더 악화될 수 있다고 주장한다. 그래서 분권을 하기 전에 먼저 풀어야 할 과제가 바로 지역 격차라는 것이다. 옳은 이야기이다. 그런데 필자는 지역 격차 해소를 위한 공간 단위를 먼저 설정하고 분권화를 하자는 주장에 동의하지 않는다. 그리고 이런 주장 자체가 지방분권화를 잘 이해하지 못하는 데서 나온 것은 아닌가 하는 의문이 든다. 필자는 지방분권이 지방을 망치는 것이 아니라, 지방분권화가 충분

---

9. 경찰청과 안산시에 따르면 2016년 11월 기준 안산 다문화특구에는 총 95개국의 외국인 77,332명이 거주하고 있다. 국적은 한국계를 포함한 중국이 45,496명으로 60% 이상을 차지한다. 이어 우즈베키스탄 6,731명, 베트남 2,454명, 인도네시아 1,357명, 필리핀 1,211명, 러시아 453명 등이다. 대부분 취업비자로 일을 하고 유학생이나 결혼이민자도 있다고 한다(파이낸셜뉴스, 2017).

히 이루어지지 않아 지방이 망해 가고 있다고 생각한다. 지금부터 여기에 관해 이야기해 보자.

한국은 정부수립 후 1949년 7월 4일 지방자치법을 제정·공포하였다. 이후 굴곡의 역사를 거치며 4·19혁명 후 1960년 11월 지방자치법을 개정, 시·도·읍·면 지역에서 지방의회와 자치단체장을 뽑는 선거를 실시하며 지방자치 시대를 여는 듯했다. 그러나 지방자치는 시작도 하기 전에 5·16군사정변에 의해 폐기되고 말았다. 박정희 군부는 군사혁명위원회 포고 제4호로 지방의회를 해산하였으며, 1961년 6월 국가재건비상조치법 제20조를 제정하여 시·도지사·시장·군수를 임명제로 전환하였다. 한국의 지방자치는 박정희 정권에서 전두환 정부까지 사실상 암흑기를 맞이하였다. 노태우 정권에 들어서서 지방의회가 구성되어 지방자치제가 일부 부활되었으나, 김영삼 정부에 들어서서 우여곡절을 경험한 후에야,[10] 1995년 6월 27일 지방자치단체장과 지방의회의원을 주민이 직접 선출하는 현재와 같은 지방자치제도의 기본 틀이 갖추어지게 되었다. 여기서 필자는 현재 한국은 지방자치를 위한 기본 틀이 갖추어졌다고 말하는 것이지, 지방자치가 완성되었다고 이야기하는 것이 아니라는 것을 명확히 이해하기 바란다. 왜 이런 이야기를 하는가 하면, 1995년 당시 지방자치제도를 추진하였던 정부 책임자라는 인사가 매스컴에 나와 하는 말이, "지방자치단체장과 지방의회의원을 주민이 직접 선출하는 제도가 마련되었으니 한국에서 지방자치제도는 이제 완성되었다."라고 떠들었다. 지방자치제도가 무엇인지도 모르는 사람이 추진의 책임자로 있었으니 어이없는 일이다. 결론부터 이야기

---

10. 1994년 여·야 합의로 제정된 공직선거 및 선거부정방지법(현 공직선거법)에서는 기초와 광역을 막론하고 정당공천을 허용하였다. 그러나 개정된 이 제도는 시행도 되기 전인 1995년 6월 자치단체장과 의회의원 통합선거를 앞두고, 기초단위에서의 정당공천 배제를 주장하는 여당과 지방의원 선거에 대한 정당공천 배제를 주장하는 야당 간 대립과 타협의 산물로서 기초의회 의원선거에서만 정당공천을 배제하기로 합의를 보았다. 그러다가 2005년 6월에 공직선거법을 개정하여 기초의회의원까지도 정당공천을 허용하게 되어, 현재는 기초와 광역 단체장과 의회의원 모두 정당공천을 허용하고 있다. 즉 지방선거에서 중앙정당이 전면에 나서 영향력을 행사하며 지방정치를 지배할 수 있게 된 것이다.

하면, 한국은 지방자치제도가 완성된 것이 아니라, 지방자치라는 거대한 바다에 이제 엄지발가락을 담갔다고 할 수 있다. 즉 한국은 지방자치의 유아기에 있으며, 지방자치가 성숙기에 들어서야 지방이 살 수 있다는 것을 필자는 주장한다. 왜 그런지 보자.

한국에서는 자치단체장과 지방의회의원, 그리고 교육감을 주민이 직접 선출하는 방식으로 지방자치제도(이 책에서는 도시자치와 혼용해서 쓴다)를 실시하고 있다. 그러면 이제 지방자치제도가 완성된 것인가? 전혀 아니다. 비교를 위해 지방자치의 백화점이라고 부르는 미국 자치제도를 살펴보자.

아마 가장 바람직한 자치제도는 이런 것이 아닌가 하고 상상하는 방식이 있으면 미국 어느 도시에서 이미 실시하고 있다고 해도 과언이 아니다. 미국의 지방자치는 우리나라와는 달리 지역에서 주민이 청원하여 자치가 이루어진다. 한국에서는 헌법과 법률에 따라 중앙에서 자치구역이 설정되고, 모든 지역이 똑같은 방식으로 지방자치를 실시하고 있는데, 미국에서는 각 지역이 자신이 원하는 방식대로 지방자치를 실시하고 있다.

한국에서는 자치구역이 중앙에서 설정하여 결정된다. 그런데 미국에서는 자치구역이 주민이 발의해서 주정부에 청원을 넣어 주의회 승인을 받으면 자치구역이 설정된다. 물론 도시자치를 위한 최소한의 인구 규모는 설정되어 있다. 한국은 지방자치법에 도시가 되기 위해서는 인구 5만 이상이 되어야 하며, 도농 복합도시가 되기 위해서는 인구 2만 이상이 되어야 한다. 그런데 세계 모든 지역이 인구 5만 혹은 2만 이상을 도시로 규정하고 있는 것이 아니며, 오직 한국과 일본만 인구 5만 이상을 도시로 규정하고 있다. 미국과 유럽의 대부분 국가는 인구 2,000명 혹은 2,500명의 밀집 지역을 도시로 정하고 있으며, 포르투갈은 최소한의 인구 규모를 1만 명으로 규정하는 반면에, 노르웨이와 아이슬란드는 이것의 50분의 1인 200명을 최소한의 도시인구 규모로 규정하고 있다. 이 말은 노르웨이나 아이슬란드에서는 인구 200명 이상이 밀집한 지역에서 주민들이 원하면 정부의 허가를 받아 도시정부를 만들어 자치적으로 운영할 수 있다는 것을 의미한다. 재미있지 않은가? 200명 정도가 사는 마을에서 자치적으로 도시정부를 운영한다면, 시장이 어떤 사람이고, 시의원은 누구며, 경찰서장은 누가 맡고, 교육감은 누구이고, 감사원장은 누구며, 소방서장은 누구인지 등 훤히 다 알 것이다. 물론 이것은 도시정부를 어떻게 운영할 것인가의 자치헌장에 따라 다르다.

도시정부의 운영 방식은 다양하게 결정되지만, 미국의 경우 최근에는 주민들이 자치헌장(chart)을 발의하여 주의회의 승인을 받아 도시정부의 운영 방식을 결정한다. 이것이 바로 홈룰(Home Rule) 시스템이다.[11] 그래서 주민들이 시장을 직접 뽑고 싶으면 그런 제도를 만들어 주의회에 청원을 넣어 승인받으면 된다. 마찬가지로 경찰서장을 주민이 뽑고 싶으면 절차를 밟아 주의회 승인을 받으면 된다. 최근 한국에서 주요 이슈로 제기된 검경 수사권 조정, 고위공직자 범죄수사처 등 다양한 정부 운영제도들이 주의회를 통과하면 실시할 수 있다. 그래서 어떤 도시에서는 검사, 판사, 세무서장, 감사원장 등 주요 공직을 주민이 직접 선출하기도 하고, 다른 도시에서는 임명하기도 한다. 어떻게 도시정부를 운영하느냐 하는 것이 주민의 의사에 따라 결정된다는 것이다.

이뿐만 아니라 최근에는 시장을 아웃소싱하여 외부에 공모하여 고용하기도 한다. 이것을 시정관리자제도(city manager system)라고 한다. 즉 어떤 도시에 시장 능력을 갖춘 마땅한 인재가 없으면, 외부에 공고를 내어 시의회에서 청문회를 통해 우수 인재를 시장으로 영입하는 제도이다. 최근 이 제도가 미국에서는 도시정부 운영에 주요 트렌드로 주목을 받고 있다.

이뿐만이 아니다. 정말 재미있는 것은 도시정부의 정책과 사업이 결정되는

---

11. 독자들은 중고등학교 학창 시절에 홈룰 시간이 있었던 것을 기억할 것이다. 그 시절 홈룰은 바로 지방자치를 실시하는데 주민들이 자치헌장을 만들어 공동체를 자치적으로 운영하는 방식에서 차용된 용어이다. 그래서 홈룰 시간은 학생 대표인 회장을 선출해 학급 운영이나 학교 방침에 대해 학생들이 자치적으로 회의를 열어 의견을 나누고 결정하는 일종의 풀뿌리 민주주의의 교육장으로 제정되었다. 그런데 지금 생각해 보면, 당시에 홈룰이 어떤 의미인가를 알려 주고 실시했었나 하는 생각이 든다.

과정이다. 미국에서는 지역에서 술 판매를 허용할 것인가, 카지노를 허가할 것인가, 도시계획을 할 것인가, 간판 크기를 제한할 것인가 등 많은 주요 문제가 주민들에 의해 결정된다. 그래서 지방자치를 통해 지역이 자신만의 독특한, 차별적인 정부 운영 방식과 정책, 사업을 구상하여 운영한다. 이제 왜 한국의 지방자치가 지방을 살리지 못하고 망치는지를 어느 정도 이해하였을 것이다. 한국은 분권화에 의해 지방이 망해 가는 것이 아니라, 지방자치를 올바로 실시하지 않아서 지방이 망해 가고 있다. 각 지방이 직면한 입장과 상황이 다른데, 모든 지역에 똑같은 지방자치 방식을 강요하고 있으니 하는 말이다. 이것은 키가 크거나 작거나 상관없이, 어떤 재능을 갖고 있느냐에 관계없이, 어떤 스타일을 선호하느냐를 불문하고 똑같은 음식을 먹고, 똑같은 치수의 옷을 입으며, 똑같은 집에 살라는 것과 다르지 않다는 것이다.

지방자치가 본래의 의미대로 수행되기 위해서는 주민들이 원하면 시장도 뽑고, 경찰서장도 선출하며, 지방검사도 주민 손으로 뽑고, 판사도 선출할 수 있어야 한다. 아마 그러면 주민이 뽑은 검사가 중앙의 눈치를 볼 필요가 없고, 판사도 주민을 의식해 공정하게 판결하려고 노력할 것이며, 경찰서장이 주민 위에 군림한다는 생각을 갖지는 않을 것이다. 왜냐하면 그런 행동을 하면 다음 선거에서 바로 낙선할 것이 뻔하기 때문이다. 반면, 검사가 범법자를 공정하게 처리하고, 판사가 공정하게 판결하며, 경찰서장이 안전도시를 만들고, 시장이 탁월한 리더십을 발휘한다면 그 도시는 주민들이 살고 싶은 도시가 될 것이다.

각 도시와 지방은 처해 있는 상황과 환경, 조건과 자원이 다르다. 어떤 도시는 인구 규모가 크고, 어떤 도시는 인구 규모가 작다. 어떤 도시는 자원이 많고, 어떤 도시는 자원이 없다. 어떤 도시는 산간 지역에 있는가 하면, 어떤 도시는 해변에 있다. 이렇게 각기 처해 있는 상황과 조건이 다르면, 지방지치의 운영 방식도 달라야 한다. 그래야 지역의 독특성, 차별성, 정체성, 소속감, 자긍심이 창출된다. 예를 들면, 지역에 인구가 많으면 누가 누구인지 서로 간에 잘 모른다. 이런 경우에는 소규모로 지역을 나누어 작은 도시들을 만들고, 광역적으로 처리해야 하는 문제는 광역자치단체를 만들어 처리하는 방식도 있다. 그래서 자치제도에서도 계층제가 필요한 것이다.

지방자치는 균형발전을 위한 제도가 아니다. 오히려 각 지역이 자신의 특색을 살려 경쟁력을 창출해 지역발전을 도모하기 위한 제도이다. 그런데 한국에서 지방자치는 주민이 자치 능력을 배양하고, 주민 스스로 지역을 운영하며, 지역 특색을 살리는 차별적인 정책을 고안하고, 공동체의 정체성 확립과 소속감·자긍심을 배양하기에는 갈 길이 멀다. 자치를 위한 활동은 중앙에서 대부분 통제하여, 어떻게 도시를 운영하며 리더와 주요 공직자는 어떻게 선출하고, 어떤 정책을 어떻게 실행할 것인가를 주민이 스스로 결정할 여지가 별로 없다. 모든 지역이 똑같이 시장·군수, 지방의회의원을 선출하고, 나머지는 모두 천편일률적으로 똑같은 제도를 운영하고 있다. 이것은 아니라는 것이다.

지방자치가 본래의 목적대로 운영되기 위해서는 시장과 주요 공직자 선출 및 도시정부 운영 방식 등이 주민 스스로에 의해 결정되어야 한다. 그래서 어떤 지역은 시장을 주민이 직접 선출하고, 다른 지역은 의회에서 선출하기도 하며, 또 다른 지역에서는 우수 전문가를 시장으로 영입할 수 있어야 한다. 이 모든 것이 중앙정부가 아닌 주민에 의해 결정되어야 한다. 그래야 지역 특색이 창출되고, 지역경쟁력을 위한 독특한 제도가 도입될 수 있으며, 주민들 사이의 돈독한 유대와 소속감·자긍심을 갖는 도시가 만들어질 수 있다. 물론 이런 자치제도와 운영 방식이 마음에 들지 않으면 지역을 떠나 선호하는 곳에 정착하면 된다. 그래서 지방자치가 성숙기에 접어들면, 유사한 선호와 취향을 갖는 사람들이 밀집해 거주하는 공동체를 형성할 것이라고 찰스 티부(Charles Mills Tiebout, 1924~1968)는 설명하고 있다.[12]

---

12. 티부에 의하면, 지방정부의 수가 많을수록 지역들 사이에 다양한 공공서비스가 제공되고, 소비자로서 주민들은 자신의 공공서비스 선호를 충족시킬 기회가 증가할 것으로 주장한다. 각 개인은 자신의 거주지 선택에서 자신의 취향을 가장 만족시키는 지역을 선택함으로써 지방공공재에 대한 개인의 선호가 드러나며, 주민들이 시장에서의 구매활동과 마찬가지로 공공서비스를 최대한 만족시키는 지역을 선택하여 이동할 것으로 설명한다.

결론적으로 문제는 시스템이다. 시스템이 제대로 작동하지 않으면 아무리 많은 돈을 투자해도 소기의 성과를 얻을 수 없다. 지방이 죽어 가는 것은 돈이 없어서도 아니고, 저출산 때문도 아니다. 주민들에게 자기 지역을 자치적으로 운영하기 위한 충분한 권한을 주지 않고, 아이디어를 창출할 수 있는 환경을 만들어 주지 않았기 때문이다. 그래서 분권화가 지방을 망치는 것이 아니라, 분권화가 충분히 이루어지지 않아 지방이 죽어 가고 있는 것이다. 지방을 살리기 위해서는 분권화를 통해 지방에 충분한 자치권을 부여함으로써 지역에 맞는 다양한 정책과 프로그램을 실시할 수 있는 제도를 마련해 주어야 한다. 한국의 지방자치가 본래의 목적을 달성하지 못하고 표류하는 주요 이유는 중앙정부의 권한이양이 미흡하였고 재정분권이 이루어지지 않았기 때문에, 지방들이 자치적으로 정책을 추진하기 위한 권한과 재정이 부족한 것이 주요 원인으로 작용하고 있다. 이런 시각에서 필자는 지방자치를 획일적 방식으로 실시하는 것이 아니라, 인구와 재정 규모에 따른 차등적 지방분권과 도시자치헌장 부여 방식을 채택할 것을 제안한다. 그래야 지역 실정에 맞는 도시정부 운영제도를 확립하여 살기 좋은 도시 만들기를 위한 경쟁을 통해 다양한 특색을 갖는 다양한 도시들이 출현하여 한국 사회를 한 단계 더 높이는 계기가 될 것으로 예상한다.

코로나19와 도시의 세계

이제 책을 마무리해야 할 시점이다. 도시에 관해 초기부터 현재까지 필자가 그동안 공부하고 고민하였던 주제들을 어설프게나마 풀어 보려고 노력하였는데, 독자들에게 얼마나 전달되었는지 궁금하다. 그리고 거듭 밝히지만, 이 책은 객관적 시각에서 쓴 전문 학술서적이 아니라 주관적 관점에서 쓴 인문학적 교양서적이니 필자의 내공이 여기까지라고 보아 주시면 고맙겠다.

글을 마무리하는 시점에 세계가 코로나19 전염병에 휩싸여 혼란스러운 지경에 빠졌다. 그러니 이 책의 마무리도 코로나19와 연관 지어 끝내는 것이 의미가 있겠다는 생각이 든다. 코로나19가 우리 일상을 엉망으로 만들었지만, 불행 중 다행히도 한국은 코로나19에 잘 대처해 전염병 확산 피해와 희생을 최소화하였다는 평가를 받고 있다. 그래서 K-POP에 이어 K-방역이라는 말도 생겨나 이제 한국은 개발도상국에서 벗어나 선진사회에 진입하였다는 자부심이 들 정도이다. 세계 최강국이라는 미국이 코로나19에 대처를 잘못해 혼란에 빠졌었고, 한국의 방역활동을 비웃으며 자기들은 저렇게 하지 않아도 잘하고 있다고 근거 없이 자만하였던 일본 정부도 뒤늦게 전염병 확산에 허덕이고 있으며, 선진사회라고 자부하며 마스크 쓰는 것을 조롱하였던 유럽 국가들이 방역에 실패해 허둥지둥하는 꼴을 보면 우리는 참 다행이라는 생각으로 어깨가 좀 으쓱거린다. 한국 역사에서 우리가 이렇게 자부심을 느꼈던 시절이 있었던가? 국가와 정부가 국민을 위해 존재하며 한국 국민이라는 것이 행복하다고 일반 시민들이 느낀다는 것을 믿을 수 있겠는가? 코로나19가 한국 사회에 이런 변화를 가져올 줄이야 누가 알았겠는가!

인류 역사의 흐름을 보면 전염병이 사회 변화, 특히 도시 변화에 중요 요인으로 작용했다는 사실을 알 수 있다. 특히 도시발전에 전염병은 여러 시대에 주요 요인으로 등장한다. 중세 시대에 유럽 전역을 휩쓴 페스트(The Black Death, 흑사병)로 인해 유럽 인구 약 3분의 1인 2400만 명이 사망한 것으로 전해지고 있고, 이로 인해 종교 중심 사회가 붕괴되어 인간 중심의 인본주의 사회로 전환되는 계기로 작용하였다고 알려지고 있다. 페스트가 창궐하였던 시기에 성당에 가서 아무리 기도를 올려도 효과가 없었고, 왕족과 귀족 그리고 성직자들도 페스트로부터 똑같이 희생되는 모습을 보고 권위도 별 의미가 없다는 것을 일반 시민들이 알아채면서 권위주의 종교 중심 사회가 급격히 흔들리는 요인으로 작용한 것이다. 당시만 하더라도 전염병은 지위 고하, 빈부 격차를 막론하고 평등하게 영향을 미치는 질병이었다(그런데 요즘은 아닌 것 같다).[1] 페스트로 인해 중세사회는 점차 기반이 흔들리기 시작하여 인본주의가 싹트는 르네상스의 씨앗을 낳았다. 르네상스의 도래와 함께 종교에 대한 비판과 성찰은 종교개혁을 요구하는 상황을 연출하였고, 종교가 아닌 인간 중심 사회가 되어야 한다는 요구는 계몽주의 철학과 사상이 탄생되는 시대를 만들어 냈다. 즉 페스트로 인해 중세가 급격히 붕괴하며 르네상스가 도래하는 계기가 되었고, 르네상스

---

1. BRC 방송보도에 의하면, 미국 시카고에서 2020년 4월 현재 흑인이 차지하는 인구 비율은 전체의 3분의 1 정도인데, 코로나19로 사망한 사람의 72%가 흑인인 것으로 나타났다. 영국에서도 코로나19 확진 환자 2,249명 가운데 유색인종이 차지하는 비율이 35%인 것으로 나타났다. 영국 최근 인구조사에서 영국과 웨일스 지역에 거주하는 유색인종 비율이 14%인 것을 감안하면, 코로나19 환자 발생에 인종별 차이가 있다는 것을 알 수 있다(BBC, 2020).

의 도래로 인해 종교개혁과 계몽사상의 전파를 위한 씨앗이 뿌려지게 되었던 것이다.

전염병이 인류에 미친 영향은 여기서 멈춘 것이 아니다. 19세기 들어서서 산업혁명과 함께 생산방식이 수공업 체제에서 공장제공업 체제로 전환되었고, 많은 사람들이 도시로 몰려들어 급격한 도시화가 진행되었다. 이 과정에서 일반 시민과 노동자들은 부족한 주택으로 인해 공장 인근의 빈민촌에 거주하였으며, 공기와 물은 공장에서 내뿜는 연기와 폐수에 의해 오염된 열악한 환경 속에서 겨우 생계를 유지하였다. 지금이야 정부가 국민의 복리증진을 위해 공공서비스를 제공하는 일을 하지만, 지금부터 불과 150년 전만 하더라도 국가는 국민 위에 군림하며 지배와 착취를 일삼는 조직이었다. 길은 오물로 악취를 풍기고, 공기는 공장에서 내뿜는 검은 연기로 뒤덮였으며, 시냇물은 폐수로 오염된 상황에서 도시는 주기적인 전염병으로 많은 사람들이 죽어 나갔다. 특히 당시에 성행하였던 전염병으로는 콜레라와 장티푸스 등 수인성 전염병이 주기적으로 발생하여 시민들은 불안에 떨며 높은 치사율을 기록하였다. 특히 영유아 사망률이 높아, 1800년대 초중반에 유럽 사회의 평균수명이 약 35세 정도로 전해지고 있다. 이런 상황에서 산업혁명을 선도하였던 영국은 프랑스에서 발생한 대혁명이 런던에서 재현되는 것을 막기 위해 전염병 퇴치를 위한 상하수도정책을 본격적으로 도입하기 시작하였다. 전염병과 빈곤에 허덕이는 시민들을 그대로 방치한다면 1789년 프랑스대혁명과 같은 혼란이 영국에서도 일어나 왕권이 무너지고 시민계급이 지배하는 변혁을 가져올 것이라는 두려움에서 전염병 퇴치, 특히 수인성 전염병 퇴치를 위한 상하수도정책이 추진되었던 것이다. 이와 같은 도시개발정책은 노동자들을 위한 주택정책, 교통정책, 복지정책 등으로 이어져 시민들의 복리증진을 위한 정책이 점차적으로 정착되어 영국 사회에서 중산층이 확대되는 토대를 마련하였다. 즉 전염병이 주요 요인으로 작용하여 근대도시에서는 최초로 영국에서 본격적으로 상하수도정책이 도입되었으며, 이것이 계기가 되어 산업사회에서 영국 런던이 세계에서 가장 경쟁력 있는 도시로 성장할 수 있었다.

　그때부터 약 150년이 지난 2020년 인류는 또 다른 전염병 코로나19가 출현하여 세계가 공포와 혼란에 휩싸여 있다. 치사율은 페스트보다 낮으나 높은 감염률로 인해 대면활동이 억제되고 사회적 및 생활 속 거리두기라는 신조어를 만들어 내기도 했다. 정보통신기술의 발달로 재택근무, 원격수업, 원격진료 등이 간헐적으로 시도되었지만, 코로나19는 이런 새로운 생활방식을 일거에 도입하게 함으로써 사회에 큰 변화를 가져오고 있다. 이 과정에서 한국은 코로나19를 잘 대처한 모범 국가로 부상하여 K-방역이 세계로부터 극찬을 받고 있다. 한류가 대중음악, 드라마, 영화에 이어 방역에서도 세계의 주목을 끈 것이다.

　영국이 산업혁명 이후 발생한 전염병을 통제하기 위해 근대도시의 상하수도 체계를 본격적으로 도입하여 선진 도시로 성장하였듯이, 한국은 코로나19에 모범적으로 대처하여 국가 위상을 높이는 계기가 되었다. 전염병에 잘 대처한 도시가 경쟁력 있는 도시로 부상하며 헤게모니를 쟁취하고 부강한 사회로 성장한 역사를 보면, 코로나19는 한국 사회와 도시를 한 단계 상승시키는 계기로 작용할 것으로 예상된다.

　코로나19와 관련된 또 다른 주요 이슈 중 하나는 "코로나19 팬데믹(pandemic) 현상이 도시발전에 어떤 영향을 줄 것인가?"이다.[2] 매스컴에는 전문가라는 사람들이 나와 코로나19 전과 후가 다를 것으로 예측하는데 과연 그럴까? 코로나19 이후 대인관계 접촉을 기피하는 비대면 언터치(untouch) 사회가 도래할 것이라고 예측하는데, 필자의 생각은 다르다. 코로나19에 따른 일시적 현상과 장기적 변화를 혼돈하지는 말자.

---

2. 팬데믹은 전염병이나 감염병이 범지구적으로 유행하는 것을 의미한다. 이러한 병은 여러 대륙으로 퍼지며, 심지어는 전 지구적으로 퍼진다. 다만 감기와 같이 많은 사람들이 인정한 광범위적 발병 질환은 일단은 범유행병에 해당하지 않으며, 이는 풍토병(엔데믹)으로 일컬어진다. 또한 인플루엔자 범유행 중 계절독감도 범유행에 포함하지 않는다. 역사적인 대규모 범유행은 천연두와 결핵이 있었다. 최근의 범유행적 전염병에는 인간면역결핍 바이러스(HIV)와 2009년 인플루엔자 범유행, 그리고 코로나바이러스감염증-19(COVID-19) 범유행이 있다.

필자는 코로나19 위기가 극복되면 대면활동이 더욱 강화되는 사회가 될 것으로 예상한다. 왜냐하면 코로나19로 인해 전염병 예방과 극복을 위한 시스템이 마련되어 대면활동의 공포와 두려움이 사라지면 다시 집적의 효과가 작용하여 대도시 인구와 산업 집중이 더욱 강화될 것이기 때문이다. 그리고 전염병은 지방이나 교외에서 감염 가능성은 낮지만, 감염 이후의 치료는 도시에서 훨씬 신속하고 효율적으로 이루어지기 때문이다. 동일한 논리가 도시와 지방의 기대수명을 비교하면 잘 이해가 된다. 한국의 지역별 기대수명 통계(2019년 통계, 82.7년)를 보면, 수도권과 대도시는 상대적으로 높고, 전남·경북·강원·경남 등 지방은 낮은 것으로 나타난다. 이런 지역별 기대수명의 차이에는 다양한 요인이 작용하지만, 병원과 의료시설의 신속한 접근성이 주요 요인으로 영향을 미치기 때문이다.

모든 사회현상에는 동전의 양면이 있고, 코로나19도 마찬가지이다. 비가 오면 우산 장사가 잘되고 해가 뜨면 아이스크림 장사가 잘되듯이, 코로나19 전염병으로 인해 배달·택배 활동이 급증하였고, 개인 및 실내 활동과 관련된 사업(예를 들면, 홈쇼핑과 전자상거래 등)이 상대적으로 호황을 누리며 혼자 하는 활동이 주목받고 있다. 그래서 혼밥(혼자 밥 먹기), 혼술(혼자 술 먹기), 혼영(혼자 영화 보기), 혼여(혼자 여행하기) 등 홀로 하는 활동이 대세인 반면, 붉은악마와 촛불집회, 콘서트와 축제(카니발) 같은 단체활동과 행사는 거의 취소되었다. 물론 이런 추세가 코로나19 퇴치 이후에도 얼마나 지속될지는 의문이다. 왜냐하면 인간은 사회적 동물이기 때문에 함께 모여 사는 모듬살이를 대부분 원하지 홀로 사는 삶에는 고독과 외로움, 소외와 고립감이 따르기 때문이다. 그래서 코로나19의 단기적 영향과 사회의 장기적 변화를 혼돈하지 말아야 한다.

중세에 페스트가 아무리 기승을 부려도 극복 후에는 르네상스 도시로 다시 부활하였으며, 근대에 콜레라와 장티푸스 등 수인성 전염병이 기승을 부려도 상하수도 체계가 본격적으로 도입되어 인구 100만 이상의 대도시로 발전하는 기반으로 작용하였다. 마찬가지로 코로나19도 조만간에 백신과 치료제가 개발되어 전염병이 극복되는 시점에서 이제는 인구 1000만을 넘어 인구 5000만 도시로의 성장을 위한 계기가 될 수도 있다. 인간은 많은 역경을 극복하며 지금에 이르렀고, 코로나19도 시간이 지나가면 극복될 것이며, 이런 변화에 대한 앞선 준비와 대응이 필요하다.

지금으로부터 200년 전에 『인구론』을 쓴 토머스 맬서스(Thomas Malthus, 1766~1834)는 인구 증가를 억제하기 위한 적극적 대책으로, 전염병이 성행하면 정부는 그대로 방치하라고 제안하였다. 그래야 인류 가운데 강한 유전자를 가진 사람만 살아남고 약한 유전자를 가진 사람은 도태된다는 적자생존의 원리를 주장한 것이다. 이런 맬서스의 논리가 서구에 뿌리내려 자본주의 사회를 지탱하는 주요 원리로 현재 자리 잡고 있다. 그런데 2020년에 코로나19 전염병이 서구에서 더욱 기승을 부리는 것을 맬서스가 본다면 뭐라고 할까? 백인이 황인종보다 우성이라는 주장은 못할 것이다. 코로나19로 인해 몇 가지 현상이 확인되었다. 첫째, 코로나19로 유럽과 미국의 콧대가 한풀 꺾였고, 한국의 위상은 상승하였다. 선진국 개념과 대열에 변화를 가져온 것이다. 둘째, 이번 코로나19를 통해 '소비가 없으면 경제는 죽는다'는 원리가 확실히 증명되었다. 그래서 국민들에게 보다 평등하게 분배되고 소비가 진작되어야 시장이 활성화되고 경제는 살아난다. 아무리 생산해도 소비하는 사람이 없으면 경제는 돌아가지 않는다는 것을 코로나19 사태는 경험적으로 보여 주었다. 셋째, 전염병은 매스컴의 스타, 연예인, 종교인, 정치인의 활동에 의해 치료되는 것이 아니라 의사와 간호사의 봉사와 희생, 시민들의 협력과 참여에 의해 극복된다는 사실이 확인되었다. 즉 우수한 공공의료체계와 높은 시민의식이 시민을 전염병으로부터 보호하지, 인기와 환호, 기도와 구호에 의해 치료되지 않는다.

사회도 사람과 마찬가지로 경험을 통해 성숙해진다. 우리는 이런 경험을 여러 번 하였다. 정치적으로는 해방 이후 4·19혁명부터 5·18민주화운동, 경제적으로는 1997년 IMF 경제위기, 사회적으로는 2017년 촛불집회 등 다양한 경험을 통해 한국 사회가 지금에 이르고 있다. 이런 맥락에서 코로나19 위기도 우리가 잘 극복하면 세계적으로 전염병을 이겨 낸 대표적 국가로 등극할 것이란 자신감이 든다.

우선 중국을 보자. 중국은 코로나19 발생부터 감염 과정을 투명하게 세계에 알리지 않았고, 이제 어느 정도 통제가 되는 상황이 되니 전염병 발생이 중국이 아닐지 모른다고 발뺌을 하는 모양새를 보인다. 코로나19에 대한 대처 능력도 미흡하였고, 국가신뢰도도 형편없이 떨어졌다.

다음으로 유럽을 보자. 한국 다음으로 코로나19가 대량으로 확산되었는데, 초기에는 확진자가 증가하니 중앙정부에서 확진자 검진을 서두르지 말라고 주문하였다가 통제 불능 상태에 들어서서야 당황하는 모양새를 보였다. 심지어 스웨덴은 집단면역이라는 이상한 카드를 제시하였다가 확진자와 사망자만 늘리는 결과를 가져왔다. 이런 현상은 유럽뿐만 아니라 미국도 그렇고 일본도 마찬가지로 늑장 대처를 해서 쩔쩔매는 꼴을 보였다.

이런 면에서 우리는 그래도 다행이다. 정부 대처가 완전하였다고 생각하지는 않지만 최소한 미국의 누구(?)처럼 거짓말은 하지 않았고,[3] 코로나19에 대한 검진과 통계를 믿을 수 있었으며, 국가와 정부가 국민을 위해 노력하고 있다는 것을 보여 주었다. 독일 사회학자 울리히 베크(Ulrich Beck)는 자본주의가 발달하고 과학기술이 발전할수록 사회는 점차 위험사회로 진행될 것으로 예언하였다. 앞으로 이런 전염병 발생과 확산은 글로벌 네트워크를 통해 훨씬 자주 경험하게 될 것이다. 이번에 우리가 코로나19를 슬기롭게 잘 극복하면 이 또한 한국 사회가 대단하다는 것을 전 세계에 보여 주는 계기가 될 것이다.

우리는 정말 별별 것을 가지고 세계를 다 놀라게 했다. 세계에서 가장 빠르게 후진국에서 선진사회로 진입한 국가, 아직도 냉전 체제의 산물로 남북한이 분단된 국가, 세계에서 IT 기반이 가장 잘 조성된 국가, 드라마와 대중음악으로

---

3. 미국 매스컴 보도에 의하면, 트럼프 대통령은 수 차례에 걸쳐 코로나바이러스 확산과 예방조치에 대해 거짓말을 하였고, 이런 잘못된 정보가 코로나 대처에 혼란을 가중시켰다고 전하고 있다(The Atlantic, 2020).

한류를 확산시킨 국가, 최근에는 오스카상 최초로 미국 이외에서 작품상을 수상한 국가 등 별별 기록을 다 만들어 냈다. 이번에는 우리가 또 다른 기록을 만들어 세상에 한국을 알리고 있다. 바로 세계적으로 전파된 전염병을 가장 빠른 시기에 가장 잘 대응해서 잘 극복한 방역 국가로 말이다.

사회도 사람과 마찬가지로 아프면서 성장한다. 물론 아프지 않고 성장한다면 더 좋을 것이다. 그런데 세상에 공짜는 없다. 아프면서 성장한 사람과 아프지 않고 온실 속에서 성장한 사람은 세상을 바라보는 시각도 다르고, 위기에 대한 대처 능력도 다르다. 앞에서 울리히 베크가 말하였듯이, 세상은 위험사회로 이미 진입하고 있다. 이러한 위험의 과학화와 상업화, 더 나아가 글로벌화가 더욱 심각하게 진행될 것으로 전문가들은 예측하고 있다. 이런 위험사회에서 오늘의 코로나19 경험이 한국 사회의 시스템을 한 단계 강화시키는 계기가 되었으면 하는 바람이다. 즉 세월호의 슬픔과 중동호흡기증후군(MERS)의 아픈 경험을 기억하고, 오늘의 코로나19가 유익한 학습이 되어 한국 사회가 한 단계 더 도약하는 기회가 되기를 희망한다. 우리는 그렇게 할 수 있을 것으로 믿는다. 그리고 코로나19 이후 대면접촉이 줄어들 것이라는 한쪽만의 시각이 아니라, 집적의 효과가 작용하여 대도시 집중이 더 강화될 수 있다는 미래 예측도 고려한 준비와 대응이 필요하다.

이제 책을 마무리하자. 한국 도시는 1960년대부터 부단히도 성장해 왔다. 한국 현대도시의 성장 역사는 말 그대로 폐허 속에서 고난과 역경을 극복한 거대한 대하드라마를 연출하였고, 이제 그 대단원의 마무리 단계에 있다. 일제강점기와 한국전쟁을 거치며 가난과 폐허 속에서 지금과 같은 도시를 만들어 냈으니 대한민국, 정말 대단하고 자랑스럽다. 이제 현대도시 작업을 마무리하고 미래 도시로 나갈 준비를 하자. 그전에 우리에게 남겨진 숙제를 풀어야 한다. 이책 마무리는 한국 도시에 남겨진 주요 숙제를 정리하는 것으로 끝낸다.

첫째, 한국 사회는 초저출산에 직면해 있다.

둘째, 지방이 쇠퇴하고 있다.

셋째, 썸타는 도시가 되고 있다.

넷째, 원(구)도심이 점차 쇠퇴하고 있다.

다섯째, 젠트리피케이션이 심화되고 있다.

이런 난해한 문제를 정부와 시민이 잘 풀어야 한국 도시가 한 계단 더 올라갈 것이다. 우리는 이것보다 더 어려운 난제들을 풀면서 오늘의 현대도시를 만들었다. 그러면 어떻게 풀어야 하는가?

첫째, 저출산·고령화는 재앙이 아니라 기회가 될 수 있다.

둘째, 사람이 떠나 지방이 쇠퇴하는 것이 아니라 아이디어가 없어 쇠퇴하는 것이다.

셋째, 도시는 특색이 있고, 다양하며, 즐거워야 한다. 궁극적으로 힙한 도시가 승리한다.

넷째, CBD가 활기 있어야 도시가 번성한다. 그러기 위해서는 중심지에 소통을 위한 공공의 공간과 사람을 끌어들이는 앵커활동이 있어야 한다.

다섯째, 공정한 도시를 만들자. 즉 갑질 없는 도시, 보다 형평성 있는 도시가 되면, 젠트리피케이션 문제는 해결될 수 있을 것이다.

고고학(선사 시대)은 우리에게 어떤 중대한 변화도 아주 작은 데서부터 시작한다는 것을 보여 주었다. 생각해 보라. 300만 년 전의 어느 날 한 호미닌이 돌멩이 하나를 집어 들고 거기서 다른 호미닌들은 보지 못했던 잠재력을 보았고, 이후 모든 것이 달라졌다.[4] 그때부터 300만 년이 지난 지금은 밀레니얼 세대가

---

4. 인간은 호모사피엔스이다. 그리고 인간 계통이 가장 가까운 계통에서 분기한 이후의 모든 인류 조상을 일컫는 이름은 호미니드(hominid)였다. 그런데 이제는 아니다. 10여 년 전부터 학계에서는 호미니드라는 계통 이름을 호미닌(hominin)으로 슬슬 바꾸기 시작했고, 이제 과반수가 호미닌을

뜨고 있다. 새로운 밀레니얼 세대의 문화는 탈지역적·초국가적이다. 이들은 디지털 세상에서 자라서 이제 스마트폰으로 무장하고 사실상 세상의 모든 정보를 손안에 넣고 주무른다. 이메일과 휴대폰으로 세계만방의 모두와 실시간 소통이 가능한 상호연결된 세상이다. 이제 우리는 설사 원한다 해도 우리의 삶을 타인의 삶과 분리할 수 없다(Kelly, 2019: 242-243). 그래서 도시는 계속 존재하며 생명력을 이어 갈 것이다. 그러면 문제는 '어떤 도시를 만들어야 하는가?'에 있다.

인간이 도시를 만들지만, 인간이 만든 도시에 의해 인간의 삶이 영향을 받는다. 지금까지 우리는 가난에서 벗어나기 위해 발버둥을 쳤고, 그 결과 현재 우리가 살고 있는 모던 도시를 만들어 냈다. 이제는 패러다임의 변화를 가져올 때가 되었다. 가난에서 벗어나기 위한 고도성장 패러다임을 탈피하고, 시민들의 삶의 질 향상을 위한 즐거운 도시, 매력적인 도시를 만들어야 할 때가 된 것이다. 이것이 밀레니얼 세대에게 주어진 숙제이고, 밀레니얼 세대는 이 숙제를 풀면서 또 하나의 한류열풍(K-City)를 만들어 낼 것으로 기대한다.

채택하고 있다. 이 계통 이름이 바뀐 배경에는 인간 및 인간 조상 집단을 얼마나 '특별'하게 보는지의 관점 차이가 있다. '호미니드'였던 인류는 과(family) 단위로 구분되는 계통이다. 그에 비해 '호미닌'인 인류는 과보다 하위, 속(genus)보다 상위인 족(tribe) 단위로 구분된다. 고인류학의 역사는 인간이 다른 동물에 비해 얼마나 그다시 특별하지 않은지를 밝혀 온 역사이기도 하다. 인류 계통이 '과'보다 '족'의 단위로 분류되었다는 것은 그만큼 인류 계통이 가장 가까운 친척 계통인 침팬지 계통과 여태까지 생각했던 정도보다도 더 가깝다는 뜻이다. 그다지 특별하지 않다는 뜻이기도 하다. 인류 계통이 상위 분류 체계에서 일명 좌천되었다고 볼 수도 있지만, 다른 계통, 특히 침팬지와 더욱 가까워졌다고 볼 수도 있다.

참고문헌

고승연·홍유림, 2017, 고학력 베이비부머와 고령층 일자리의 해부, VIP리포트, 17-23, 현대
   경제연구원.

곰브리치(Ernst Gombrich), 차미례 옮김, 2003, 예술과 환영: 회화적 재현의 심리학적 연구,
   열화당.

구성렬, 2008, 저출산과 경제성장. 한국보건사회연구원, 연구보고서 2008-20-2, 56-97.

권규호, 2014, 인구구조 변화가 경상수지에 미치는 영향, KDI 경제전망.

김영숙·마경, 2018, 영화가 묻고 베네치아로 답하다: 영화, 역사, 미술이 함께하는 베네치아
   여행, 일파소.

김원규·황원식, 2017, 저출산·고령화시대, 산업정책적 대응 강화 필요, KIET산업정책리포
   트, 15, 산업연구원.

김천권, 2007, 대학과 지역개발: 지식사회의 지역 의사중심지 역할에 관한 담론, 한국지방자
   치학회보, 19(1), 143-165.

_____, 2014, 현대 도시행정, 대영문화사.

_____, 2017, 현대 도시개발, 대영문화사.

김현식·진영효·이영아·강현수, 2002, 정보화시대의 도시정책방향과 과제에 관한 연구: 미
   래 도시공간의 변화 전망을 중심으로, 국토연구원.

노자와 치에(野澤千絵), 이연희 옮김, 2018, 오래된 집 무너지는 거리, 흐름출판.

데이비드 헬펀(David Halpern), 제현주 옮김, 2012, 국가의 숨겨진 부, 북돋움.

디자인, 2002, 현대도시의 디즈니화, 2002년 3월호.

러셀 쇼토(Russell Shorto), 2016, 허경은 옮김, 세상에서 가장 자유로운 도시, 암스테르담,
   책세상.

마강래, 2017, 지방도시 살생부: 압축도시만이 살길이다, 개마고원.

_____, 2018, 지방분권이 지방을 망친다, 개마고원.

밀란 쿤데라(Milan Kundera), 정회성 옮김, 1994, 참을 수 없는 존재의 가벼움. 문화광장.

배영수, 2016, 서양사강의, 한울아카데미.

빈프리트 뢰쉬부르크(Winfried Loschburg), 이민수 옮김, 2003, 여행의 역사: 오디세우스의
   방랑에서 우주 여행까지, 효형출판.

스티븐 레빗·스티븐 더브너, 안진환 옮김, 2007, 괴짜 경제학, 웅진지식하우스.

시리얼 편집부, 서명진 옮김, 2018, 시리얼 시티가이드 로스앤젤레스, 시드페이퍼.

신윤정·이지혜, 2012, 국가사회정책으로서 통합적인 저출산 정책 추진방안, 한국보건사회
　　연구원.

안토니오 가르시아 마르티네즈(Antonio Garcia Martinez), 문수민 옮김, 2017, 카오스 멍키:
　　혼돈의 시대, 어떻게 기회를 낚아챌 것인가, 비즈페이퍼.

에릭 캔델(Eric Kandel), 2019, 어쩐지 미술에서 뇌과학이 보인다: 환원주의의 매혹과 두 문
　　화의 만남, 이한음 옮김, 프시케의숲.

A. N. 윌슨(A. N. Wilson), 윤철희 옮김, 2014, 런던의 역사, 을유문화사.

요시다 타로(吉田太郎), 송제훈 옮김, 2011, 몰락 선진국 쿠바가 옳았다, 서해문집.

울리히 벡(Ulrich Beck), 홍성태 옮김, 1997, 위험사회: 새로운 근대성을 향하여, 새물결.

유석진, 2002, 정보화 시대의 탈퇴와 항의, 미래전략연구원.

유종열, 2010, 저출산 문제에 대한 사회 이론적 접근: 교환이론적 관점을 중심으로, 사회교
　　과교육, 49(4), 33-47.

이동희, 2009, "언어는 게임이다"-비트겐슈타인(2), 시민사회신문, 2009. 7. 20.

이병종, 2012, 1920년대 국제양식과 기능주의, 디자인학연구, 25(2): 125-134.

이병철, 2013, 탈성장 사회로의 전환을 준비하며, 계간 민주, 제7호, 171-189.

이어령, 2008, '올림픽 코드'가 중국을 바꾼다, 중앙일보, 2008. 7. 9.

이윤범, 2016, 액티브시니어, 소비주체로서의 부상, Issue&Trend, BC카드 빅 데이터센터.

이재규, 2011, 미래는 어떻게 오는가: 어제의 성공이 오늘의 실패 요인이 될 수 있다!, 21세기
　　북스.

이코노미스트, 2017, [문학으로 읽는 경제원리] '거울 나라의 앨리스'의 '붉은 여왕 효과', 제
　　1401호.

임계순, 2018, 중국의 미래, 싱가포르 모델, 김영사.

전중환, 2012, 현대 사회의 저출산에 대한 진화적 분석, 한국심리학회지: 사회문제, 18(1),
　　97-110.

조지프 스티글리츠(Joseph Stiglitz), 이순희 옮김, 2013, 불평등의 대가: 분열된 사회는 왜 위
　　험한가, 열린책들.

조주현, 2011, 저출산·고령화 사회의 부동산 시장구조 변화, 부동산연구, 21(2), 5-26.

주간동아, 2004, 고대 로마 '공중목욕탕' 전성시대, 제319호, 91.

주간조선, 2015, 공주, 110년 민에 鐵馬가 날린다, 제2341호, 2015. 1. 19.

최병두, 2002, 신도시주의 또는 새로운 도시화, 공간과 사회, 17, 217-242.

켄트 콜더(Kent Calder), 이창 옮김, 2019, 싱가포르, 스마트국가의 최전선, 글항아리

통계청, 2019, 2018 혼인·이혼 통계. 통계청 사회통계국 인구동향과.

파스칼 보니파스(Pacal Boniface), 최린 옮김, 2019, 지정학: 지금 세계에 무슨 일이 벌어지고 있는가?, 가디언.

프랑수아 베유(Francois Weil), 2003, 문신원 옮김, 뉴욕의 역사, 궁리.

Abbas, A., 2008, Faking globalization. In Huyssen, A. (ed.) *Other Cities, Other Worlds: Urban Imaginaries in a Globalizing Age*, Duke University Press, 243-264.

Baudrillard, J., 1988, Simulacra and Simulations. From Jean Baudrillard, Selected Writings, Mark Poster (ed), Stanford University Press.

Baycan-Levent, T., 2009, Diversity and Creativity as Seedbeds for Urban and Regional Dynamics. European Planning Studies, Volume 18, Issue 4, 565-594.

BBC., 2020, Coronavirus: Why some racial groups are more vulnerable. 2020. 4. 21.

Bell, D., 1973, *The Coming of the Post-Industrial Society*, New York: Basic Books.

Bogason, P., 2004, Postmodern Public Administration, in Ewan B. Ferlie etc, (eds), *Handbook of Public Management*, Oxford University Press.

Brander, J. A. and Dowrick, S., 1994, The Role of Fertility and Population in Economic Growth: Empirical Results from Aggregate Cross-National Data, *Journal of Population Economics*, 7(1), 1-25.

Bryman, A., 2004, *The Disneyization of Society*, SAGE Publications Ltd.

Chubarov, Ilya., 2015, Spatial hierarchy and emerging typologies inside world city network, *Bulletin of Geography*, Socio-economic Series/No. 30, 23-30.

Clark, B., 1991, *Political Economy: A Comparative Approach*, Praeger.

Combs, R., Saviotii, P., and Walsh, V., 1987, *Economics and technological change*, London and Basingstoke: Basingstoke.

Dauge, Y. and Yang, M., 2002, Heritage Protection and Decentralization, In *Partnerships for World Heritage Cities: Culture as a Vector for Sustainable Urban Development*, World Heritage 2002.

Deadline, 2018, MPAA: Hollywood Is Key Driver Of U.S. Economy With $49 Billion Payout, Salaries Much Higher Than Nat'l Average, 2018. 1. 16.

de Kloet, J. and Scheen, L., 2013, Pudong: The shanzhai global city, *European Journal of Cultural Studies*, 16(6), 692-709.

Disneyland Public Affair, 2019, Disneyland Resort Generates $5.7 Billion for Southern California Economy. publicaffairs.disneyland.com

European Commission, 2014, The 2015 Ageing Report: Underlying Assumptions and Projection Methodologies. European Commission.

Farmer, D. J., 1997, Derrida, Deconstruction, and Public Administration, *American Be-*

havioral Scientist, 41(1), 12-27.

Folbre, N., 1994, Children as Public Goods, *The American Economic Review*, 84(2), 86-90.

Freeman, C., 1987, *Technology policy and economic performance. Lessons from Japan*, London and New York: Pinter.

Glaeser, E., 2011, *Triumph of the City: How Our Greatest Invention Makes Us Richer, Smarter, Greener, Healthier, and Happier*, Penguin Books(이진원 옮김, 2021, 도시의 승리, 해냄).

Globalization and World Cities (GaWC) Research Network, 2010, Global Cities in Harmonious Development, Geography Department, Loughborough University.

Goldstone, J. A., 2010, The New Population Bomb: The Four Megatrends That Will Change the World. Foreign Affairs, January/February 2010.

Granovetter, M. S., 1973, The Strength of Weak Ties, *American Journal of Sociology*, 78(6), 360-1380.

Hall, P., 1985, The geography of the fifth Kondratieff, In P. Hall and A. Markusen (eds.), *Silicon Landscapes*, London: Allen & Urwin, 1-19.

Hall, P. and Preston, P., 1988, *The carrier wave. New information technology and the geography of innovation*, Boston, Sidney, Wellington: Unwin Hyman, 1846-2003.

Harris, J. R. and Todaro, M. P., 1970, Migration, Unemployment and Development: A Two-Sector Analysis, *The American Economic Review*, 60(1), 126-142.

Harvey, D., 1989, From Managerialism to Entrepreneurialism: The Formation of Urban Governance in the Late Capitalism, *Geografisker Annaler*, 71B, 3-17.

Hassan, I., 1985, The Geopolitics of Capitalism, In D. Gregory and J. Urry, (eds), *Social Relations and Spatial Structure*, New York: St, Martin's Press.

Herring, C., 2009, Dose diversity pay?: Race, gender, and business case for diversity, *American Sociological Review*, 74(2), 208-224.

Hirschman, A., 1970, *Exit, Voice, and Loyalty: Responses to Decline in Firms, Organizations, and the State*, Cambridge: Harvard Univ. Press.

Illeris, S., 1996, *The Service Economy: A Geographical Approach*, Chichester: Wiley.

ILO., 2014, national Labour Office.

Jacobs, J., 2001, City Views: Urban studies legend Jane Jacobs on gentrification, the New Urbanism, and her legacy, *Reason*, June 2001, Interviewer: Bill Steigerwald.

Jonsson, S., 2008, *A Brief History of the Masses: Three Revolutions*, Columbia University Press(양진비 옮김, 2013, 대중의 역사: 세 번의 혁명 1789, 1889, 1989, 그린비).

Kelly, R. L. 2016. The Fifth Beginning: What Six Million Years of Human History Can

Tell Us about Our Future, (이재경 옮김, 2019, 제5의 기원: 600만 년 인류의 역사가 알려주는 우리의 미래, 반니)

King, C. S., 2005, Postmodern Public Administration: In the Shadow of Postmodernism, *Administrative Theory & Praxis*, 27(3), 517-532.

Kearney, A. T., 2020, *Global Cities 2019*. www.kearney.com/global-cities/2019

Kong, L., 2012, Ambitions of a Global City: Arts, Culture and Creative Economy in Post-Crisis Singapore, *International Journal of Cultural Policy*, 18(3), 279-294.

Koolhaas, R., 1995, The generic city, In Koolhaas, R. (ed.) *S, M, L, XL*. New York: The Monacelli Press, 1248-1264.

Leslie, S. W. and Kargon, R. H., 1996, Selling Silicon Valley: Frederick Terman's Model for Regional Advantage, *The Business History Review*, 70(4), 435-472.

Levitt, S. D. & Dubner, S. J., 2009, *Freakonomics: A Rogue Economist Explores the Hidden Side of Everything*(안진환 옮김, 괴짜 경제학, 웅진지식하우스).

Logan, J. R. and Molotch, H. L., 1987, *The City as a Growth Machine, in Urban Fortunes: The Political Economy of Place,* Berkeley and Los Angeles: University of California Press.

Lyotard, J. F., 1984, *The Postmodern Condition: A Report on Knowledge*, Minneapolis: University of Minnesota Press.

Malecki, E. J., 1981, Product cycles, innovation cycles, and regional economic change, *Technological Forecasting and Social Change*, Vol. 19, 291-306.

McKenzie, R. D., 1925, *The Ecological Approach to the Study of the Human Community. In the City*, The University of Chicago Press.

Mensch, G., 1975, *Das technologische Putt*(The technological stalemate), Umschau, Frankfurt/M.

Negroponte, N., 1995, *Being Digital: The Road Map to the Information Superhighway*, Hodder and Stoughton(백욱인 옮김, 1996, 디지털이다, 커뮤니케이션북스).

Nyström, H., 2000, The Postmodern Challenge-From Economic to Creative Management, *Creativity and Innovation Management*, 9(2), 109-114.

Oakey, R. P., 1993, High technology small firms: a more realistic evaluation of their growth potential. In C. Karlesson and D. Storey (eds.), *Small business dynamics -international, national and regional perspectives*, London: Routledge, 224-242.

OECD, 2015, Local Economic Strategies for Ageing Labour Markets: Management Practices for Productivity Gains of Older Workers. OECD Employment Policy Paper, No. 11. OECD Publishing.

Paccagnella, M., 2016, Age, Aging and Skills: Results from the Survey of Adult Skills. OECD Education Working Papers, No. 132, OECD Publishing, Paris.

Richter, R., 2006, The Silicon Valley Story: Scene, Characters, Plot and Moral of the Tale. Retrieved from http://www.unisaarland.de/fak1/fr12/richter/institut/Silicon_Valley.

Robinson, J., 2006, *Ordinary Cities: Between Modernity and Development*, London: Routledge.

Ross, G. M., 2005, *Review of Realizing the University in an Age of supercomplexity*, The Higher Education Academy.

Said, E. W., 1979, *Orientalism*, Vintage(박홍규 옮김, 2007, 오리엔탈리즘, 교보문고).

Schumacher. E. F., 2010, *Small Is Beautiful: Economics as if People Mattered*, Harper Perennial; Reprint edition.

Sheiner, L., Sichel, D. and Slifman, L., 2007, A Primer on the Macroeconomic Implications of Population Aging. Staff working papers in the Finance and Economics Discussion Series (FEDS) 2007-01.

Soja. E., 2000, *Postmetropolis: Critical Studies of Cities and Regions,* Oxford: Blackwell Publishing.

Sternberg, R., 1996, Regional Growth Theories and High-Tech Regions, *International Journal of Urban and Regional Research*, 20(3): 518-538.

The Atlantic, 2020, All the President's Lies About the Coronavirus. 2020. 7. 13.

Tichy, G., 1991, The Product-cycle revisited: some extensions and clarifications, *Zeitschriftfür Wirtschafts-und Sozialwissenschaften 111*, 27-54.

Toffler, A., 1980, *The Third Wave*, New York: William Morrow.

Touraine, A., 1967, *La Societe post-industrielle*, Paris: Denoel.

UNESCO, 2001, Universal Declaration on Cultural Diversity. Available at UNESCO, https://en.unesco.org

Vernon, R., 1977, *Storm over multinationals: The real issues*, Cambridge, Mass: Harvard University Press.

Weiner, E., 2016, *The Geography of Genius: A Search for the World's Most Creative Places from Ancient Athens to Silicon Valley*, Simon & Schuster(노승영 옮김, 2018, 천재의 발상지를 찾아서, 문학동네).

Wilder, C., 1998, Being Analogue, In Berger, A, A, *The Postmodern Presence, Readings on Postmodernism in American Culture and Society*, Walnut Creek, CA: Altamira Press.

Worldatlas., 2017, World's Largest Cities. http://www.worldatlas.com

• 국내 언론사

경향신문, 2015, 세계유산 등재는 도시엔 죽음의 키스, 2015. 10. 13.

국정신문, 1995, [김영삼(金泳三) 대통령의 「세계화 선언」] 세계중심에 우뚝 서는 풍요롭고
　　편안한 나라를 만들자, 1995. 2. 6.

남해안신문, 2018, 여수에 묻는다 … 3천 명 작은 섬에 50만 관광객 몰리는 이유, 2018. 2. 7.

디지털타임스, 2018, [르포] 실리콘밸리 성공신화는 … '괴짜·스탠퍼드·벤처캐피털'의 매직,
　　2018. 5. 24.

메디칼타임즈, 2018, 압구정 성형거리 옛말… 이젠 '신사 성형벨트'가 리드한다, 2018. 9. 5.

미디어스, 2008, 해양제국 네덜란드를 키운 종교적 관용, 2008. 9. 18.

VOA뉴스, 2018, 싱가포르 "작지만 큰 나라" … 독재·엄격한 사회통제는 북한과 닮아, 2018.
　　6. 14.

서울경제, 2020, '프로젝트 우린' … 밀레니얼 세대는 물건만 원하지 않는다, 2020. 4. 29. 기
　　사.

연합뉴스, 2013, 미국의 진짜 '인종 도가니'는 한인 최다지역 LA, 2013. 11. 13.

_____, 2015, 국민 40% "결혼 안 해도 괜찮다" … 인식 급변, 2015. 2. 21.

_____, 2015, 英 평가기관 "중국경제, 2026년 미국 추월한다.", 2015. 6. 26.

오마이뉴스, 2005, 참회를 보여 주신 교황 요한 바오로 2세, 2005. 4. 5.

_____, 2020, 미국, 이란군 사령관 솔레이마니 공습 사실 … 중동 '전운 고조', 2020. 1. 3.

오피니언뉴스, 2018, 뉴암스테르담이 영국령 뉴욕으로, 2018. 11. 10.

원주데일리, 2018, 혁신도시 때문에 원도심 공동화, 2018. 11. 26.

이동희, 2009, "언어는 게임이다"-비트겐슈타인(2), 시민사회신문, 2009. 7. 20.

인천일보, 2017, [인천 출산장려 프로젝트] 양육비·육아 부담에 출산율 끝없는 추락, 2017.
　　3. 7.

_____, 2020, 궁합 맞는 도시가 번성한다, 2020. 1. 1.

인천투데이, 2011, 릴레함메르에서 배우다, 2011. 11. 16.

_____, 2019, [2019 연중기획] 12년 지켜온 배다리마을, 마을 운명 주민 스스로 결정해야,
　　2019. 4. 8.

제주환경일보, 2016, 행복한 인문학: 델포이 신탁의 비밀(하), 2016. 12. 30.

조선비즈, 2020, 여전히 아빠만 이사오는 혁신도시 … 절반은 미분양 '신음', 2020. 1. 17.

조선일보, 2016, 한국, 선진국보다 低성장 고통 더 클 것 … 또 다른 혁신 필요, 2016. 5. 10.

중소기업뉴스, 2019, 신념 어린 소비 '미닝아웃' … 도시의 놀이공원화 '디즈니피케이션',
　　2019. 10. 7.

중앙선데이, 2009, 원숭이와 어린이가 주식 전문가보다 낫다?, 2009. 6. 20.

_____, 2018, 노아의 방주가 멈춰선 곳, 세상 끝이거나 최초 도시거나, 2018. 8. 2.

중앙일보, 2012, 中 관광객도 안가는 '짝퉁 할슈타트 마을' 굴욕, 2012. 12. 17.

_____, 2018, 루터 가라사대 "맥주 마시고 자면 천국 갈 수 있다!", 2018. 6. 23.

_____, 2019, 크리스마스 이브 '핫플', 20대는 이태원 60대는 모란역 간다, 2019. 12. 25.

파이낸셜뉴스, 2017, 안산 다문화특구 … "다양한 인종 용광로… 한국 속 지구촌", 2017. 2. 20.

프레시안, 2011, 1929년의 경제공황은 무엇인가?, 2011. 5. 13.

한겨레, 2014, 노인들이 저 모양이란 걸 잘 봐두어라, 2014. 1. 4.

_____, 2016, 부모도 모르는 딸의 임신, 대형마트는 알고 있다, 2016. 2. 11.

_____, 2017, 인류, 10만년 더 일찍 출현했다, 2017. 6. 8.

_____, 2018, 지방 대도시도 인구 무너진다, 2018. 8. 10.

_____, 2019, 개항 역사 품은 인천 배다리마을, 역사·문화적 가치 훼손, 2019. 5. 9.

• 인터넷 자료

나무위키, 2019, 2020, https://namu.wiki

남해 독일마을 여행 100% 즐기기, https://blog.naver.com/namhaestorys/220763872586

내 삶의 궁금증, 미국 스탠퍼드 대학교 설립 비하인드 스토리, stanfordmag.org/contents/truth-and-lies-at-harvar

도시미화운동, https://blog.naver.com/xooworo

두피디아, 유퍼스, https://www.doopedia.co.kr/search/encyber/new_totalSearch.jsp

둑을 막아 나라를 구한 네덜란드 소년, https://m.blog.naver.com/panem/70071739649

만약 에디슨이 한국에서 태어났다면, https://blog.daum.net/ksdragon/15696975

사이언스올, 2012, 방적기로 산업혁명을 일구다, 리처드 아크라이트, https://www.scienceall.com

알라딘, 장 자크 루소, https://www.aladin.co.kr/author/wauthor_overview.aspx?AuthorSearch=@37190

우리역사넷, 2020, 고급 과학기술 인력의 양성, http://contents.history.go.kr

위키백과, 2019, 2020, https://ko.wikipedia.org/wiki

유럽여행/로마, https://nightinn.tistory.com/116

이상희 블로그, https://m.blog.naver.com/PostList.naver?blogId=shflee1

클론(Clone)이 등장하는 두 영화, 아일랜드 VS 더 문, https://blog.naver.com/iris7756/40097421392

Fundoo Professor, 거울 나라의 앨리스, https://fundooprofessor.wordpress.com

GaWC, 2010, https://www.lboro.ac.uk/gawc/visual/globalcities2010.pdf

Netscape: Cities and Global Corporate Networks, https://isp.netscape.com

사진·지도 출처

제1장 초기 도시: 신의 도시
세계 최초의 도시로 불리는 예리코 유적지: wikimedia.org
터키의 차탈회위크 유적지: wikimedia.org
이집트 카르나크 신전 내부: pxfuel.com
메소포타미아의 바빌론 도시 유적: shutterstock.com
현재 이집트 시내 모습 일부: flickr.com

제2장 고대도시: 신화의 도시
그리스 민주정치의 상징인 아크로폴리스: flickr.com
로마 유적지 포로 로마노(Foro Romano): pixabay.com
〈인체비례도〉, 레오나르도 다빈치, 1492.: 베네치아 아카데미아 미술관소장

제3장 중세도시: 종교도시
밀라노 두오모와 광장: gettyimagesbank.com
베네치아의 지리적 위치: wikipedia.org

제4장 근대도시: 산업도시
파리 팡테옹 신전: wikimedia.org
영국 런던 세인트폴 대성당: wikimedia.org
산업혁명 초기 도시의 모습: flickr.com
뉴욕 맨해튼 스카이라인: wikimedia.org

제5장 현대도시: 새로운 밀레니엄 시대의 도시
서울역사박물관, '아파트 인생'전 출품작, 2014.: blog.naver.com/risoha
제72회 칸영화제에서 황금종려상을 수상한 봉준호 감독: shutterstock.com

제6장 정보화 사회와 도시

올더스 헉슬리의 『멋진 신세계』에서 나오는 알약 소마: pinterest.co.kr

현상을 유지하려면 끊임없이 달려야 하는 『거울 나라의 앨리스』의 마을: wikimedia.org

비운의 구소련 경제학자 니콜라이 콘드라티예프: wikimedia.org

유퍼스 나무: flickr.com

스탠퍼드 대학교 캠퍼스: wikimedia.org

비디오테이프 비교, 베타맥스(위)와 VHS(아래): wikimedia.org

제7장 글로벌 사회와 도시

글로벌 100대 기업 본사와 지사 네트워크: Netscape: Cities and Global Corporate
　　　Networks

글로벌 도시 네트워크: GaWC, 2010.

글로벌 도시 서브(sub) 네트워크: Chubarov, 2015.

글로벌 도시 싱가포르 스카이라인: wikimedia.org

싱가포르 국가 성장의 대부 리콴유: wikimedia.org

중국 근대화의 대부 덩샤오핑: wikimedia.org

제8장 포스트모던 사회와 도시

할리우드 스타의 거리: wikimedia.org

로스앤젤레스 디즈니랜드: flickr.com

제9장 도시도 아는 만큼 보인다: 매혹의 도시 예레반

예레반에서 바라본 아라라트산: wikimedia.org

예레반을 계획한 알렉산더 타마니안 동상: pixabay.com

예레반 도시 청사진: aras.am/Meetings/armenia08

과천 청계산 자락의 국립현대미술관: gettyimagesbank.com

하늘에서 본 국립중앙박물관: 네이버 지도

인천뮤지엄파크 예정지 및 주변 계획: blog.daum.net/bunyangboy

스페인 구겐하임 빌바오 미술관: wikimedia.org

인천종합문화예술회관: kocacadb.or.kr

벨라스케스의 〈시녀들〉: 프라도 미술관

인천 송도 경제자유구역 전경: gettyimagesbank.com

인천 배다리의 문화예술공간: getabout.hanatour.com

잭슨 폴록, 〈넘버 32〉: 뒤셀도르프 노르트라인 베스트팔렌 주립 미술관
몬드리안, 〈브로드웨이 부기우기〉: wikimedia.org
이태원 거리 밤 풍경: flickr.com
별난 도시 포틀랜드: wikimedia.org

제10장 도시는 사회적 생물이다

여의도 63빌딩: gettyimagesbank.com
잠실 롯데월드타워: korean.visitseoul.net
밀집해 있는 압구정동 성형외과: snappygoat.com
2002년 월드컵 당시 서울시청 앞 광장에 모인 '붉은악마': wikimedia.org
대학생 주류 판매 관련 주세법령 준수 교육부 공문: moe.go.kr
『82년생 김지영』: minumsa.com
찰리 채플린: flickr.com
이탈리아 중세도시 볼로냐: wikimedia.org
서울 강남역 사거리: gettyimagesbank.com
경주 역사유적지구 교촌마을: shutterstock.com

제11장 젠트리피케이션과 밀레니얼 세대를 위한 변명

이탈리아 피렌체 중심부: 구글 지도
서울 강남역 주변: 네이버 지도

제12장 아이디어, 인재, 다문화 그리고 지방자치제도가 답이다

나오시마 섬 입구에 있는 구사마 야요이의 작품 〈호박〉: gettyimagesbank.com
남해 독일마을: blog.naver.com/divepro
원주 혁신도시 전경: iwjnews.com
댈러스 심포니 홀 내부: wikimedia.org
미국 사우스다코타주 러시모어산 조각상: wikimedia.org
뉴욕 허드슨가 555번지 제인 제이컵스 생가: ikimedia.org
뉴욕 맨해튼 코리아타운(엠파이어스테이트 빌딩 바로 인근에 있다): flickr.com
성남 모란시장: gettyimagesbank.com
안산시 원곡동 다문화특구: blog.daum.net/cjk7390